SCHWARZBUCH **SYNGENTA**

IMPRESSUM

HERAUSGEBER:

Verein MultiWatch
Postfach
3097 Liebefeld
PC 30-370569-9

www.multiwatch.ch
info@multiwatch.ch

VERLAG:

edition 8
1. Auflage 2016
ISBN: 978-3-85990-283-1

AUTORINNEN- UND AUTORENKOLLEKTIV VON MULTIWATCH:

Ueli Gähler, Ernst Gräub, Roland Herzog, Olivia Jost, Elango Kanakasundaram, Roman Künzler, Silva Lieberherr, Hans Schäppi, Eva Schürmann und Johannes Wickli

LEKTORAT UND KORREKTORAT:

Sandra Ryf, varianten.ch

BUCHGESTALTUNG:

Origami Design, Basel
Silvio Meessen und Léon Bricola

ILLUSTRATION:

Leonie Rösler, Bern

DANK:

Peter Clausing, Helga Kuhnert und Rüdiger Stegemann

Wir widmen dieses Buch Keno.

SCHWARZBUCH SYNGENTA

16	Vorwort Miguel A. Altieri
22	Einleitung
26	Nachtrag
34	Syngenta auf der Weltbühne
148	Vor und hinter den Kulissen
256	Vorhang auf für Kritik und Widerstand
298	Die Gastautorinnen und -autoren
300	Abkürzungsverzeichnis
304	Quellenverzeichnis

SYNGENTA AUF DER WELTBÜHNE

38	Einleitung – Syngenta auf der Weltbühne
40	Die Ermordung des MST-Aktivisten Keno Marianne Spiller
48	Syngentas Testfelder auf Kauai: keine paradiesischen Zustände
60	Der zehnjährige Kampf gegen ihre Arbeiter in Pakistan
70	Mit Imran Ali unterwegs in Karachi Markus Spörndli
74	Syngentas Wirken in Indien: Verschuldung und Vergiftung Deepak Kumar
82	Die Netze von Syngenta in Lateinamerika Elizabeth Bravo
90	Paraguay: Putsch im Interesse der Agrokonzerne Yvonne Zimmermann
96	Afrika im Visier von Syngenta Silva Lieberherr
110	Golden Rice: Agrokonzerne privatisieren Reis Paul Scherer
118	Das Bienensterben und Syngenta Yves Zenger
122	Syngentas giftige Hinterlassenschaft Martin Forter
130	Ein Auge auf Syngenta François Meienberg
138	Die Welt ernähren – aber wie? Florianne Koechlin
146	Schlussfolgerungen

VOR UND HINTER
DEN KULISSEN

150	Einleitung – Vor und hinter den Kulissen
152	Der Konzern Syngenta
162	Wie Syngenta entstand
172	Agrobusiness und Krieg
180	Die Landwirtschaft im Kapitalismus und Syngenta
190	Syngenta, geistiges Eigentum und Akkumulation durch Enteignung
202	Monopolisierungstendenzen und Syngentas globale Strategie
212	Welthandel: von der WTO bis zu TTIP
216	Syngentas Aktionariat
224	Chemiestadt Basel: eine unheilige Allianz
232	Branchenweltmeisterin im Lobbying
240	Greenwashing und Good Growth Plan: zur Ideologie von Syngenta
248	Syngentas Einfluss auf die öffentliche Forschung kriPo

VORHANG AUF FÜR KRITIK UND WIDERSTAND

258 Einleitung – Vorhang auf für Kritik und Widerstand
260 Solidarische Grussbotschaft Vandana Shiva
262 Keine Patente auf Saatgut! Udo Schilling
268 Arbeitsbedingungen und Arbeitskämpfe
276 Völkertribunal über die Agromultis in Bangalore
280 Globaler Widerstand
288 March against Syngenta – unsere Forderungen

MIT AGRARÖKOLOGISCHEN SOZIALEN BEWEGUNGEN DIE PESTIZIDMAFIA STOPPEN

VORWORT

Miguel A. Altieri
Professor für Agrarökologie an der University of California, Berkeley. Er hat mehr als 200 Publikationen, darunter mehrere Bücher zur Agrarökologie, verfasst und berät die Welternährungsorganisation FAO und verschiedene NGOs und Sozialbewegungen in Lateinamerika.

Rund ein Drittel des Festlandes der Erde wird als Weideland oder für den Ackerbau genutzt. Von den 15 Millionen Quadratkilometer Boden, die für Ackerbau geeignet sind, wird ein hoher Anteil durch grossflächige industrielle Monokulturen belegt, die sehr viel Wasser verbrauchen. Berücksichtigt man die Erdölabhängigkeit und den gesamten ökologischen Fussabdruck der industriellen Landwirtschaft, so tauchen ernsthafte Fragen hinsichtlich sozialer, ökonomischer und ökologischer Nachhaltigkeit moderner Landwirtschaftsstrategien auf. Zudem beeinträchtigt die Intensivierung der Landwirtschaft durch Hochertragssorten, Düngung, Bewässerung und Pestizide die natürlichen Ressourcen, die Umwelt sowie die Gesundheit von Mensch und Tier. Jedes Jahr werden externe Kosten in Milliardenhöhe verursacht.

Infolge ihrer ökologischen und genetischen Homogenität und der daraus folgenden Anfälligkeit auf Insektenplagen, Pflanzenkrankheiten und Unkräuter sind Monokulturen stark pestizidabhängig. In den letzten 35 Jahren ist der Pestizideinsatz weltweit massiv angestiegen. Die jährliche Zunahme beträgt in gewissen Regionen um die 5 Prozent. Im Jahre 2007 wurden weltweit Pestizidmengen von knapp 2,4 Millionen Tonnen zum Marktwert von 39 Milliarden USD eingesetzt. Heute sind es bereits über 50 Milliarden USD. Alleine in den USA erreicht der Jahresverbrauch der verschiedenen Pestizide mehr als 500'000 Tonnen. Die indirekten Umweltkosten, das heisst die negativen Auswirkungen auf Tierwelt, einschliesslich Bestäuber und natürliche Feinde, auf Fischerei, Wasserqualität, Bodenkontamination etc., sowie die durch Vergiftungen und Krankheiten verursachten sozialen Kosten belaufen sich ebenfalls auf Milliardensummen. Zudem haben sich bei Hunderten von Gliederfüsserarten Pestizidresistenzen entwickelt, wodurch viele Pestizide für die chemische Schädlingskontrolle nutzlos geworden sind.

Die gesundheitsschädigenden Pestizide werden meist von Chemiekonzernen produziert und verkauft, die ihren Hauptsitz in entwickelten Ländern haben; Syngenta ist ein Beispiel dafür. Die Hauptabnehmer dieser Pestizide befinden sich jedoch in Entwicklungsländern, die ihre Agrarexporte infolge der Globalisierung auf Kosten der nationalen Ernährungssicherheit forcieren müssen. Für die Agrochemiefirmen sind diese Länder, die oft über schlechte Umweltschutzstandards verfügen, wichtige Märkte für Pestizide, die in entwickelten Ländern längst verboten sind. So hat denn der Pestizideinsatz in weniger entwickelten Ländern in den letzten Jahrzehnten stark zugenommen, insbesondere in Staaten mit einer hohen ausländischen, von der Pestizidmafia angeführten Kapitaldurchdringung.

Schätzungen zufolge sind höchstens 10 Prozent der eingesetzten Pestizide tatsächlich gegen ihre Zielschädlinge wirksam. Unmengen von Pestiziden dringen direkt ins Ökosystem ein und führen zu einem Verlust an Biodiversität und zu einer Verseuchung des Bodens, des Wassers und der Umwelt im Allgemeinen.

Zudem beeinträchtigen viele Pestizide die Ökosysteme unserer Ozeane. Bereits im Januar 2007 hat die Nationale Behörde für Ozean- und Atmosphärenforschung (NOAA) auf negative Auswirkungen des Herbizids Atrazin auf das Phytoplankton hingewiesen. Diese im Meer lebenden Mikroorganismen stellen die wichtigste Nahrungsquelle für andere Organismen wie Muscheln oder Austern dar. Bereits heute zeichnen sich die enormen und irreversiblen Auswirkungen ab, die Atrazin auf dieses kritische Glied im ozeanischen Nahrungsnetz haben wird. Auch kommerziell wichtige Schalentier- und Fischpopulationen sowie Meeressäuger (Wale), von denen viele bereits bedroht oder gefährdet sind, werden geschädigt.

Im Jahre 2007 betrug die in den USA ausgebrachte Menge Atrazin um die 36'000 Tonnen. Davon wurden drei Viertel auf Maisfeldern im Mittleren Westen versprüht. Wenn Atrazin von den Feldern in Gewässer abfliesst, führt dies zur Bedrohung zahlreicher Tierarten, insbesondere weil die Produktion von Testosteron unterbunden und die Produktion von Östrogen anregt wird. Dadurch wird das Hormongleichgewicht gestört, es kommt zu einer Demaskulinisierung und Feminisierung. Diese Wirkung von Atrazin ist bei Fischen, Amphibien, Reptilien und Säugetieren beobachtet worden.

Mit Pestiziden und anderen Agrargiften, die ins Wasser und in menschliche Nahrungsquellen gelangen, werden verschiedene Gesundheitsprobleme in Zusammenhang gebracht, unter anderem neurologische und hormonelle Funktionsstörungen, Geburtsfehler, Krebs und andere Krankheiten. In den USA sind bei vielen sechs- bis elfjährigen Kindern inakzeptabel hohe Blutspiegelwerte zweier Pestizidchemikalien nachgewiesen worden, die für ihre Wirkung als Nervengifte bekannt sind: die phosphororganischen Pestizidwirkstoffe Chlorpyrifos (ein Insektizid) und Methylparathion (ein Herbizid). Etliche Ökologinnen und Ökologen, Epidemiologinnen und Epidemiologen blicken deshalb mit Besorgnis auf das Pestizid Atrazin. Studien am Menschen haben gezeigt, dass Atrazin möglicherweise endokrin wirkende Eigenschaften hat, das heisst, dass es Hormone blockieren oder imitieren könnte. Einigen Studien zufolge könnte Atrazin Föten schädigen und die Qualität des männlichen Spermas beeinträchtigen.

Herbizide sind derzeit die einzigen Pestizide, deren Verbrauch weltweit ansteigt. Die Ursache dafür liegt in der gesteigerten Nachfrage nach Herbiziden für Pflanzensorten, die mit gentechnischen Mitteln herbizidresistent gemacht wurden. Diese herbizidresistenten Sorten werden inzwischen auf einem grossen Teil der gesamten für transgene Sorten vorgesehenen Anbauflächen angepflanzt. 2014 waren dies weltweit 1,8 Millionen Quadratkilometer, gemäss Schätzungen sollen es im Jahr 2019 bereits 2,8 Millionen Quadratkilometer sein. Mit herbizidresistenten Sorten weiten die Biotechfirmen den Markt für die von ihnen patentierten Chemikalien aus.

Während sich in Brasilien die Anbauflächen für Gentech-Sojabohnen rasant ausbreiten, schnellt auch der Pestizidverbrauch in die Höhe. Syngenta und andere Biotechfirmen behaupten, eine einzige Anwendung des glyphosathaltigen Unkrautvertilgers Roundup reiche für eine ganze Wachstumsperiode. Indessen weisen Studien in den Anbaugebieten von transgener Soja mehr als eine Herbizidanwendung pro Saison nach. So stieg zum Beispiel in den USA der Glyphosatverbrauch bis zur Jahrtausendwende auf über 18'900 Tonnen an; 2007 betrug er gut 81'000 Tonnen und heute liegt er bei über 100'000 Tonnen. Roundup wird auf einem grossen Teil der Anbauflächen für Soja verwendet.

Infolge des andauernden Einsatzes von Herbiziden wie Glyphosat oder Atrazin werden die Unkräuter resistent gegen diese Chemikalien. Unter dem Druck der Industrie, die Herbizidverkäufe zu steigern, werden immer mehr Anbauflächen mit nichtselektiven Herbiziden behandelt, was das Resistenzproblem weiter verschärft. In den argentinischen Grassteppen zeigen bereits 16 Unkrautarten Glyphosatresistenzen auf, darunter zwei Eisenkrautgewächse und eine Prunkwinde. Jüngst hat das Aufkommen einer Glyphosatresistenz bei der Wilden Mohrenhirse (Johnsongras – Sorghum halepense) die ganze agroindustrielle Welt in Aufruhr versetzt. Inzwischen gibt es nach über 60 Jahren Atrazineinsatz weltweit bereits über 80 dokumentierte atrazinresistente „Superunkräuter". Kein anderes Herbizid hat sich je so drastisch auf die Evolution der Unkräuter ausgewirkt. Um die Unkrautresistenzen zu umgehen, tendieren

Bäuerinnen und Bauern in Südamerika dazu, die Herbiziddosierung zu erhöhen oder auf andere Herbizide wie 2,4-D zurückzugreifen. Auf diese Weise geraten sie in eine eigentliche Pestizidtretmühle.

In den vergangenen zwanzig Jahren sind die besten Anbauflächen Lateinamerikas für die Produktion transgener Ackerfrüchte (vor allem Soja, Mais, Baumwolle und Raps) in Beschlag genommen worden. Deren Grossproduzenten sind eng mit ausländischen Investoren verbunden. Somit kontrollieren diese nun Millionen Hektaren erstklassigen Acker- und Viehwirtschaftslandes in Paraguay, Bolivien, Brasilien und anderswo. Dieses Land Grabbing führt zu einer ganzen Reihe von Problemen. Die ausländische Herrschaft über Land und Ressourcen unterhöhlt die regionale und nationale Ernährungssicherheit. Zwar sichern Nahrungsmittelimporte stabilere einheimische Preise und befriedigen die wachsende städtische Nachfrage, doch konkurrenzieren sie die einheimische kleinbäuerliche Produktion, was zur Vertreibung von Bauernfamilien und zu einer noch höheren Bevölkerungsdichte in den Städten führt. Gleichzeitig fliesst der grösste Teil der von ausländischen Firmen in den kommerziellen Landwirtschaftssektoren erzielten Profite in die Länder, in denen diese Konzerne ihren Hauptsitz haben – im Falle von Syngenta in die Schweiz.

Ohne Zweifel braucht die Menschheit einen Paradigmenwechsel für die Entwicklung einer Landwirtschaft, in der Kleinbäuerinnen und Kleinbauern gemeinsam mit solidarischen Konsumentinnen und Konsumenten das Sagen haben, hin zu ökologischeren, biodiversen, belastbaren, nachhaltigen und sozial gerechteren Produktions- und Vertriebsformen. Eine radikalere ökologische Transformation der Landwirtschaft ist nötig. Diese kann jedoch nicht ohne entsprechende Veränderungen in den sozialen, politischen, kulturellen und ökonomischen Bereichen, welche die Landwirtschaft bestimmen, bewerkstelligt werden.

Denn letztlich ist die jüngste Krise bloss die neue Version einer längst bekannten ländlichen Krise. Ihre Ursache liegt in der praktisch totalen Kontrolle des globalen Nahrungsmittelsektors durch das transnationale Kapital, und viele Regierungen unterstützen dieses System durch die Implementierung neoliberaler Programme. Neue, alternative Systeme beruhen dagegen auf unzähligen Ansätzen ökologischer Landwirtschaft, wie sie auf 350 Millionen Kleinbetrieben von 75 Prozent der 1,5 Milliarden Kleinbäuerinnen und Kleinbauern und Angehörigen indigener Völker entwickelt worden sind, die mehr als 50 Prozent der weltweiten landwirtschaftlichen Güter für den einheimischen Konsum produzieren. Die Kleinbäuerinnen und Kleinbauern leben uns auf kleinen, diversifizierten Bauerngütern mit vielversprechenden Modellen vor, wie auch ohne Agrochemikalien die Biodiversität gefördert, die natürlichen Lebensgrundlagen geschützt und nachhaltige Bodenerträge erzielt werden können. Sie erbringen wertvolle ökologische

Dienstleistungen und beweisen angesichts unablässiger ökologischer und wirtschaftlicher Veränderungen eine bemerkenswerte Widerstandsfähigkeit. Studien zeigen, dass Millionen ländlicher Haushalte von wachsender Diversität und Sicherheit profitieren, wenn sie gemeinsam mit ihren bäuerlichen Netzwerken oder mithilfe lokaler Regierungen oder NGOs agrarökologische Methoden übernehmen. Diese führen ohne hohe externe Inputs zu 50 bis 100 Prozent Ertragssteigerungen.

Nach Meinung vieler Bauern- und Indigenen-Organisationen und Bewegungen wie La Via Campesina lässt sich die Abwärtsspirale von Armut, tiefen Löhnen, Landflucht, Hunger und Umweltzerstörung nur stoppen, wenn wir uns vom Modell der exportorientierten und auf dem Freihandel beruhenden grossflächigen, industrialisierten Landwirtschaft abwenden. Diese Bewegungen haben sich das Konzept der Ernährungssouveränität zu eigen gemacht. Dieses stellt sich dem neoliberalen Ansatz entgegen, wonach der internationale Handel die weltweiten Ernährungsprobleme lösen werde. Das Konzept der Ernährungssouveränität bietet eine Alternative zum heute noch vorherrschenden Denken über die Nahrungsmittelproduktion. Es setzt auf lokale Autonomie, lokale Märkte und gemeinschaftliches Handeln für den Zugang zu Ressourcen und die Kontrolle über Land, Wasser und Agrobiodiversität, die für die lokale Nahrungsmittelproduktion der ländlichen Gemeinschaften unabdingbar sind.

Vom System der subventionierten Nahrungsüberschüsse, die der Norden zu Dumpingpreisen in die ärmeren Länder verschiebt, will das Konzept der Ernährungssouveränität hin zu Landreformen, die den Grundbesitz von Kleinbäuerinnen und Familienbetrieben sichern und eine im ländlichen Raum lebensfähige Wirtschaft unterstützen. Dies erfordert eine Politik, welche der nationalen, regionalen und lokalen Ernährungssicherheit Priorität über die Exportproduktion und die Importabhängigkeit einräumt. Es erfordert aber auch eine Abkehr von der hochtechnologisierten, intensiven sowie von massivem Pestizideinsatz und transgenen Nutzpflanzen abhängigen Monokulturlandwirtschaft zugunsten von Agrarökologie. Diese Anliegen bieten Nichtregierungsorganisationen wie MultiWatch, Greenpeace und anderen eine einzigartige Plattform für die Unterstützung von Bäuerinnen- und Bauernorganisationen in ihrem Kampf gegen die umwelt- und landschaftszerstörenden multinationalen Konzerne, die von der bisher uneingeschränkten Handelsliberalisierung nur profitiert haben.

Neben dem weltweiten Pestizid- und GVO-Saatguthandel durch Agrochemiefirmen wie Monsanto und Syngenta stellen die tiefen Preise für landwirtschaftliche Erzeugnisse eines der grössten Probleme dar. Die Preise ab Hof sinken auch dann, wenn die Konsumentenpreise steigen, weil Konzerne wie Nestlé, Cargill, Archer Daniels Midland, Louis Dreyfus Group und Bunge das Ernährungssystem in faktischer Monopolstellung kontrollieren. Es ist deren

Marktmacht, die den Bauern und Bäuerinnen Tiefstpreise und den Konsumentinnen und Konsumenten Höchstpreise aufzwingt. Die Durchsetzung nationaler und globaler Antitrustgesetze stellt einen wesentlichen Schritt auf dem Weg zur Zerschlagung dieser Monopole dar, damit nicht nur die (Klein-)Bäuerinnen und Bauern ihren Lebensunterhalt bestreiten können, sondern auch die Konsumentinnen und Konsumenten Zugang zu erschwinglichen, nahrhaften und gesunden Lebensmittel erhalten.

Eine sozial gerechte, wirtschaftlich tragbare und umweltverträgliche Landwirtschaft gelingt nur über koordiniertes Handeln von sozialen Landbewegungen im Bündnis mit engagierten Bewegungen aus der Zivilgesellschaft, welche die Ziele der Kleinbauernbewegungen unterstützen. Wenn auf multinationale Konzerne und Regierungsbehörden Druck gemacht werden soll, braucht es konzertierte Aktionen von Umwelt-, Landarbeiter-, Tierrechts- und Konsumentinnenorganisationen. Denn nur so lassen sich überall nationale Landwirtschafts- und Nahrungspolitiken durchsetzen, die zu wirklicher Ernährungssouveränität führen und die tatsächlichen Bedürfnisse aller Bäuerinnen und Bauern, Konsumentinnen und Konsumenten befriedigen – ganz besonders die der Armen unter ihnen.

Kurz gesagt, braucht es zur Verringerung von Hunger und Armut und zum Erhalt der Biodiversität mehr als ein „Begrünen" der Grünen Revolution und ein Verbot von Pestiziden und GVO-Saatgut. Wenn wir die Hauptursachen von Hunger, Armut, Ungleichheit und Ungerechtigkeit nicht an der Wurzel packen und das von den Konzernen kontrollierte Nahrungssystem abschaffen, bleibt jeder Fortschritt begrenzt. Als allgemeine Überzeugung gilt, dass die alternative agrikulturelle Bewegung einen homogenen Block bilden soll, damit sie vereint gegen die industrielle Landwirtschaft vorgehen kann. Die Opposition gegen das Nahrungsregime der Konzerne kann gestärkt werden, wenn sich die grosse Mehrheit – ungeachtet aller Differenzen – zusammen mit (Klein-)Bauernbewegungen unter die Fahne der Agrarökologie und der Ernährungssouveränität stellt. Begnügt sich die Mehrheit jedoch mit neoliberalen oder reformistischen Projekten, die das Konzernregime nicht herausfordern, wie der Biolandbau für den Export, Fair Trade etc., dann steht es verheerend um die Zukunft der Bäuerinnen und verarmten Konsumenten. Auf dem Weg hin zu einer wirklich alternativen Landwirtschaft sind Dialog und kritische Debatten unabdingbar. Und nur mit einer starken Gegenbewegung lässt sich das derzeitige ungerechte Nahrungssystem ändern.

Berkeley, Januar 2016

EINLEITUNG

MultiWatch
Autorinnen- und Autorenkollektiv

„Den Planeten ernähren" war das Leitmotiv der Weltausstellung 2015 in Mailand. Die Basler Regierung wählte Syngenta als Hauptsponsor und Partner der Stadt für diesen Event aus. Als kleine regionale Gruppe von Aktivistinnen und Aktivisten von MultiWatch beschlossen wir, Syngenta genauer unter die Lupe zu nehmen. Viel zu wenig war über diesen Konzern bekannt, obwohl er immer wieder für Schlagzeilen sorgte. Wegen der Profilierungsabsicht von Syngenta durch dieses Sponsoring mussten die Recherchierarbeiten sofort aufgenommen und beschleunigt werden. Zudem galt es auch, erste öffentliche Aktionen zu planen.

Während gegen den US-Konzern Monsanto weltweit marschiert wird, bleibt Syngenta – mit gleicher Ausrichtung – meist etwas verdeckt im Hintergrund. Das soll sich ändern. In diesem Buch dokumentieren wir die Erkenntnisse aus vielen Untersuchungen und mannigfacher Kritik. Es reiht sich in den weltweiten Protest und Widerstand gegen den Konzern ein. Ein Schwarzbuch ist es geworden, weil sich hinter der oberflächlich fortschrittlichen und humanitären oder sogar philantropischen Fassade von Syngenta ein knallhartes Geschäftsmodell versteckt, das für Menschen, Tiere und Umwelt gravierende Auswirkungen hat und die Menschenrechte auf Leben, Gesundheit und Ernährung beeinträchtigt. Weil die Verantwortlichen von Syngenta auf Kritik meist nur mit Propaganda und Schönfärberei reagieren, gravierende Probleme jahrelang verschleppen und teilweise mit grösster Arroganz handeln, versuchen wir, in diesem Buch eine erste Gesamtschau zu präsentieren.

Syngenta gehört zu den wichtigsten Konzernen im Agrobusiness. Darunter soll keineswegs alles, was irgendwie zum Agrarsektor gehört, subsumiert werden. Vielmehr geht es um die grossen transnationalen Firmen, die sich in diesem Bereich tummeln, ihn dominieren und daraus exorbitante Profite schlagen. Syngenta mischt an vorderster Front mit und ist Teil der im Vorwort von Prof. Miguel A. Altieri erwähnten Pestizidtretmühle. Der Konzern steht jedoch unter grossem Druck, und es stellt sich die Frage, wie Syngenta damit umgeht und was sich im Jahr 2016 ändert.

MultiWatch beobachtet die Machenschaften der Schweizer Multis im Globalen Süden im Hinblick auf Verletzungen von Menschen- und Gewerkschaftsrechten. MultiWatch lebt vom Engagement seiner Aktivistinnen und Aktivisten, nährt sich von der internationalen Solidarität, trägt zur Unterstützung von kritischen Bewegungen gegenüber Konzernen bei, sorgt für den Informationsfluss sowie die Informationsverbreitung und versucht, die jeweils vorhandenen Analysen zu aktualisieren und zu vertiefen. Im Herbst 2015 konnte bereits das zehnjährige Jubiläum gefeiert werden. Während dieser Zeit führte MultiWatch in enger Absprache mit betroffenen Personen und Organisationen Kampagnen etwa gegen Nestlé, Holcim oder Glencore durch.

Im April 2015, einige Tage vor der Eröffnung der Weltausstellung in Mailand, organisierte MultiWatch den Kongress „Agro statt Business", um die „unheilige Allianz" der Stadt Basel mit Syngenta zu thematisieren. Mehr als 500 Menschen nahmen teil. Die vielen Referate und Diskussionen beleuchteten farbig und eindrücklich verschiedene Ebenen der Kritik an Syngenta. Ein besonderer Platz in unseren Herzen und in unserem Schwarzbuch gehört den Syngenta-Gewerkschaftern aus Pakistan, den Syngenta-Kritikerinnen und -Kritikern aus Kauai (Hawaii) und dem Aktivisten aus Paraguay, die alle für Berichte an unsere Konferenz eingeladen waren. Für sie ist die weltweite Unterstützung dringend nötig, denn nur so können heute Veränderungen durchgesetzt werden. Und dazu braucht es weiterhin aktives Engagement.

Im ersten Teil des Schwarzbuch Syngenta zeigen wir mit den erwähnten Praxisbeispielen und anderen Situationen, welche Auswirkungen die Tätigkeiten von Syngenta in verschiedenen Weltregionen und Wirtschaftsbereichen mit sich bringen. Wir sind dem Konzern auf der Spur mit dieser Sammlung von Texten von Aktivistinnen und Aktivisten, die eine kritische Position einnehmen oder sich vehement gegen Syngenta stellen. Die Sammlung der Fälle ist keineswegs vollständig und die Analyse von Syngenta auch nicht abgeschlossen. Es handelt sich vielmehr um „work in progress". Wir wissen noch zu wenig über die Arbeitsbedingungen in China, über die Verhältnisse in Nordamerika und über die vielfältigen betrieblichen Auseinandersetzungen, die im Buch eher exemplarisch für die Schweiz, England und Pakistan dargestellt sind.

Im zweiten Teil machten wir uns daran, die Hintergründe und die höchst problematischen globalen

Aktivitäten dieses Konzerns besser zu verstehen. Syngenta steht zwar zurzeit infolge vieler Gerüchte häufiger in den Schlagzeilen, doch das Unternehmen positioniert sich in der Öffentlichkeit meist sehr diskret. Wir analysieren den Konzern, schreiben über seine Geschichte, die Geschäftsstrategien und das Lobbying, über seine Aktionärinnen und Aktionäre und seine Ideologie. Wir schreiben auch über Syngentas Produkte, über Saatgut und Pestizide, über Marktmacht und Patente und über eine Landwirtschaft, welche industriell betrieben und an den Kapitalrenditen gemessen wird, was natürlich auch für Syngenta selber gilt.

Widerstand gegen Syngenta ist nötig und muss verstärkt werden – darum geht es im dritten Teil. Wir legen dar, wie die Arbeitsbedingungen bei Syngenta aussehen und wer sich dagegen wehrt, warum die Konzerne statt Ernährungssouveränität möglichst umfassende Abhängigkeit für Bauern und Bäuerinnen anstreben und wie die Kritik dagegen wächst. Wir erzählen von Menschen, die sich gegen Syngenta organisieren und ihre eigenen Wege verteidigen oder neue suchen. Denn Alternativen gibt es viele. Breite Kritik an Syngenta ist vorhanden und gewinnt an Kraft. Auch wir selber sehen uns als Teil einer bunten, internationalen Bewegung, welche die Ernährung der Menschen nicht dem Kapital überlassen will, sondern in die eigenen Hände nimmt. Das Buch endet mit vielen vorhandenen Forderungen, die in weltweiten „Marches against Monsanto and Syngenta" öffentlichkeitswirksam gebündelt werden sollen.

Am 23. Mai 2015 zogen 1300 vorwiegend jugendliche Demonstrantinnen und Demonstranten im ersten Basler „March against Monsanto & Syngenta" vor den Hauptsitz des Konzerns. Ein Konzern, welcher seine Rendite vor allem mit dem Verkauf von Pestiziden macht, sieht die Menschen am liebsten unterwürfig, untergeordnet, rechtlos und abhängig. Obwohl Syngenta vorgibt, einen Beitrag zur Nahrungssicherheit zu leisten, werden die Probleme wegen des steigenden und teilweise höchst toxischen Pestizideinsatzes immer grösser, die Umwelt immer stärker beeinträchtigt, die Biodiversität schneller reduziert. Mit der angestrebten, möglichst vollständigen Kontrolle über das Saatgut würde die Konzernmacht nochmals extrem zunehmen. Dieses Buch belegt, wie die betroffenen Menschen Einspruch gegen diese Zukunft erheben und Teil der von Miguel A. Altieri erwünschten starken Gegenbewegung sind, die das aktuelle und höchst ungerechte, konzerndominierte globale Nahrungsregime herausfordern und grundsätzlich in Frage stellen.

Nach einem Jahr Kampagne sind wir stolz auf das Erreichte und hoffen, dass mit diesem Buch und den Forderungen die internationale Bewegung gegen die Agromultis besser fokussiert und gestärkt werden kann.

Dieses Schwarzbuch ist ein Gemeinschaftswerk von MultiWatch und vielen Menschen, die wertvolle Unterstützung geleistet oder sogar intensiv mitgearbeitet haben. Nicht gezeichnete Kapitel sind als kollektive Beiträge der Regionalgruppe MultiWatch Basel zu verstehen. Ein besonderer Dank geht an die Autorinnen und Autoren, die für dieses Buch ihre Kritik an Syngenta formuliert haben, insbesondere auch an Prof. Altieri, dann aber ebenfalls an das Basler Grafikkollektiv „Origami Design", das das Endprodukt gestaltete, an die Lektorin, die Übersetzerinnen und Übersetzer, die Gegenleserinnen und Gegenleser. Sie alle haben zum erfolgreichen Abschluss beigetragen und grossen Einsatz geleistet.

Wir widmen dieses Buch dem Gewerkschaftsführer Keno von der brasilianischen Landlosenbewegung MST, der 2007 von Angestellten einer von Syngenta beauftragten Sicherheitsfirma ermordet wurde. Mit dem Fall Keno beginnt unsere Spurensuche.

Basel, 21.1.2016

NACHTRAG

DIE OFFERTE VON CHEMCHINA UND DIE AKTUELLE RUNDE IM AGROPOLY

MultiWatch
Autorinnen- und Autorenkollektiv

Am 28. April 2015 stand eine Gruppe von MultiWatch im strömenden Regen vor der Basler St. Jakobshalle, um Gary Hooser aus Kauai und Imran Ali aus Pakistan an die Syngenta-Generalversammlung zu begleiten, wo sie sich an die Aktionärinnen und Aktionäre wenden würden. Die Grössen des Syngenta-Verwaltungsrates kamen an unseren symbolischen Gentechfeldern vorbei. Was wir nicht wussten: Der Syngenta-Verwaltungsrat hatte am Vorabend ein Übernahmeangebot des US-amerikanischen Konkurrenten Monsanto abgelehnt. Die Presse berichtete erst am 1. Mai 2015 darüber. Seither haben wir auf unserer Webseite und auf Facebook regelmässig über den Stand allfälliger Übernahmen berichtet und die Trägerorganisationen von MultiWatch mit einem internen Pressespiegel auf dem Laufenden gehalten.

Wir beobachteten ein Trauerspiel, das viel über den heutigen Kapitalismus aussagt. Das Auf und Ab der Verhandlungen mit Monsanto spiegelte sich im Auf und Ab des Börsenkurses von Syngenta. Hedgefonds stiegen ein und aus, und der Syngenta-Kurs wurde ein Spielball der Spekulanten. In der Monate dauernden Diskussion ging es vordergründig vornehmlich um den Preis bzw. die Prämie für die Syngenta-Aktionäre. Niemand schien sich für die Landwirtschaft und die Produkte von Syngenta zu interessieren, geschweige denn für die Welternährung oder die Syngenta-Belegschaft. Wir haben seit Mai 2015 gegen tausend Presseartikel zur Übernahmediskussion gesammelt. Über GVO-Saatgut oder Pestizide war darin nichts zu erfahren. Das war ein Lehrstück, wie der Kapitalismus funktioniert. Es geht letztlich nur um die kapitalistischen Profite, um die kurzfristigen Gewinne, doch diese kommen nicht aus dem leeren Raum – und sie haben Folgen.

Am Hauptsitz eines transnationalen Konzerns wie Syngenta werden nicht einfach nur globale Wertschöpfungsketten organisiert und immer wieder neu zusammengesetzt. Die grossen Konzerne bilden einen Teil der Finanzindustrie. Ihr prioritäres Geschäft sind Mergers & Acquisitions. Syngenta ist selbst das Resultat eines solchen Mergers und hat seither ununterbrochen Übernahmeverhandlungen geführt. Dass der Aggressor jetzt selbst gefressen werden soll, ist eine Konsequenz dieser Logik. Das konkrete Produkt oder ein bestimmter Geschäftsbereich spielen dabei eine untergeordnete, sekundäre Rolle. Vielmehr geht es um die Gewinnmaximierung, um die Realisierung des Mehrwerts durch die Warenproduktion sowie um das Ansaugen von globalem Mehrwert zur Etablierung von Monopolrenten. Spekulanten und Grossinvestoren gewinnen und verlieren an den Börsen. Syngenta versprach seit Längerem eine höhere Profitabilität, konnte diese Zielsetzung aber nicht einlösen. Daher fingen die Grossinvestoren an, härtere Massnahmen einzufordern. In den vielen Übernahmediskussionen gab es jedoch keine Stimme für die Syngenta-Belegschaft und keine Stellungnahme für die Syngenta-Opfer.

Als der Syngenta-Verwaltungsrat die Offerten von Monsanto und ChemChina im letzten Jahr ablehnte, verloren vielleicht auch einige Aktionäre Geld an der Börse. Eine Vereinigung von kleineren Aktionärinnen und Aktionären formierte sich. Angesichts der andauernden schlechten Konjunktur für Syngenta und eher düsteren Zukunftsaussichten in den Schwellenländern Brasilien und Argentinien begannen wichtige Grossaktionäre vertieft über ihr Engagement bei Syngenta nachzudenken und kamen zur Einschätzung, dass mindestens auf kurze Frist eher wenig zu erwarten war, die Renditen allenfalls sogar sinken und die Marktpositionen in Frage gestellt würden. Diese Befürchtungen wurden dem Verwaltungsrat unmissverständlich mitgeteilt, und VR-Präsident Demaré beklagte sich denn auch, dass dem Konzern ein Ankeraktionär fehle, der in etwas schwierigeren Zeiten für Stabilität sorge. Im November 2015 wurde bekannt, dass sich die grossen Konkurrenten Dow und DuPont zusammenschliessen würden.

In der Agrochemiebranche und in den Medien war gemäss sogenannten Experten von einer Konsolidierung die Rede. Lange war nicht klar, ob Syngenta jetzt zu den Übernehmenden oder den Übernommenen gehören würde. Alle möglichen Kombinationen wurden diskutiert. «Alle reden mit allen», kolportierte die nationale und internationale Presse.

Wir waren derweil daran, dieses Buch zu schreiben. Sollten wir abwarten, wie der Übernahmebasar ausgehen würde? Unsere Aktionärsanalyse zeigt, dass Syngenta mehrheitlich US-amerikanischen und britischen Grossaktionären gehört und keineswegs ein Schweizer Konzern war. Eine Übernahme Syngentas durch ChemChina erschien uns in erster Linie als ein Wechsel vom US-Kapital zu chinesischem Kapital. An unserer grundlegenden Analyse und Kritik des Agrobusiness und der industriell-kapitalistischen Landwirtschaft würde sich wenig ändern.

Gemäss unserer Planung musste das Manuskript fürs „Schwarzbuch" bis spätestens Ende 2015 abgeschlossen sein. Es kam, wie es kommen musste. Am 20.1.2016 ging der letzte Beitrag beim Redaktionsteam ein. Die Entwicklungen im Januar konnten noch rudimentär berücksichtigt werden. Allerdings blieben viele Fragen unbeantwortet, und natürlich waren für die Öffentlichkeit auch noch keine Entscheide gefallen. Am 2. Februar, dem Vorabend der Präsentation des Jahresabschlusses von Syngenta, wurde dann aber mitgeteilt, dass der Verwaltungsrat von Syngenta der neuerlichen und erhöhten Offerte von ChemChina einstimmig zugestimmt hatte. Wir waren im Dilemma. Sollten wir Teile des Buchs noch einmal überarbeiten und einen neuen Schwerpunkt auf ChemChina setzen? Wir entschieden uns dagegen. Die Leserinnen und Leser werden verstehen, dass dieses „Schwarzbuch" neben analytischen Teilen auch politische Interventionen umfasst, deren Stossrichtungen immer wieder angepasst werden müssen, und dass es daher nicht für die Ewigkeit geschrieben wurde. So haben wir beschlossen, das „Schwarzbuch" im Zustand vor der Kaufofferte zu publizieren. Monsanto ist daher präsenter als ChemChina. Einige grundsätzliche Überlegungen hinsichtlich ChemChina sind dennoch in einem Nachtrag anzufügen.

Die Übernahme von Syngenta durch die chinesische ChemChina kommt für MultiWatch nicht überraschend. Ob sie aber gelingt, ist zurzeit (Februar 2016) immer noch offen. Insbesondere die Inbesitznahme von 67 Prozent des Aktienkapitals von Syngenta scheint nicht ganz einfach zu sein, bzw. stellt eine nicht zu unterschätzende Hürde dar. Immerhin ist mit einem Preis von 480 Franken pro Aktie die Prämie nochmals deutlich erhöht worden (Monsanto bot etwa 430 bis 450 Franken und ChemChina machte im Herbst 2015 ein Angebot von 449 Franken). Zudem gibt es Unsicherheiten hinsichtlich europäischer und amerikanischer Behörden, allen voran des Committees on Foreign Investment in the United States, wonach allenfalls wegen Sicherheitsbedenken Desinvestitionen verlangt werden könnten. Allerdings ist auch diese Möglichkeit neben Rückzügen von ChemChina oder Syngenta in die Verhandlungen einbezogen und als überblickbares Risiko eingeschätzt worden. Die Beziehungen zwischen den grossen Wirtschaftsblöcken sind indessen mit vielen Unwägbarkeiten versehen.

Die aktuelle Situation von Syngenta mit den Zahlen für das Geschäftsjahr 2015 zeigt, dass der negative Trend – bereits im Dreiquartalsabschluss sichtbar – anhält. Der Umsatz reduzierte sich um 11 Prozent auf 13,41 Milliarden USD. Die sinkenden Absatzmengen versuchte man mit Preissteigerungen aufzufangen, doch gelang dies nur beschränkt. Der Reingewinn reduzierte sich um 17 Prozent und erreichte nur noch 1,34 Milliarden USD. Der Gewinn auf Stufe EBITDA stieg dagegen leicht von 19,3 auf 20,7 Prozent. Doch auch hier handelt es sich in absoluten Zahlen um einen Rückgang von rund 100 Millionen USD, der jedoch vorwiegend auf Währungseffekte zurückzuführen sei. Verschiedene Ankündigungen zur Überprüfung der Einstufung durch amerikanische Ratingagenturen dürften dem Management weitere Sorgen bereitet haben. Hierzu hat Moody's bereits mitgeteilt, dass sich aus dem Deal ein Downgrading ergeben könnte.

Neben diesen Zahlen geht es jedoch um die Marktposition von Syngenta. Es droht der Verlust der Spitzenplätze. Bayer holt bei den Pestiziden auf und beim Saatgut könnte sich der Abstand zu Monsanto und DuPont/Dow vergrössern. Ein Deal mit Monsanto hätte eine klare Unterordnung unter den amerikanischen Riesen bedeutet, wohingegen bei ChemChina mindestens vorläufig eine grössere Eigenständigkeit bestehen bleiben dürfte. Die Wachstumschancen werden steigen, was vor allem für den chinesischen Markt gilt, und höchstwahrscheinlich wird sich auch in Afrika ein höheres Umsatzvolumen erreichen lassen.

Auf die mittlere Sicht präsentiert sich die Perspektive anders. Zu rechnen ist mit einem Abfluss von Know-how nach China, allenfalls auch mit einer Redimensionierung verschiedener europäischer und amerikanischer Produktionsstandorte, und vielleicht wird sogar die Forschung einem neuen Hauptstandort in China untergeordnet. Von daher sind die vorhandenen Beteuerungen zu Arbeitsplatzgarantien oder sogar eine Schonfrist von fünf Jahren ohne Umbaumassnahmen mit Vorsicht aufzunehmen. Solange es keine öffentlich zugänglichen und schriftlichen Verpflichtungen für mehrere Jahre gibt, muss davon ausgegangen werden, dass je nach Geschäftsverlauf Restrukturierungen und Abbaumassnahmen durchgeführt werden – wie dies natürlich auch bisher der Fall war. Nur geht es nun nicht mehr direkt um den Shareholder Value, sondern vornehmlich um die strategischen Interessen des chinesischen Kapitals, das ebenfalls immer globaler agiert. Darin reflektiert sich die Verschiebung der weltweiten Akkumulationszentren, an deren Spitze das Silicon Valley und das Perlflussdelta in China stehen.

Wegen der unbefriedigenden Geschäftszahlen von Syngenta wäre ein Alleingang kaum mehr möglich. Die grossen Aktionäre haben Druck ausgeübt, um die Übernahmeprämie zu erhöhen und damit eine Superrendite einzuheimsen. Nur durch den Verkauf des Unternehmens liess sich noch einmal in grossem Stil Kasse machen. Grossinvestor BlackRock beispielsweise könnte sich durch den Verkauf aller Aktien an ChemChina eine halbe Milliarde CHF aneignen. Allerdings hat der Aktienkurs noch nicht stark angezogen, was auf eine gewisse Skepsis der Investoren hindeutet.

Wer ist ChemChina? ChemChina oder China National Chemical Corporation ist ein schnell wachsender staatlicher Chemiekonzern, der mit 45 Milliarden USD im vergangenen Jahr gut dreimal mehr Umsatz erzielte als Syngenta und bei dem über 140'000 Angestellte auf der Lohnliste stehen, davon 48'000 ausserhalb Chinas. Der Syngenta-Deal wäre eine neue Grössenordnung für das chinesische Kapital und natürlich auch für ChemChina. Die Kosten für alle Aktien würden sich auf 43,7 Milliarden Franken belaufen. Dagegen fielen die letzten Akquisitionen von ChemChina relativ bescheiden aus, wie bei Pirelli mit 9 Milliarden USD oder bei der KraussMaffei Group für knapp eine Milliarde, doch waren sie strategisch durchaus signifikant, wie insbesondere der Einstieg beim Genfer Rohstoffhändler Mercuria. Es scheint, dass ChemChina mit allen Mitteln versehen wird, um in der Chemieindustrie weiter Richtung globale Spitze zu marschieren und auch weltweit unter die fünfzig grössten Unternehmen vorzustossen.

Was bringt die Übernahme? Es handelt sich keineswegs um eine Konsolidierung, sondern um eine Neugruppierung in den Oligopolen des Pestizid- und des Saatgutmarktes. Die Big Six werden auf die Big Five, ChemChina/Syngenta, Dow/DuPont, Monsanto, Bayer und BASF, reduziert und der Marktanteil der drei grössten Konzerne wird nochmals markant ansteigen. Mit dem Verkauf von Syngenta an ChemChina dürfte die Spitzenposition besetzt sein und es dürften hierbei auch die relativ besten Wachstumschancen bestehen. Ob sich dahinter eine neue Koalition ergibt, sodass dann nur noch von den Big Four oder Big Three zu reden ist, bleibe dahingestellt.

Die andauernden Bereinigungen in der Agrochemie führen zu einer extremen Machtkonzentration, die für die Menschheit eine grosse Gefahr darstellt. Es ist durchaus vorstellbar, dass chinesisches, amerikanisches und europäisches Kapital die Aufteilung der Pestizid- und Saatgutmärkte konzentriert vornimmt. Dabei liegen die höchsten Wachstumsraten im asiatischen Raum, dann folgt bereits Afrika, denn auch dieser Kontinent soll für das globale Kapital der Pestizid- und Saatgutkonglomerate möglichst schnell in Wert gesetzt werden. Durch den Kauf der Syngenta-Aktien ist ChemChina mit einem Schlag in diesen beiden Märkten zu einem Globalen Player geworden, der an einer Beschleunigung in der Entwicklung der industriell-kapitalistischen Landwirtschaft interessiert ist. Einmal mehr wird davon gesprochen, wie beschränkt die landwirtschaftlichen Flächen in China seien, und wie es immer schwieriger werde, die wachsende Bevölkerung zu ernähren, sodass chinesisches Staatskapital, basierend auf den riesigen Devisenreserven, auf dem Renminbi als neuer Weltwährung und auf sehr mächtigen staatlichen Banken, weltweit aktiv sein müsse und erfolgreich sein könne. Die Folge sind viele weitere Käufe von Firmen, die beständige Sicherung von Rohstoffen, der Ausbau des Industriestandorts und nicht zuletzt auch die permanente Beschaffung von Land und Wasserreserven. Wer die Nahrungsproduktion kontrolliert, kontrolliert auch die Menschheit. Mit ihren Pestiziden und der Patentierung von Pflanzen ist Syngenta heute einer der wichtigsten Exponenten einer nicht nachhaltigen Landwirtschaft. Geht Syngenta in den chinesischen Staatskonzern ChemChina auf, so besteht die akute Gefahr, dass die Verbreitung sehr gefährlicher Agrogifte und die Ausdehnung der höchst problematischen Agrogentechnik in China und weltweit weiter beschleunigt werden. Leider wissen wir wenig über die konkrete Situation in den Chemiefabriken in China und über die Kämpfe der chinesischen Bäuerinnen und Bauern gegen Enteignung und Umweltzerstörung. Wir werden zusammen mit anderen NGOs alles versuchen, um dieses Defizit zu eliminieren.

Die versprochenen Produktivitätsgewinne sind jedoch keineswegs gesichert. Wegen der nachteiligen ökologischen Konsequenzen wird versucht, noch mehr und neue Pestizide einzusetzen, vor allem aber auch neues transgenes Saatgut zu entwickeln. Die Widersprüche der kapitalistischen Produktion werden sich jedoch weiter zuspitzen und die weltweiten Ungleichheiten werden zunehmen. Gleichzeitig dürfte aber auch die Alternative einer agrarökologischen Landwirtschaft an Unterstützung gewinnen und damit der Widerstand gegen die forcierten kapitalistischen Verhältnisse auf dem Land wachsen.

Die Transformation ist heute absehbar, ob sie durchgesetzt werden kann oder ob härteste Verteilungskämpfe erfolgen werden, wird sich zeigen. Hoffnung besteht dann, wenn sich der vielfältige Widerstand verbindet und eine gemeinsame Strategie und Ausrichtung einschlagen kann. Unzweifelhaft ist bereits heute, dass vieles in China entschieden werden wird, denn dort sind die Klassenkämpfe am virulentesten, obgleich nicht genügend zu Kenntnis gebracht und immer noch von der neuen Klasse der sich transformierenden kommunistischen Partei mit ihren staatlichen Gewerkschaften überformt. Zweifellos aber steigt die Zahl der Millionäre und Milliardäre in China weltweit ebenfalls am stärksten. Der Chef von ChemChina, Ren Jianxin, gehört in diesen Kreis, ist bestens mit der Partei vernetzt und scheint grossen ökonomischen Spielraum zu geniessen. Sein Auftreten ist freundlich und konziliant. Er weiss auch, dass China technologisch immer noch etwas nachhinkt und dass daher Technologie eingekauft werden muss. Dabei geht es jedoch nicht darum, diese nach China zu transportieren, denn diese Phase ist weitgehend abgeschlossen, sondern um die Verbesserung der globalen Position und um einen höheren Anteil am weltweiten Mehrwert. Eben business as usual.

Für die Arbeitnehmenden von Syngenta ist keineswegs gesichert, dass ihre Anstellung weiterläuft, auch wenn es kurzfristig kaum zu grösseren Veränderungen kommen wird. Ein Stellenabbau droht immer, und für die Bäuerinnen und Bauern stehen weitere Preissteigerungen an. Weder die Interessen der Landwirtschaft noch die Probleme bei der Welternährung oder jene der Syngenta-Belegschaft spielten in diesen geheimen Übernahmediskussionen eine Rolle. Von den Angestellten in Basel war zu hören, dass der Verkauf an ChemChina vielleicht doch etwas sicherere Perspektiven bieten würde als eine Übernahme durch Monsanto. Doch zu längerfristigen Prognosen liess sich niemand hinreissen.

ChemChina ist – vorläufig noch – ein Staatskonzern. Die Syngenta-Aktie wird nach der Übernahme wohl von der Börse verschwinden und der Konzern wird weniger Informationen publizieren, auch wenn dies zurzeit bestritten wird. Für die Öffentlichkeit dürfte es jedoch eher schwieriger werden, herauszufinden, was hinter den geschlossenen Fabrik- und Labortoren geschieht. Es sei denn, die Unternehmensstrategie werde umgekrempelt, und dafür sind auch unsere Forderungen gedacht.

MultiWatch hat Syngenta in den letzten eineinhalb Jahren kritisch begleitet. MultiWatch fordert angesichts der Übernahme des Basler Multis:

1. Eine schriftliche Jobgarantie für die Syngenta-Mitarbeiterinnen und -Mitarbeiter über mindestens fünf Jahre, nicht nur in der Schweiz, sondern weltweit!

2. Die gewerkschaftlichen Rechte müssen für alle Produktionsanlagen eingehalten werden, auch für jene in China selbst. Bisherige, sehr gravierende Einschränkungen sind sofort aufzuheben.

3. Der interne Verhaltenskodex und die Corporate Responsibility Standards von Syngenta müssen endlich weltweit eingehalten werden. Insbesondere sollen die Arbeitsbedingungen für Saatgutbauern weiter extern kontrolliert werden.

4. Unabhängige internationale Beobachter müssen Zugang zu den Produktionsanlagen, auch in China, erhalten.

5. Der Einsatz von Paraquat durch ungeschulte und ungeschützte Landarbeiterinnen und Landarbeiter in Ländern des Globalen Südens gefährdet deren Gesundheit und Leben. Wir fordern das Verbot von Paraquat. Die Übernahme von Syngenta darf keinesfalls zu einer weiteren Ausbreitung von Paraquat führen.

6. Qualitativ hochstehende Informationen über die Entwicklung des neuen Giganten und damit vorbildliche Transparenz hinsichtlich Arbeitsbedingungen, Produkteinsatz, ökologischen Problematiken sowie Forschungsschwerpunkten.

Wie es konkret weitergehen wird, darüber kann wohl nur spekuliert werden. Denkbar ist, dass die angestrebten 67 Prozent Aktienbesitz von ChemChina nicht erreicht werden, oder dass ein noch höheres Angebot für die Syngenta-Aktie eingeht, was allerdings eher unwahrscheinlich ist. Rückzüge sind für beide Seiten mit Milliardenbeträgen abgesichert und müssten folglich in neue Offerten eingerechnet werden. Allenfalls wird es auch zu Reibungen mit dem amerikanischen Staat kommen, sei es wegen strategischer Waren oder wegen der Testfelder auf Kauai oder im Research Triangle Park in North Carolina. Von daher stellen sich durchaus einige Zusatzfragen, die die nächste Zukunft beantworten wird. Für uns aber ist klar: Dieser oder ein ähnlicher Zusammenschluss entspricht der kapitalistischen Logik und verweist exemplarisch auf Beharrungs- oder Veränderungskräfte innerhalb des Kapitalismus auf globaler Stufe. Die grossen Probleme der Menschheit werden damit nicht gelöst, sondern verschärft.

6. Februar 2016

SYNGENTA AUF DER WELTBÜHNE

38	Einleitung – Syngenta auf der Weltbühne
40	Die Ermordung des MST-Aktivisten Keno Marianne Spiller
48	Syngentas Testfelder auf Kauai: keine paradiesischen Zustände
60	Der zehnjährige Kampf gegen ihre Arbeiter in Pakistan
70	Mit Imran Ali unterwegs in Karachi Markus Spörndli
74	Syngentas Wirken in Indien: Verschuldung und Vergiftung Deepak Kumar
82	Die Netze von Syngenta in Lateinamerika Elizabeth Bravo
90	Paraguay: Putsch im Interesse der Agrokonzerne Yvonne Zimmermann
96	Afrika im Visier von Syngenta Silva Lieberherr
110	Golden Rice: Agrokonzerne privatisieren Reis Paul Scherer
118	Das Bienensterben und Syngenta Yves Zenger
122	Syngentas giftige Hinterlassenschaft Martin Forter
130	Ein Auge auf Syngenta François Meienberg
138	Die Welt ernähren – aber wie? Florianne Koechlin
146	Schlussfolgerungen

DIE NETZE VON SYNGENTA IN LATEINAMERIKA
S. 82

SYNGENTAS TESTFELDER AUF KAUAI
S. 48

DIE ERMORDUNG DES MST-AKTIVISTEN KENO
S. 40

PARAGUAY: PUTSCH IM INTERESSE DER AGROKONZERNE
S. 90

© Léon Bricola

SYNGENTAS GIFTIGE HINTERLASSENSCHAFT
S. 122

DER ZEHNJÄHRIGE KAMPF GEGEN IHRE ARBEITER IN PAKISTAN
S. 60

MIT IMRAN ALI UNTERWEGS IN KARACHI
S. 70

SYNGENTAS WIRKEN IN INDIEN
S. 74

AFRIKA IM VISIER VON SYNGENTA
S. 96

SYNGENTA AUF DER WELTBÜHNE

EINLEITUNG

In diesem ersten Teil des Buches geht es um die dramatischen Auswirkungen, die mit den globalen Aktivitäten von Syngenta verbunden sind.

Als Einstieg zeichnet Marianne Spiller nach, wie es zur Ermordung eines Aktivisten der brasilianischen Landlosenbewegung kam.

Keine Todesfälle, wohl aber gravierende Gesundheitsbeeinträchtigungen der Bevölkerung auf Kauai haben Syngentas Testfelder für Pestizide und Gentechsaatgut zur Folge.

Besonders empörend ist der Umgang Syngentas mit dem grössten Teil der Arbeiter in der Pestizidfabrik im pakistanischen Karachi. Ihnen werden grundlegende Rechte vorenthalten und ihre Arbeitsbedingungen sind ein Skandal. Markus Spörndli traf den Gewerkschaftsführer Imran Ali und erhielt Einblick in seine Arbeit.

Über den Einfluss der Multis – darunter Syngenta – auf die indische Landwirtschaft berichtet Deepak Kumar. Er stellt die Zwangsverschuldung von Bauern und Bäuerinnen sowie die Vergiftung von Landarbeiterinnen und Landarbeitern durch Pestizide in den Mittelpunkt seiner Darlegungen.

Elizabeth Bravo geht vertieft auf die grossen Monokulturen mit Zuckerrohr, Soja oder Bananen in Lateinamerika ein. Für Syngenta und die anderen Agromultis sind diese Territorien wahre Umsatzparadiese – für die Bevölkerung und die Umwelt haben sie fatale Folgen.

In Paraguay ist es 2012 mit fadenscheinigen Begründungen zu einem parlamentarischen Putsch gegen Präsident Lugo gekom-

MultiWatch
Autorinnen- und Autorenkollektiv

men. Eine direkte Beteiligung von Syngenta kann zwar nicht nachgewiesen werden, doch zeigt Yvonne Zimmermann auf, wie der Putsch vornehmlich den Agromultis nützt.

Silva Lieberherr richtet ihren Blick auf Afrika. Sie analysiert, wie dieser Kontinent für die Agromultis erschlossen und in Wert gesetzt wird. Syngenta ist an vorderster Front mit einem grossen Investitionsvolumen dabei und versucht mit Public Private Partnerships die Saatgutgesetze zu ändern.

Ein besonderes Projekt ist Golden Rice. Paul Scherer kritisiert, dass Entwicklung, Patentierung und Produktion dieser Gentechsorte dazu dienen, die gesamte Reisproduktion zu kontrollieren, während über die Risiken dieser Pflanze sehr wenig bekannt ist.

Von Greenpeace stammt ein Beitrag über das Bienensterben. Verursacht wird dieses durch den ungebremsten Einsatz von bestimmten Pestiziden, den teilweise bereits verbotenen Neonicotinoiden.

Martin Forter beschäftigt sich mit den ungelösten Problemen in den Giftmülldeponien rund um Basel. Diese Hinterlassenschaften sind höchst gefährlich und ihre Entsorgung kostspielig. Syngenta versucht, solche Kosten zu reduzieren oder ganz einfach dem Kanton zu überbürden.

Die beiden letzten Beiträge akzentuieren die Kritik an Syngenta. François Meienberg berichtet, wie die Erklärung von Bern diese über lange Zeit mit Fakten und Kampagnen intensiviert hat; Florianne Koechlin behandelt die Vorschläge des Weltagrarberichts und weist Syngentas Beitrag zur Verbesserung der Welternährung entschieden zurück.

EIN PRIVATER
SICHERHEITSDIENST
SCHÜTZT SYNGENTAS
TESTFELDER UND
ERMORDET EINEN
GEWERKSCHAFTSFÜHRER

DIE ERMORDUNG DES MST-AKTIVISTEN KENO

Marianne Spiller
Psychologin und Aktivistin, Brasilien. Sie hat die Stiftung „Vida Para Todos – Abai" gegründet, die seit über 30 Jahren Menschen in Armut unterstützt und stärkt sowie das Bewusstsein über die Zusammenhänge der Armut fördert.

Die traurige Geschichte der Ermordung des Aktivisten der Landlosenbewegung Valmir Mota de Oliveira, genannt Keno, beschäftigt mich seit langem. Sie ereignete sich vor neun Jahren auf einem Syngenta-Versuchsgelände im brasilianischen Bundesstaat Paraná. Im Jahr 2009, also zwei Jahre nach dem Ereignis, nahm ich am Tatort an einer grossen Gedenkfeier teil. Vor kurzem habe ich überdies die Witwe des Ermordeten und andere Überlebende der Tragödie besucht.

Die Bewegung der Landlosen (Movimento dos Trabalhadores Sem Terra, MST) ist vor gut dreissig Jahren vor dem Hintergrund der äusserst ungleichen Landverteilung in Brasilien entstanden. Heute kämpft diese Bewegung immer noch für die Umsetzung der Agrarreform. Immerhin konnten in diesen drei Jahrzehnten für über 400'000 Familien offizielle Landtitel in über 2000 Siedlungen erkämpft werden.

DIE VORGESCHICHTE

Bis 2008 besass Syngenta ein 122 Hektar grosses Gelände in der Gemeinde Santa Tereza do Oeste, nur vier Kilometer entfernt vom Iguaçú-Nationalpark, einer Schutzzone mit einzigartiger Biodiversität, die von der UNO als Welterbe der Menschheit deklariert wurde. Gemäss dem damals gültigen brasilianischen Umweltgesetz durften innerhalb einer Distanz von 10 Kilometern vom Nationalpark keine fremden Pflanzen angepflanzt werden. Im Jahr 2005 entdeckten Kleinbäuerinnen und -bauern der Umgebung, dass auf dem Versuchsgelände von Syngenta heimlich Versuche mit genveränderter Soja durchgeführt wurden. Die internationale Kleinbauernbewegung La Via Campesina, zu der die brasilianische

Landlosenbewegung MST gehört, prangerte dies an der Biodiversitätskonferenz der UNO im Jahr 2006 in Curitiba öffentlich an. Schliesslich belegte die brasilianische Umweltbehörde IBAMA Syngenta mit einer Busse von CHF 500'000. Diese Busse hat Syngenta bis heute nicht bezahlt. Die Situation wurde noch kritischer, als sich herausstellte, dass Syngenta auch genveränderten Mais auf dem Versuchsgelände anpflanzte. Die Bewegung der Landlosen, die direkt daneben eine ihrer Siedlungen unterhält, musste befürchten, dass ihr traditioneller Mais durch den Gentechmais von Syngenta kontaminiert werden könnte, und beschloss daher, ihren Protest durch eine Besetzung des Syngenta-Geländes auszuweiten.

Im März 2006 fand diese erste Besetzung statt. Die Landlosen konnten sich während fast eines Jahres auf dem Gelände halten. Dann bekamen sie einen Räumungsbefehl, den Syngenta durch richterlichen Beschluss erwirkt hatte, und mussten das Gelände verlassen. Sie bauten ihr Zeltlager unmittelbar neben dem Gelände von Syngenta entlang einer wichtigen Strasse wieder auf.

DAS GOUVERNEURSDEKRET
UND WEITERE BESETZUNGEN

Der damalige Gouverneur des Staates Paraná, Roberto Requião, empörte sich über diese Angelegenheit und trat gegen Syngenta an. Durch Enteignung per Dekret versuchte er den Konzern zum Wegzug zu zwingen. Daraufhin besetzten die Landlosen das zu enteignende Gelände zum zweiten Mal. Syngenta gelang es jedoch, das Dekret des Gouverneurs gerichtlich anzufechten und als ungültig erklären zu lassen, sodass die Landlosen das Gelände erneut verlassen mussten. Sie zogen sich in ihre Siedlung zurück.

Nach einigen Monaten konnten sie beobachten, dass Syngenta den Boden für eine neue Aussaat von Gentechpflanzen vorbereitete. Daraufhin besetzten sie mit ungefähr 450 Leuten in der Morgenfrühe des 21. Oktober 2007 das Gelände von Syngenta zum dritten Mal. Am Eingang beim Torwächterhäuschen stiessen sie auf sechs bewaffnete Angestellte der von Syngenta verpflichteten Organisation N.F. Segurança. Im Häuschen befanden sich weitere Waffen. Die Landlosen schickten die Wachmänner von N.F. Segurança weg, konnten aber beobachten, wie diese in einiger Distanz mit Polizisten diskutierten.

Im Verlauf des Morgens erschien ein Wachmann von N.F. Segurança in der Nähe des Torwächterhäuschens, gestikulierte mit erhobener Waffe und schrie, er und seine Kollegen würden zurückkommen, um die Landlosen zu töten. Die Landlosen begaben sich in ihr im Aufbau begriffenes Lager und widmeten sich dem Organisieren von Kaffee und dem Vorbereiten des Mittagessens.

rechts:
Nachdem die MST-Aktivistinnen und -Aktivisten im November 2006 Syngentas Versuchsfeld zum ersten Mal räumen mussten, schlugen sie vorübergehend ihre Zelte in der Nähe auf.

Bild: © MST

Ungefähr um 12.20 Uhr fuhr ein Wagen mit zwei Insassen in der Eingangszone vor. Die Männer riefen den Landlosen erneut Morddrohungen zu. Einige Anführer der Landlosenbewegung installierten sich im Torwächterhäuschen und beobachteten von dort aus die Situation.

DER ÜBERFALL

Plötzlich fuhr ein weiterer Wagen vor. Bewaffnete sprangen heraus und schossen sofort auf die Männer, die sich im Torwächterhäuschen befanden. Zum Glück konnte einer von ihnen noch durch die Türe entkommen. Er rannte in die Siedlung Olga Benário, um den Anwalt der Bewegung über den Angriff zu informieren.

Nach dem Wagen mit den ersten Pistoleros näherte sich ein Bus, aus dem mehr als vierzig bis an die Zähne bewaffnete, schwarz gekleidete Männer sprangen. Die Männer der N.F. Segurança umzingelten die Landlosen und begannen schreiend, wild und chaotisch aus allen Richtungen zu schiessen.

Die Schiesserei dauerte etwa zehn Minuten. Dabei wurde Valmir Mota de Oliveira aus nächster Nähe mit neun Schüssen exekutiert. Valmir war 34 Jahre alt, verheiratet und Vater von zwei Buben. Die Wachmänner versuchten auch, eine zweite Person, eine Frau, zu töten. Am Boden kniend richtete sie den Kopf auf, um ihren Mördern in die Augen zu schauen, und wurde dabei von einem Schuss in ihr rechtes Auge getroffen. Eine andere Kugel blieb in ihrer Lunge stecken. Im Kugelhagel wurden weitere Landlose verletzt.

Auf der Seite von F.N. Segurança wurde ebenfalls ein Mann getötet. Aufgrund einer polizeilichen Untersuchung wird angenommen, dass er von den eigenen Kollegen, die von hinten in verschiedenen Gruppen nachrückten, getroffen wurde.

N.F. SEGURANÇA

Bei dieser Organisation handelte es sich nicht etwa um eine normale, legale Sicherheitsfirma, sondern vielmehr um eine private Miliz, um Paramilitärs. Wegen illegalem Einsatz von Waffen hatte N.F. Segurança bereits verschiedentlich grosse Probleme mit der Justiz. Als Deckung für ihre Aktivitäten gab sie sich den Anschein einer Sicherheitsfirma. Die Organisation arbeitete mit der Sociedade Rural do Oeste (SRO) und dem Movimento dos Produtores Rurais (MPR) zusammen. Dies sind äusserst aggressive und gewaltbereite Zusammenschlüsse von Grossgrundbesitzern und Grossbauern, die die Landlosen mit Gewalt von ihren Farmen fernhalten oder vertreiben.

Der Auftrag, den Syngenta mit der Miliz vereinbart hatte, bestand darin, bei einer erneuten Besetzung innerhalb einer Stunde in Aktion zu treten und die Besetzer zu vertreiben, koste es, was es wolle.

> «Die Schiesserei dauerte etwa zehn Minuten. Dabei wurde Valmir Mota de Oliveira aus nächster Nähe mit neun Schüssen exekutiert.»

NACH DER ERMORDUNG VON KENO

Das Verbrechen löste weltweit eine Welle der Empörung und des Protestes aus. Der damalige Botschafter der Schweiz in Brasilien entschuldigte sich bei der Witwe von Keno. Neben Amnesty International protestierten über 200 Organisationen öffentlich gegen das Handeln von Syngenta. Protest und Aufruhr waren so gross, dass der Konzern den Ort verlassen musste.

Die Verantwortlichen von Syngenta vereinbarten ein Treffen mit dem Gouverneur und verhandelten mit ihm über eine Übergabe des Versuchsgeländes an den Staat. Der Gouverneur forderte von Syngenta den Rückzug aller bisherigen gegen den Staat gerichteten Klagen. Syngenta willigte ein und übergab schliesslich das Gelände dem Staat als Schenkung.

Der Gouverneur ordnete die Umwandlung des Gentechgeländes in ein Zentrum für agroökologischen Landbau und bäuerliches Saatgut unter der Leitung des staatlichen Institutes IAPAR an. Saatgut wurde in der Folge gratis an Kleinbauern abgegeben. An der Gedenkfeier im Jahre 2009 habe auch ich einen Sack mit bäuerlichem Saatgut geschenkt bekommen.

DIE PROZESSE

Zurzeit sind zwei Prozesse im Gange: ein ziviler Prozess und der eigentliche Gerichtsprozess. Der zivile Prozess wird von der Menschrechtsorganisation Terra de Direitos geführt. Er hat zum Ziel, Syngenta als Auftraggeberin der kriminellen Organisation N.F. Segurança zu identifizieren und zu einer entsprechenden Entschädigung für die Opfer, die Witwe, ihre Söhne sowie die durch Schüsse ins Auge und in die Lunge arbeitsunfähig gewordene Frau zu verurteilen. Was den zweiten Prozess betrifft, hat die Staatsanwaltschaft neun Angestellte von N.F. Segurança, deren Chef, einen Repräsentanten der lokalen Grossgrundbesitzer sowie acht Mitglieder der Landlosenbewegung angeklagt.

Sowohl bei den Staatsanwälten als auch bei den Geschworenen und den Richtern handelt es sich um Leute aus der Region, die fast immer mit den lokalen Grossgrundbesitzern, Politikern und Konzernen verbunden und für Korruption empfänglich sind. Da erstaunt es nicht, dass Syngenta als Auftraggeberin der Miliz im Prozess nicht genannt und angeklagt wird und die Landlosen von Opfern zu Tätern gemacht werden. Zudem sind die Staatsanwälte und Richter von der allgemeinen Tendenz zur Kriminalisierung von sozialen Bewegungen beeinflusst und haben wenig Verständnis für die Landbesetzungen. Die Justiz steht fast immer auf der Seite der mächtigen Landbesitzer und ihrer bewaffneten Milizen.

DAS URTEIL

Vor diesem Hintergrund bedeutet es eine positive Überraschung, dass der Richter Pedro Ivo Moreiro vom Ersten Zivilgericht von Cascavel Syngenta im November 2015 als schuldig bezeichnet und verurteilt hat. Syngenta soll der Familie von Keno sowie der nach dem Schuss ins Auge behinderten Frau eine Kompensation für den zugefügten moralischen und materiellen Schaden zahlen. In seinem Urteilsspruch sagte der Richter: „Das, was passiert ist, eine Konfrontation zu nennen, heisst seine Augen vor der Realität zu verschliessen, denn (…) es gibt keinen Zweifel, dass es in Wahrheit ein Massaker war, welches als eine Wiederinbesitznahme von Eigentum getarnt wurde."

Syngenta widerspricht der Version des Richters und besteht darauf, dass es sich um eine Konfrontation zwischen Milizen (also N.F. Segurança) und Mitgliedern von La Via Campesina gehandelt habe. Es sei also nie um den Schutz ihres Eigentums gegangen, sondern N.F. Segurança habe ideologische Gründe gehabt. Mit dieser Argumentation von Syngenta ist vom Auftrag und der ursächlichen Verantwortung keine Rede mehr.

Aber der Richter entgegnete, eine „schlechte Wahl beim Auslagern von Sicherheitsdienstleistungen wie auch die indirekte Finanzierung von rechtswidrigen Aktivitäten seien Faktoren, die eine zivilrechtliche Haftung verursachten". Obwohl zu erwarten ist, dass Syngenta Berufung gegen den Urteilsspruch einlegen wird, ist dieser von grosser Bedeutung für die Opfer wie auch für die sie vertretenden Juristen und Sozialbewegungen.

DER KAMPF UM DIE LANDREFORM

Nach der brasilianischen Verfassung kann Land, das nicht bebaut wird und das seine soziale Funktion nicht erfüllt, enteignet und für die Agrarreform bereitgestellt werden. Dieser Gesetzesartikel ist legale Grund- und politische Ausgangslage für die Bewegung der Landlosen, wenn sie um ein Stück Land für eine neue Siedlung kämpft. In diesem Kampf sind unzählige Genossinnen und Genossen gefallen. Die zur katholischen Kirche gehörende Landpastoralkomission (Comissão Pastoral da Terra, CPT) hat in ihrer Statistik der Morde und Landkonflikte festgestellt, dass in den letzten 30 Jahren 1723 Personen in 1307 Landkonflikten ermordet wurden. Es handelte sich dabei um engagierte Priester und Ordensschwestern, Umweltaktivistinnen und Umweltaktivisten, Gewerkschafterinnen und Gewerkschafter und in einigen Fällen auch um Politiker. Die Ermordung von Valmir Mota de Oliveira ist demzufolge kein Einzelfall.

rechts:

Leere Patronenhülsen nach der Ermordung von Keno und der gewalttätigen Räumung des durch MST-Aktivistinnen und -Aktivisten besetzten Versuchsfelds von Syngenta.

Bild: © MST

DIE KONZERNVERANTWORTUNGSINITIATIVE ALS CHANCE

Gigantische Weltkonzerne wie Syngenta, Monsanto, Nestlé und andere entscheiden heute, als ob sie einer parallelen, über den Ländern und ihren Regierungen stehenden Weltregierung angehören würden. Vielleicht lässt sich damit erklären, dass Syngenta die Umweltgesetze von Brasilien vorsätzlich missachtete, die entsprechende Busse nicht bezahlte und den Opfern der Tragödie bisher keine Entschädigung zukommen liess. Wie lange noch können Konzerne ohne Unrechtsbewusstsein und ohne Ethik handeln?

Ein Lichtblick in dieser Sache ist die Konzernverantwortungsinitiative, für die bis im Oktober 2016 in der Schweiz Unterschriften gesammelt werden. Eine breite Allianz aus Hilfswerken, Umwelt- und Menschenrechtsorganisationen hat diese Initiative lanciert. Ihr Ziel ist es, verbindliche Regeln für Konzerne zum Schutz von Mensch und Umwelt, auch im Falle von Geschäften im Ausland, festzulegen. Alle Konzerne müssen überprüfen, ob ihre Firmen im Ausland die Menschenrechte und Umweltstandards beachten und entsprechend handeln. Verbrechen gegen die Menschenrechte und die Natur, die Tochterfirmen im Ausland begehen, sollen nach den in der Schweiz gültigen Gesetzen und Regeln eingeklagt werden können. Die Initiative stellt, unabhängig davon, ob sie angenommen wird oder nicht, einen Meilenstein in der Schweizer Menschenrechtspolitik dar. Sie ist eine grosse Chance!

Aus der Ferne schicke ich herzliche Grüsse in die Schweiz und schliesse mit einem Satz von Che Guevara: „Die Mächtigen können eine, zwei oder drei Rosen töten. Aber den Frühling werden sie niemals aufhalten können."

KAUAIS KINDER WERDEN KRANK, DOCH SYNGENTA TESTET WEITERHIN HOCHGIFTIGE PESTIZIDE

SYNGENTAS TESTFELDER AUF KAUAI: KEINE PARADIESISCHEN ZUSTÄNDE

MultiWatch
Autorinnen- und Autorenkollektiv

Malia Chun wohnt auf Kauai, einer der Inseln des Hawaii-Archipels, neben den Testfeldern Syngentas. Sie spricht die alte Sprache Hawaiis und ist Aktivistin in der Bewegung der hawaiianischen Indigenen. Für Malia Chun ist Hawaii nach wie vor ein von den USA besetztes Land, und Agrokonzerne wie Syngenta erachtet sie als Nachfolger der Grossgrundbesitzer, die früher die Zuckerrohrplantagen beherrschten. Sie ist eine der wichtigsten Kritikerinnen und zugleich Leidtragende der Testfelder Syngentas auf Kauai. Malia erinnert sich gerne an die Geschichte Hawaiis. Jahrhunderte vor den Europäerinnen und Europäern wanderten Indigene aus Polynesien und Tahiti ein und konnten vom Boden und dem Meer leben, ohne die Natur der Inseln zu zerstören. Mit den Schiffen von James Cook und dem westlichen Kolonialismus kamen Krankheiten, die die ansässige Bevölkerung stark dezimierten. Sie weiss aber auch, dass Hawaii ein Land von Einwanderinnen und Einwanderern ist. Sie selber hat Grosseltern aus Hawaii wie auch aus den Philippinen.

DER IMPERIALISMUS AUF HAWAII

Das „Great Mahele"-Gesetz des hawaiianischen Königreichs sorgte 1848 für die Vertreibung der Hawaiianerinnen und Hawaiianer von ihrem Land und schuf die Voraussetzungen für die Plantagenwirtschaft. Die Durchsetzung dieses Landgesetzes ermöglichte die ursprüngliche Akkumulation des Kapitals, indem die Produzentinnen und Produzenten von ihrem primären Produktionsmittel getrennt wurden. 1850 wurde ein striktes „Masters and Servants Law" eingeführt, das dem Grossteil der Bevölkerung alle Rechte nahm und Zwangsarbeit juristisch verankerte. 1850 wurde überdies Ausländerinnen und Ausländern erlaubt, Land zu kaufen. Land und Arbeitskraft wurden zu Waren. Die Inselbewohnerinnen und Inselbewohner wurden gezwungen, auf den Plantagen zu arbeiten. Viele zusätzliche Landarbeiterinnen und Landarbeiter wurden aus Japan und China importiert. Von 1852 bis 1887 kamen 50'000 Chinesinnen und Chinesen, zwischen 1885 und 1924 200'000 Japanerinnen und Japaner, zwischen 1909 und 1930 113'000 Filipinas und Filipinos nach Hawaii (Wikipedia: sugar plantations in Hawaii und Hawaiian-roots). Die weissen Plantagenbesitzer führten ein System der Rassentrennung ein, um die arbeitenden Massen zu spalten und möglichst tiefe Löhne zu zahlen. Der weisse Rassismus stärkte die Herrschaft der Agrarkapitalisten. 1890 waren 75 Prozent des Landes im Privatbesitz weisser Geschäftsleute. Fünf mächtige weisse Familien beherrschten die Inseln Hawaiis. Sie wurden die „Big Five" genannt und sollten bis weit ins 20. Jahrhundert über die Inseln gebieten.

1893 stürzten wohlhabende weisse Amerikaner die Königin und deklarierten im folgenden Jahr mit Unterstützung der USA die unabhängige Republik Hawaii. Ihre Beziehungen zu den USA wurden vom Freihandel mit Zuckerrohr dominiert. Der Rassismus und die Zwangsarbeit hatten weiterhin Bestand. Die Republik wurde 1898 während des Amerikanisch-Spanischen Kriegs unter Präsident William McKinley kurzzeitig eine Kolonie der USA. Erst 1954 erhielt die gesamte Bevölkerung das Wahl- und Stimmrecht, und 1959 wurde Hawaii der 50. Bundesstaat der USA (Wikipedia: History of Hawaii).

DER NIEDERGANG DER ZUCKERROHRINDUSTRIE UND DIE ANKUNFT DER AGROMULTIS

Die riesigen Monokulturen der Zuckerrohrindustrie zerstörten das Ökosystem auf Hawaii. Aber auch das Denguefieber suchte die Inseln heim, und um es zu bekämpfen, wurde massiv das 1939 von Geigy entwickelte DDT eingesetzt, was kurzfristig half. Die langfristigen Folgen wurden erst später deutlich. Das günstige und effektive Insektizid setzte sich in der Nahrungskette fest und wurde im tierischen Fettgewebe gespeichert. DDT ist reproduktionstoxisch und steht unter dem Verdacht, karzinogen zu sein. Es wurde in den USA 1972 verboten. Durch DDT kam Hawaii zum ersten Mal in Kontakt mit Geigy, einer Vorläuferfirma von Syngenta.

Um 1980 wurde die Zuckerrohrindustrie in andere Länder verschoben. Die beherrschenden „Big Five" begannen, den Tourismus als Alternative zu entwickeln, und die Agromultis pachteten oder kauften das Land der Zuckerrohrbarone. Bereits 1968 wurde die erste Forschungsanstalt für Saatgut der Trojan Seed Company auf der Insel Maui eröffnet. Sie gehört heute Monsanto. Ebenfalls 1968 eröffnete Pride Seeds ihr Forschungszentrum für Mais auf Kauai. Pride Seeds wurde später von Syngenta aufgekauft. Die Firmen Pioneer Hi-Bred und Funk Seeds tauchten 1972 erstmals auf. Letztere wurde von Ciba-Geigy

> «Tatsächlich werden auf Kauai pro Flächeneinheit mehr Pestizide als irgendwo sonst in den USA versprüht: Die Zahlen erreichen rund das Zehnfache des nationalen Durchschnitts.»

aufgekauft und ist heute Teil von Syngenta (State of Hawaii 2013).

Nach dem Niedergang der Zuckerrohrindustrie boten die Agromultis einige Arbeitsplätze für Einheimische an. Die fünf Firmen Syngenta, Monsanto, DuPont Pioneer, Dow und BASF beschäftigen heute zusammen etwa 2000 Personen auf den Inseln Kauai, Oahu, Maui und Molokai, und diese Beschäftigten erarbeiten einen jährlichen Umsatz von 230 Millionen USD. In den letzten Jahren vergab das US Department of Agriculture immer mehr Bewilligungen für Testfelder an die Agromultis auf Hawaii. Für die Bevölkerung war jedoch kaum in Erfahrung zu bringen, was auf den Feldern getestet wurde. Bereits im Juli 2003 versuchten Umweltschutzgruppen vor Gericht eine Öffnung der Akten der Landwirtschaftsbehörden von Hawaii zu erwirken, um mehr über die Gentechversuche und die verwendeten giftigen Pestizide zu erfahren. Dow und DuPont Pioneer hatten kurz zuvor eine Busse bezahlen müssen, weil sie die Gentechtestfelder nicht sauber von anderen Maisfeldern getrennt hatten (Choi 2003). Doch dann formierte sich eine breite Widerstandsbewegung auf Kauai.

GIFTE IM PARADIES

Kauai ist die nördlichste bewohnte Insel Hawaiis. Sie ist 1430 Quadratkilometer gross und somit etwa so gross wie der Schweizer Kanton Aargau. Nirgends auf der Welt fällt mehr Regen, und die Biodiversität ist beeindruckend. Kauais Bevölkerung lebt heute vom Tourismus, von der Armee (die US Navy unterhält dort das weltgrösste Raketentestgelände) und von den Agromultis.

Die fünf erwähnten Agromultis besitzen grosse Teile der Landwirtschaftsflächen im Westen der Insel. Syngenta belegt 1600 Hektaren, was 100 durchschnittlichen Schweizer Bauernhöfen entspricht. Auf Kauai testet Syngenta gentechnisch veränderte Mais- und Sojasorten, welche in den Labors des Schweizer Konzerns in North Carolina entwickelt werden. Syngenta nutzt Kauai vor allem für die beschleunigte Produktentwicklung ihres Gentechsaatguts. Die Insel ist der ideale Standort für solche Testfelder. Da es kaum Jahreszeiten gibt, kann drei- bis viermal geerntet und die Entwicklungszeit für neue Pflanzen fast halbiert werden. Das hilft Kosten zu sparen und am Markt schneller zu reagieren. Laut Syngenta-Manager Mark Phillipson sind die guten gesetzlichen Rahmenbedingungen, das Vorhandensein von genügend Land, die Bewässerungsinfrastruktur und die Arbeitskräfte, welche auf den Ananas- und Zuckerrohrplantagen eine gute Ausbildung bekommen haben, weitere Vorzüge (Phillipson 2015). Ray Riley, Global Head der Produktentwicklung von Mais und Soja bei Syngenta Seed, sagte 2007, die Expansion nach Hawaii und Puerto Rico habe die Produktentwicklung Syngentas stark beschleunigt (GRAINnet 2007).

Die bisher wichtigste Eigenschaft von genetisch veränderten Pflanzen für die Agromultis ist ihre Pestizidtoleranz. Deshalb werden auf den Testfeldern sehr viele und sehr unterschiedliche Pestizide ausgebracht, um deren Wirkung auf Syngentas Mais- und Sojasorten zu testen. Die Anwohnerinnen und Anwohner der Testfelder beobachten fast täglich den Einsatz von Pestiziden. Tatsächlich werden auf Kauai pro Flächeneinheit mehr Pestizide als irgendwo sonst in den USA versprüht: Die Zahlen erreichen rund das Zehnfache des nationalen Durchschnitts (Ludwig 2014).

Gemäss einer Analyse, die auf der Pestizid-Datenbank der Regierung basiert, übersteigt die Belastung von Kauais Testfeldern jene anderer amerikanischer Farmen bei weitem. Kauai sei eine der giftigsten Umgebungen in der ganzen amerikanischen Landwirtschaft. Die Details der Feldversuche werden aber als Betriebsgeheimnis behandelt. Weder die Anwohnerinnen und Anwohner noch die Behörden werden vollständig informiert, was, wann und in welchen Mengen auf Syngentas Feldern tatsächlich versprüht wird. Dies erschwert es zu beweisen, dass Gesundheits- und Umweltschäden in direktem Zusammenhang mit den Agrargiften stehen. Der Report zeigt überdies, dass sich die Agrofirmen nicht an die Gesetze halten und auch dann Pestizide versprühen, wenn die Winde stärker als mit der festgelegten Höchstgeschwindigkeit von 17 Stundenkilometern wehen. Weil auf Kauai andauernder Inselwind herrscht, werden die Pestizide deshalb ebenfalls in die benachbarten Wohngebiete, Schulen oder Gewässer verteilt (Cascadia Times, 16.6.2014).

Dabei handelt es sich um die Kategorie der hochgiftigen Pestizide, welche ausschliesslich von zertifizierten Personen eingesetzt werden dürfen. Gemäss dem Landwirtschaftsdepartement von Hawaii werden jährlich 22 hochgiftige Pestizide eingesetzt. Syngenta versprüht zum Beispiel S-Metolachlor. Dieser Wirkstoff kommt im Syngenta-Produkt Dual vor und ist sehr giftig für Wasserorganismen. Er darf deshalb in der Schweiz nicht in der Nähe von Wasserläufen verwendet werden. Auch sprüht der Schweizer Konzern das berühmt-berüchtigte Atrazin und das hochgiftige Paraquat. Beide sind in der Schweiz zum Schutz von Menschen, Tieren und Umwelt seit langem verboten. Auf den Testfeldern wird zudem untersucht, wie verschiedene Pestizide wirken, wenn sie gleichzeitig versprüht werden. Dies beinhaltet ein zusätzliches Risiko, da die Auswirkungen der neuen Kombinationen auf Umwelt und Gesundheit der Menschen oft gänzlich unbekannt sind (PAN 2013).

ANWOHNER UND KINDER WERDEN VERGIFTET

2006 litten Schülerinnen und Schüler der Waimea Canyon Middle School unter Übelkeit, Atembeschwerden und heftigem Erbrechen, nachdem die Syngenta-Testfelder direkt neben der Schule

rechts:
Die Testfelder Syngentas grenzen an eine Schule und ein Spital in Waimea, Kauai. Aufgrund der versprühten Pestizide erkrankten immer wieder Schülerinnen und Schüler.

Bild: © HAPA

besprüht worden waren. Das kleine Dorf an der Westseite von Kauai liegt zwischen den Feldern der Agromultis und ist der Wohnort von Malia Chun und ihren zwei Töchtern. Die Schule befindet sich nur knapp 100 Meter von den Testfeldern entfernt (PAN 2013). Es gibt also nicht einmal eine minimale Sicherheitszone. Es erstaunt denn auch nicht, dass zwei Jahre später wieder zwölf Schülerinnen und Schüler nach einer Sprühaktion der Agromultis ins Spital eingeliefert wurden. Daraufhin reichten über zweihundert Einwohnerinnen und Einwohner des Waimea Valley eine Klage ein, weil sie gesundheitliche Schäden durch mit Pestiziden besprühte Staubpartikel erlitten, welche mit dem Wind in ihre Häuser verfrachtet wurden und dann auf die Haut sowie in die Atemwege gelangten. Viele der Kinder in Waimea haben Asthma. Kinderarzt Jim Raelson berichtet über die Häufung von schlimmen Geburtsfehlern; zum Beispiel kommen komplexe Herzdefekte bei Neugeborenen zehnmal häufiger vor als im Landesdurchschnitt. Die Meeresbiologin Fern Rosenstiel, die auf Kauai aufgewachsen ist, wirkt immer noch erschüttert, wenn sie von einer Freundin erzählt, die ein Kind mit Bauchspalte gebar. Bei diesem Geburtsfehler wachsen Teile des Dünndarms des Kindes ausserhalb des Bauches. Dieses Erlebnis war der Anlass für Fern Rosenstiel, sich der Bewegung gegen Syngenta und die anderen Agromultis anzuschliessen (Hooser et al. 2015).

Die Konzerne reagierten auf ihre Weise auf die Vorwürfe. Sie kauften neue Polizeiautos für die Gemeinden und schenkten den Schulkindern ein Bankkonto mit 10 USD Guthaben. Syngenta behauptete dreist, die Krankheit der Schüler komme vom Stinkkraut. Immerhin hob Syngenta das Testfeld neben der Schule in Waimea auf. Neben anderen Schulen und Spitälern wird aber fröhlich weitergesprayt und schöngeredet. So behauptet beispielsweise Syngenta-Manager Mark Phillipson weiterhin, dass Tausende von Studien bewiesen hätten, dass Atrazin ungefährlich sei (Phillipson 2015). Doch auch die Tourismusindustrie zeigt sich wegen der Vergiftung der Natur zunehmend besorgt: Atrazin kann in Kauai im Wasser nachgewiesen werden. Und Biologen schätzten, dass 2012 mehr als 50'000 Seeigel an den Pestiziden zugrunde gingen (Hooser 2013).

EINE GEMEINDE WEHRT SICH

Nach den Vorfällen an der Schule in Waimea ging der Lehrerverband vor Gericht, um ein Pestizidverbot in der Nähe von Schulen zu erwirken. Im Sommer 2013 kam es in dieser Angelegenheit zu öffentlichen Anhörungen. Der linksdemokratische Politiker und frühere Grundstückmakler Gary Hooser wurde von Malia Chun und anderen Opfern der Pestizide um Hilfe gebeten. Er begann sich für die Sache zu engagieren. Gary Hooser war früher Senator und Mehrheitsführer der Demokraten im Parlament von Hawaii. Er ist nun Ratsmitglied des Kauai County Council, der siebenköpfigen Legislative von Kauai. Am 26. Juni 2013 brachte Hooser

zusammen mit Tim Bynum einen Gesetzesentwurf ins Parlament ein, der eine Auskunftspflicht der Agrarunternehmen über versprühte Pestizide sowie Pufferzonen für Schulen und Spitäler beinhaltete. Der Kauai Council ist das lokale Parlament, die Legislative, der Insel und besteht aus nur sieben Abgeordneten. Gary Hooser ist einer davon.

Die erste Anhörung dauerte achtzehn Stunden. Die Agromultis mobilisierten ihre Angestellten und versuchten die Zuschauerplätze zu belegen. Doch mittlerweile handelte es sich um eine Volksbewegung, die sich für ihr Recht auf Gesundheit einsetzte. So versammelten sich über 1000 Menschen anlässlich der Verhandlungen, und viele übernachteten auf dem Trottoir, um einen Platz im Saal zu ergattern. Am 9. September 2013 forderten 4000 Demonstrantinnen und Demonstranten, dass der Kauai Council für den Gesetzesantrag 2491 (die „Right to Know Bill") stimme. Der Council überstimmte das Veto des Bürgermeisters und nahm Hoosers Antrag an. Aus der Bill wurde die Ordinance 960. Damit hatte Kauai erstmals ein Gesetz zum Schutz der Bevölkerung vor den Pestiziden. Aber nicht für lange.

THE EMPIRE STRIKES BACK

Syngenta klagte zusammen mit BASF, DuPont Pioneer und Dow vor Gericht gegen die Ordinance 960, und die Konzerne mobilisierten ihre Angestellten für Proteste gegen das Gesetz. Erklärt wurde, das eben beschlossene lokale Gesetz auf Kauai sei illegal und nicht verfassungsmässig. Es sei an den Regierungsbehörden in Honolulu und in Washington, den Pestizideinsatz zu regulieren; lokale Gemeinden hätten dazu keine Berechtigung. Zudem mache die Offenlegung der versprühten Pestizide die Agromultis wie Syngenta anfällig für Betriebsspionage. Das Gericht folgte dieser Argumentation (Ludwig 2014).

Während verschiedene Countys auf Hawaii mit lokalen Gesetzen versuchen, ihre Bevölkerung vor GVOs und Pestiziden zu schützen, versuchen Syngenta, Monsanto und andere Agromultis, die Kompetenzen von den Countys weg auf die Ebene des Staates Hawaii und auf die der USA zu verschieben. Dafür greifen sie tief in ihre Taschen. Nach Recherchen der Cascadia Times vom 16. Juni 2014 setzten sie allein in dieser Auseinandersetzung mehr als 50'000 US-Dollar dafür ein, das Abstimmungsverhalten von Parlamentarierinnen und Parlamentariern zu beeinflussen. Bereits in den Wahlen 2012 hatten Monsanto und Syngenta hawaiianische Senatorinnen und Senatoren mit 700'000 USD finanziell unterstützt (Ludwig 2014).

Die USA wollen natürlich verhindern, dass Regionen, welche von der Umweltverschmutzung der kapitalistischen Industrie besonders betroffen sind, eigene Gesetze erlassen können. Die Herrschenden tendieren dazu, riskante und gesundheitsschädigende Praktiken in Regionen zu verlagern, wo die Bevölkerung arm und deren politischer Einfluss gering ist. Dafür ist das kleine Kauai ein Beispiel. In solchen Fällen sollen die Anwohnerinnen und Anwohner nur eingeschränkte Rechte haben. Kauai County geht jetzt in ein Berufungsverfahren gegen dieses Gerichtsurteil und verlangt, dass das Gesetz wieder in Kraft gesetzt wird. Solange das erstinstanzliche Urteil nicht aufgehoben wird, dürfen Syngenta und die anderen Konzerne weiter mit GVO und Pestizidcocktails neben Schulen und Spitälern experimentieren. Gerichtsverfahren dauern bekanntermassen viele Jahre. Malia Chuns Kinder gehen wohl längst nicht mehr an die Waimea High School, wenn die Ordinance 960 eines Tages in Kraft treten sollte.

Doch die Bewegung auf Kauai gibt nicht auf. Eine Delegation von vier Personen – unter anderen Malia Chun – reiste im Frühjahr 2015 in die Schweiz an die von MultiWatch organisierte Konferenz „Agro statt Business", um ihre Geschichte zu erzählen. Sie trafen sich mit Basler Parlamentariern und Parlamen-

EIN GEWERKSCHAFTER UND EHEMALIGER STAATSANGESTELLTER AUF KAUAI MELDET SICH ZU WORT:

Die Vorfahren des aktiven Gewerkschafters kamen aus den Philippinen und arbeiteten wie er selber in den Zuckerrohrplantagen Hawaiis. Er weiss, dass die Gesundheit für die hart arbeitenden Menschen das Wichtigste ist, und beteuert dezidiert:

„Als Lohnarbeiter unterstütze ich die Bill 2491 voll. Sie verlangt die Offenlegung aller eingesetzten Pestizide. Am Herzen liegen mir erstens die Feldarbeiterinnen und Feldarbeiter und jene, die Pestizide selber versprühen müssen. Sie sollen vollständig geschützt und informiert sein über alle verwendeten Pestizide. Können die Lohnabhängigen mit ihrem Lohn und Zusatzverdienst ihre Familie ernähren? Werden sie entlassen, wenn sie über die Arbeitsbedingungen sprechen oder über die Auswirkungen der Pestizide informiert werden wollen? Werden sie entlassen oder diszipliniert, wenn sie eine Gewerkschaft gründen wollen? Wohnen die Eigentümer, Topmanager und Aktionäre der fünf Gentechkonzerne auch neben den Testfeldern?

Meine zweite Sorge gilt den von den Sprühaktionen betroffenen Gemeinden, in denen mehrheitlich Arbeiterinnen und Arbeiter wohnen, jene Leute, die von Monatsgehalt zu Monatsgehalt überleben und nicht einfach wegziehen können, sondern hier überleben müssen. Diese Pestizide und ihre Auswirkungen müssen für diese Menschen offengelegt werden, das ist ein grundlegendes Menschenrecht» (Catania 2013).

Links:

Internationale Solidarität vor Syngentas Zäunen am Food Justice Summit im Januar 2016 auf Kauai. Vertreterinnen aus Malaysia, Nigeria, Mexiko, USA und der Schweiz unterstützen den Kampf in Kauai gegen die Agrokonzerne. Mit dabei eine MultiWatch-Aktivistin.

Bild: © *PAN Nordamerika*

tarierinnen und forderten an der Aktionärsversammlung das Syngenta-Management auf, keine Pestizide auf Kauai zu versprühen, welche in der Schweiz verboten seien, und die Pufferzonen zwischen Testfeldern und Bevölkerung stark zu vergrössern. Geändert hat sich jedoch noch nichts. Das haarsträubende Geschäftsmodell von Syngenta missachtet das Recht auf Gesundheit und beeinträchtigt auf gravierende Weise das Leben der Menschen neben den Testfeldern auf Kauai.

INTERNE KOLONIE DER USA
PUERTO RICO WIE KAUAI?

Syngenta und Monsanto besitzen in Puerto Rico ähnliche Testfelder wie auf Hawaii. In den USA wurden 2005 5413 Testfelder auf Hawaii, 3483 in Puerto Rico, 5092 in Illinois und 4659 in Iowa betrieben. In Puerto Rico herrschen ähnliche klimatische und juristische Rahmenbedingungen wie auf Hawaii. Auch hier folgten die Agromultis auf die schwindenden Zuckerrohrplantagen. Eigentlich dürfen Landwirtinnen und Landwirte gemäss der Verfassung von Puerto Rico nicht mehr als 500 Acres (ca. 200 Hektaren) Land besitzen. Bayer, Syngenta, DuPont Pioneer, Dow und andere halten sich aber nicht an dieses Gesetz, profitieren jedoch weiterhin von Steuerprivilegien, die für Bäuerinnen und Bauern vorgesehen sind (Repeating Islands 2011).

Wie auf Kauai existiert auch in Puerto Rico eine Protestbewegung gegen die Agromultis, insbesondere gegen Monsanto (vgl. dazu CorpWatch 2013). Das lokale Parlament will den Einsatz von Testfeldern besser und schärfer regulieren. Genau gleich wie Syngenta auf Kauai argumentiert Monsanto auf Puerto Rico: Die lokalen Parlamente hätten keine Kompetenzen, Regulierungen hinsichtlich Landverwendung oder für die Gesundheit von Menschen zu beschliessen.

SYNGENTA MISSACHTET LOKALE GESETZE UND GERICHTSENTSCHEIDE UND GEHT GEGEN DIE EIGENE BELEGSCHAFT VOR

DER ZEHNJÄHRIGE KAMPF GEGEN IHRE ARBEITER IN PAKISTAN

MultiWatch
Autorinnen- und Autorenkollektiv

Syngenta Pakistan lud am 15. Januar 2015 zu einem Firmenanlass in die Kantine ihrer Pestizidfabrik in Karachi ein. Es wurde gefeiert, dass der Umsatz auch 2014 stark gesteigert werden konnte und erstmals 100 Millionen USD überstieg. Doch es kam zum Eklat. Als Gewerkschafter Umar Khan aufstand und das Management fragte, wann der versprochene Bonus im Wert von einem Monatslohn an die Arbeiter ausbezahlt würde, stellte sich sehr schnell heraus, dass Syngenta dieses Versprechen nicht einhalten würde. Daraufhin erhoben sich die anwesenden Arbeiter und verliessen den Anlass unter Protest.

Syngenta Pakistan erreicht mit einem Marktanteil von 22 Prozent die Spitzenposition bei den Pestiziden, beim Saatgut ist sie die Nummer drei. In der Pestizidfabrik in Karachi wird ein grosser Teil der in Pakistan vertriebenen Gifte hergestellt. Teilweise werden Produkte aber auch importiert. Das hochgiftige Paraquat wird in Pakistan gewinnbringend verkauft, jedoch in Indien produziert (Riaz 2010). Laut ihrem Verhaltenskodex verpflichtet sich Syngenta, alle Arbeitsrechte, nationale und internationale Kodizes und Abkommen zu respektieren. Diese beinhalten die Koalitionsfreiheit, das Recht, eine Gewerkschaft zu gründen und kollektiv zu verhandeln, die Lohngleichheit und Mindestaltersanforderungen (Syngenta Homepage: Verhaltenskodex)In der pakistanischen Fabrik des Schweizer Konzerns gibt es zwei Klassen von Arbeitern (in der Produktion arbeiten keine Frauen): einerseits die regulären Angestellten und andererseits die Contract Workers. Erstere unterstehen einem von ihrer Gewerkschaft Syngenta Employees Union (SEU) alle zwei Jahre ausgehandelten Firmengesamtarbeitsvertrag. Reguläre Angestellte bilden gleichsam ein Relikt aus der Zeit vor der neoliberalen Wende. Damals besass das auf dem Papier fortschrittliche pakistanische Arbeitsgesetz für multinationale Konzerne wie die Syngenta eine gewisse Gültigkeit. Besonders in staatlich geführten Firmen herrschten per Gesamtarbeitsvertrag geregelte Arbeitsbedingungen (Ahmad 2010).

Die ohnehin nicht sehr starke Arbeiterbewegung in Pakistan wurde in den 1990er Jahren stark geschwächt, als unter der Ägide der Weltbank und der Strukturanpassungsprogramme des IWF 80 Prozent der Staatsbetriebe an private Unternehmen verscherbelt und der Arbeitnehmerschutz stark dereguliert und in zentralen Punkten ausgehebelt wurde. Seither greifen multinationale Konzerne vornehmlich auf nicht gewerkschaftlich organisierte Contract Workers (Aushilfen) zurück. Deren fortlaufende Beschäftigung ist illegal, denn das pakistanische Arbeitsgesetz kennt in dieser Sache eine klare Regelung. Um zu verhindern, dass Firmen hauptsächlich mit entrechteten Arbeitern und deren Tiefstlöhnen funktionieren, schreibt das Gesetz vor, dass nach 90 Tagen ununterbrochener Beschäftigung oder 180 Tagen Beschäftigung innerhalb eines Kalenderjahres eine Festanstellung erfolgen muss.

Der Unterschied zwischen den Arbeitsbedingungen der regulär Angestellten und der Contract Workers ist riesig. Diese arbeiten bei Syngenta üblicherweise 66 Stunden pro Woche, verteilt auf sechs Tage, und verdienen damit lediglich den staatlichen Mindestlohn von 13'000 Rupien pro Monat (rund 110 Euro oder 40 Cents pro Stunde). Nach Auskünften der lokalen Gewerkschaften benötigt eine Familie in Karachi wegen der stark gestiegenen Preise von Nahrungsmitteln heute im Minimum 25'000 Rupien pro Monat. Hatte ein Roti, das omnipräsente pakistanische Fladenbrot, vor den weltweiten Preisanstiegen 2007 noch 2 bis 3 Rupien gekostet, so müssen jetzt 12 Rupien bezahlt werden. Für die Contract Workers gibt es keinen Kündigungsschutz, Sozialleistungen werden keine bezahlt, sie erhalten keinen Lohn bei Krankheit und haben keine bezahlten Ferien. In der Syngenta-Fabrik dürfen sie nicht einmal die Kantine benutzen. Für die Festangestellten belaufen sich die im Gesamtarbeitsvertrag vereinbarten Löhne und Zulagen auf rund 40'000 Rupien im Monat (also etwa 337 Euro) für eine 40-Stunden-Woche. Der Skandal liegt hierbei darin, dass 1986 – als die Syngenta noch Ciba-Geigy hiess – zum letzten Mal ein Arbeiter freiwillig regulär angestellt wurde. Ohne den Kampf der mutigen Gewerkschafter in den letzten Jahren wären von den 350 Angestellten der Syngenta heute nur noch 32 regulär beschäftigt.

Beim Basler Konzern in Pakistan kontrastiert das Lohndumping am unteren Ende der Lohnskala mit den fürstlichen Gehältern des Managements. Nach Angaben der lokalen Gewerkschaft verdient der Länderchef von Syngenta in Pakistan 1,5 Millionen Rupien im Monat (12'645 Euro), die restlichen leitenden Angestellten rund die Hälfte. Darin nicht enthalten sind zusätzliche Luxusartikel wie teure Fahrzeuge, welche den Mitgliedern des Managements zustehen.

Obwohl die Lohnspreizung zwischen Fabrikarbeitern und Länderchef bereits auf 1:127 anstieg, fiel der Bonus fürs Management 2014 nochmals sehr üppig aus. Die Festangestellten, welche die Firmenfeierlichkeiten im Januar 2015 unter Protest verlassen hatten, sahen den ihnen früher versprochenen Bonus nie. Die Contract Workers erhalten zu solchen Firmenanlässen natürlich überhaupt keine Einladung, von einem Bonus können sie nicht einmal träumen.

Auf der Basis dieser höchst prekären Arbeitsbedingungen und einer extremen Ausbeutung der Contract Workers verfolgt Syngenta in Pakistan grosse Ziele. Nach einem fulminanten Wachstum von jährlich durchschnittlich 15 Prozent in den letzten zehn Jahren soll der Umsatz bis 2020 auf 300 Millionen Dollar gesteigert werden. Dieses Wachstumsziel von jährlich 20 Prozent wurde im Büro des Managements mit riesigen Zahlen bunt an die Wand gemalt (WOZ, 8.10.2015).

DER KAMPF UM DIE REGULARISIERUNG DER CONTRACT WORKERS

Am 22.12.2010 erhielt der langjährige Gewerkschaftsführer Imran Ali die fristlose Kündigung. Imran Ali ist eine intelligente, sehr engagierte und höchst kämpferische Person. Er begann 1982 für den Schweizer Konzern zu arbeiten. Damals wurde er in der Finanzabteilung der Ciba-Geigy in Karachi eingesetzt. Bevor er 1992 in der Gewerkschaft aktiv wurde, war er Präsident des Freizeitklubs der Firma. Als die Ciba-Geigy mit Sandoz zu Novartis fusionierte, war er bereits Generalsekretär der „Novartis Employees Union" und ermächtigt, alle zwei Jahre einen Firmengesamtarbeitsvertrag auszuhandeln. 1997 registrierte sich diese Gewerkschaft als nationalen Verband. Nach der Fusion zu Syngenta wurde Imran Ali wiederum zum Verhandlungsführer gewählt. In seiner Funktion unterschrieb er seit 1995 neun Gesamtarbeitsverträge. Die SEU ist der „Pakistan Federation of Chemical, Energy, Mines and General Workers Union" (PCEM mit 20'000 Mitgliedern) angeschlossen. Imran Ali ist gleichzeitig Generalsekretär der SEU und Präsident der PCEM. Er vertritt die PCEM in den internationalen Verbänden, vor allem in der Internationalen der Industriegewerkschaften (IndustriALL), welche ihren Sitz in Genf hat und weltweit 50 Millionen Gewerkschaftsmitglieder zählt.

Seit zehn Jahren sieht es Imran Ali als vordringliche Aufgabe, für die Rechte der Contract Workers zu kämpfen. 2005 verlangten Ali und seine Kollegen das erste Mal offiziell von Syngenta, dass das Arbeitsgesetz einzuhalten sei und ein grosser Teil der 250 Contract Workers regulär angestellt werden müsse. Das Management zeigte sich zu Beginn noch gesprächsbereit, entschied jedoch 2008 trotz sehr gutem Geschäftsgang, nicht einmal die langjährig eingesetzten Contract Workers zu regularisieren. Seither läuft ein Arbeitskampf, welcher viele Ordner mit Gerichtsakten produzierte und zu mehreren hundert Entlassungen führte. Die Gewerkschaft schrieb in einem Brief vom 2.6.2008 an das Management: „Wir verlangen, dass alle Arbeiter regularisiert werden, welche unter dem Vorwand, temporär angestellt zu sein, ihrer Rechte und Leistungen beraubt wurden." Syngenta beschloss daraufhin eine Strategie des Union Busting, also eine umfassende und professionelle Bekämpfung der Gewerkschaft. Seither war die SEU Problem und Zielscheibe, die Schwächung der Gewerkschaft das Programm, welches mit allen Mitteln verfolgt wurde und wird.

Die Gewerkschafter brachten die Regularisierung der Contract Workers erstmals 2008 vor Gericht. In den darauffolgenden Jahren wurden 16 gerichtliche Verfahren gegen Syngenta anstrengt – die SEU erhielt jedes Mal Recht. Die Schwierigkeit bestand zu Beginn darin, überhaupt nachweisen zu können, dass die Contract Workers bei Syngenta arbeiteten. Die Tochterfirma des Schweizer Konzerns weigerte sich nämlich strikt, schriftliche Verträge auszustellen. Zudem bestritt Syngenta während Jahren die Berechtigung der SEU, Contract Workers zu organisieren und vor Gericht zu vertreten (Brief Syngenta an die SEU vom 4.1.2010). Dies steht in klarem Widerspruch zu der im internationalen Recht verankerten Koalitionsfreiheit, dem Artikel 17 der pakistanischen Verfassung sowie Syngentas eigenem „Code of Conduct" (siehe Kasten). Schliesslich schaffte es die SEU, Klage auf reguläre Anstellung von 52 Contract Workers vor dem Arbeitsgericht zu eröffnen. Darauf antwortete Syngenta mit zwei neuen juristischen Strategien. Erstens wies sie alle Gerichtsurteile zurück, legte Rekurs ein oder ignorierte sie. Zweitens engagierte der finanzkräftige Konzern eines der teuersten Anwalts- und Beratungsbüros Pakistans, Shahid Anwar Bajwa Law Associates, um die Gewerkschafter juristisch anzugreifen und den Konzern optimal vor Gericht zu vertreten. Die grössten Vorzüge dieser Kanzlei bestanden wohl darin, dass einerseits zahlreiche Banken und multinationale Konzerne zu ihren Klienten gehörten und damit einschlägige Erfahrungen für deren Interessenvertretung vorhanden waren, andererseits vor allem aber in der Tatsache, dass der Chef zugleich Richter beim Obergericht von Sindh war (und ist), wo der Fall der Contract Workers nach Rekursen am Arbeitsgericht und am Gericht für industrielle Beziehungen schliesslich landen würde (Sindhhighcourt 2015).

Zeitgleich mit den laufenden Gerichtsverhandlungen verlagerte Syngenta den Kampf gegen die Gewerkschaftsforderungen ab 2010 auch in den Betrieb. Als Erstes wurde der Produktionsprozess restrukturiert und eine zweite Schicht in der Nacht eingerichtet. Das Personal dieser Nachtschicht bestand ausschliesslich aus neu eingestellten Contract Workers, welche nun nicht mehr von Syngenta direkt angestellt wurden, sondern von einer externen Firma. Dies hinderte Syngenta gemäss SEU jedoch nicht daran, jedem neuen Angestellten mündlich mit Nachdruck

«Dies hinderte Syngenta gemäss der Gewerkschaft jedoch nicht daran, jedem neuen Angestellten mündlich mit Nachdruck mitzuteilen, dass es für ihn verboten sei, der Gewerkschaft beizutreten.»

mitzuteilen, dass es für ihn verboten sei, der Gewerkschaft beizutreten. Bei der Tagschicht entliess der Schweizer Konzern alle Contract Workers, welche nicht zu den 52 Klägern gehörten. Die erste Schicht bestritten nunmehr alle Festangestellten sowie die klagenden Contract Workers. Damit wurde beinahe der gesamte Produktionsprozess in die Nacht verlegt. Auf diese Weise sollte, neben dem klaren Versuch der Einschüchterung, wohl auch die Wirksamkeit eines allfälligen Streiks eingeschränkt werden.

PROFESSIONELLE GEWERKSCHAFTSBEKÄMPFUNG

Am 18.12.2010 erzielten die Gewerkschafter ihren ersten Erfolg vor Arbeitsgericht. Gegen den Entscheid, Syngenta müsste die 52 Contract Workers fest anstellen, rekurrierte das Schweizer Unternehmen umgehend. Gleichzeitig eskalierte Syngenta die Situation im Betrieb und ging zum direkten Angriff auf die Arbeiter über. Am 22.12.2010, nur vier Tage nach dem Sieg vor dem Arbeitsgericht, wurde Imran Ali ins Büro des damals verantwortlichen Hauptmanagers von Syngenta in Pakistan, Arshad Saeed Husain, zitiert. Als sich der Gewerkschafter weigerte, ein weisses Stück Papier zu unterschreiben, wurde er vom Leiter des Sicherheitsdienstes, einem pensionierten Colonel der Armee, aus der Fabrik geschmissen. Verlangt wurde also auf äusserst provokative und infame Weise eine Blankounterschrift, die später irgendwie verwendet werden konnte (IndustriALL 2015a). Am nächsten Tag erfuhr Imran Ali aus der Lokalzeitung Daily Jang von seiner fristlosen Kündigung. Es handelte sich um ein geplantes und äusserst skandalöses Vorgehen, das auch im Zusammenhang mit den Verhandlungen für einen neuen Gesamtarbeitsvertrag, welcher Anfang 2011 in Kraft treten sollte, verstanden werden muss. Syngenta behauptet bis zum heutigen Tag – auch in einem Schreiben vom 26.8.2014 direkt aus dem Hauptsitz an der Basler Schwarzwaldallee an IndustriALL –, dass der Grund für Imran Alis Kündigung eine weltweite Restrukturierung im IT-Bereich unter der Bezeichnung „Hippo" gewesen sei. Bei einer gerichtlichen Zeugenbefragung am 28.8.2012 sagte jedoch sogar ein Mitarbeiter der Personalabteilung von Syngenta Pakistan unter Eid aus, Imran Ali sei weltweit der einzige Entlassene im Zuge dieses IT-Projekts gewesen. Ausserdem habe es nie Beschwerden bezüglich seiner Arbeitsleistung gegeben. (Zeugenbefragung vom 28.8.2012, Fall No. 4A(109) / 2010-K, National Industrial Relations Commission).

Am Tag nach dem illegalen Rauswurf Imran Alis liess der Basler Agromulti zwanzig pakistanische „Rangers" vor den Toren der Fabrik in Karachi auflaufen. Die Pakistan Rangers sind eine 100'000 Mann starke paramilitärische Einsatztruppe, welche dem Innenministerium untersteht. Operativ ist sie jedoch Teil der Armee (Wikipedia: Pakistan Rangers). Die Rangers übernehmen Aufgaben wie Grenzschutz, Terrorbekämpfung, Verteidigung von Kapitalinteressen im Innern (vor allem bei Unruhen in den grossen Städten Karachi, Lahore, Islamabad) und kämpfen während Kriegszeiten an der Seite der regulären Armeeeinheiten, beispielsweise in Jammu und Kaschmir, nehmen aber auch an Auslandeinsätzen wie etwa in Haïti oder Kosova teil. Alleine in Karachi gibt es 12'500 Rangers.

An jenem Dezembertag 2010 fuhren die Rangers in drei Militärfahrzeugen vor und patrouillierten während einer vollen Woche um Syngentas Fabrikgelände. Syngenta befürchtete offensichtlich einen Streik oder andere Kampfmassnahmen ihrer Arbeiter und organisierte mit der physischen Einschüchterung durch voll ausgerüstete, kriegserprobte Soldaten eine extrem repressive Prävention.

Neben der Entlassung des Gewerkschaftsführers und dem Einsatz der Paramilitärs griff Syngenta zu einem weiteren Element aus dem Handbuch der professionellen Bekämpfung der Arbeiter und ihrer gewerkschaftlichen Organisationen. Das Management versuchte, die Gewerkschaft Schritt für Schritt zu transformieren. Das Ziel bestand darin, eine „yellow union", eine gelbe, arbeitgebernahe Gewerkschaft zu formieren. Die acht gewählten Vorstandsmitglieder der SEU wurden auf aggressive Weise unter Druck gesetzt und gleichzeitig offen mit Wertgegenständen wie Autos und Privilegien im Betrieb geködert. Vier der acht Vorstandsmitglieder liessen sich korrumpieren. Seither ist die Arbeiterschaft gespalten, und es gibt im Betrieb zwei Gewerkschaftsfraktionen: eine um Imran Ali (Generalsekretär der SEU von 2010) und eine um Hamidullah (Präsident von 2010). Bevor Imran Ali von diesen Vorgängen Wind bekam, hatte sich Hamidullah allerdings bereits das gesamte Vermögen der Gewerkschaft unter den Nagel gerissen. Dieses hätte vor allem dazu dienen sollen, die laufenden Gerichtskosten zu bezahlen. Hamidullah versuchte, mit dem vorhandenen Geld sofort eine neue Gewerkschaft zu gründen, was bis heute juristisch verhindert werden konnte.

Bei den Gewerkschaftswahlen von 2011 klagte die gelbe Fraktion mit Unterstützung des Managements gegen die Kandidatur von Imran Ali. Das Gericht gab auch diesmal Imran Ali Recht. Drohungen und das Anbieten einer Abfindung, wenn er die Klagen fallen liesse, konnten ihn ebenfalls nicht vom eingeschlagenen Weg abbringen (WOZ, 8.10.2015). In der Folge gewann er wiederum die Wahl als Generalsekretär der SEU. Ein Gerichtsurteil hatte inzwischen bestätigt, dass seine Entlassung nicht rechtsgültig war. Syngenta müsse weiterhin seinen Lohn bezahlen, und ihm ständen all seine (gewerkschaftlichen) Rechte zu. Syngenta missachtete auch diesen Gerichtsentscheid und zwang Imran Ali, Vater von vier Kindern, seinen Kampf seit Anfang 2012 ohne Einkommen weiterzuführen. Die heftigen Auseinandersetzungen gingen am heute 55-jährigen Mann nicht spurlos vorüber. Am 30. Juni 2013 erlitt er in den Gewerkschaftsräumlichkeiten einen Herzinfarkt und musste daraufhin drei

rechts:

Für den wachsenden pakistanischen Agrarmarkt produziert Syngenta in Karachi, Pakistan, Pestizide. Abends, kurz vor halb sechs Uhr, verlassen die ersten Arbeiter die Fabrik.

Bild: © AFP / Asif Hassan

Monate im Bett verbringen. Am 6.10.2015 entschied die Full Bench NIRC, wo der Fall in Sachen Lohn und Reinstallierung am Arbeitsplatz pendent war, dass Imran rückwirkend mit vollem Lohn und Leistungen entschädigt werden müsse, zudem gilt er weiterhin als ungekündigt. Syngenta hat bis anhin lediglich acht von sechzig geschuldeten Monatslöhnen bezahlt.

Obwohl Syngentas aggressiver Klassenkampf von oben vor Gericht erstmals keinen Erfolg hatte, konnte das Management durch die Spaltung der Arbeiterschaft verhindern, dass die Belegschaft in einen Streik trat. Die Gewerkschafter befürchteten, dass ein Streik in dieser Situation in einer Niederlage enden würde. Es ist in Pakistan nicht unüblich, Streikende aufgrund des Antiterrorismusgesetzes zu verklagen und ihnen jahrelange Gefängnisstrafen aufzubürden (Solifonds 2015).

Am 25.11.2013 feierten die Gewerkschafter der SEU und die 52 mutigen Contract Workers dann aber einen historischen Triumph vor dem Obergericht von Sindh: Syngenta hätte die rechtlosen Aushilfen regulär anzustellen. Doch mit der Macht und der Arroganz eines Weltkonzerns im sogenannten Entwicklungsland Pakistan ignorierte Syngenta auch dieses Urteil weitgehend. Die 52 Kläger erhalten zwar seither etwas höhere Löhne und einige Zulagen, aber bei weitem nicht alles, was ihnen als reguläre Angestellte zustehen würde. Noch krasser wird das Missverhältnis, wenn ausgerechnet würde, was den Angestellten seit Antritt der Stelle entgangen ist (IndustriALL 2014). Zudem stellte Syngenta den 52 Klägern immer noch keine Arbeitsverträge zu. Ein Gerichtsverfahren für die volle Regularisierung mit allen Leistungen ist vor dem Obergericht hängig.

EIN INTERNATIONALER SKANDAL

Zunehmend erzürnt über Syngentas schamlose Angriffe auf die Rechte der Arbeiter in der pakistanischen Pestizidfabrik, organisiert IndustriALL seit 2011 eine Öffentlichkeitskampagne zur Unterstützung von Imran Ali und der Gewerkschaft SEU. Medienmitteilungen, Aktionen vor dem Hauptsitz in Basel, Briefe an den CEO und Auftritte an Aktionärsversammlungen brachten jedoch bisher keine Zugeständnisse. Im Frühjahr 2015 kam Imran Ali selber in die Schweiz. Zu Gast am MultiWatch-Kongress „Agro statt Business" erzählte er seine Geschichte vor 500 Personen an der Universität Basel. Einige Tage später trat er mit IndustriALL-Generalsekretär Kemal Özkan an der Aktionärsversammlung von Syngenta auf. Özkan wandte sich mit folgenden Worten an das Management des Weltkonzerns: „Meine Frage ist einfach: Wieso beenden Sie nicht die ideologische Bekämpfung der Gewerkschaft und geben Imran Ali seine Stellung zurück?" (IndustriALL 2015b). MultiWatch trug im Rahmen des „March against Monsanto & Syngenta" am 25.5.2015 die Forderungen der SEU zusammen mit 1300 sich solidarisierenden Personen

zum Hauptsitz von Syngenta in Basel (MultiWatch 2015). Auch die Unia, die grösste Gewerkschaft der Schweiz, forderte Syngenta auf, die Gewerkschaftsrechte zu respektieren, alle Arbeiter dem Gesamtarbeitsvertrag zu unterstellen und den Arbeitern in der Pestizidfabrik Gesundheitsschutzbedingungen zu bieten, wie sie auch in der Schweiz Standard sind (Unia 2015).

Am 18. Februar 2015 befand sich Roman Mazzotta, Leiter Compliance von Syngenta, auf einer Stippvisite in Karachi. Er traf die Gewerkschafter um Imran Ali und hörte sich ihre Anliegen an. Doch geändert hat sich nichts. Als Imran Ali, zurück von seiner Reise in die Schweiz, zum ersten Mal wieder auf die Personalverantwortliche von Syngenta in Karachi, Rizwana Mujeeb, traf, meinte diese, dass sich für ihn in Pakistan nichts ändere, egal wie oft er noch in die Schweiz reisen würde. Markus Spörndli, Journalist der Schweizer Wochenzeitung WOZ, recherchierte den Fall vor Ort. In einem Interview meinte die Personalchefin zu den Vorwürfen nur lapidar und zynisch: „Wir haben nie gegen ein Arbeitsgesetz verstossen" (WOZ, 8.10.2015).

EINE GEWERKSCHAFT DER ENTRECHTETEN?

Trotz der professionellen Gewerkschaftsbekämpfung geben die Gewerkschafter der Syngenta Employees Union nicht auf. 2014 reichten sie für weitere 25 Contract Workers, welche seit über zwei Jahren für den Konzern arbeiteten, Klage auf Festanstellung ein. Syngenta reagierte einmal mehr mit der Entlassung von über 100 Contract Workers, darunter die Kläger. Seither stellt Syngenta keine Arbeiter mehr ein, sondern beauftragt nur noch andere Firmen. Weil auch dieser Schachzug vor Gericht nicht standhielt, beginnt Syngenta die gesamte Produktion auszulagern. So wurden zum Beispiel bereits Verpackungsmaschinen ausgebaut und an eine Kontraktfirma übergeben. Dieses Vorgehen verurteilte das Gericht ebenfalls, da die Gewerkschaft vorgängig nicht konsultiert worden war. Aber auch diesen Gerichtsentscheid akzeptiert Syngenta nicht. Sie scheut keine Kosten, um die Arbeiter und die Gewerkschaften entrechtet und ohne Einfluss zu halten. Offensichtlich geht es nicht nur um Arroganz und Sturheit, sondern vor allem um ein ideologisches Prinzip. Als im Frühjahr 2015 sogar der eigene Berater Shahid Anwar Bajwa (der bereits erwähnte Anwalt und Richter am Obergericht) Syngenta riet, Verhandlungen mit der Gewerkschaft aufzunehmen, anstatt unzählige Gerichtsverfahren zu führen, wechselte Syngenta kurzerhand das Anwaltsbüro.

Geld scheint sowieso im Überfluss vorhanden zu sein. Erst im Jahr 2000 liess sich das Management auf dem Fabrikgelände für viel Geld ein dreistöckiges Gebäude mit hübschen Büroräumlichkeiten bauen. Doch bereits 2014 zog das Management wieder aus und residiert nun an der Hawks Bay Road, der eleganten und teuersten Geschäftsstrasse Karachis. Weg von den Arbeitern und weg von der Pestizidproduktion, scheint die Devise zu lauten! Syngenta verwies jedoch auf Sicherheitsgründe – was auch immer dies heissen mag. Gleichzeitig zwingt der Konzern seine mit Dumpinglöhnen bezahlten Arbeiter zu hohen Gerichtskosten. Die 16 Gerichtsfälle der letzten sieben Jahre kosteten insgesamt 1,5 Millionen Rupien (12'646 Euro) – alles bezahlt von den eigenen Löhnen.

Syngenta treibt die Gewerkschaftsfeindlichkeit wohl auf die Spitze, doch auch in anderen multinationalen Konzernen wird das pakistanische Arbeitsgesetz systematisch umgangen; auch sie beschäftigen überwiegend Contract Workers. Ob bei Shell, Pfizer, Sanofi oder Philipp Morris, überall arbeiten Contract Workers entrechtet zum mickrigen, jedoch gesetzlichen Mindestlohn. Neue Nachrichten über den hartnäckigen Kampf der SEU-Gewerkschafter verbreiten sich jeweils schnell, und das kleine Büro von PCEM und SEU, eigentlich ein Hinterzimmer einer Anwaltskanzlei, ist beliebter und quirliger Treffpunkt von Arbeitern aus verschiedenen Konzernen. Als zum Beispiel Contract Workers von Shell Genaueres über Imran Alis Kampf hören wollten, kamen sie einfach im Büro vorbei. Mit Hilfe der Beratung durch die PCEM konnten sie eine Gewerkschaft gründen und setzten 2015 vor Gericht durch, dass über 300 Contract Workers von Shell eine Festanstellung erhielten (IndustriALL 2015a).

Die Syngenta-Gewerkschafter versuchen nun, Strukturen aufbauen, um Contract Workers in Karachi systematisch zu organisieren und um die im pakistanischen Arbeitsgesetz verankerten Rechte endlich durchzusetzen. Dies könnte zu einer entscheidenden Erneuerung innerhalb der pakistanischen Gewerkschaftsbewegung führen, welche durch diktatorische Regierungen und multinationale Konzerne wie Syngenta, welche ihre Macht schamlos ausnützen, stark geschwächt ist.

Der durch Berge von Gerichtsakten und unzählige Briefwechsel zwischen Management und SEU, PCEM und IndustriALL hervorragend dokumentierte Fall in Pakistan bildet ein Lehrstück, wie Grosskonzerne ihre Arbeitnehmenden drangsalieren und einschüchtern, lokale Gerichtsentscheide ignorieren und sogar einen Einsatz von Paramilitärs bewirken können, faktisch also imstande sind, ihr eigenes Recht zu schaffen.

All dies erfolgte unter drastischer Verletzung der grundlegenden Menschenrechte und weitab von den so hehr proklamierten Codes of Conduct, also entgegen dem eigenen Verhaltenskodex mit seinen von Syngentas Management festgelegten und damit eigentlich konzernweit gültigen Regeln.

DIE UNTERSTÜTZUNG DER CONTRACT WORKERS IST ENTSCHEIDEND

MIT IMRAN ALI UNTERWEGS IN KARACHI

Markus Spörndli
Auslandredaktor bei der WOZ – Die Wochenzeitung. Er hat vorher beim Internationalen Komitee vom Roten Kreuz und bei der Schweizer Entwicklungszusammenarbeit gearbeitet. Bei der WOZ schreibt er Beiträge mit Schwerpunkt Südasien, Naher Osten und Entwicklungsfragen.

„Ich habe erfahren, wie hart es ist, als Arbeiter zu seinem Recht zu kommen." So bringt Imran Ali seine Erlebnisse bei Syngenta in Pakistan gegenüber dem Journalisten aus Europa auf den Punkt.

Das Büro der Gewerkschaft der Syngenta-Angestellten befindet sich in einem von zwei Räumen einer kleinen Anwaltskanzlei. Für eine Gewerkschaft, die ihre Arbeitskämpfe vornehmlich juristisch ausficht, scheint es konsequent zu sein, sich gleich bei ihrem Hausanwalt einzumieten. Tatsächlich gehört die Kanzlei dem Anwalt Abdul Ghaffar, der all die Syngenta-Arbeiter vor den Gerichten vertritt.

Abends, nach Arbeitsende bis in die Nacht hinein, ist das kahle, neonbeleuchtete Zimmer ein Treffpunkt verschiedenster jetziger, pensionierter und entlassener Arbeiter aus ganz Karachi. Manche kommen auf einen Schwatz und einen Tee vorbei, andere mit konkreten Anliegen. Hier tauscht sich Imran Ali, der 55-jährige Generalsekretär der Gewerkschaft der Syngenta-Angestellten (SEU) und Präsident des Gewerkschaftsverbands PCEM, regelmässig mit Kollegen aus anderen Unternehmen aus. Denn in den meisten Grossunternehmen gibt es ähnliche Probleme, insbesondere, dass seit Jahrzehnten niemand mehr regulär angestellt wird.

Weil er so viele Tage vor Gericht verbracht und einschlägige Kenntnisse erworben hatte, begann Ali vor ein paar Jahren, seine Erfahrungen zur Regularisierung langjähriger Leiharbeiterinnen und Leiharbeiter zu teilen. Seit er von Syngenta fristlos entlassen worden ist, nutzt er die freie Zeit, diese Beratung zu intensivieren.

An diesem Abend ist Muhammad Osman, der Gewerkschaftssekretär von K-Electric, anwesend. Das riesige Unternehmen ist für die Produktion und Verteilung des Stroms für die Millionen von Haushalten und Unternehmen in Karachi zuständig. Nach der Privatisierung 2005 wurden die damals 12'000 Angestellten rasch auf 4000 reduziert. Dafür greift das Unternehmen nun auf 7000 Contract Workers (Aushilfen) zurück. „Wir waren bei staatlichen Stellen und etlichen Gewerkschaftsföderationen, um Hilfe gegen diese Entwicklung zu erhalten", sagt Osman. „Aber niemand interessierte sich für die Leiharbeiter." Osman stiess erst bei Imrans PCEM auf offene Ohren. Dieser begleitet nun die K-Electric-Gewerkschaft beim Versuch, die Leiharbeiterinnen und Leiharbeiter zu regularisieren. Damit hat das Arbeitsgericht Tausende neuer Fälle auf dem Tisch.

Von ähnlichen Erfahrungen berichten Gewerkschaftsvertreter, die in ausländischen Unternehmen tätig sind: Shell, Pfizer, Sanofi und Chevron. Der Gewerkschaftssekretär dieses US-amerikanischen Ölkonzerns berichtet, dass in Karachi 400 Arbeiterinnen und Arbeiter beschäftigt seien – aber nur gerade 4 regulär angestellt.

Jeden Morgen kurz vor halb zehn Uhr stehen viele Arbeiterinnen und Arbeiter vor dem Arbeitsgericht und warten auf die Verhandlung ihres Falls. Drinnen sitzt im hinteren Teil eines von Neonröhren kühl erhellten weissen Raums ein kleines Publikum. An den Seiten bringen sich die Anwälte in Bereitschaft. Schuhe, Anzug und die Menge des Haargels verraten meist schon, ob ein Anwalt von einer Gewerkschaft oder von einem Unternehmen bezahlt wird. Der bärtige Richter betritt den Raum, setzt sich an den zentralen, mit Türmen von Gerichtsakten verstellten Schreibtisch und legt los. Seine Worte dringen kaum durch die Aktenberge und werden durch das Surren der auf Hochtouren laufenden Ventilatoren übertönt.

Richter Qammaruddin Borah wird innerhalb von zwei Stunden vierzig Fälle behandeln. Für jeden Fall stellt sich auf der einen Seite des Schreibtischs der Unternehmensanwalt auf, auf der anderen der Gewerkschaftsanwalt, zuweilen sekundiert von Arbeitern. Nur ein Fall betrifft ein ausländisches Unternehmen: Es geht um die Regularisierung von 72 Leiharbeiterinnen und Leiharbeitern bei Chevron. Ein junger Anwalt der vom Ölkonzern beauftragten Kanzlei erklärt, dass der Anwalt, der eigentlich den Fall betreut, gerade in einem anderen Gericht auftreten müsse. Der Richter rügt den Anwalt und vertagt den Fall, der bereits 2009 eingereicht worden ist, um über drei Wochen.

An diesem Morgen wird nur ein Urteil gesprochen, die 39 anderen Fälle werden vertagt. Für viele Arbeiterinnen und Arbeiter bedeutet das, dass sie noch länger keinen Lohn erhalten. Für die Unternehmen ist es hingegen ein Vorteil, wenn die Fälle möglichst lange im Dickicht des überforderten Gerichtssystems hängen bleiben. „Unternehmen wie Chevron oder Syngenta haben natürlich die Mittel, die Fälle immer weiterzuziehen und zu verzögern", kommentiert Imran Ali. „Kol-

rechts:
Syngenta hält sich nicht an Gesetze und Gerichtsurteile. Gewerkschafter Imran Ali wartet nach wie vor auf seine Wiedereinstellung und Entschädigung.

Bild: ©AFP / Asif Hassan

legen von mir sind gestorben, bevor ihr Fall zu einem Abschluss kam."

Mittags nach der Gerichtsverhandlung sitzt Richter Borah in seinem Büro gleich neben dem Gerichtsraum, bestellt Tee und sagt: „An normalen Tagen sind es nicht nur vierzig, sondern siebzig, manchmal hundert Fälle." Früher habe das Gericht pro Tag ein, zwei neue Fälle erhalten, heute seien es über zehn. „Ich allein habe derzeit über 3000 unerledigte Fälle auf dem Tisch."

Unweit des Gerichts stehen die Gebäude des Arbeitsdepartements. Dieses ist für die Einhaltung der Arbeitsgesetze in der Provinz Sindh zuständig, von der Karachi die Hauptstadt ist. Für etwa 40 Millionen Einwohner und Einwohnerinnen, offiziell 8564 Fabriken sowie 17'311 Läden und Dienstleistungsbetriebe gibt es gerade mal 120 Arbeitsinspektoren. Die einstöckigen Gebäude sind in erbärmlichem Zustand, die Blechdächer durchgerostet. Eine Ausnahme ist das Büro von Co-Direktor Gulfam Nabi. Er ist nicht nur für die Inspektionen in Süd-Karachi zuständig, sondern auch für die Umsetzung einiger Programme der Internationalen Arbeitsorganisation (ILO). Diese hat ihm dafür zwei Computer hingestellt – die einzigen im ganzen Departement.

„Wir haben das beste Arbeitsgesetz der Welt", sagt Nabi. Kein Witz: Selbst kritischere Geister bestätigen, dass Pakistan gute Gesetze hat. „Die Implementierung ist aber ein Problem", räumt auch Nabi ein. „Es gibt zu wenige und kaum ausgebildete Inspektoren." Denn oftmals werde der Job an Verwandte von Ministern vergeben.

Für Imran Ali ist das Bekenntnis des Beamten nicht einmal die halbe Wahrheit. „Die Leute vom Arbeitsdepartement sind total korrupt", sagt er. „Es ist ja bekannt, dass sie nie in die Fabriken gehen, dass sie Geschenke erhalten, bevor sie die Formulare unterschreiben."

Weil die Unternehmen sich zunutze machen, dass die Arbeitsgesetze kaum umgesetzt werden und ihre Einhaltung nicht überprüft wird, setzt Imran auf die Gerichte. Die sind zwar überfordert, aber immerhin nicht so korrupt wie die Behörden, so Imran. „Es ist wichtig, dass die Angestelltengewerkschaften gestärkt werden, damit sie die Interessen der Arbeiter besser vor Gericht vertreten können", meint er. „Aber das reicht leider nicht, weil die Prozesse viel zu lange dauern."

Darum fordert Imran Ali: „Die Gewerkschaften, die Arbeiter eines multinationalen Unternehmens vertreten, sollten am Hauptsitz dieses Unternehmen angehört werden. Und sie sollten Zugang zu den Gerichten des Landes erhalten, wo das Unternehmen seinen Hauptsitz hat."

Eine erweiterte Fassung erschien ursprünglich in der WOZ Nr. 41/2015.

SYNGENTA PROFITIERT
VON AUSBEUTERISCHEN
LÖHNEN UND NIMMT
VERGIFTUNGEN IN KAUF

SYNGENTAS WIRKEN IN INDIEN: VERSCHULDUNG UND VERGIFTUNG

Deepak Kumar zusammen mit MultiWatch
Kumar ist Agrarökonom und Forscher bei der Foundation of Agrarian Studies in Bangalore, Indien. Er arbeitet zu Fragen von Landverteilung und landwirtschaftlicher Entwicklung in Indien.

Indiens Markt für landwirtschaftliche Produktionsmittel ist einer der grössten weltweit, und er wächst weiterhin stark. Seit der Liberalisierung des Agrarsektors ab 1991 wurde die Landwirtschaft immer mehr dem Markt überlassen und der Staat zog sich weitgehend zurück. Syngenta ist einer der grossen multinationalen Agrokonzerne, die mit Hybridsaatgut und Pestiziden eine dominante Marktposition gewinnen konnten.

HYBRIDSAATGUT UND SYNGENTAS ORGANIZER

Der Verkauf von zertifiziertem Saatgut hat sich von 2000 bis 2010 fast verdreifacht. Heute macht der Saatgutsektor einen Umsatz von ungefähr 1,5 Milliarden Franken und ist etwa zur Hälfte privatisiert. Die ausländischen Saatgutfirmen Syngenta, Monsanto, Bayer, Dow und Advanta sind (oft als Joint Ventures mit indischen Firmen) vor allem auf den Märkten für Hybridsaatgut für Baumwolle und Mais zu finden. Die profitable Produktion von hybridem Maissaatgut ist sogar zu fast 95 Prozent in privaten Händen. Gemäss der Fair Labor Association (FLA) ist Syngenta mit einem Netzwerk von über 25'000 Saatgutbäuerinnen und Saatgutbauern und 200 sogenannten Saatgut-Organizern, einer Art Mittelsmänner, in ganz Indien eine der führenden Firmen in der Produktion und Vermarktung von Hybridsaatgut (FLA 2015).

Ein Dokumentarfilm der dänischen Organisation DanWatch mit dem Titel „Seeds of Debt" hat kürzlich für Diskussionen gesorgt (Pedersen 2014). Der Film erhebt schwere Vorwürfe. Syngenta hat diese Vorwürfe bestritten, und die Fair Labor Association (FLA) stützt Syngentas Version in weiten Teilen (FLA 2015). Syngenta ist freiwillig Mitglied der FLA, einer Organisation von Multis und Universitäten. Bei den Überprüfungen durch die FLA handelt es sich also um eine Selbstkontrolle der Konzerne, die nur sehr begrenzt vertrauenswürdig ist. Trotzdem eignet sich das Beispiel, um die Problematik der Agrokonzerne in der indischen Landwirtschaft zu beschreiben.

Für die Produktion von Maissaatgut im Bundesstaat Andhra Pradesh nimmt Syngenta Saatgutbäuerinnen und -bauern unter Vertrag, welche für den Konzern Hybridsaatgut zu genau definierten Bedingungen anbauen. Syngenta verhandelt mittels sogenannter Saatgut-Organizer mit den Bäuerinnen und Bauern. Diesen Organizern kommt eine grosse und wachsende Bedeutung zu, sie übernehmen immer mehr Aufgaben. So wählen sie zum Beispiel die Saatgutbäuerinnen und -bauern aus, stellen sicher, dass diese die richtigen Produktionsfaktoren benutzen, und kaufen ihnen schliesslich die Ernte, also das künftige Saatgut, ab. Dies lässt das Einkommen der Saatgutbäuerinnen und -bauern tendenziell schrumpfen (FLA 2015: 31). Gemäss Syngentas eigenen Richtlinien muss ein Organizer vor allem eine lokal einflussreiche Person sein (FLA 2015: 10). Sie soll aber auch Konflikte lösen und möglichst an finanzielle Mittel gelangen können, um die Saatgutbäuerinnen und -bauern zu unterstützen. Dies ist alles in allem eine ziemlich akkurate Beschreibung für eine lokal herrschende Klasse. Es ist offensichtlich, dass die Organizer für den Konzern und sich Geld verdienen sollen, und dass sie durch Syngenta noch mehr Macht bekommen.

Die Preise für die Ernte der Saatgutbäuerinnen und Saatgutbauern, also für das zu produzierende Saatgut, werden im Voraus von Syngenta festgelegt. Damit ergeben sich drei Probleme. Erstens basieren Syngentas Preisberechnungen für das Saatgut nicht auf den gesetzlichen Mindestlöhnen für landwirtschaftliche Arbeitskräfte, sondern auf regional üblichen Löhnen. Diese liegen zum Teil bis zu 30 Prozent unter den Mindestlöhnen. Durch diese Preisberechnung wird es den Bäuerinnen und Bauern verunmöglicht, den Arbeiterinnen und Arbeitern, die sie anstellen, Minimallöhne zu garantieren. Das zweite Problem hängt direkt mit den Organizern zusammen. Studien der FLA haben gravierende Unregelmässigkeiten beim Zustandekommen des bezahlten Preises festgestellt. Weil die Saatgutbäuerinnen und -bauern nicht richtig informiert waren oder schlicht keine Möglichkeit hatten, sich zu wehren, haben die Organizer ihnen bis zu 17 Prozent tiefere Preise bezahlt, als von Syngenta vorgegeben (FLA 2015: 13). Drittens konnte FLA aufzeigen, dass das Nettoeinkommen, das von Syngenta für die Preisfestlegung berechnet wird, weit über dem liegt, was Bäuerinnen und Bauern tatsächlich verdienen (FLA 2015: 16). Die Bauernfamilien sind meist nicht in der Position, die regional üblichen Löhne und andere Kosten zu drücken. Wenn die Preise für das produzierte Saatgut also zu tief sind, dann müssen sich diese Familien bei den eigenen Nahrungsmitteln einschränken. Ökonomisch gesehen bedeutet dies, dass das familiäre Einkommen teilweise deutlich unter die bereits sehr tiefen loka-

«Das Pestizid Paraquat ist weiterhin eines der wichtigsten Produkte des Basler Konzerns, obwohl es in 32 Ländern, darunter der Schweiz, verboten ist.»

len Löhne zu liegen kommt (FLA 2015: 16ff.). Es wird also klar, dass sich wegen der einseitigen Preisfestsetzung durch Syngenta sehr tiefe Nettoeinkommen für die Bäuerinnen und Bauern ergeben.

Frühere Studien haben in der Produktion von Baumwollsaatgut im Bundesstaat Andhra Pradesh 2003 überdies viele Fälle von Kinderarbeit aufgezeichnet (Venkateswarlu 2003). Die Kinder mussten für wenig Geld auf Kosten ihrer Schulbildung lange arbeiten und waren zusätzlich den giftigen Pestiziden ausgesetzt. Obwohl die Kinder nicht direkt bei Syngenta angestellt waren, sondern bei Zulieferfirmen, verstiess diese Tatsache gegen Syngentas Richtlinien zu Kinderarbeit. Der Konzern ergriff nach diesem Skandal Massnahmen, sodass sich die Situation gemäss FLA verbesserte. Schliesslich aber verkaufte Syngenta die Produktion von Baumwollsaatgut (FLA 2006, 2008). Dies ist ein weiteres Beispiel dafür, wie Syngenta von einem System profitiert hatte, das die Bauernfamilien systematisch ausbeutet.

PARAQUAT:
HOCHGIFTIG UND HOCHPROFITABEL

Das zweite grosse Geschäftsfeld von Syngenta in Indien ist genauso umstritten: die Pestizide, unter anderen das höchst toxische Paraquat. Wie in vielen anderen Ländern im Globalen Süden wird Paraquat auch in Indien trotz weltweiten Widerstands immer noch vertrieben. Das Pestizid ist weiterhin eines der wichtigsten Produkte des Basler Konzerns, obwohl es in 32 Ländern, darunter der Schweiz, verboten ist. Syngenta hat für Propagandazwecke eine eigene Website aufgeschaltet. Auf dieser wird Paraquat sogar als Beitrag zu einer nachhaltigen Landwirtschaft gepriesen; dabei gebe es lediglich einige Sicherheitsbestimmungen einzuhalten (Paraquat Information Center 2015). Eine empirische Feldstudie von 2015 hat die Anwendung von Paraquat in Indien erforscht (Kumar 2015). Die Studie befragte 50 Bäuerinnen und Bauern, 23 Landarbeiterinnen und Landarbeiter sowie lokale Behörden in sechs Teilstaaten Indiens. Trotz der kleinen Stichprobe sind die Befunde alarmierend. Wenige Wochen nach der Publikation doppelte eine Koalition von NGOs mit einem zusätzlichen Bericht über Syngenta und Bayer im indischen Punjab nach (ECCHR 2015). Die beiden Studien zeigen glasklar, dass die sichere Verwendung von hochgiftigen Pestiziden in Indien aus verschiedenen Gründen eine Illusion ist.

Als Erstes sind die Verkaufspraktiken zu erwähnen. Syngenta ist wohl der wichtigste Hersteller von Paraquat, doch das Pestizid wird in Indien von verschiedenen Herstellern unter 14 verschiedenen Namen vertrieben. Paraquat wird zudem für 25 verschiedene Nutzpflanzen eingesetzt, obwohl es in Indien nur für 9 Arten zugelassen ist. Die Hersteller von Paraquat empfehlen das Pestizid also auch für Kulturen, für die es nicht zugelassen ist. Paraquat wird in Plastik-

WER BEWAHRT DAS SAATGUT:
DIE „SYNGENTA AFFAIR" 2002

Die Bewahrung von bäuerlichem Saatgut (sogenannte Landrassen) für Forschung und Weiterentwicklung ist entscheidend für die Zukunft der Landwirtschaft und der Ernährungssicherheit. Eine besondere Bedeutung kommt der Saatgutbewahrung in situ zu, also auf den Betrieben selber. Aber auch die staatlich finanzierte Infrastruktur zur Bewahrung dient einer nachhaltigen und gerechten Nutzung von genetischen Ressourcen (Swaminathan 2009).

Wegen der immensen Wichtigkeit der genetischen Diversität sollte die Bewahrung nicht in private Hände fallen. Viele Jahre lang hatte der renommierte Agrarwissenschaftler Dr. Richharia Reissorten gesammelt. Dann übergab er seine Sammlung der Indira-Gandhi-Universität in Raipur, Chhattisgarh. Diese wollte 2002 das Keimplasma von 19'000 Reissorten an Syngenta verkaufen, die es als Genpool für ihre Reisforschung zu nutzen gedachte. Eine grosse Bewegung von Bäuerinnen und Bauern, Umweltschützerinnen und Umweltschützern wehrte sich dagegen, dass diese unvergleichliche Sammlung von genetischen Ressourcen in die Hände des ausländischen Multis fiel. Die Bewegung war schliesslich erfolgreich, nachdem Syngenta auch in der „Times of India" als Biopiratin bezeichnet wurde (Lutringer 2009).

säcken und in Wiederauffüllflaschen verkauft, die nach der Verwendung oft einfach weggeworfen werden. Gelagert wird es von den Bäuerinnen und Bauern meist nicht in separaten Gebäuden, sondern in Wohnräumen.

Das zweite Problem bezieht sich auf die Information: Die Hälfte der Bäuerinnen und Bauern kauft Paraquat ohne Etikette mit Gebrauchsanweisung. Selbst wenn es eine Etikette hat, lesen und verstehen viele Bäuerinnen und Bauern, Landarbeiterinnen und Landarbeiter die Verpackungshinweise nicht. Entweder können sie kaum lesen oder die Etikette ist nicht in ihrer Sprache geschrieben. Ausserdem sind die Sicherheitshinweise auf den Etiketten und die Anleitungen oft mangelhaft. Die Mehrheit der Bauernschaft hat weder eine Ausbildung in der Anwendung von Paraquat erhalten, noch haben sie Zugang zu einer solchen Ausbildung. Einige Landarbeiterinnen oder Landarbeiter wissen nicht einmal, ob sie dem Gift ausgesetzt worden sind oder nicht.

Ein drittes Problem betrifft die Schutzkleidung: Drei Viertel der Befragten treffen überhaupt keine Schutzmassnahmen und nur ein kleiner Teil trägt die vorgeschriebene Schutzkleidung. Die meisten wissen nicht einmal, dass es so etwas wie eine Schutzausrüstung gibt. In vielen Gebieten kann sich die arme Bauernschaft auch keine adäquate Ausrüstung leisten. Gearbeitet wird mit einfachen Handsprayern. Häufig entstehen Lecks in den Sprayern, doch die Mehrheit der Nutzerinnen und Nutzer wissen nicht, wie diese repariert werden können. Nach dem Ausbringen des Gifts arbeiten die meisten Bäuerinnen und Bauern üblicherweise ohne Unterbruch auf dem Feld weiter.

Dies widerspiegelt die traurige Realität in Indien. Der Verhaltenskodex für den Pestizideinsatz der FAO (Ernährungs- und Landwirtschaftsorganisation der UNO) besagt darum auch, dass „Pestizide, deren Handhabung den Einsatz von persönlichen Schutzausrüstungen erfordert, die unangenehm zu tragen, teuer oder nicht ohne weiteres verfügbar sind, vermieden werden sollen, besonders im Fall der Kleinverbraucher in tropischem Klima" (FAO 2002: 9). Wenn die Konzerne sich also mit einfachen Empfehlungen aus der Verantwortung zu stehlen versuchen, verstossen sie gegen den FAO-Kodex und setzen die Menschen wissentlich erheblichen Gesundheitsrisiken aus.

Syngentas Argumentation erinnert an die der Waffenlobby, die sich unschuldig stellt, wenn mit den verkauften Waffen Menschen umgebracht werden. Die Haltung, es komme nur auf die Einhaltung der Sicherheitsvorschriften an, ist nicht nur naiv, sondern zynisch.

«Die meisten wissen nicht einmal, dass es so etwas wie eine Schutzausrüstung gibt. In vielen Gebieten kann sich die arme Bauernschaft auch keine adäquate Ausrüstung leisten.»

ABHÄNGIGKEIT UND SUIZID

In Indien steigen die Kosten für Produktionsfaktoren im Verhältnis zu den Preisen für Endprodukte ständig an und führen zu einem dauerhaft tiefen Nettoeinkommen der Bäuerinnen und Bauern. Kombiniert mit der fehlenden sozialen Sicherheit kann eine Preisschwankung am Markt, zum Beispiel fallende Preise der Endprodukte, nicht nur die ohnehin schmale Profitmarge auslöschen. Vielmehr können die Bäuerinnen und Bauern die Kosten nicht mehr decken und müssen sich verschulden. Da auch das spezifisch für die arme Bevölkerung organisierte Bankensystem fast gänzlich abgeschafft wurde, weichen immer mehr Bäuerinnen und Bauern auf private Geldverleiher aus. Vordergründig versucht Syngenta dagegen vorzugehen und stellt in ihrem Saatgutprogramm zinslose Darlehen zur Verfügung. Aber die Saatgutbäuerinnen und -bauern erhalten diese oft so spät, dass sie trotzdem auf andere Kreditgeber ausweichen müssen (FLA 2015) und in die Schuldenspirale getrieben werden. Der Film „Seeds of Debt" beschreibt, dass Syngentas Organizer selbst auch als Geldverleiher mit Wucherzinsen tätig sind. Der FLA-Bericht hingegen fand dafür keine Anzeichen.

Effektiv aber ist Syngenta Teil eines kapitalistischen, neoliberalen Landwirtschaftssystems, das diese Verschuldung verursacht. Syngenta will die Landwirtschaft in Indien mit ihren angeblich sehr effizienten, mindestens jedoch sehr kostenintensiven Systemen revolutionieren: mehr Pestizide, immer neues Saatgut und ständige Weiterbildung – alles inklusive. Ein Beispiel ist das integrierte Reisangebot, mit dem Syngenta Ertragssteigerungen von 60 Prozent verspricht. Dieses Angebot umfasst behandeltes Saatgut, ein mechanisches System, um den Arbeitsaufwand mit den Setzlingen zu verringern, und kombiniert sich mit einem Weiterbildungsangebot von Syngenta. Ertragssteigerungen sind aber nur unter idealen Umweltvoraussetzungen und mit dem notwendigen Kapital realisierbar. Ein Analyst der Schweizer Bank Vontobel, der bei der Demonstration von Syngentas integriertem Reissystem in Indien zugegen war, meinte: „Die Verkäufer müssen viel Zeit aufwenden, um einen Bauern davon zu überzeugen, dass sich die Investition und das Umstellen auf das Syngenta-Produkt lohnen" (Hody 2012). Die Bauern mögen gegenüber Syngentas neuen Technologien grundsätzlich skeptisch sein, wie dieser Analyst behauptet. Wenn dem so ist, dann wohl aus gutem Grund. Denn wenn diese Technologien nach grossen Investitionen nicht den versprochenen Ertrag einbringen, stehen die Bäuerinnen und Bauern mit ihren Schulden alleine da.

Viele verschuldete Bauern in Indien begehen unter anderem mit der Einnahme von Pestiziden Selbstmord. Weltweit werden hochgiftige Pestizide jährlich von 250'000 bis 370'000 Menschen zum Suizid benutzt, vor allem in den Ländern, in denen solche Produkte zugelassen und zugänglich sind. Studien zeigen, dass mit gezielten Einschränkungen von

rechts:
Keine Seltenheit:
Ein Bauer versprüht ohne Schutzkleidung ein
Pestizid in der Region Malwa, Punjab, Indien.

Bild: © *New Media Advocacy
Project/ Tanweer Ahmed*

hochtoxischen Pestiziden die Zahl der Toten erheblich reduziert werden kann. Nur schon dadurch, dass Menschen, die absichtlich oder unabsichtlich Vergiftungen erleiden, im Spital noch gerettet werden können, wenn die Pestizide weniger toxisch sind (Dawson et al. 2010).

Auch das extrem giftige Paraquat ist ein oft benutztes Suizidmittel. Ein Schluck wirkt tödlich und ein Gegenmittel existiert nicht (Dawson et al. 2010, EvB 2012a). Bauernselbstmorde in Indien sind also einerseits eine Reaktion auf eine desaströse Landwirtschaftspolitik, in der Syngenta profitierende Teilhaberin ist. Andererseits verschlimmert die breite Verfügbarkeit tödlicher Pestizide die Situation. Würde Syngenta das in der Schweiz erlassene Verbot für Paraquat endlich weltweit akzeptieren, dann hätte der Konzern mindestens auf der symbolischen Ebene einen Beitrag zur Verhinderung von Selbstmorden geleistet. Doch Konkurrenznachteile und Umsatzeinbussen will Syngenta mit allen Mitteln verhindern.

Dieser Beitrag enthält die persönlichen Ansichten des Autors.

PESTIZIDE UND
GENMANIPULATION FÜR
EINE NICHT NACHHALTIGE
LANDWIRTSCHAFT

DIE NETZE VON SYNGENTA IN LATEINAMERIKA

Elizabeth Bravo
Koordinatorin RALLT (Netzwerk für ein Lateinamerika ohne genmanipulierte Organismen). Die Biologin hat zusammen mit Lilian Vallejo und Ana Lucia Bravo das Buch „Syngentas Landwirtschaft: Monopole, GVOs und Pestizide" herausgegeben. Sie lebt in Ecuador.

Als globales Unternehmen weitet Syngenta ihren Einfluss auf dem ganzen Planeten aus. Lateinamerika ist für Syngenta besonders wichtig, da sich diese Region in den letzten Jahrzehnten zu einem eigentlichen Imperium des Agrobusiness entwickelt hat. Lateinamerika vereinigt als riesiger Kontinent Klima- und Vegetationszonen von den Tropen bis zu den Gletschern, was die Entwicklung unterschiedlicher Landwirtschaftstypen erlaubt hat.

Auf dieser Grundlage unterscheidet der Konzern drei Subregionen, die dieser grossen lateinamerikanischen Agrobiodiversität Rechnung tragen: Brasilien, das südliche und das nördliche Lateinamerika. In jeder dieser Subregionen unterstützt Syngenta die jeweils in der Region existierende Plantagenwirtschaft, wie in der Folge ausgeführt wird.

SYNGENTA BRASILIEN: DER BITTERE GESCHMACK DES ZUCKERS

Dank der riesigen Fläche kommerzieller Plantagen ist Brasilien ein Paradies für jedes Agrobusinessunternehmen (USDA 2015). Syngenta stellt hier keine Ausnahme dar: 70 Prozent des Umsatzes von Syngenta in Lateinamerika entfallen auf Brasilien. Brasilien ist derzeit der weltgrösste Verbraucher von Pestiziden. In Paulínia im Bundesstaat São Paulo befindet sich Syngentas Fabrik für die Produktion von Insektiziden, Herbiziden und weiteren Pestiziden für Brasilien und das südliche Lateinamerika.

Eines der wichtigsten Interessen, die Syngenta in Brasilien verfolgt, ist der grossflächige Anbau von Zuckerrohr, der dank des Booms der Biotreibstoffe, insbesondere von Ethanol, einen ungewöhnlichen Aufschwung erlebt. Derzeit produziert Brasilien weltweit 23 Prozent des Ethanols und exportiert 48 Prozent des auf den internationalen Märkten verfügbaren Zuckers (El País 24.3.2015).

Die Anbaufläche für Zuckerrohr nimmt in Brasilien mit jedem Jahr zu. Der Zuckerrohr-Ethanol-Komplex in Brasilien besteht aus Millionen Hektaren Zuckerrohrplantagen, auf denen Millionen Tonnen Pestizide eingesetzt werden, und einem Netzwerk von Fabriken zur Erzeugung von Zucker oder Ethanol. Dabei werden immer modernere Verfahren angewandt. Zum Beispiel Bakterien, die Zucker in Alkohol umwandeln, und in naher Zukunft Enzyme aus der synthetischen Biologie. In vielen dieser Bereiche mischt Syngenta mit.

Eine der wichtigsten Strategien von Syngenta ist die Innovation durch Patente, hinzukommen vielfältige Allianzen und Akquisitionen. In diesem Zusammenhang hat der Konzern die Marke Plene geschaffen, die sich darauf spezialisiert, in Zusammenarbeit mit New Energy Farms neue Technologien für die Gewinnung von Energie aus Biomasse einzuführen. Plene ist eine Kombination von Saatgutbehandlung, Wachstumsregulatoren, Herbiziden und Düngemitteln sowie einer neuen Technologie zur Stecklings- und Keimlingsreproduktion (Syngenta Homepage: Jahresbericht 2014).

Ein weiteres zentrales Element im brasilianischen Zuckerrohr-Ethanol-Komplex ist die rigorose Bekämpfung von „Unkraut", die weitere hohe Gewinne für Syngenta verspricht. Paraquat soll gemäss Syngenta Anbausysteme wie die Direktsaat ermöglichen: Statt das Unkraut unterzupflügen, wird das Land grossflächig mit dem Herbizid besprüht, anschliessend wird ausgesät. Diese Methode der Direktsaat fördert den Anbau in riesigen, zusammenhängenden Monokulturen, da mit einer einzigen Maschine tausende von Hektaren bearbeitet werden können. Weitere in Brasilien verwendete Pestizide sind unter anderem Dual Gold, Gesapax, Callisto sowie das Insektizid Actara und der Wachstumsregulator Moddus.

In der aktuellen Phase investiert Syngenta massiv in die Bereiche Enzyme und synthetische Biologie, um die Zellulose des Zuckerrohrs direkt in Ethanol umzuwandeln. Gemäss dem Slogan „Genetik mit Chemie verbinden, um neue Lösungen und Geschäftsmodelle zu entwickeln", interessiert sich Syngenta auch für die Erforschung der Genetik des Zuckerrohrs. Dies zeigt die Vereinbarung zur langfristigen Zusammenarbeit mit der Agência Paulista de Tecnologia dos Agronegócios (Agentur für Landwirtschaftliche Technik von São Paulo), einer Forschungseinrichtung des Departements für Landwirtschaft und Versorgung des Bundesstaats São Paulo (Agrolink 2010). Die Vereinbarung erlaubt Syngenta, auf eine Genbibliothek mit Genotypen des Zuckerrohrs zuzugreifen, was die Entwicklung neuer Varianten für die Plene-Technologie erleichtert und andere Forschungsaktivitäten beschleunigt, wie zum Beispiel hinsichtlich Sugar-

«Das Abkommen zwischen Syngenta und São Paulo bietet eine grössere Kontrolle über Zuckerrohr und verdeutlicht, wie öffentliche Einrichtungen global tätige, private Unternehmen subventionieren.»

Booster-Gen und Genstapelung beim Zuckerrohr (Syngenta 2010). Das Abkommen zwischen Syngenta und dem Landwirtschaftsdepartement von São Paulo bietet Syngenta also eine grössere Kontrolle über diese Nutzpflanze und verdeutlicht, wie öffentliche Einrichtungen global tätige, private Unternehmen subventionieren.

SYNGENTA IM SÜDLICHEN LATEINAMERIKA: DIE VEREINIGTE SOJAREPUBLIK

Argentinien ist der weltweit wichtigste Exporteur von Sojaöl und Sojamehl sowie der drittwichtigste Exporteur von Sojabohnen. Seit 2002 übertreffen die Exporte aus dem südlichen Lateinamerika diejenigen der Vereinigten Staaten. Derzeit bedeckt Soja bereits 480'000 Quadratkilometer, eine Fläche nur wenig kleiner als Deutschland, Österreich und die Schweiz zusammen. Hierbei wurden andere Nutzpflanzen, wie Baumwolle im Falle Paraguays und der argentinischen Region Chaco, Weizen, Mais und Reis sowie die Viehzucht verdrängt und massiv Wälder gerodet; dies alles als Folge einer Akkumulationsstrategie in Zusammenhang mit dem Sojaanbau. Die riesigen Pampas des südlichen Lateinamerikas, ehemals natürliche Graslandschaften, deren fruchtbare Böden den Anbau von Weizen und anderen Getreidearten der gemässigten Klimazonen sowie eine extensive Viehhaltung ermöglichten, haben sich in eine enorme, öde grüne Sojalandschaft verwandelt.

Im Jahr 2014 generierte Syngenta mit Soja einen Umsatz von gut 3 Millionen USD, wobei 83,3 Prozent des Umsatzes mit Pestiziden erzielt wurde und der Rest durch Saatgutverkäufe. Der Star unter den Produkten war Elatus, das vor Sojarost schützt. Für die Landwirtschaftliche Fakultät der Universität von Buenos Aires ist „Sojarost aktuell die destruktivste und gefürchtetste Pflanzenkrankheit auf dem amerikanischen Kontinent". Der Ausbruch dieser Pilzkrankheit in intensiven Sojamonokulturen hat zu grossen Verlusten bei den südamerikanischen Sojabauern geführt. Für die Unternehmen, die Fungizide zum Schutz vor dieser Krankheit herstellen, bringt Sojarost dagegen immense Gewinne. Laut dem Jahresbericht von 2014 ist das Wachstum von Syngenta im Bereich der Fungizide auf die Einführung von Elatus in Südamerika zurückzuführen (Syngenta Homepage: Jahresbericht 2014).

Die überwältigende Mehrheit des im südlichen Lateinamerika erzeugten Sojas ist transgen und resistent gegen das Herbizid Glyphosat. Es wird unter der Bezeichnung Roundup Ready oder RR-Soja verkauft. Der Grossteil des RR-Soja-Saatguts ist „geistiges Eigentum" von Monsanto. Syngenta trat Ende 2008 mit dem Kauf des dortigen Saatgutproduzenten SPS erstmals auf dem argentinischen Markt für Soja auf. Ein Problem, das durch die kontinuierliche Anwendung von Glyphosat im Sojaanbau auftritt, sind

„Superunkräuter", also invasive Spezies, die Resistenzen gegen das Herbizid Glyphosat entwickeln. Dieser „Fehler" erschliesst mit dem technischen Supportprogramm Centinela eine neue Einkommensquelle für Syngenta im südlichen Südamerika. Bei Centinela handelt es sich um ein Informations- und Überwachungssystem über das Vordringen von Krankheiten wie dem Sojarost und über das Auftreten von Superunkräutern. Konkret bedeutet dies natürlich den Mehrverkauf von Herbiziden und Fungiziden. Kürzlich wurde eine neue App vorgestellt, die es der Landwirtin oder dem Landwirt ermöglicht, „in Echtzeit und überall Informationen abzurufen – ein ideales Werkzeug, um die richtige Entscheidung darüber zu treffen, wann Fungizide und Insektizide eingesetzt werden sollen" (Centinela Syngenta 2015).

Unter den selektiven Herbiziden Syngentas, die für Soja in Argentinien angeboten werden, befinden sich FusialdeMax und Flex. Der Verkauf von Glyphosat allein wurde absichtlich eingeschränkt, um Mischungen verkaufen zu können, was möglicherweise auf das Auftreten von resistenten Superunkräutern zurückzuführen ist. Der Verkauf von Gramaxon hingegen ist weiterhin stabil (Syngenta Homepage: Jahresbericht 2014). In Argentinien wird mit Plenus und Plenus Avicta auch Saatgut auf den Markt gebracht, das mit Pestiziden, Fungiziden und Insektiziden beziehungsweise Bakterien beimpft ist. Das Plenus-Saatgut trägt wachstumsfördernde Chemikalien und Mikroorganismen sowie Insektizide und Fungizide in sich. Syngentas Produkt Plenus Avicta beinhaltet ausserdem ein Pestizid gegen Fadenwürmer, und es wird nur zusammen mit dem Saatgut verkauft (Syngenta 2011).

Mindestens 10 Prozent des transgenen Sojas mit Glyphosatresistenz, das in Brasilien ausgebracht wird, ist Saatgut von Syngenta (Syngenta Homepage: Brasilien, Soja). Das Geschäftsmodell besteht darin, mit lokalen Züchterinnen und Züchtern zusammenzuarbeiten, die das Saatgut vervielfältigen und so zu „Partnerunternehmen" von Syngenta werden.

Im Jahr 2008 wurde der transgene Mais von Syngenta in Argentinien und Brasilien zugelassen. Seither wurden verschiedene transgene Maissorten wie zum Beispiel Viptera eingeführt. Die wichtigste Gewinnquelle für das Unternehmen bleibt in dieser Region jedoch Soja.

SYNGENTA IM NÖRDLICHEN LATEINAMERIKA: DIE GESPRITZTEN BANANENREPUBLIKEN

Die Region nördliches Lateinamerika besteht aus der Subregion Anden, Zentralamerika und der Karibik. Sie wird von Panama aus geleitet und umfasst 22 Länder zwischen Mexico und Peru. In diesem Gebiet konzentriert sich die wohl grösste landwirtschaftliche Vielfalt des Planeten, da hier drei Vavilov-Genzentren der Nutzpflanzen zusammenkommen: Amazonas, Anden und Zentralamerika. Vavilov (1887-1943) war ein russischer Botaniker und Genetiker, der eine Gegend mit vielen Wildformen von Kulturpflanzen als Genzentrum bezeichnete. In dieser Region ist Mais die kulturell wichtigste Pflanze, da sie im gesamten Kalender landwirtschaftlicher Feiertage der indigenen und ländlichen Gemeinden der Anden und Zentralamerikas präsent ist. 2005 begann Syngenta den ersten transgenen Mais in Kolumbien zu verkaufen, und seither hat sie in Venezuela und Ecuador erfolgreich hybride gelbe Maissorten sowie in Kolumbien und Mittelamerika hybride weisse Maissorten eingeführt.

Die Produktionsanlage von Syngenta befindet sich in der Gemeinde Yumbo im Caucatal in Kolumbien, wo hybride gelbe wie auch weisse Maissorten und Sorghum hergestellt werden. Von dort aus werden die andinen und mittelamerikanischen Märkte sowie die tropischen Märkte Mexikos versorgt (Syngenta Homepage: Semillas). Das Hauptaugenmerk Syngentas liegt jedoch auf den grossen Plantagen für Exportprodukte wie Bananen, Kaffee, Ananas, Zuckerrohr und Zierpflanzen, die sowohl mit Saatgut als auch mit Pestiziden beliefert werden. In der Subregion im Norden Lateinamerikas werden 70 Prozent der weltweit exportierten Bananen produziert. Die grossen Monokulturen des Bananenanbaus erfordern enorme Mengen an Pestiziden zur Bekämpfung von Schädlingen und Krankheiten. Eines der Hauptprobleme ist der schwarze Sigatoka-Pilz, der bis zu 50 Prozent der Anpflanzungen befallen kann. Die Ausbreitung dieser Krankheit wird durch die fehlende genetische Vielfalt der Bananenplantagen begünstigt, da alle Pflanzen von Klonen der Sorte Cavendish abstammen, die für diese Krankheit sehr anfällig ist.

Eine typische Plantage kann bis zu fünfzigmal pro Saison gespritzt werden. Deshalb kostet laut einem kolumbianischen Bericht die Bekämpfung des Sigatoka-Pilzes das Land jährlich etwa 20 Millionen USD. Die Kosten für ganz Lateinamerika belaufen sich auf etwa 350 Millionen USD. Die Verwendung chemischer Fungizide macht einen Anteil von etwa 30 bis 40 Prozent der Produktionskosten aus. Dabei sind die Schäden am Ökosystem und die Auswirkungen der Fungizide auf die Gesundheit der Arbeiterinnen und Arbeiter und auf die benachbarte Wohnbevölkerung noch nicht berücksichtigt. Hinzu kommt, dass der kontinuierliche Einsatz von Fungiziden Resistenzen erzeugt. Der in Bananenplantagen verwendete Chemikaliencocktail besteht aus Fungiziden, Herbiziden, Insektiziden und Nematiziden (Pestizide gegen Fadenwürmer). Der hierdurch verursachte epidemiologische Zustand der umliegenden Gebiete ist besorgniserregend. Ein Bericht über eine ländliche Gemeinschaft, die in der Nähe einer Bananenplantage in Ecuador lebt und den Besprühungen aus der Luft ausgesetzt ist, verweist auf eine höhere und steigende Fehlgeburtenrate gegenüber anderen Bevölkerungsgruppen (Maldonado et al. 2007). Die Ursache der meisten Fehlgeburten war der Kontakt mit gewissen Pestiziden. Zudem wurden deutliche Unterschiede in der Zahl der Kinder mit angebore-

> «Die Ursache der meisten Fehlgeburten war der Kontakt mit gewissen Pestiziden.»

nen Fehlbildungen festgestellt: 26 Fehlbildungen je 1000 Neugeborene in betroffenen gegenüber zwei in nichtbetroffenen Bevölkerungsgruppen. Die häufigsten und überdurchschnittlich auftretenden Krankheiten waren Asthma, Diabetes, Leberprobleme, Krebs und Niereninsuffizienz. Ausserdem zeigten sich auch Beeinträchtigungen bei Pflanzungen sowie bei Haus- und Nutztieren.

In den Bananenplantagen Ecuadors, des wichtigsten Bananenexporteurs der Welt, ist über lange Zeit die Agrochemikalie Benomyl eingesetzt worden, dessen kontinuierlicher Einsatz einen Prozess der Resistenzevolution ausgelöst hat. Als Alternative setzen die Bananenproduzenten nun das Fungizid Bankit von Syngenta ein. Der wichtigste Wirkstoff ist Azoxystrobin, das die Zellatmung in den Mitochondrien des Pilzes hemmt. Bankit ist nur eines von vielen auf Bananenplantagen eingesetzten Fungiziden von Syngenta.

Eine weiteres Fungizid, Alto, ruft laut einer Studie genetische Fehlbildungen in vitro hervor (Menengola et al. 2001). Bravo und Daconil (Chlorothalonil) sind giftig beim Einatmen und schädlich beim Verschlucken (Syngenta 2006). Spyrale, eine Kombination der Wirkstoffe Fenpropidin und Difenoconazol, ist beim Einatmen und Verschlucken schädlich, sehr giftig für Wasserorganismen und kann zu langfristigen Gewässerschädigungen führen (Syngenta Homepage: Spirale). Zur Unkrautbekämpfung in Bananenplantagen vertreibt Syngenta die Stars seiner Herbizide, Gramaxone oder Paraquat, sowie Glyphosat unter dem Handelsnamen Touchdown.

WEM NÜTZT DIESES MODELL?

Offensichtlich nützt es denjenigen, die Fungizide und andere Agrochemikalien herstellen und verkaufen. Syngenta treibt in Lateinamerika die Expansion einer intensiven kapitalistischen Landwirtschaft voran, die durch Monokulturen und die Verwendung externer Inputs zur Steigerung der landwirtschaftlichen Produktivität gekennzeichnet ist. Dieser technologische Ansatz hat nicht zur Lösung der strukturellen wirtschaftlichen und sozialen Probleme beigetragen, die Hunger verursachen. Dieses Modell fördert im Gegenteil die ungebremste Expansion der kommerziellen Landwirtschaft und benachteiligt Kleinbäuerinnen und Kleinbauern, was wiederum Ungleichheiten verstärkt. Während Syngentas Geschäfte wachsen und profitabler werden, hat die Armut unter der Landbevölkerung in dieser Region bereits 53 Prozent erreicht, etwa 63 Millionen Menschen, von denen 36 Millionen in extremer Armut leben (FAO 2013).

Angesichts dieser Situation lehnen Bauern- und Indigenenorganisationen, von denen viele in La Via Campesina organisiert sind, dieses Produktionsmodell ab und fordern eine echte Ernährungssouveränität, die auf der Agrarökologie basiert und wo die Nahrungsmittelproduzentinnen und -produzenten

rechts:
Syngenta ist in den Ländern Lateinamerikas, wie hier in Guatemala, sehr präsent.

Bild: © *Brot für alle / Tina Goethe*

die Produktion der Nahrungsmittel kontrollieren. Die Erde wird zur Nahrungsmittelerzeugung genutzt und die Verbraucherinnen und Verbraucher können sich gesund, ihrer Kultur entsprechend und bedarfsorientiert mit lokal erzeugten Produkten ernähren.

Aus dem Spanischen von Wolfgang Vogt und Ueli Gähler

DIE AGROMULTIS
PROFITIEREN
VOM STURZ DES
DEMOKRATISCH
GEWÄHLTEN
PRÄSIDENTEN LUGO

PARAGUAY: PUTSCH IM INTERESSE DER AGRARKONZERNE

Yvonne Zimmermann
Koordinatorin Solifonds (Solidaritätsfonds für soziale Befreiungskämpfe in der Dritten Welt). Die Historikerin ist Vorstandsmitglied bei MultiWatch und hat viel Erfahrung in Kämpfen gegen multinationale Unternehmen wie Nestlé oder Holcim.

Curuguaty, Paraguay: Am 15. Juni 2012 kommt es bei der Zwangsräumung einer Landbesetzung zu Schiessereien. Elf Bauern und sechs Polizisten werden getötet. Wie sich bald herausstellt, sind die Schüsse auf die Polizei nicht von Landbesetzern, sondern von Aussenstehenden abgefeuert worden, welche aus grösserer Distanz gezielt Polizisten einer Sondereinheit niederschossen und damit das Massaker provozierten (Zimmermann 2012: 4). Gleich nach dem Blutbad sperrten staatliche Sicherheitskräfte das Gebiet ab. Die Polizei brannte das Camp der Landbesetzerinnen und -besetzer nieder. Spuren, die zur Aufklärung der Ereignisse hätten beitragen können, wurden verwischt.

Eine Woche später wurde der paraguayische Präsident Fernando Lugo durch einen parlamentarischen Putsch aus dem Amt gefegt. Als Vorwand dienten die Ereignisse von Curuguaty. Lugo erhielt gerade mal zwei Stunden Zeit, um sich vor dem Parlament zu verteidigen. Das Resultat stand allerdings von vornherein fest. Hinter dem Putsch wirkte eine Allianz aus Agroindustriellen und Grossgrundbesitzern, denen die Regierungspolitik von Lugo schon lange missfiel. Lugo, der über keine Parlamentsmehrheit verfügte, hatte versucht, einige der verheerendsten Auswirkungen der industriellen Landwirtschaft einzudämmen. So galten sowohl beim Einsatz von Agrochemikalien wie bei der Zulassung von neuem Gentechsaatgut gewisse Beschränkungen.

Schon mehrmals hatte die alte Machtelite versucht, den Präsidenten loszuwerden, denn dessen Wahl 2008 hatte der jahrzehntelangen uneingeschränkten Macht der Agraroligarchie ein Ende gesetzt. Dieses Mal hatten die Putschisten Erfolg. Gewinner des Staatsstreichs waren Grossgrundbesitzer, Agrobusiness und multinationale Konzerne. Kaum im Amt, traf sich der frisch gekürte

Präsident Federico Franco mit Agroexporteuren und Grossgrundbesitzern. Ein Mitglied dieser Delegation fasste die Ergebnisse gegenüber der Zeitung E'A folgendermassen zusammen: „Der neue Präsident hat uns versprochen, den Agroindustriesektor zu unterstützen, das Privateigentum zu schützen und Landbesetzungen zu verhindern" (Zimmermann 2012: 5). Als eine der ersten Massnahmen der Putschregierung wurde die Zulassung gentechnisch veränderten Saatguts, die zuvor lange blockiert war, gutgeheissen. Seither sind zahlreiche weitere GVO-Sorten zugelassen worden. Allein im April 2015 waren es laut der Zeitung E'A sechs neue Gentech-Maissorten der Unternehmen Agrotec und Syngenta (E'A 2015).

WEG FREI FÜR GENTECH-SAATGUT

Unmittelbar nach dem Putsch begannen die neuen Machthaber mit einer politischen Säuberung bei den Staatsangestellten. Bei der Pflanzenschutzbehörde SENAVE wurden bereits im Juli 2012 170 Angestellte entlassen. Der Direktor, Miguel Lovera, der den Agrounternehmern schon lange ein Dorn im Auge war, wurde durch einen Vertreter der Agrochemieimporteure ersetzt. Die Angriffe von Agrarunternehmern gegen SENAVE hatten jedoch schon lange vor dem Putsch begonnen. Im Oktober 2011 hatte das Landwirtschaftsministerium – unter Missachtung der gesetzlichen Vorschriften – die Gentech-Baumwolle Bollgard BT von Monsanto für die Aussaat in Paraguay bewilligt. In dieser Baumwolle sind Gene eines giftigen Bakteriums enthalten, welches Baumwollschädlinge tötet. SENAVE nahm die Bollgard-Bt-Baumwolle nicht in das Saatgutregister auf, weil die nötige Zustimmung des Gesundheitsministeriums fehlte. Daraufhin organisierte Monsanto über die UGP (Unión de los Gremios de Producción – Zusammenschluss der Agrarunternehmen) eine Hetzkampagne gegen SENAVE-Direktor Lovera (Méndez 2012). Anfang Juni 2012 ging diese Kampagne in eine neue Runde, als die mit der UGP eng verknüpfte Zeitung ABC Color Lovera der Korruption beschuldigte. Urheberin der Anschuldigungen war die Gattin von Roberto Cáceres, einem Berater mehrerer in der UGP zusammengeschlossener Agrarunternehmen, darunter Agrosán, eine Firma, die seit März 2011 im Besitz von Syngenta ist. Auch einige Agrarunternehmer schrieben einen Brief an den damaligen Vizepräsidenten Paraguays, Federico Franco, in welchem sie eine Reihe von Vorwürfen gegen Lovera auflisteten. Franco übernahm wenige Tage später die Spitze der Putschregierung und besetzte SENAVE mit eigenen Gefolgsleuten.

Weil die Angriffe auf die Regierung Lugo zu dessen Absetzung führten, erübrigte sich ein Protest, den die in der UGP zusammengeschlossenen Agrounternehmer bereits für den 25. Juni vorbereitet hatten. Strassenblockaden mit gigantischen Landmaschinen hätten die Regierung zur Absetzung Loveras als SENAVE-Direktor und zur Zulassung von Gentech-Saatgut für die kommerzielle Nutzung drängen sollen (Méndez 2012).

EXTREME LANDBESITZKONZENTRATION – MONOPOLLANDWIRTSCHAFT

Für Agrokonzerne ist Paraguay ein Paradies. Die rechte Parlamentsmehrheit hat bereits während der Regierungszeit Lugos dafür gesorgt, dass jene praktisch keine Steuern bezahlen. Monsanto hat allein im Jahr 2011 für ihre Gentechsoja dreissig Millionen USD Lizenzgebühren in Rechnung gestellt, auf die der Konzern jedoch keine Steuern entrichten musste. Auch Grossgrundbesitzer bezahlen praktisch keine Steuern. Gemäss Weltbank machen Grundsteuern in Paraguay lediglich 0,04 Prozent der Steuereinkünfte aus. Gleichzeitig entsprechen die Gewinne aus dem Agrobusiness fast einem Drittel des Bruttoinlandprodukts (Méndez 2012).

Besonders lukrativ ist auch Soja, nicht zuletzt wegen der grossen Nachfrage aus Europa. EU-Länder importieren einen Grossteil des Futters für die Grossviehbetriebe. 68 Prozent der Proteine für das europäische Vieh werden durch importiertes Soja gedeckt, während in EU-Ländern lediglich 2 Prozent produziert werden (Vargas et al. 2013: 40). Konsequenz der hohen Nachfrage nach Soja ist die Zunahme von Monokulturen in den Produktionsländern. Soja alleine ist für über ein Viertel der gesamten Erweiterung der globalen Landwirtschaftsfläche zwischen 1990 und 2007 verantwortlich. Mit der Ausdehnung der Monokulturen gehen Landkonzentration und Land Grabbing einher. In Paraguay wurden zwischen 1996 und 2012 mehr als 1,2 Millionen Hektaren Wald für den Sojaanbau gerodet, was mehr als einem Viertel der Fläche der Schweiz entspricht. Viele Bauern und Bäuerinnen mit einer Landfläche zwischen 5 und 100 Hektaren haben ihren Besitz an Sojagrossgrundbesitzer verloren und sind in andere Gebiete oder in die städtischen Armutsgürtel abgewandert. Der Prozess der Landkonzentration und der Vertreibung von Kleinbauern und -bäuerinnen geht bis heute weiter. Wer sein Land nicht verkaufen will, wird eingeschüchtert und bedroht (Sekinger 2012: 9 f.). Während Paraguay eine Fläche von 400'000 Quadratkilometern hat, sind offiziell Landtitel für 500'000 Quadratkilometer registriert, was den organisierten und illegalen Landraub sehr deutlich belegt (Méndez 2011).

Der Landbesitz in Paraguay ist extrem ungleich verteilt: Über 80 Prozent des kultivierbaren Landes ist im Besitz von lediglich 2 Prozent der Bevölkerung. Rund ein Viertel des landwirtschaftlich genutzten Bodens gehört ausländischen Grossgrundbesitzern, insbesondere aus Brasilien. Gleichzeitig bebauen 350'000 Bauernfamilien kleine und kleinste Landstücke und rund 100'000 Bauernfamilien sind landlos. Seit Jahrzehnten fordern diese – wie im Fall von Curuguaty – Land ein, das für die Agrarreform bestimmt war und das sich Grossgrundbesitzer auf undurchsichtige

> «Eine Aufarbeitung der Hintergründe des Massakers und des darauffolgenden Staatsstreichs steht noch immer aus.»

Weise angeeignet haben (Suter 2012: 13). Nach der Ausdehnung des Sojaanbaus in Paraguay soll jetzt auch der Maisanbau forciert werden. 2013 kündigte Putschpräsident Franco an, dass Paraguay auch bei der Produktion von Gentechmais und -baumwolle eine vergleichbare Grössenordnung erreichen wolle. Kurz nach dem Putsch wurden die Maissorten VT Triple Pro und MON810 von Monsanto sowie BT11 von Syngenta und TC1507 von Dow AgroSciences zugelassen. Dagegen kommt ein von Bauern- und Umweltorganisationen im Jahr 2009 lanciertes Gesetzesprojekt für den Schutz lokaler Maissorten nicht vom Fleck

VERHEERENDE WIRKUNGEN VON AGRARGIFTEN

In Argentinien, Brasilien, Uruguay und Paraguay findet sich die grösste Dichte an Gentechmonokulturen. Es wird eine sehr grosse Menge an Agrargiften versprüht. In Zahlen sieht dies folgendermassen aus: Gentechsojafelder erstrecken sich im Cono Sur über mehr als 48 Millionen Hektaren – eine Fläche elfmal so gross wie die Schweiz – und sie werden mit über 600 Millionen Litern des giftigen Glyphosats besprüht (GRAIN 2013a). Für die lokalen Bauerngemeinden hat das verheerende Auswirkungen. Krankheiten (Haut- und Atemerkrankungen sowie Krebs, aber auch Fehlgeburten etc.) und die Zerstörung ihrer Ernten sind Folgen des grossräumigen Einsatzes des Pflanzenvernichtungsmittels.

Ein Beispiel für die gefährlichen Wirkungen von Agrargiften ist Silvino Talavera. Der elfjährige Junge starb 2003 im Departement Itapúa im Süden Paraguays, weil er mit einem eigentlichen Giftcocktail (Endosulfan, Paraquat) besprüht worden war. Seine Familie lebte zwischen Sojafeldern, die mit der Gentechsoja Roundup Ready bepflanzt waren. Schwere Vergiftungserscheinungen zeigten sich über Jahre hinweg bei der ganzen Familie. Nachdem Silvinos Vater Klage gegen die beiden Grossgrundbesitzer eingereicht hatte, wurde er mit dem Tode bedroht und seine einzige Kuh wurde vergiftet. Es wurde ihm aber auch eine grosse Geldmenge angeboten, damit er die Klage zurückziehe. Verschiedene soziale Organisationen unterstützten die Familie auf dem Gerichtsweg und das Oberste Gericht sprach 2006 die Grossgrundbesitzer schliesslich schuldig. Laut Silvinos Vater haben die Verurteilten ihre zweijährige Gefängnisstrafe jedoch nie angetreten (Suter 2012: 13).

REPRESSION GEGEN KLEINBÄUERINNEN UND -BAUERN

Nach dem Putsch 2012 sind Landlosen- und Kleinbauernbewegungen in Paraguay noch mehr unter Druck geraten: Mehrere Exponenten der Kleinbauernbewegung wurden ermordet, 53 Überlebende des

rechts:
Platz für Soja! In Paraguay werden seit Jahren Kleinbauernfamilien mit Gewalt vertrieben und ihre Siedlungen zerstört.

Bild: © *Archiv Solifonds*

Massakers von Curuguaty wurden verhaftet und sind bis heute mit schweren Anklagen konfrontiert. Eine Aufarbeitung der Hintergründe des Massakers und des darauffolgenden Staatsstreichs steht hingegen noch immer aus. Welche Rolle Agrounternehmer und Agrokonzerne wie Monsanto, Syngenta oder Cargill beim Putsch spielten, ist nicht untersucht worden. Klar ist einzig, dass sie zu den Putschgewinnern gehören.

WIE KONZERNE AFRIKA
«ENTWICKELN», UM SICH
LAND, SAATGUT UND
PROFITE ANZUEIGNEN

AFRIKA IM VISIER DES AGROBUSINESS

Silva Lieberherr
Fachperson Landwirtschaft bei der entwicklungspolitischen Organisation Brot für alle. Die Agronomin ETH doktoriert zum Widerstand von Bäuerinnen und Bauern in Indien und arbeitet zur landwirtschaftlichen Entwicklung im Globalen Süden.

„Glauben Sie wirklich, dass Afrikas Ernährungssicherheit und -souveränität durch internationale Kooperation gesichert werden kann, ausserhalb all der Regelwerke, die zusammen mit den Kleinbäuerinnen und Kleinbauern, den Produzentinnen und Produzenten des Kontinents formuliert wurden?"

Mit dieser Frage wendet sich Mamadou Cissokho, der Ehrenpräsident eines Netzwerks der fünfzehn grössten westafrikanischen Bäuerinnen- und Bauernorganisationen (ROPPA), an den Präsidenten der Afrikanischen Union und alle afrikanischen Staatsoberhäupter (GRAIN 2012). In diesem offenen Brief kritisiert er Allianzen mit wohlklingenden Namen wie „G8 New Alliance for Food Security and Nutrition", „Grow Africa" oder „Alliance for a Green Revolution in Africa", deren erklärtes Ziel es ist, Afrikas Landwirtschaft zu „entwickeln". Diese Allianzen entstanden auf Initiative der Länder der G8 oder der Bill and Melinda Gates Foundation und bestehen aus der Polit- und Wirtschaftselite der Industrieländer und derjenigen der beteiligten Länder Afrikas. Obwohl Kleinbäuerinnen und Kleinbauern in den Entwicklungsprogrammen dieser Allianzen immer als zentrale Akteurinnen und Akteure dargestellt werden, kommen sie bei genauerer Betrachtung vor allem als Ausführende vor. Mitzureden, Ziele zu entwickeln oder gar über den Einsatz finanzieller Mittel und die Formulierung relevanter Gesetzesvorlagen zu entscheiden, wird ihnen selten zugestanden. Vielmehr sind sich die vereinigten Eliten einig, dass sie es sind, die Afrikas Landwirtschaft entwickeln müssen.

Da bleiben für die meisten Kleinbäuerinnen und -bauern kaum Alternativen. Bleiben die Bauernbetriebe bestehen, werden sie abhängig von den unberechenbaren Weltmärkten oder von grossen Konzernen. Wird ihnen das Land (oft gegen ihren Willen) abgekauft, arbeiten sie nachher als Lohnabhängige auf Plantagen zu meist sehr niedrigen Löhnen. Sie sind daher auf eine Politik ihrer Regierung angewiesen, welche die Anliegen der zahlreichen Kleinbäuerinnen und -bauern einbezieht, sie unterstützt und die regionale Ernährungssouveränität ermöglicht.

Für die Allianzen der Eliten aber heisst „Entwicklung" vor allem die Anbindung der Kleinbäuerinnen und Kleinbauern an internationale Märkte, Produktionsketten und globale Unternehmensnetzwerke. Sollte ihnen dies gelingen, gäbe es in Afrika viel Geld zu verdienen – und dies vor allem für die Konzerne, die Teil dieser Allianzen sind. Die Weltbank selber schreibt, in Afrika seien die Erfolgsaussichten für Landwirtschaft und Agrobusiness besser als je zuvor (Weltbank 2013). Darum sind in diesen Allianzen all die Grossen des Agrobusiness gut vertreten – und Syngenta ist vorne mit dabei.

SYNGENTAS PLÄNE: DIE STUFEN DES „FORTSCHRITTS"

Syngenta hat grosse Pläne in Afrika, denn die Landwirtschaft Afrikas sei „zu wichtig, um sie dem Zufall zu überlassen" (Syngenta 2013a). Zufall steht hier wohl für die Menschen, die in Afrika leben und arbeiten. 2012 erklärte der damalige Syngenta-CEO Michael Mack Afrika zu einer strategischen Wachstumsregion und versprach, zur Transformation der afrikanischen Landwirtschaft beizutragen (Syngenta 2012).

Die Pläne klingen ziemlich grossspurig: Syngenta will 700 Landwirtschaftsexpertinnen und -experten einstellen, fünf Millionen Bäuerinnen und Bauern mit ihren Produkten erreichen, eine halbe Milliarde US-Dollar (USD) in ihr Afrikageschäft investieren und bis 2022 dessen Jahresumsatz auf eine Milliarde USD steigern (Syngenta Homepage: Jahresbericht 2014). Verglichen mit dem weltweiten Umsatz von 15,1 Milliarden USD im Jahre 2014 ist dies immer noch wenig. Dies liegt an den aus Sicht der Konzerne wenig „investitionsfreundlichen" Rahmenbedingungen, mit anderen Worten an gesetzlichen Rahmenbedingungen wie Sortenschutzgesetzen und mangelnder Infrastruktur für den Vertrieb ihrer Produkte.

Syngenta ist ausserordentlich aktiv, um diese Rahmenbedingungen in ihrem Sinne umzugestalten und den Weg zu den afrikanischen Märkten zu ebnen. Neben ihrem Engagement in den erwähnten Allianzen hat Syngenta dafür auch ihre eigene Stiftung. Diese „Syngenta Stiftung für Nachhaltige Landwirtschaft" (SSNL) nennt als Hauptproblem, dass in Afrika südlich der Sahara fast dreissig Millionen Hektaren Land von über hundert Millionen Kleinbäuerinnen und Kleinbauern bewirtschaftet werden und dass nur auf einem Zehntel dieser Fläche Zugang zu sogenannten Qualitätsinputs – also Saatgut und Pestiziden von Syngenta – besteht.[1] Die Stiftung will diese „prä-kommerziellen" Kleinbäuerinnen und Kleinbauern dabei unterstützen, „professionelle" Landwirtinnen und Landwirte zu werden (Syngenta Foundation Homepage: 2015).

Die Syngenta-Stiftung und viele weitere Stiftungen sowie die oben beschriebenen Allianzen unterstützen ein ganz spezifisches Landwirtschaftsmodell. Es fusst auf der Idee, dass sich „traditionelle" Gesellschaften „modernisieren" müssen. In einer ihrer Publikationen (Zhou 2010) beschreibt die Stiftung, wie sich der Konzern die landwirtschaftliche „Entwicklung" vorstellt. Am Anfang steht die Subsistenzwirtschaft („subsistence smallholders"), die sich zuerst zu halbkommerziellen („semi-commercial") und dann zu kommerziellen („commercial") Kleinbäuerinnen und -bauern entwickeln sollen. Das Ziel schliesslich sind „fortschrittliche" Bäuerinnen und Bauern („advanced farmers"). Unter „fortschrittlich" versteht Syngenta sogenannte integrierte Landwirtschaftsmodelle mit Hybrid- und Gentechsaatgut, Pflanzenschutzmitteln und Dünger der Konzerne. Kleinbäuerinnen und -bauern sollen entweder „fortschrittlich" („advanced") werden – oder in die Städte migrieren („migration out of agriculture"). Es geht vor allem darum, Bäuerinnen und Bauern zu schaffen, welche Syngentas Produkte verwenden und das Geld haben, diese zu kaufen. Nur dies verspricht Profit für die Firma (Zhou 2010: 4).

An diesem Entwicklungsmodell des Agrobusiness gibt es zwei wichtige Kritikpunkte. Die erste Kritik ist, dass die industrielle Landwirtschaft auf dem Einsatz von fossilen Rohstoffen und Agrochemie fusst, gravierende Umweltprobleme verursacht und stark zum Klimawandel beiträgt. Laut der NGO Grain stammen fast die Hälfte der Treibhausgase direkt oder indirekt aus der Landwirtschaft (GRAIN 2013b: 20). Der zweite zentrale Kritikpunkt ist der alleinige Fokus auf Produktionssteigerungen zur Bekämpfung von Hunger und Mangelernährung. Tatsache ist jedoch, dass genug Essen produziert wird, um etwa 50 Prozent mehr Menschen auf diesem Planeten zu ernähren. Gleichzeitig hat jedoch einer von neun Menschen momentan nicht genug zu essen (FAO 2015d). Der Grund liegt darin, dass sich viele Menschen wegen ihrer Armut kein Essen kaufen können. Die Steigerung der Produktion allein wird also den Hunger nicht beseitigen – und schon gar nicht, wenn die Produktionssteigerung auf privaten Investitionen beruht. Denn diese stärken jene Mechanismen, welche dafür sorgen, dass produziert wird, was Profit bringt, und nicht, was den Hunger stillt. Es muss zwingend über Verteilungsgerechtigkeit geredet werden: Wer hat die Möglichkeit zu entscheiden, was, wie und für wen produziert wird sowie darüber, wem das Land und die Ressourcen gehören sollen. Aber davon ist in den Visionen der Allianzen und der erwähnten Stiftungen nie die Rede.

PUBLIC PRIVATE PARTNERSHIPS: DIE MACHT DER PRIVATWIRTSCHAFT ENTFESSELN

Die „G8 New Alliance for Food Security and Nutrition" (kurz: New Alliance) und „Grow Africa" arbeiten mit aller Kraft auf die Transformation der Landwirtschaft in Afrika hin. Sie sind Public Private Partnerships (PPPs) und haben zum Ziel, die Investitionen in den Agrarsektor zu erhöhen. PPPs sind eine vertraglich geregelte Zusammenarbeit zwischen Staat und Unternehmen der Privatwirtschaft. Die grossen Agrarkonzerne sind in dieser Zusammenarbeit für die effiziente Einbindung der gewinnversprechenden Bereiche der afrikanischen Landwirtschaft in die globalen Kreisläufe der Kapitalakkumulation zuständig.

Mit von der Partie bei der New Alliance sind Agrochemiekonzerne wie Syngenta, Monsanto und Yara (der weltweit grösste Düngerhersteller aus Norwegen) und die Nahrungsmittelriesen Nestlé und Danone, aber auch global tätige Handelsunternehmen wie Cargill und Louis Dreyfus Commodities sowie die Rückversicherung Swiss Re und die Standard Bank. Die Durchsetzung der dazu benötigten Rahmenbedingungen erledigen die Regierungen. Für hohe, aber unverbindliche Investitionsversprechen bieten sie Steuererleichterungen und Änderungen ihrer Gesetze oder beispielsweise auch private Zugangsrechte zu Land- und Wasserressourcen. Ein kürzlich veröffentlichter Bericht hat gezeigt, dass dies zu Land Grabbing führen kann: Oft werden grosse Flächen von Land ohne Mitsprache der Bäuerinnen und Bauern ausländischen Investorinnen und Investoren zur Verfügung gestellt (Actionaid 2015).

Bei den Änderungen ihrer Gesetze werden die afrikanischen Länder von internationalen Institutionen wie der Weltbank unterstützt. Oft sind auch die grossen Entwicklungsbüros der reichen Industrieländer dabei. Bei Grow Africa zum Beispiel ist die Direktion für Entwicklung und Zusammenarbeit (DEZA) zusammen mit USAID Hauptgeldgeberin. Dank dieser Kombination sollen vor allem private Investitionen fliessen. Regierungen hingegen werden damit aus ihrer Verantwortung entlassen, öffentliche Gelder für die Entwicklung der Landwirtschaft und damit für die Umsetzung des Menschenrechts auf Nahrung einzusetzen.

WACHSTUMSKORRIDORE

Ein gutes Beispiel, um diese PPPs zu verstehen, sind die sogenannten Wachstumskorridore. Syngenta ist besonders im „Southern Agricultural Growth Corridor of Tanzania" (Sagcot) involviert. Im Rahmen von Wachstumskorridoren soll in einem zusammenhängenden Gebiet die gesamte landwirtschaftliche Wertschöpfungskette entwickelt werden. Der Sagcot-Korridor umfasst einen Drittel des tansanischen Festlands sowie die nördlichen Teile von Malawi und Sambia. Die Regierungen passen dafür Sortenschutzgesetze an und erleichtern den involvierten Konzer-

«Ich fühlte mich nicht frei. Man hat einen eigenen Bauernhof, aber alles wird von jemand anderem diktiert. Darum habe ich mir geschworen, nie wieder mit KPL Geschäfte zu machen.»

nen Zugang zu Land und zu anderen Ressourcen. Als Gegenleistung investieren die Konzerne in Landwirtschaft und Infrastruktur einer Region, welche typischerweise bereits einen Hafen, gute Transportmöglichkeiten und genügend fruchtbares Land besitzt. Es wird modellmässig in industrielle Landwirtschaft und vorwiegend in Exportproduktion investiert. Kleinbäuerinnen und Kleinbauern werden oft durch Verträge (Contract Farming) an die zentralen Grossbetriebe angebunden. Dort können sie Dünger, Pestizide und Saatgut beziehen und ihre Ernte verkaufen.

Contract Farming könnte, wenn die Vertragsbedingungen fair sind, durchaus zu mehr Preissicherheit für Kleinbäuerinnen und Kleinbauern führen. Doch gerade bei Sagcot sind die Verträge so abgefasst, dass die Bäuerinnen und Bauern bald Schuldenberge anhäufen – trotz zum Teil grösserer Erträge. Viele Berichte von Bäuerinnen und Bauern gleichen sich und handeln von negativen Erfahrungen mit der Abhängigkeit im Rahmen vom Contract Farming. Kilombero Plantations Ltd (KPL) ist eine Partnerin von Syngenta und lässt im Sagcot-Gebiet Reis im Contract-Farming-System anbauen. Einer der Bauern, die für KPL produzieren, spricht für viele: „Durch diesen Vertrag wurden wir gezwungen, Technologien zu akzeptieren, die wir für eine gute Ernte nicht wirklich brauchten. Alle Entscheidungen über den Anbau wurden von KPL gemacht: „Mach das!", „Mach das so!" Weil ich Schulden hatte, musste ich machen, was sie verlangten. Ich fühlte mich nicht frei. Man hat einen eigenen Bauernhof, und alles, aber wirklich alles wird von jemand anderem diktiert. Darum habe ich mir geschworen, nie wieder mit KPL Geschäfte zu machen." Eine Alternative zu finden, ist aber oft schwierig, denn die Firmen haben in diesen Regionen meist Monopolstellungen für den Verkauf von Dünger, Pestiziden und Saatgut sowie für den Ankauf der Ernte (The Oakland Institute 2015: 21).

Machtungleichgewichte bestehen jedoch nicht nur zwischen Kleinbäuerinnen und Kleinbauern und ihren Handelspartnerinnen und -partnern. Bei grossen PPP's gibt es auch ein riesiges Machtgefälle zwischen den multinationalen Grosskonzernen einerseits und den Staaten und lokalen, kleineren Firmen andererseits. Der Markteintritt der grossen Agrarkonzerne kann zum Beispiel sehr wohl den Zugang zu Dünger oder Saatgut für einige Bäuerinnen und Bauern erleichtern. Aber er birgt auch das Risiko, dass Monopole in diesen Bereichen geschaffen und lokale Firmen verdrängt werden. Zitto Kabwe, der Vorsitzende des Komitees für öffentliche Ausgaben des tansanischen Parlaments, sagte, dass er entschieden gegen die Bemühungen seiner Regierung sei, private Investitionen in Saatgut zu fördern. Er ist sich sicher, dass dies „die Innovation auf der lokalen Ebene abwürgt. Wir haben das schon in der verarbeitenden Industrie gesehen" (Provost et al. 2014).

Sobald sich die Agrokonzerne etabliert haben, verlieren die Regierungen immer mehr Einfluss. Bei

Sagcot zum Beispiel beträgt der kombinierte Jahresumsatz der involvierten Agrokonzerne (Syngenta, Bayer, Monsanto, Yara und United Phosphorus) fast 100 Milliarden Dollar – dreimal so viel wie das BIP der tansanischen Wirtschaft (Oxfam 2014a). Bei solchen Machtungleichgewichten bräuchte es unbedingt Mechanismen und Institutionen, um die Rechte der lokalen Bevölkerung zu schützen. Mamadou Cissokho von ROPPA sagt dazu: „Wir glauben den multinationalen Unternehmen kein Wort, wenn sie uns versprechen, sich verantwortungsbewusst zu verhalten. Wer wird diese Verantwortung kontrollieren? (…) Welche ernsthaften und verlässlichen Klagemöglichkeiten können wir den Bäuerinnen und Bauern im Falle einer Verletzung unserer Rechte anbieten?" (McKeon 2014: 11).

LANDWIRTSCHAFTLICHE ENTWICKLUNG FÜR KONZERNE

Solche Public Private Partnerships und die damit zusammenhängenden Entwicklungsprogramme sind sehr gefährlich, denn die konzernbestimmte landwirtschaftliche „Entwicklung" wird gleichsam unhinterfragte Normalität. Es erscheint plötzlich vernünftig, dass Syngenta, die ihr Geld mit dem Verkauf von chemischen Pflanzenschutzmitteln verdient, eine „nachhaltige Landwirtschaft" fördern will, obwohl der Konzern auf eine chemieintensive Landwirtschaft angewiesen ist. Diese Allianzen legitimieren die Interessen globaler Konzerne. Grow Africa und auch die New Alliance erlauben ihnen nach eigenen Aussagen, unter dem Deckmantel einer lokalen und von Staaten angeführten Initiative zu operieren (McKeon 2014: 7). Es wird der Eindruck erweckt, es sei dasselbe, ob Konzerne in den Agrarsektor investierten oder ob Regierungen versuchten, für die in der Landwirtschaft tätigen, armen oder sogar Hunger leidenden Menschen Verbesserungen zu erreichen. Aber die grossen Agrobusinesskonzerne werden kaum im Sinne der Kleinbäuerinnen und Kleinbauern entscheiden. Mit ihrer Politik verhindern sie vielmehr, dass die Regierungen ihren Fokus auf das Recht auf Nahrung legen können. Dazu kommt, dass nicht diejenigen Länder bei der New Alliance dabei sein dürfen, in denen Armut und Unterernährung besonders weit verbreitet sind, sondern die Länder, denen ein hohes wirtschaftliches Wachstumspotenzial vorhergesagt wird, wie beispielsweise Tansania.

Die afrikanischen Regierungen sind auch Teil dieser Allianzen. Zur New Alliance gehören neben der Afrikanischen Union zehn einzelne Regierungen. Dass die staatlichen Autoritäten beigezogen wurden, war ein wichtiger Schritt zur Legitimierung der Allianzen. Eine demokratische Entwicklung der Landwirtschafts- und Ernährungspolitik ist damit jedoch noch nicht gegeben. Dafür braucht es zwingend den Einbezug von Organisationen, die die Interessen der betroffenen Menschen vertreten: Organisationen von Bäuerinnen und Bauern, Indigenen, Konsumentinnen und Konsumenten, Umwelt- und Menschenrechtsorganisationen. Die meisten zivilgesellschaftlichen Organisationen werden jedoch ungenügend konsultiert und können bei der Definition der Ziele oder der Verteilung der finanziellen Mittel nicht mitreden. Im Führungsrat (Leadership Council) der New Alliance sind neben den Regierungen der G8-Staaten und den Konzernen auch zivilgesellschaftliche Organisationen vertreten, allerdings nur kommerziell orientierte Grossbauern; kritische Organisationen von Kleinbäuerinnen und Kleinbauern sowie unabhängige Nichtregierungsorganisationen fehlen. Wichtige Projekte, die grosse Flächen und viele Menschen betreffen, werden manchmal sogar im Geheimen ausgehandelt (Ford 2014, Hirsch 2014).

Während die New Alliance durch ihre Zusammenarbeit mit den Regierungen afrikanischer Länder einen gewissen Grad an demokratischer Legitimität mitbringt, fehlt diese den privaten Stiftungen vollständig. Ihre Strategien und Programme sind einzig dem Willen des Stifters oder der Stifterin verpflichtet und beeinflussen – durch die schiere Menge ihres Geldes – die Landwirtschaftspolitik von Ländern ausserhalb jeglicher demokratischer Strukturen.

PRIVATE STIFTUNGEN: WOHLTÄTIGKEIT DER SUPERELITE

Die grösste Stiftung der Welt ist die Bill and Melinda Gates Foundation. Im Vergleich mit diesem Koloss erscheint die Syngenta-Stiftung als Zwerg. Die Gates Foundation steckt riesige Geldbeträge in die von ihr definierte Form der Entwicklung der afrikanischen Landwirtschaft und hat in Zusammenarbeit mit der Rockefeller Foundation die „Alliance for a Green Revolution in Africa" (AGRA) ins Leben gerufen. Diese wird mittlerweile auch von einzelnen staatlichen Stellen (aus Australien und England) und grossen internationalen Organisationen mitfinanziert (GRAIN 2014a). AGRA wünscht sich eine „einzigartige afrikanische Grüne Revolution" (AGRA 2015). Viele Stimmen aus der Wissenschaft und der Zivilgesellschaft sprechen sich jedoch klar gegen diese scheinbare Revolution mit ihrem Fokus auf industriell-kapitalistische Landwirtschaft aus.

Mit Kofi Annan konnte zu Beginn mit einem klugen Schachzug ein ehemaliger UN-Generalsekretär als Vorsitzender der Stiftung gewonnen werden, denn AGRA möchte nach eigenen Angaben eine „echt afrikanische" Organisation sein, die „ihre Basis in Afrika hat und von Afrikanerinnen und Afrikanern geleitet wird" (AGRA 2015). Doch es gibt vielfältigen und lauten Widerstand – ebenfalls von Afrikanerinnen und Afrikanern. Verschiedene Mitglieder des Bündnisses für Ernährungssouveränität in Afrika (AFSA) äussern sich sogar besorgt darüber, dass die Gates Foundation mittlerweile eine Bedrohung für ihre Arbeit geworden sei. Sobald eine Gruppe oder NGO Erfolg habe, würde sie von der Gates Foundation finanzielle Unterstützung erhalten und in der Folge ihre politischen Anliegen nach und nach aufgeben. Dass die Zivilgesellschaft bei wichtigen Entscheidungen nicht eingebunden wird, zeigt auch ein Geheimtreffen, das von der Gates Foundation zusammen mit USAID (United States Agency for International Development) 2015 in London organisierte wurde, um in Afrika die Privatisierung von Saatgut- und Agrarmärkten voranzutreiben – einmal mehr, ohne Organisationen von Kleinbäuerinnen und Kleinbauern oder sonst betroffene Menschen einzuladen (Food First 2015).

AGRA ist besonders eng mit Monsanto verknüpft. Aber auch Syngenta ist bei vielen von AGRAs Projekten dabei. Ein Bericht des „Afrikanischen Zentrums für Biodiversität" in Südafrika über AGRA kommt zu folgendem Schluss: „Monsanto, DuPont, Syngenta und andere Saatgut- und Agrochemiemultis sowie Aktienfonds stehen hinter der AGRA-Show schon bereit. Es werden neue Märkte für kommerzielles Saatgut in Afrika geschaffen und eine Infrastruktur dafür gebaut. Das öffnet die Türen für eine zukünftige Übernahme durch multinationale Unternehmen" (African Centre for Biosafety 2012).

SAATGUTMÄRKTE: GEISTIGES EIGENTUM SCHÜTZEN

Mit Monsanto, DuPont Pioneer und Syngenta sind die drei grössten Saatgutkonzerne der Welt in der New Alliance vertreten. Bei dieser hat der Saatgutsektor oberste Priorität – sowohl bei den Investitionsversprechen der multinationalen Konzerne als auch bei den politischen Verpflichtungen der zehn involvierten afrikanischen Länder (Oxfam 2014b). Die Änderungen der politisch-ökonomischen und gesetzlichen Rahmenbedingungen zielen vor allem darauf ab, mit neuen Sortenschutzgesetzen für Pflanzenzüchtungen geistige Eigentumsrechte zu schützen, private Investitionen im Saatgutsektor zu fördern und sogenannte „verbesserte" Sorten zu vermarkten.

Als „verbesserte" Sorten bezeichnen die Konzerne kommerzielle Hybrid- oder Gentechniksorten. Weil diese Sorten ihr Potenzial nur in Kombination mit Pestiziden und chemischem Dünger entfalten, können multinationale Unternehmen nicht nur ihren Saatgut-, sondern auch ihren Pestizidverkauf steigern. Für Syngenta stellt dies ein sehr lukratives Geschäft dar. So betont die Syngenta-Stiftung, wie wichtig es sei, ein förderliches Umfeld („enabling environment") zu schaffen, welches dem privaten Saatgutsektor Investitionen ermöglicht. In Kenia und Tansania will die Syngenta-Stiftung beispielsweise bis im Jahr 2016 250'000 Kleinbäuerinnen und Kleinbauern mit kommerziellem Saatgut versorgen (Syngenta Foundation 2015).

Was der schöne Begriff „enabling environment" für die Allianzen konkret bedeutet, sieht man in denjenigen Ländern, in denen die Umgestaltung der Saatgutgesetze schon weit fortgeschritten ist. Die New Alliance selbst sagt, dass dieser Prozess schnell gehe und die Reformen im Saatgutsektor einer ihrer „bemerkenswerten Erfolge in der Reform von gesetzlichen Rahmenbedingungen" seien (Oxfam 2014b). Unter dem Vorwand, Forschung und Innovation für das Wohl aller zu fördern, hat es der industrielle Saatgutsektor geschafft, immer weitreichendere geistige Eigentumsrechte auf Saatgut zu erhalten. Die neuen Sortenschutzgesetze, basierend auf dem internationalen Sortenschutzabkommen UPOV 91 (International Union for the Protection of New Varieties of Plants, 1991 Act), schützen die Interessen und Rechte von Züchterinnen und Züchtern, also Saatgutfirmen und Forschungsinstitutionen. Konkret heisst das, dass nur sie Monopolrechte an den von ihnen entwickelten Sorten haben. Das Recht der Bäuerinnen und Bauern, das Saatgut ihrer Ernte im nächsten Jahr wieder zu nutzen, zu tauschen oder zu verkaufen, wird hingegen drastisch eingeschränkt. Die Bäuerinnen und Bauern können ihrerseits ihre lokalen Sorten meist nicht schützen, da sie die globalen Standards für kommerzielles Saatgut nicht erfüllen (Oxfam 2014b). Da aber nur zertifiziertes Saatgut verkauft werden darf, wird es für die Bäuerinnen und Bauern illegal, sich gegenseitig ihr eigenes Saatgut zu verkaufen. Diese Kriminalisierung betrifft sehr viele von ihnen, da in Afrika 80 Prozent des Saatguts durch informelle Netzwerke produziert und verbreitet wird. Aus Kenia, wo die Reform der Sortenschutzgesetze schon weit fortgeschritten ist, berichtet Daniel Maingi von der NGO Growth Partners Africa, einer Partnerorganisation von Brot für alle, dass sich Bäuerinnen und Bauern strafbar machen, wenn sie ihr lokales Saatgut weiterverkaufen, ohne als Händler oder Händlerinnen registriert zu sein. Es drohen ihnen bis zu zwei Jahre Haft oder eine Busse von umgerechnet fast 50'000 Franken. Bei einem Einkommen von durchschnittlich 1300 Franken im Jahr liegt ein absurder maximaler Strafbetrag vor.

Die neuen Saatgutgesetze verschaffen den Agrokonzernen einen Vorteil gegenüber ihren Konkurrenten vor Ort, also den Kleinbäuerinnen und Kleinbauern sowie den lokalen Züchterinnen und Züchtern. Auch die grösseren lokalen Konkurrenten im Markt werden eliminiert. So hat Syngenta 2013 zum Beispiel den sambischen Saatgutproduzenten MRI Seeds übernommen, dessen Sammlung von Maiskeimgewebe zu den vollständigsten und vielfältigsten in ganz Afrika zählte. Syngenta selbst sieht diesen Kauf als „Ausdruck unseres Engagements für eine nachhaltige Entwicklung in Afrika – dem Kontinent, der zweifellos das grösste Wachstumspotenzial aufweist. Kleinbauern und grössere Betriebe in Sambia werden sehr bald von der kombinierten Innovationskraft von MRI und

Syngenta in den Bereichen Saatgut, Seed Care und Pflanzenschutz profitieren" (Syngenta 2013b). Die Konzentration des Saatgutgeschäfts bei den grossen Agrochemiekonzernen birgt die Gefahr, dass nur noch Sorten entwickelt werden, die auf eine industrialisierte und chemieintensive Landwirtschaft zugeschnitten sind. So konzentrieren sich die drei Riesen Monsanto, DuPont und Syngenta oft nur auf die zwei, drei profitabelsten Arten. Durch gezielte Übernahmen von lokalen Firmen haben sie sich eine dominante Position im Mais- und Baumwollmarkt gesichert. Diese zwei Arten eignen sich besonders gut für den Einsatz von Gentechnologie (Food First 2014).

DEN WEG FÜR DIE GENTECHNIK EBNEN

Das Afrikanische Zentrum für Biodiversität hat die Auswirkungen dieser von Konzernen vorangetriebenen „Entwicklungsprogramme" in der afrikanischen Landwirtschaft erforscht und ist zum Schluss gekommen, dass diese unter anderem dazu dienen, Afrika für genveränderte Organismen (GVOs) zu öffnen. Und dies durchaus erfolgreich, wie von den Konzerne selbst stolz verkündet wird. So sind einige Mitgliedstaaten der New Alliance wie Nigeria bereits dabei, Gentechsaatgut zuzulassen (Oxfam 2014b).

Ein Beispiel für die Bestrebungen der Konzerne und ihrer Verbündeten, GVOs zu verbreiten, ist das Projekt „Insektenresistenter Mais für Afrika" (IRMA). Es wurde zu einem gewichtigen Teil 1999 in Kenia in Zusammenarbeit mit der Regierung durchgeführt. Finanziert wurde es hauptsächlich von der Novartis-Stiftung (heute Syngenta-Stiftung), aber auch von verschiedenen Regierungsbehörden und Universitäten, der Rockefeller Foundation sowie Monsanto. Das Ziel war, mittels gentechnischer und konventioneller Züchtung Hybridsaatgut herzustellen (Kreuzungen mit transgenem Bt-Mais), das gegen den Stängelbohrer, einen Maisschädling, resistent ist. Das Afrikanische Zentrum für Biodiversität attestierte dem Projekt zumindest das hehre Ziel, die Bt-Technologie für Kleinbäuerinnen und Kleinbauern kostenlos zugänglich zu machen. Doch das Projekt scheiterte aus den folgenden drei Gründen.

Erstens zeigte die Forschung klar, dass es unmöglich ist, GVOs in kleinbäuerliche Systeme einzubringen, ohne die aktuellen landwirtschaftlichen Praktiken zu untergraben. Grund dafür ist, dass die Bt-Technologie für unkontrollierte Bestäubung und Nachbau (Saatgutgewinnung auf dem eigenen Betrieb) schlicht nicht geeignet ist (African Centre vor Biosafety 2013). Also muss das Saatgut jährlich neu gekauft werden, was ein grosses finanzielles Risiko darstellen kann und die Bäuerinnen und Bauern von den Saatgutkonzernen abhängig macht. Zweitens stellte sich 2005 heraus, dass es auf den für IRMA genutzten Genen und genetischen Eigenschaften geistige Eigentumsrechte gibt, zwar nicht für die Forschung, aber für den Anbau. Trotz sofortiger Verhandlungen blieben die Patente in privaten Händen. Drittens ist es dem Projekt nicht gelungen, Resistenzen gegen jene Stängelbohrerart zu entwickeln, die in Kenia mit Abstand die meisten Schäden anrichtet. Selbst wenn dies gelungen wäre, würde die Resistenz vermutlich nur für kurze Zeit wirksam bleiben. Denn der Stängelbohrer erweist sich als sehr anpassungsfähig.

IRMA versuchte die Situation zu retten und verhandelte mit Monsanto darüber, deren Bt-Mais verwenden zu dürfen – ohne Erfolg. Am Projekt IRMA zeigt sich, was auch für viele andere Beispiele gilt: Schlussendlich profitiert nur, wer die Technologie entwickelt hat und die Patente darauf besitzt; meistens sind dies die grossen Agrarkonzerne. Monsanto konnte mehrfach Hilfsprojekte dazu benutzen, die firmeneigenen Produkte auf den Markt zu bringen, Biosicherheitsgesetzgebungen zu unterhöhlen, Zugang zu öffentlichem Keimgewebe zu erhalten und dieses in ihrer eigenen Forschung zu verwenden. Die Sorten, die daraus entwickelt werden, gehören dem Konzern. Auf allfällige Gensequenzen für Resistenzen können zudem Patente angemeldet werden.

IRMA hat sich schlussendlich damit begnügt, konventionelle Maissorten mit Resistenzen gegen verschiedene Insekten zu entwickeln und zu verbreiten. Denn im Gegensatz zur Gentechforschung schaffen es konventionelle Züchtungsprogramme immer wieder, neue Sorten zu entwickeln, die unter den afrikanischen Bedingungen und auf kleinbäuerlichen Höfen gut wachsen. Dies ist billiger und schneller, vor allem aber funktioniert es ohne Patente. Obwohl IRMA die Bt-Technologie in Kenia nicht einführen konnte, erreichte das Projekt, dass die Forschungskapazitäten, das Wissen und die Infrastruktur für Gentechnologie in Kenia stark vergrössert wurden. So ebnen Projekte wie IRMA den grossen Unternehmen den Weg für die Einführung von GVOs in Afrika (African Centre for Biodiversity 2015).

WEDER ANGST VOR DEM UNGEWISSEN NOCH VOR KONZERNEN UND STIFTUNGEN

Die wissenschaftlich fundierte Kritik an Gentechnik interessiert die grossen Geldgeberinnen und -geber wenig. Die riesige „Bill and Melinda Gates Foundation" zum Beispiel hat eine klare Meinung dazu. In ihrem Bericht bezeichnet sie den Widerstand der afrikanischen Kleinbäuerinnen und Kleinbauern gegen GVO als „Farce" und reduziert die Diskussion auf die „Angst vor dem Ungewissen". Der Bericht endet mit der Versicherung, dass viele Länder (zum Beispiel Kenia, Nigeria oder Kamerun) kurz davor seien, GVOs einzuführen – nicht zuletzt dank unermüdlichem Lobbying der Konzerne (Oxfam 2014b).

Das neuste Beispiel eines Projektes, das mit einem Entwicklungsversprechen Gentechnik einführen will, ist „Water Efficient Maize for Africa" (WEMA). Hierbei handelt es sich um eine Kooperation der Gates Foundation und der USAID mit Monsanto und verschiedenen Forschungsinstitutionen. WEMA will mit Methoden der Gentechnik und der konventionellen Zucht trockenheitsresistente Maissorten für Kleinbäuerinnen und Kleinbauern im Afrika südlich der Sahara entwickeln. Das Projekt wird von zivilgesellschaftlichen Organisationen stark kritisiert. Einerseits ist Trockenheitstoleranz von Pflanzen ein extrem komplexes Phänomen, und Gentechmais zeigt diesbezüglich nach neusten Erkenntnissen nur sehr minimale Erfolge. Trotzdem propagiert die „Global Alliance for Climate Smart Agriculture" (GACSA) WEMA als Pilotprojekt für eine landwirtschaftliche Methode, die dem Klimawandel angepasst sei. Die GACSA setzt sich für ein Sammelsurium solcher Methoden ein, die einerseits den Klimawandel eindämmen, andererseits den Bäuerinnen und Bauern eine bessere Anpassung an neue klimatische Verhältnisse ermöglichen sollen. Der heutige drastische Klimawandel beinhaltet katastrophische Szenarien, und die Landwirtschaft – vor allem die industriell-kapitalistische – ist für einen grossen Teil der Treibhausgase verantwortlich. Mithilfe der GACSA versuchen die Agrarkonzerne erneut, ihre Technologien als Lösung für eine Krise zu präsentieren, welche sie selbst mitverursacht haben. In der Hoffnung, ihren Geschäftsmodellen ein grünes Mäntelchen umzuhängen, treiben die grössten Agrobusinesskonzerne, darunter auch Syngenta, die GACSA höchst aktiv voran – wenn auch inoffiziell.

HUNGERBEKÄMPFUNG ALS FALSCHES ALIBI FÜR KONZERNINTERESSEN

Die Bekämpfung von Hunger ist ein zentrales Legitimationsargument für diese Programme. Bei genauerer Betrachtung zeigt es sich jedoch, dass Hunger für die Konzerne nur ein weiteres Geschäft ermöglicht.

In Afrika südlich der Sahara hat der Hunger in den letzten Jahren in absoluten Zahlen zugenommen und ist eine tägliche Katastrophe. Die New Alliance propagiert dessen ungeachtet weiterhin, dass Ernährungssicherheit nur durch private Investitionen in die Landwirtschaft erreicht werden kann. Bisher gibt es jedoch keinerlei Beweise dafür, dass diese Armut oder Mangelernährung verringern. Sogar die Weltbank erklärte, dass steigende „Nahrungsmittelproduktion zwar die Verfügbarkeit von Nahrung erhöht, aber für sich alleine wenig tut, um sicherzustellen, dass die armen Menschen Zugang haben zu dem Essen, das produziert wurde" (Weltbank 2007). Über Verteilungsgerechtigkeit, welche für die Umsetzung des Menschenrechts auf Nahrung unumgänglich ist, wird konsequent geschwiegen.

Obwohl Menschen in vielen Mitgliedsländern der New Alliance in hohem Masse an Hunger und Mangelernährung leiden, spielt die Ernährungssicherheit für die New Alliance und die beteiligten Regierungen nur in der Rhetorik eine wichtige Rolle. In den tatsächlichen Kooperationsverträgen und den konkreten Program-

> «Die privaten Investitionen konzentrieren sich auf Agrargüter, die für den Export angebaut werden, und auf Feldfrüchte, die zwar den Magen füllen, aber keine ausgewogene Ernährung sicherstellen.»

men kommen Bemühungen für eine ausgewogene Ernährung der Menschen kaum vor. Die privaten Investitionen konzentrieren sich auf Agrargüter, die für den Export angebaut werden, und auf Feldfrüchte, die zwar den Magen füllen, aber keine ausgewogene Ernährung sicherstellen. Auch der Zugang der Menschen zu Nahrung wird nicht diskutiert. Gerade einmal 3 Prozent aller Investitionen der New Alliance betreffen Produkte, die für eine ausgewogene Ernährung wichtig und gleichzeitig für den lokalen Markt bestimmt sind (Robinson et al. 2013). Oder anders gesagt: Von 211 Investitionsprojekten der New Alliance verbessern nur 27 die Ernährungssituation der Menschen (Provost et al. 2014a). Mögliche – um nicht zu sagen wahrscheinliche – negative Auswirkungen auf die Ernährungssicherheit der Bevölkerungen der anderen 184 Investitionen werden in diesen Initiativen nicht behandelt.

Investitionen der New Alliance mit dem Argument, die Ernährungssituation zu verbessern, finden sich in jenen Marktsegmenten, in denen sich die Konzerne Profite erhoffen. Bekannt dafür ist das „Golden Rice"-Projekt, an dem Syngenta massgeblich beteiligt ist (siehe Kapitel Golden Rice: Agrokonzerne privatisieren Reis). Ein ähnliches Projekt der Syngenta-Stiftung in Afrika betrifft Grundnahrungsmittel, die durch konventionelle Zucht mit Eisen, Zink oder Provitamin A angereichert werden sollen, um die Mangelernährung der Bevölkerungen zu lindern. Ursprünglich war dies ein Projekt des Internationalen Konsortiums öffentlicher Agrarforschungsinstitute (CGIAR), welchem Syngenta seit 2009 angehört (wie auch die Gates Foundation, USAID, die Weltbank u.a.m.).

Die Idee, Hunger zu bekämpfen, indem die Hungernden Grundnahrungsmittel essen sollen, welche von grossen Unternehmen mit Nährstoffen angereichert wurden, ist entlarvend. Menschen müssen sich ihren individuellen Bedürfnissen entsprechend ernähren können und benötigen eine Auswahl an für sie zugänglichen Nahrungsmitteln, um eine gesunde Ernährung sicherzustellen. Dies ist auch im Menschenrecht auf Nahrung, im Artikel 11 des Internationalen Pakts über wirtschaftliche, soziale und kulturelle Rechte so verankert. Konzerne, die den Menschen die profitabelsten Nahrungsmittel verkaufen, können dieses Recht nicht gewährleisten. Dafür braucht es eine wirkliche Ernährungssouveränität.

LAUTER WIDERSTAND GEGEN EINE KONZERNBESTIMMTE LANDWIRTSCHAFT

Es gibt sehr unterschiedliche Vorstellungen davon, wie die Landwirtschaft der Zukunft aussehen soll. Eine mächtige Allianz der Eliten von Nord und Süd, von Wirtschaft, Regierungen und privaten Stiftungen – Syngenta vorne mit dabei – fördert eine Landwirtschaft, die möglichst viel Profit erwirtschaftet und von den grossen Agrarkonzernen beherrscht wird.

Aber der Widerstand gegen Allianzen wie die New Alliance und ihre Verbündeten wird immer lauter.

Viele Organisationen von Bäuerinnen und Bauern, von kritischen Wissenschaftlerinnen und Wissenschaftlern, von Aktivistinnen und Aktivisten wehren sich gegen diese Entwicklungen und zeigen die negativen Seiten auf. Auch in der Schweiz gibt es zahlreiche Stimmen dagegen, darunter Brot für alle. Sie alle setzen sich für einen Paradigmenwechsel in der Landwirtschaft ein. Anstehend ist damit ein Ernährungssystem, das von den Menschen bestimmt wird, die darin arbeiten und davon in Würde leben können; dabei kann genug gesundes und schmackhaftes Essen für alle produziert werden, ohne dabei die Umwelt zu zerstören. Sie kämpfen gegen eine Landwirtschaft der Konzerne – und für eine selbstbestimmte, ökologische Landwirtschaft.

[1] Die statistische Einheit „Afrika südlich der Sahara" wird oft kritisiert, da sie, genau wie die ältere Bezeichnung „Schwarzafrika", auf rassischen Kategorien aufbaut. Trotzdem verwende ich den Begriff da, wo er in Statistiken oder auf Webseiten so verwendet wird.

GOLDEN RICE – AGRARKONZERNE PRIVATISIEREN REIS

TROTZ UNBEKANNTEN RISIKEN WILL SYNGENTA TRANSGENEN REIS WELTWEIT VERBREITEN

Paul Scherer
Geschäftsleiter Schweizer Allianz Gentechfrei, SAG. Der promovierte Ingenieur-Agronom ETH arbeitet schon seit vielen Jahren zum Thema Gentechnik. Vorher war er Kampagnenleiter bei Greenpeace Schweiz.

Der Mangel an Vitamin A ist ein ernsthaftes Gesundheitsproblem in ärmeren Ländern. 1999 wurde der Öffentlichkeit ein Reis als Wunderwaffe dagegen präsentiert. Forscherinnen und Forscher an der Eidgenössisch Technischen Hochschule in Zürich (ETHZ) hatten Reispflanzen mit gentechnischen Eingriffen so verändert, dass sie dank der Übertragung zweier Gene aus der Narzisse sowie aus einem Bakterium in ihren Körnern Betacarotin (Provitamin A) bilden. Wegen der Carotinoide besitzt dieser Reis eine goldig gelbe Farbe: Der Golden Rice war erschaffen. Dieser sollte künftig in Asien, Afrika, Latein- und Zentralamerika angepflanzt werden und zur Versorgung vor allem der notleidenden Bevölkerung mit lebensnotwendigem Vitamin A beitragen. Doch es geht dabei auch um handfeste Interessen: Die Entwicklung des Golden Rice ist mit einer Vielzahl von Patenten verknüpft. Vor allem Syngenta hat seit den 1990er Jahren ihr Wissen zur Pflanzengenetik patentieren lassen.

DIE VITAMIN-A-MANGELERNÄHRUNG UND IHRE BEKÄMPFUNG

Die indische Wissenschaftlerin und Trägerin des alternativen Nobelpreises Vandana Shiva bezeichnet den Ansatz, den Vitamin-A-Mangel mit einem gentechnisch veränderten Reis anzugehen, als einen blinden Ansatz – blind gegenüber erfolgsversprechenden Ansätzen, die nicht nur den Vitamin-A-Mangel, sondern gleichzeitig auch andere Probleme der Mangelernährung bekämpfen würden. Denn die Ursachen für Mangelernährung seien vor allem im heutigen überholten und destruktiven Nahrungs- und Agrarsystem zu suchen. Der reduktionistische Ansatz mit Monokulturen und einseitigem Fokus auf Ertragssteigerung habe dazu geführt, dass sich die menschliche Ernährung von einer Vielfalt mit rund 8500 Arten auf lediglich acht kohlenhydratreiche Nahrungspflanzen reduziert habe – mit drastischen Folgen.

Der Vitamin-A-Mangel zum Beispiel hat schlimme Auswirkungen. Eine davon ist, dass gemäss Weltgesundheitsorganisation (WHO) weltweit 250 Millionen Kinder im Vorschulalter an Vitamin-A-Mangel leiden und 250'000 davon erblinden. Vitamin-A-Mangel (sowie auch Mangel an den Vitaminen C und D sowie an einer Reihe von Spurenelementen) ist eine direkte Folge der Fehlernährung, die durch weissen, polierten Reis begünstigt wird. Einerseits ist dieser Reis selbst arm an Vitamin A, andererseits fehlt es an Nahrungsmitteln, die diese Vitamine enthalten (Gemüse, Obst, tierische Produkte). Der Grund ist, dass jede Fläche für den Reisanbau verwendet wird. Auch fehlt oft das nötige Wissen dazu, welche Nahrungsmittel günstig und reich an Vitamin A sind. Den grössten Erfolg bei der Bekämpfung der Mangelernährung bringen daher entsprechende Beratungsprogramme für Bäuerinnen oder auch die Verteilung von Vitamin-A-Präparaten.

HEILSBRINGER GOLDEN RICE – FALSCHE VERSPRECHUNGEN

Der Golden Rice hingegen brachte entgegen den Prognosen keine schnelle Lösung. Dem Reis wurde zwar viel Publizität zuteil, doch nach über zehn Jahren Entwicklungsarbeit, die vor allem von den beiden Molekularbiologen Ingo Potrykus von der ETH Zürich und Peter Beyer von der Universität Freiburg im Breisgau vorangetrieben wurde, war man noch immer weit von einer erfolgversprechenden Sorte entfernt und der Gehalt der Reiskörner an Provitamin A war sehr gering. Die Umweltorganisation Greenpeace errechnete, dass die zwölffache Menge einer Tagesration Reis gegessen werden müsste, um den Grundbedarf an Provitamin A zu decken (Greenpeace 2001).

Den Golden-Rice-Promotoren gelang es, Syngenta für das Forschungsprojekt zu gewinnen. Zusammen mit Syngenta und der Rockefeller Foundation, die seit Beginn der Forschungsarbeiten im Jahr 1982 als Geldgeberin an der Entwicklung beteiligt war, wurde 2005 statt des Gens einer Narzisse, wie in Golden Rice 1 (GR1), ein Maisgen eingesetzt und so der Golden Rice 2 (GR2) kreiert. Dieser enthielt gemäss den Entwicklerinnen und Entwicklern bis zu zwanzigmal mehr Provitamin A als der Reis der ersten Generation.

Das Engagement von Syngenta wurde von Beginn weg kritisch beobachtet, denn Syngenta ist einer der wichtigsten Akteure beim Reisanbau und bietet neben Saatgut auch die passenden firmeneigenen Pestizide an. Zusammen mit der US-Firma Myriad hat Syngenta 2001 das Reisgenom entschlüsselt und meldete daraufhin Monopolansprüche auf grosse Teile des Reisgenoms bei der Weltpatentorganisation (WIPO) in den USA und der EU an. Was Syngenta als

rechts:

Mütter und Kinder protestieren am 5. Juni 2013 in Quezon City, Philippinen, gegen die geplante Lancierung des genetisch veränderten Golden Rice. Es handelt sich um einen Protest am Weltumwelttag von über hundert Mitgliedern der Green Moms, einer landesweiten Bewegung für biologische Nahrung und Stillpraktiken.

Bild: © Greenpeace / Pat Roque

„Erfindung" beansprucht, ist jedoch schlicht eine Beschreibung der natürlicherweise vorkommenden Gene. 2004 reichte Syngenta weitere Patentanträge ein, die dem Konzern weitreichende Ansprüche auf verschiedene Reissorten bringen sollten. Sein Engagement für den Golden Rice verwundert daher nicht.

Der Agrokonzern beeilte sich, den humanitären Aspekt seines Engagements zu betonen. Die Genkonstrukte des GR2 würden zudem für weitere Forschung kostenlos zur Verfügung gestellt. Dazu wurde eigens das „Golden Rice Project" ins Leben gerufen. Auf zukünftige Lizenzerträge will der Agrarmulti in Schwellen- und Entwicklungsländern verzichten – sofern eine Bäuerin oder ein Bauer weniger als 10'000 Dollar pro Jahr verdient. Tatsache ist aber auch, dass Syngenta und andere Konzerne bereits 2004 in über 100 Staaten, darunter Indien, China, die Philippinen, Vietnam und 16 afrikanische Länder, mehr als siebzig Patente eingereicht haben, die direkt oder indirekt den Golden Rice betrafen (EvB 2005). Ausserdem behalten die Patentinhaberinnen und -inhaber ihre Rechte für kommerzielle Nutzungen sowohl von GR1 und GR2, einschliesslich der kommerziellen Rechte an Verbesserungen der Technologie. Was werden reichere asiatische Bauern bezahlen, die nicht unter die Lizenzbestimmungen der „humanitären Verwendung" fallen? Und es ist unklar, wie weit der freiwillige Verzicht rechtlich bindend ist, und ob er nicht eines Tages gestrichen werden könnte (Westwood 2014).

«Bei Kontrollen von Reis aus China wurden 2006 in der Schweiz und der EU Spuren von gentechnisch verändertem Reis entdeckt.»

AUSKREUZUNGEN SIND UNVERMEIDLICH UND RISIKOFORSCHUNG FEHLT

Heute wird die Forschung mit Golden Rice vor allem vom Internationalen Reisforschungsinstitut IRRI betrieben, eine der weltweit wichtigsten Forschungseinrichtungen zur Züchtung neuer Hochleistungssorten beim Reis (Menning 2013). 2009 haben Syngenta und das IRRI eine Absichtserklärung zur Zusammenarbeit in der Reisforschung unterzeichnet. Seit 2012 führt das IRRI auf den Philippinen Versuche mit Golden Rice im Freiland durch. Dazu wurde der Gentechnikreis mit lokalen Sorten gekreuzt. Die Versuche stiessen seit Beginn auf massiven Widerstand bei der lokalen Bevölkerung. Bäuerinnen und Bauern sowie Umweltorganisationen befürchten eine schleichende Kontamination der über tausend lokalen Reissorten mit dem gentechnisch veränderten Reis.

Nachbau, also die Wiederaussaat eines Teils der eigenen Ernte, ist in Asien traditionell üblich. Kommt es zu Verunreinigungen mit gentechnisch veränderten Pflanzen, ist daher eine unkontrollierte Verbreitung unvermeidbar (Greenpeace 2013a). Bei Kontrollen von Reis aus China wurden 2006 in der Schweiz und der EU Spuren von gentechnisch verändertem Reis entdeckt. Dieser stammt wahrscheinlich aus Freisetzungsversuchen in der Region Hubei. Saatgut dieser Pflanzen, die ein Gift gegen Insekten produzieren, wurde illegal, so wird vermutet, an Bäuerinnen und Bauern in der Gegend verkauft. Wie es scheint, hat sich dieser transgene Reis seither im ländlichen chinesischen Saatgutsystem, das durch Tauschhandel geprägt ist, halten können (Then et al. 2013).

Selbst das Golden Rice Project räumt ein, dass sich eine Auskreuzung des genveränderten Reises in traditionelle Reissorten und wilden Reis nicht zu 100 Prozent ausschliessen lasse. Doch da Carotinoide in beinahe allen anderen Pflanzen vorkämen, sei dies nicht weiter schlimm (Golden Rice 2005). Der Genfluss von Kulturreis zu den Unkraut-Reistypen und zu den vielen wilden Reisarten steht seit langem ausser Zweifel und wurde in verschiedenen Studien bestätigt. Allein aus diesem Grund wäre die Einführung fremder Genelemente in Reis gefährlich, heisst es in einer Studie im Auftrag des österreichischen Bundesministeriums für Gesundheit (Reiner 2004). Die genetische Verunreinigung würde mit grosser Sicherheit in einigen Jahrzehnten zu nicht mehr zu lösenden Problemen führen.

Zusätzlich kann der gentechnische Eingriff zu einer ganzen Reihe von negativen Effekten führen. Möglich ist eine Schwächung der Pflanzen, die zu geringeren Erträgen, erhöhter Krankheitsanfälligkeit, geringerer Toleranz gegenüber Stressoren wie beispielsweise klimatischen Einflüssen führt. Auch die Bildung ungewollter Inhaltsstoffe kann nicht ausgeschlossen werden. Ausserdem kann es sein, dass sich unbeabsichtigte Reaktionen gentechnisch veränderter Pflanzen erst unter dem Einfluss bestimmter Umweltbedingungen oder nach einigen Generationen zeigen.

GESUNDHEIT UND BIOLOGISCHE VERFÜGBARKEIT DER CAROTINOIDE

Zu den gesundheitlichen Risiken fehlen beim Golden Rice schlicht die notwendigen Untersuchungen. Daten über die Konzentration von Inhaltsstoffen, Stoffwechselprodukten und Genaktivitäten sind nicht verfügbar; Untersuchungen zur Toxizität, zu den Wirkungen auf das Immunsystem oder zu antinutritiven Effekten wurden bislang nicht veröffentlicht (Then et al. 2013). Aufgrund des jahrelangen internationalen Drucks wurde 2011 angekündigt, dass das internationale Reisforschungsinstitut IRRI die Sicherheit der gentechnisch veränderten Reispflanzen nach internationalen Standards überprüfen werde. 2013 musste das IRRI eingestehen, dass eine Markteinführung weiterhin nicht erfolgen könne und stattdessen weitere Risikoprüfungen erfolgen müssten. Auch eine erste Fütterungsstudie wurde angekündigt. Dies zeigt, dass entscheidende Daten für eine Marktzulassung fehlen. Das IRRI stellte auch klar, dass in den nächsten Jahren keine kommerziell verwertbare Sorte des Golden Rice zur Verfügung stehen wird (IRRI 2013).

Ausserdem besteht unter Wissenschaftlerinnen und Wissenschaftlern Uneinigkeit über die biologische Verfügbarkeit der im Golden Rice gebildeten Carotinoide für Personen mit Mangelernährung. Bisher gab es dazu Studien in den USA und in China. Aber wie die Konversionsrate des Golden Rice unter realen Bedingungen bei Mangelernährung in den Entwicklungsländern aussehen könnte, wurde nie untersucht. Für die Umwandlung von Provitamin A zu Vitamin A braucht es nämlich Fett, was in Ländern mit Mangelernährung jedoch nicht immer gewährleistet ist. Mittlerweile wurde eine 2012 erstmals in einem US-amerikanischen Fachmagazin erschienene chinesische Studie aus ethischen Bedenken definitiv zurückgezogen. Für die Studie hatten chinesische Schulkinder den gentechnisch veränderten „Goldenen Reis" zu essen bekommen, aber weder den Kindern noch ihren Eltern war offen kommuniziert worden, was ihnen vorgesetzt wurde (Retraction Watch 2015).

PROPAGANDAKAMPAGNE FÜR DEN GOLDEN RICE

Von den Promotorinnen und Promotoren des Golden Rice werden hohe Erwartungen geschürt, moralische Argumente ins Feld geführt und auf eine rasche Anbaugenehmigung gepocht. Einzig die überzogenen Anforderungen der Behörden seien daran schuld, dass der Golden Rice noch nicht auf dem Markt sei. Christoph Then von Testbiotech, einem unabhängigen Institut für die Folgenabschätzung in der Biotechnologie, setzt sich seit Jahren intensiv mit dem

rechts:
Der gentechnisch veränderte Golden Rice soll zur Versorgung der Bevölkerung mit Vitamin A im Globalen Süden beitragen. Die Vielzahl der Patente auf Golden Rice zeigen jedoch, dass es primär um Profitinteressen geht. Auch Syngenta mischt kräftig mit.

Bild. © *IRRI*

Golden Rice auseinander (Then 2012). Then bezeichnet die Kommunikation der Befürworterinnen und Befürworter des Golden Rice als ethisch fragwürdig, propagandistisch und alarmistisch. Für ihn steht sie im klaren Widerspruch zum humanitären Anspruch des Projekts und behindert eine sachliche Diskussion.

Masipag, eine philippinische NGO aus Farmern und Wissenschaftlern, bezeichnet den Golden Rice als „trojanisches Pferd" der Agrarindustrie, um gentechnisch veränderte Pflanzen einzuschleusen und die Kontrolle über die Nahrungsmittelproduktion zu übernehmen (Masipag 2015). Viele Bäuerinnen und Bauern in Indien, Indonesien und Bangladesch teilen diese Ängste. Auf den Philippinen kam es bei den Freisetzungsversuchen 2013 zu heftigen Protesten und teilweise gar zu Feldzerstörungen. 2014 lancierte eine breite Koalition von Bäuerinnen, Bauern und Organisationen eine Petition. Sie verlangen mehr Transparenz bei den Forschungsprojekten, Mitbestimmung der Bevölkerung bei der zukünftigen Ausgestaltung der Ernährungs- und Landwirtschaftspolitik und einen wirksamen Schutz der reichen lokalen Biodiversität.

DER KONZERN WEHRT
SICH MIT ALLEN MITTELN
GEGEN EIN VERBOT DER
NEONICOTINOIDE.

DAS BIENENSTERBEN UND SYNGENTA

Yves Zenger
Mediensprecher bei Greenpeace Schweiz. Der Journalist setzt sich bei Greenpeace mit verschiedenen Themen auseinander, unter anderem Landwirtschaft und Lebensmittel.

„Die für Bienen tödlichen Pestizide von Syngenta, Bayer und BASF gefährden den Bestand der Bienen weltweit. Aber ohne Bienen sind unsere Ökosysteme und die globale Nahrungsproduktion dem Ende geweiht" (Francesco Panella, Imker und Präsident von Bee Life – European Beekeeping Coordination).

Syngenta dürfte beim Geschäft mit Bienengiften beträchtliche Profite realisieren. Ihre Produkte Actara und Cruiser basieren auf dem Neonicotinoid Thiamethoxam, einem der bienenschädlichsten Pestizide überhaupt. Die beiden Produkte werden zur Saatgutbeizung eingesetzt oder direkt auf die Pflanze gespritzt. Umfassende Studien belegen einerseits akute Vergiftungserscheinungen. Andererseits zeigen sie, dass schon eine geringe (sogenannt subletale) Dosis bei Bienen zu Flug- und Navigationsproblemen führt, die Fortpflanzungsfähigkeit und die Fähigkeit für eine effiziente Nahrungssuche reduziert sowie Bienenvölker krankheits- oder parasitenanfälliger macht.

Die wissenschaftlichen Erkenntnisse sprechen eine klare Sprache. Sie verdeutlichen, dass der potenzielle Schaden der Neonicotinoide jeglichen angenommenen Nutzen einer gesteigerten landwirtschaftlichen Produktivität durch Schädlingsregulierung weit übersteigt. Aufgrund der klaren Fakten haben die EU und die Schweiz 2013 den Gebrauch von Neonicotinoiden, darunter auch Syngentas Wirkstoff Thiamethoxam, stark eingeschränkt.

Aber Syngenta tut unabhängige wissenschaftliche Studien als unwissenschaftlich ab, klagte gegen diese Einschränkungen und verkauft weiterhin Bienenkillerpestizide. Der Konzern hat drei Hauptargumente zur Verteidigung:

> «Zahlreiche Studien zeigen auf, dass bereits geringste Konzentrationen von Neonicotinoiden Bienen schädigen.»

Erstens argumentiert er, die EU-Einschränkungen basierten auf lückenhafter Datengrundlage und seien überstürzt erlassen worden. Doch die Europäische Behörde für Lebensmittelsicherheit EFSA, eine als eher industrienah bekannte Institution, hat alle aktuell verfügbaren Feld- und Laborstudien berücksichtigt, insbesondere auch diejenigen der Industrie, soweit diese zugänglich gemacht wurden. Die Behörde kam dabei zum Schluss, dass hohe Risiken nicht ausgeschlossen werden könnten.

Zweitens behauptet Syngenta, Neonicotinoide seien sicher, da sich der Beizwirkstoff nur in der Pflanze verteile und ganz gezielt Schädlinge töte. Doch zahlreiche Studien zeigen auf, dass bereits geringste Konzentrationen Bienen schädigen. So konnten Honigbienen, die mit Thiamethoxam kontaminierten Pollen aufnahmen, selbst bei geringen Dosen den Rückweg zum Bienenstock nicht immer finden. Die Wahrscheinlichkeit der Schwächung eines Volkes steigt damit massiv an.

Drittens greift Syngenta zu aufgebauschten Zahlen und panikschürenden Argumenten. Wenn Neonicotinoide verboten würden, drohten der europäischen Landwirtschaft Ernteeinbussen von 40 Prozent und das würde die EU in den nächsten fünf Jahren 17 Milliarden Euro kosten. Doch Syngenta verschweigt den volkswirtschaftlichen Nutzen, den Bienen nur schon mit ihrer Bestäuberarbeit an Kultur- und Wildpflanzen leisten: nämlich pro Jahr ganze 15 bis 22 Milliarden Euro. Der Nutzen ist also etwa fünfmal grösser als der von Syngenta prophezeite Schaden. Bei den Ernteeinbussen gilt das Gleiche: Syngenta lässt ausser Acht, dass es pestizidfreie Schädlingsbekämpfung gibt oder dass Länder wie Italien schon Neonicotinoidverbote durchgesetzt haben, ohne Ernteeinbussen zu verzeichnen (PAN EU 2012, EEA 2013).

Daher erachtet Greenpeace die Argumente von Syngenta als gegenstandslos. Syngenta geht es um den Profit und nicht um den Bienenschutz. Das dramatische Sterben von Wild- und Honigbienen ist das Symptom einer fehlgeleiteten industriellen Landwirtschaft, die hauptsächlich den Interessen mächtiger Konzerne dient. Überlassen wir die Ernährungssicherheit den Agrochemiekonzernen, wird die Lebensmittelvielfalt in den nächsten Jahren und Jahrzehnten noch dramatischer schwinden. Es ist Zeit, Syngenta und Co. ihren Anspruch auf die Ernährungssicherheit zu entreissen. Die Lösungen liegen auf der Hand, zahlreiche Landwirtinnen und Landwirte in ganz Europa praktizieren diese schon. Nur eine an ökologischen Prinzipien ausgerichtete Landwirtschaft, welche auf Biodiversität basiert und Menschen, Tiere, Gewässer und Böden schützt, kann die gute Ernährung der Menschheit dauerhaft sichern. Eine ökologische Landwirtschaft braucht keine Chemikalien und Medikamente und keine grossflächigen Monokulturen. Die Bauern sollen nicht einfach Landarbeiter sein, sondern Fachleute, die unsere Lebensgrundlagen pflegen und gesunde Lebensmittel herstellen. Eine

rechts:

Am 17. April 2013 erklettern Greenpeace-Aktivistinnen und -Aktivisten den Hauptsitz des Basler Agrochemiekonzerns Syngenta. Mit einem riesigen Banner fordert Greenpeace ein umfassendes Verbot bienenschädlicher Pestizide.

Bild: © *Greenpeace / Ex-Press / Michael Würtenberg*

ökologische Landwirtschaft verbindet wissenschaftliche Innovation mit dem Wissen von Bauern und Bäuerinnen – und kommt ohne Syngenta aus.

Mehr Informationen zum Bienensterben im Report von Greenpeace (Greenpeace 2013b).

SYNGENTA
WEIGERT SICH, IHRE
ABFALLDEPONIEN IN
DER REGION BASEL
VOLLSTÄNDIG
ZU SANIEREN

SYNGENTAS GIFTIGE HINTER-LASSENSCHAFT

Martin Forter
Geograf und Altlastenexperte, Basel. Er arbeitet zur Umweltproblematik der Basler Chemie- und Pharmakonzerne, insbesondere zu deren Chemiemülldeponien und ihren Konsequenzen für Mensch und Umwelt. Sein Ziel: Die Firmen sollen auf ihre Kosten sauber aufräumen.

Syngenta zieht sich immer mehr aus der Region Basel zurück. Viele ihrer Produktionsanlagen hat sie mittlerweile ins Ausland verlagert, insbesondere nach Asien. Die Chemiemülldeponien will Syngenta hingegen hier zurücklassen. Achtzehn Sondermülldeponien der früheren Chemiefirmen Geigy, Ciba und Sandoz sowie des Pharmaherstellers Hoffmann-La Roche sind in den drei Ländern der Region Basel bekannt (vgl. Karte Seite 125). Die Vorgängerfirmen der heutigen Grosskonzerne Syngenta, Novartis, Clariant, Roche und BASF „entsorgten" den teilweise hochgiftigen Müll aus ihren Fabriken in Basel, Schweizerhalle (CH), Grenzach (D) und Huningue (F) von Ende des Zweiten Weltkriegs bis Mitte der 1960er Jahre vor allem in ausgebeuteten Kiesgruben in der grundwasserreichen Rheinebene. Danach ging der Chemiemüll aus Basel nach Bonfol (BE, später JU; 1961 bis 1976, bald komplett ausgehoben), nach Kölliken (AG, 1976 bis 1985, komplett ausgehoben) sowie nach Teuftal (BE, 1975 bis 1996). Von 1969 bis 1972 gingen zudem Abfalllieferungen in die Grube Gerolsheim (Rheinland-Pfalz, D).

TRINKWASSER IN GEFAHR

Von den achtzehn Chemiemülldeponien haben die heute verantwortlichen Konzerne lediglich zwei kleine Gifthalden im Elsass (F) aufgeräumt. Bei den übrigen Standorten verschmutzt der Chemiemüll noch heute das Grundwasser und zum Teil wahrscheinlich auch das Trinkwasser, etwa bei der Feldrebengrube in Muttenz (BL, CH). Für diese Sondermülldeponie sind heute BASF, Novartis und Syngenta verantwortlich. Deren Vorgängerfirmen Geigy und Ciba haben gemäss eigenen Angaben 13'500 bis 25'000 Tonnen Chemiemüll in die Feldrebengrube geliefert (Ciba SC/Novartis 1999: 9; Basler Zeitung, 20.3.2007; Forter 2000: 245–256; Forter 2010:

> «75 Prozent der Schadstoffe, die im Basler Trinkwasser nachgewiesen wurden, finden sich auch in Abfallproben aus der Feldrebengrube.»

83–87). Die Müllhalde liegt in unmittelbarer Nachbarschaft des Trinkwassergebiets Muttenzer Hard. Über 230'000 Menschen in und um die Stadt Basel beziehen von dort ihr Trinkwasser. In diesem entdeckte Greenpeace (Greenpeace 2006) unter anderem die Substanzen Hexachlorbutadien und Tetrachlorbutadien, die das Erbgut verändern können. Sie stammen mit grosser Wahrscheinlichkeit aus der Feldrebengrube. In der Folge stellte sich heraus, dass Behörden und Industrie seit mindestens 26 Jahren von diesen und weiteren Schadstoffen im Trinkwasser wussten, ohne die Bevölkerung darüber zu informieren und etwas dagegen zu tun (Forter 2007).

Hexachlorbutadien und Tetrachlorbutadien dürften in der Region Basel sogar in der Milch stillender Frauen nachweisbar sein, die beispielsweise das Wasser der Hardwasser AG getrunken haben. Klärende Untersuchungen lehnt die Regierung des Kantons Basel-Stadt bis heute ab.[1]

75 Prozent der Schadstoffe, die im Basler Trinkwasser nachgewiesen wurden, finden sich auch in Abfallproben aus der Feldrebengrube. 94 Prozent dieser Substanzen tauchen ebenfalls im Grundwasser um die Muttenzer Chemiemülldeponien auf (Forter et al. 2013: 6). In der Feldrebengrube liegen geschätzte 1,4 Tonnen chlorierte Butadiene (Sieber et al. 2011: 18). Dennoch betrachtet die Regierung des Kantons Basel-Landschaft nicht etwa die Deponie als Quelle der Trinkwasserbelastung. Sie vermutet als Ursache vielmehr einen Eintrag aus dem Rhein aufgrund von dessen Verschmutzung in der Vergangenheit (Regierungsrat BL 2008: 5). Einen Beweis für diese These hat die Regierung nie vorgelegt (Sieber et al. 2011: 18). Im Trinkwassergebiet Muttenzer Hard reichert die Hardwasser AG seit Ende der 1950er Jahre das natürliche Grundwasser mit Rheinwasser an, um das Grundwasser intensiver als Trinkwasserquelle zu nutzen.

Erst nach den alarmierenden Wasseranalysen von Greenpeace im Jahr 2006 reagierten die Trinkwasserversorger. Die Hardwasser AG filtert ihr Trinkwasser seit 2007 mit einem relativ kostengünstigen Aktivkohlefilter. Die Gemeinde Muttenz hingegen baut eine aufwändige, mehrstufige Wasseraufbereitung, um die Schadstoffe aus ihrem Trinkwasser zu entfernen.

BILLIGSANIERUNG STATT TRINKWASSERSCHUTZ?

In der Schweiz werden Sondermülldeponien wie die Feldrebengrube üblicherweise vollständig ausgegraben, erst recht, wenn sie das Trinkwasser einer ganzen Region gefährden oder gar verschmutzen, wie in Bonfol, Kölliken oder Pont Rouge. Nicht so im Kanton Basel-Landschaft. Bei der Feldrebengrube will sich die zuständige Bau- und Umweltdirektorin Sabine Pegoraro (FDP) mit einem Teilaushub zufrieden geben. Warum akzeptiert der Kanton Basel-Landschaft eine

Billigsanierung, obwohl diese das Problem der Feldrebengrube nicht löst und damit die Gefahr für das Trinkwasser bestehen bleibt? Die geplante mangelhafte Teilsanierung scheint auch das Resultat eines „dreisten Doppelspiels" zu sein, wie die „Allianz Deponien Muttenz" im Januar 2013 das intensive Lobbying der Industrie umschrieb (ADM 2013).

IN WESSEN INTERESSEN?

Die ADM kritisierte, BASF, Novartis und Syngenta hätten die vom Kanton eingesetzten Ausschüsse, die das Teilsanierungsprojekt ausgearbeitet haben, mit Interessenvertretungen geradezu durchsetzt (ADM 2013). Tatsächlich trat Ausschussmitglied Franziska Ritter als Geschäftsleitungsmitglied und Sekretärin des Sanierungsgremiums „Runder Tisch Feldreben" für den Kanton Basel-Landschaft auf. Ab und zu vertrat sie dabei den damaligen Baselbieter Regierungsrat Peter Zwick (CVP) als Bauherrn. Zugleich war Ritter aber Verwaltungsratspräsidentin der BCI Betriebs-AG.[2] Diese Gesellschaft haben unter anderen die Konzerne BASF, Novartis und Syngenta gegründet, um die über 100'000 Tonnen Chemiemüll in der Deponie Bonfol (JU) auszugraben.[3] Ritter sollte am Runden Tisch die Interessen des Kantons unter anderem gegenüber BASF-Kadermann Andreas Dür durchsetzen.[4] Mit ihm zog sie in Bonfol als zeichnungsberechtigtes Duo im Verwaltungsrat der BCI Betriebs-AG im Interesse der Industrie am selben

Strick. Marco Semadeni (Syngenta), Vizepräsident des BCI-Verwaltungsrates, und BCI-Verwaltungsrat Roger Fischer (Novartis) sassen in der „Technischen Fachkommission Feldreben".[5] Diese Kommission hatte den „Runden Tisch Feldreben"[6] technisch beraten, den – wie erwähnt – zuweilen die BCI-Verwaltungsratspräsidentin Ritter im Namen des Kantons leitete. Nebenbei sei angemerkt, dass sogar das „Projektsekretariat Sanierung Feldreben" durch eine ehemalige Chemie- und Pharma-Angestellte geführt wurde. Désirée Allenspach war nämlich langjährige Office-Managerin des Verwaltungsratssekretariats bei Novartis.[7]

DIE INDUSTRIE WILL TOTALSANIERUNG ABWENDEN

Muttenz sollte billiger werden als Bonfol. Daran scheint Ritter gemäss ADM seit Jahren zu arbeiten. Unter dem Druck von Greenpeace und dem Kanton Jura hatte sie zwar im Jahr 2000 im Namen der Basler Konzerne eine Vereinbarung für die 350 Millionen Franken teure Totalsanierung der Deponie Bonfol unterzeichnet. Bei der Feldrebengrube aber wollte die Industrie ähnlich hohe Kosten vermeiden. Dies legt das Protokoll einer Sitzung nahe, die mit Ritter – damals noch für Ciba (heute BASF) tätig –, Novartis und dem Baselbieter Amt für Umwelt und Energie (AUE BL) kurz nach der Bonfol-Einigung stattfand. Ritter und ihre Kollegen aus der Industrie bestätigten

GIFTMÜLL IN DER REGION BASEL

BASF, NOVARTIS UND SYNGENTA HABEN ERST ZWEI VON ACHTZEHN SONDERMÜLLDEPONIEN AUSGEHOBEN

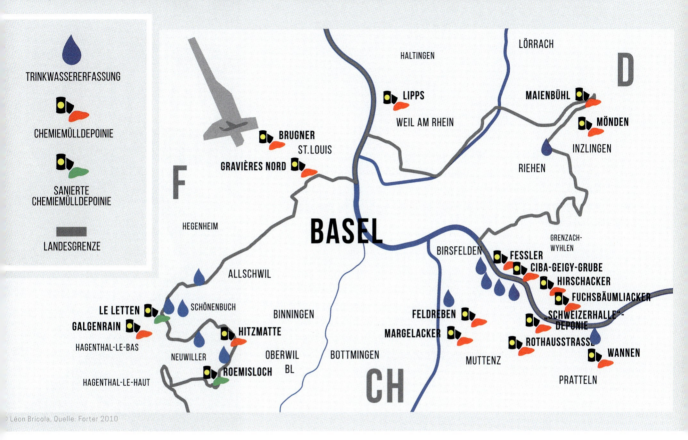

Léon Bricola, Quelle: Forter 2010

im Sommer 2000 nämlich, dass in der Feldrebengrube problematische Stoffe vorhanden seien, die „bei entsprechenden Ausbreitungsmöglichkeiten in jedem Fall eine Gefährdung" etwa für das Basler Trinkwasser zur Folge haben könnten. Ritter wies darauf hin, dass diese Beurteilung wie in Bonfol, so auch bei der Feldrebengrube „zu einem Ruf nach einer Totalsanierung führen" könne (Rohrbach 2000). Das wollen die Chemie- und Pharmafirmen verhindern.

KANTONSBETEILIGUNG ALS SCHUTZSCHILD

Ein kompletter Aushub der Feldrebengrube hätte Kosten von schätzungsweise 500 Millionen Franken zur Folge. Wie diese Totalsanierung in Muttenz abzuwenden sei, beschrieb Conrad Engler, ein Interessenvertreter der Chemie- und Pharmafirmen, in einer internen E-Mail vom Dezember 2002: „Wichtig ist (…) die Kantonsbeteiligung für die weiterführenden Abklärungen." So überlege sich der Kanton „wirklich auch zweimal, was er fordert im AUE BL, wenn er

rechts:
Greenpeace-Aktivistinnen und -Aktivisten machen am 12. Februar 2004 vor dem Firmeneingang von Novartis auf die ungelöste Situation der Chemiemülldeponien in der Region Basel aufmerksam. Unter den verantwortlichen Firmen befindet sich auch Syngenta.

Bild: © Greenpeace / Ex-Press / David Adair

es (aus der gleichen Direktion) auch mitfinanzieren muss" (Engler 2002). Je stärker der Kanton an der Beseitigung des privatwirtschaftlichen Chemiemülls beteiligt würde, umso weniger verlange die Regierung einen umfassenden Aushub, lässt sich direkt daraus folgern.

Im Juni 2010 kamen im Kanton Basel-Landschaft die Totalsanierungs- und die Trinkwasser-Initiativen der Grünen Partei zur Abstimmung. Diese Volksbegehren verlangten, dass alle Muttenzer Chemiemülldeponien – also auch die Feldrebengrube – auf Kosten der Verursacher vollständig ausgehoben werden, um das Basler Trinkwasser zu schützen. Beim Kanton würden mit grosser Wahrscheinlichkeit stattliche Kosten anfallen, sollten die Stimmbürgerinnen und Stimmbürger die Initiativen ablehnen. Dennoch arbeiteten die Regierung und die Mehrheit des Baselbieter Landrats gemeinsam mit der Industrie genau darauf hin. Schliesslich wurden die kantonalen Volksinitiativen mit rund 63 Prozent abgelehnt.

MIT 1,3 MILLIONEN FRANKEN
GEGEN KANTONALE VOLKSINITIATIVEN

Christoph Buser (FDP), heutiger Direktor der Baselbieter Wirtschaftskammer, trat damals als Wortführer im Parlament und als Kampagnenleiter der Initiativgegner auf. Eine kleine Abstimmungskampagne basiere auf 100'000 Franken, um die Initiativen zu bekämpfen, „und viel mehr werden wir wohl nicht zur Verfügung haben", behauptete Buser im Mai 2010 (BAZ, 6.5.2010). Am 16. August 2015 berichtete die Schweiz am Sonntag unter dem Titel „Christoph Busers Machtmaschine", die Wirtschaftskammer Basel-

land habe damals über 1,3 Millionen Franken verfügt, um die Initiativen erfolgreich zu bodigen (Schweiz am Sonntag, 16. August 2015). Dieser Betrag kommt in der Schweiz normalerweise bei nationalen, nicht aber bei kantonalen Vorlagen zum Einsatz. Doch im Vergleich zu den Kosten für eine Totalsanierung der Feldrebengrube fallen solche Propagandagelder natürlich nicht ins Gewicht.

Damit nicht genug: Buser bzw. die von ihm geführte „Abstimmungskampforganisation", das Institut für Wirtschaftsförderung der Wirtschaftskammer, habe die parlamentarische Debatte über die Initiativen mit „vorformulierten Vorstössen (…) gesteuert, die von Landräten verschiedener Parteien eingereicht" worden seien, so die „Schweiz am Sonntag". Beim lokalen Fernsehsender TeleBasel sei sogar eine Publikumsumfrage manipuliert worden, vermeldete die Schweiz am Sonntag im gleichen Artikel (Schweiz am Sonntag, 16. August 2015). Ausserdem hätte der Jurist und Fernsehmoderator Jascha Schneider eine öffentliche Podiumsdiskussion sowie bei TeleBasel eine Abstimmungssendung mit dem Gast Christoph Buser leiten sollen. Erst nachdem die Basellandschaftliche Zeitung berichtete, dass Schneider auch als Anwalt für Buser tätig sei, sagte Schneider seine Moderationen kurzfristig ab (Basellandschaftliche Zeitung, 28.5.2010).

REGIERUNG KAUFT CHEMIEMÜLLDEPONIE

Während des Abstimmungskampfes über die Deponie- und Trinkwasserinitiativen gab der Kanton Basel-Landschaft plötzlich bekannt, er kaufe den grössten Teil der Deponie Feldreben (BAZ, 22.4.2010). Er bezahlte dafür 22 Millionen Franken (BZ, Basel 31.1.2015). Kurz darauf erklärte die Industrie, sie überweise dem Kanton 20 Millionen Franken für den Trinkwasserschutz und bezahle 20 Millionen in einen Deponiefonds ein. Die Regierung wollte diese 40 Millionen Franken als Ausdruck des Verantwortungsbewusstseins der Konzerne verstanden wissen (Basellandschaftliche Zeitung, 19.05.2010; BAZ, 19.5.2010). De facto dürfte es sich eher um ein Trinkgeld gehandelt haben: Die Industrie versüsste dem Kanton die Übernahme allfälliger Sanierungskosten von 500 Millionen Franken alleine für die Feldrebengrube. Mit eingekauft hat der Kanton zudem die Verantwortung für eine mögliche Trinkwasserverschmutzung. Im Dezember 2015 kündigte der Kanton Baselland an, auf dem Feldrebenareal ein Bundesasylzentrum errichten zu wollen. Er will 500 bis 900 Flüchtlinge in den bestehenden Gebäuden der ehemaligen Chemiemülldeponie unterbringen und verlangt dafür monatlich vom Bund eine sechsstellige Summe für die Vermietung. Inakzeptabel und fahrlässig ist, dass die Belastung der Innenluft der dortigen Räume nie wirklich abgeklärt wurde (Strässle 2015).

KANTON RISKIERT GIFT IM TRINKWASSER

Wie von BASF, Novartis und Syngenta kalkuliert, ist nach der Ablehnung der Initiativen und dem Kauf der Feldrebengrube das Interesse des Kantons erlahmt, überhaupt eine Sanierung durchzuführen. Während des Abstimmungskampfs versprach die Regierung zwar noch vollmundig, die Sanierungsarbeiten würden 2012 beginnen (Basellandschaftliche Zeitung, 22.4.2010). Doch bis im Herbst 2015 hat die Exekutive noch nicht einmal eine Verfügung für die von ihr geplante Billigsanierung erlassen und lässt es – trotz der Gefahr für das Trinkwasser – sogar auf zeitraubende, umweltrechtliche Auseinandersetzungen mit der ADM und der Gemeinde Muttenz ankommen.

[1] Regierungsrat des Kantons Basel-Stadt: Beantwortung der schriftlichen Anfrage Stephan Luethi-Brüderlin (SP) betreffend „chemischer Lindan-Abfall-Staub" (14.5413.02), Regierungsratsbeschluss vom 2.12.2014, Basel, 3.12.2014.

[2] Volkswirtschafts- und Gesundheitsdirektion Basel-Landschaft, Informationsdienst: Sanierung Deponie Feldreben – Rahmenbedingungen der Kooperationsvereinbarung und Terminplan des Sanierungsprojekts, Medienmitteilung, Liestal, 28.8.2012.

[3] Handelsregister des Kantons Basel-Stadt: BCI Betriebs-AG, CH-270.3.013.060-8, Auszug vom 21.1.2013.

[4] Die BCI Betriebs-AG ist im Besitz der „Basler Chemischen Industrie". Diese Firma mit der Rechtsform einer einfachen Gesellschaft haftet für die Chemiemülldeponie Bonfol. In der BCI sind u. a. BASF, Clariant, Novartis, Roche und Syngenta vertreten.

[5] Handelsregister des Kantons Basel-Stadt: BCI Betriebs-AG, CH-270.3.013.060-8, Auszug vom 21.1.2013.

[6] CSD AG: Sanierung Deponie Feldreben, Muttenz: Sitzung der Technischen Begleitgruppe/Fachkommission am 22.8.2012, Sitzungsprotokoll Nr. 15, Seite 1.

[7] Désirée Allenspach, Webpage Diamond-Office, Portrait, Bildschirmfoto vom 21.1.2013.

EIN AUGE AUF SYNGENTA

AUFMERKSAMES HINSCHAUEN UND DETAILLIERTE KRITIK ZAHLEN SICH AUS

François Meienberg
Leiter Fachbereich Landwirtschaft, Biodiversität und geistiges Eigentum, Erklärung von Bern. Er setzt sich seit Syngentas Anfängen mit dem Konzern auseinander, insbesondere mit dessen Pestizid Paraquat, den Patenten und der mangelnden sozialen Verantwortung.

Seit dem Bestehen von Syngenta verfolgt die Erklärung von Bern (EvB) deren Aktivitäten. Mittels einer Vielzahl von Recherchen, Publikationen, Kampagnen und Aktionen versuchte die EvB fragwürdige Praktiken des Basler Agrokonzerns ans Licht zu bringen und zu beeinflussen.

VORGESCHICHTE

Bereits vor der Gründung von Syngenta wurden die Aktivitäten der Basler Chemie im Pharma- und Agrosektor von der EvB unter die Lupe genommen. Im Rahmen der Kampagne „Hunger ist ein Skandal" gab es in den 1980er Jahren diverse Aktivitäten zum Insektizid Galecron von Ciba-Geigy. Dieser Fall zeigte auf beispielhafte Weise den Lebenszyklus von Pestiziden: Bei der Lancierung 1966 als Wunderwaffe gepriesen, wurde es nach ersten Hinweisen auf die kanzerogene Wirkung zwischen 1976 und 1978 vorübergehend vom Markt genommen und danach wieder eingeführt – allerdings nur noch für Baumwolle und verbunden mit strengen Sicherheitsvorschriften. Mit Hilfe von Insiderinformationen startete die Erklärung von Bern 1982 eine Kampagne gegen Galecron. Wichtigster Kritikpunkt war die mangelhafte Umsetzung der versprochenen Sicherheitsvorkehrungen für Anwenderinnen und Anwender in Entwicklungsländern wie Mexiko (EvB 1983). Erst nach weiteren Hinweisen auf die Kanzerogenität zog Ciba-Geigy das Produkt 1988 definitiv vom Markt zurück. In den USA musste Ciba-Geigy nach einem Vergleich geschätzte 80 Millionen USD Wiedergutmachung an Galecron-Opfer leisten. Auch in der Schweiz erhielten ehemalige Arbeiter in der Galecron-Produktion, die an Blasenkrebs erkrankt waren, 2006 eine finanzielle Zuwendung. Die Höhe ist in der Öffentlichkeit jedoch unbekannt (Moser 2008).

«Erst viele Jahre nachdem wissenschaftliche Indizien für die negativen Auswirkungen eines Produkts für Mensch oder Umwelt bekannt werden, wird dieses vom Markt genommen.»

Solche Skandale und der sich daraus ergebende, begrenzte Lebenszyklus sind auch heute noch typisch für Pestizide. Erst viele Jahre nachdem wissenschaftliche Indizien für die negativen Auswirkungen eines Produkts für Mensch oder Umwelt bekannt werden, wird dieses vom Markt genommen. Ziel der EvB ist es, diese Frist durch öffentlichen Druck zu verkürzen und damit die Opferzahl zu verkleinern.

EINE FUSION MIT TERMINATOR-EFFEKT

Als die Aktionäre von Novartis und AstraZeneca am 11. Oktober 2000 beschlossen, ihre Agrosparten auszugliedern und sie zu Syngenta zu fusionieren, war die EvB vor Ort und machte die Novartis-Aktionäre mit Flugblättern auf das kontroverse Forschungs- und Patentportfolio des neuen Schweizer Riesen aufmerksam. Gemeinsam mit Partnerorganisationen aus England und Schweden (den Sitzländern von AstraZeneca) zeigte die EvB in einem gleichentags publizierten Bericht, dass der neue Konzern bei der Entwicklung der sogenannten Terminator- und Traitor-Technologie weltweit führend sein würde. Diese beiden umstrittenen gentechnischen Methoden verhindern eine Wiedergewinnung von Saatgut bzw. machen das Gedeihen der Pflanzen von chemischen Auslösern abhängig und treiben die Bäuerinnen und Bauern in eine systematische Abhängigkeit (EvB 2000). Die NGOs forderten von Syngenta deshalb, dieses fragwürdige Geschäftsmodell aus sozialen und ökologischen Gründen nicht weiterzuverfolgen.

Zwei Jahre und mehrere Treffen später versicherte Syngenta der Erklärung von Bern in einem Brief, die Traitor-Technologie nicht an Bäuerinnen und Bauern verkaufen zu wollen. Dem internationalen NGO-Netzwerk ist es in der Folge gelungen, im Rahmen der Biodiversitätskonvention ein De-facto-Moratorium für Terminator- und Traitorpflanzen durchzusetzen.

PARAQUAT – STIMMEN DES SÜDENS IN BASEL

Kurz nach der Firmengründung haben EvB-Analysen gezeigt, dass kein Produkt bei Plantagenarbeiterinnen und Bauern im Süden zu mehr Vergiftungsfällen führt als das Unkrautvertilgungsmittel Paraquat, welches von Syngenta unter dem Markennamen Gramoxone verkauft wird. In diversen Ländern war Paraquat führend in der Statistik von Vergiftungs- und Todesfällen. In der Schweiz wurde es wegen zu hoher Toxizität 1989 verboten. Das 1961 vom britischen Chemieunternehmen Imperial Chemical Industries (ICI) lancierte Gramoxone war aber immer noch eines der meistverkauften Herbizide weltweit und ist bis heute mit einem Umsatz von rund 560 Millionen USD eines der Top-10-Produkte für Syngenta.

Vor diesem Hintergrund lancierte die Erklärung von Bern anlässlich der ersten Generalversammlung von

> «Als Vertreter meines Volkes bitte ich Syngenta die weitere Vergiftung unserer Frauen, unserer Kinder und unserer Umwelt zu stoppen. Stoppt den Verkauf von Paraquat.»

Syngenta gemeinsam mit Partnern aus Malaysia, Costa Rica, England und Schweden eine Kampagne, die den Produktionsstopp von Paraquat forderte. Am 22. April 2002, einen Tag vor der ersten Generalversammlung von Syngenta, publizierte die Koalition eine Recherche zu Paraquat (EvB 2002). Gastredner an der Berner Medienkonferenz waren die führende Wissenschaftlerin zu Paraquat, Catharina Wesseling vom Central American Institute for Studies on Toxic Substances in Costa Rica, sowie Arjunan Ramasamy, ein Palmölarbeiter aus Malaysia. Tags darauf standen die Gäste aus dem Ausland gemeinsam mit EvB-Aktivistinnen und -Aktivisten vor den Toren der Generalversammlung und informierten die Aktionärinnen und Aktionäre. Drinnen sprach Catharina Wesseling, und François Meienberg (EvB) verlas eine Botschaft von Arjunan Ramasamy. „Als Vertreter meines Volkes bitte ich Syngenta vom Grunde meines Herzens, für unseren Aufruf Verständnis zu haben, die weitere Vergiftung unserer Frauen, unserer Kinder und unserer Umwelt zu stoppen. (…) Stoppt den Verkauf von Paraquat."

„DRANBLEIBEN" IST NOTWENDIG …

Bereits im September konnte ein erster Erfolg gefeiert werden, als Malaysia das Produkt verbot. Leider war die Freude nur von begrenzter Dauer, da dieser Entscheid aufgrund von massiven Interventionen seitens Syngenta und verschiedener Palmölplantagenunternehmen wenige Jahre später aufgehoben wurde.

2004 legte die EvB gemeinsam mit anderen NGOs – nicht zum letzten Mal – offiziell Beschwerde bei der FAO (Food and Agriculture Organization of the United Nations) ein, weil Syngenta mit ihrem damaligen Paraquat-Marketing in Thailand gegen den eigenen Verhaltenskodex verstossen hatte. Ein Werbeplakat ermunterte dazu, mit dem Kauf von Paraquat auch noch bei einer Lotterie teilzunehmen und, „mit etwas Glück", ein Auto oder ein Motorrad zu gewinnen (EvB 2004).

Ein Jahr später publizierte die EvB gemeinsam mit dem Pesticide Action Network (PAN) die bisher umfangreichste Literaturstudie zu den Auswirkungen von Paraquat (EvB 2005a). Trotz all dieser Evidenz bewegte sich Syngenta keinen Millimeter. Um den Druck zu erhöhen, startete die EvB im Oktober 2006 eine grössere Kampagne, in deren Zentrum eine „öffentliche Verhandlung" zu Paraquat stand. Mit Inseraten im „Magazin" des Tages-Anzeigers wurden die Leserinnen und Leser aufgefordert, darüber zu urteilen, ob sich der Schweizer Konzern mit dem Verkauf von Paraquat schuldig machte. An der Medienkonferenz haben die Internationale Union der Landwirtschaftsgewerkschaften (IUL), die Trägerin des alternativen Nobelpreises, Irene Fernandez aus Malaysia, sowie eine Vertreterin der schwedischen Chemieaufsichtsbehörde betont, dass es für Paraquat keinen Platz mehr in der Landwirtschaft gäbe –

zu viele Opfer habe das hochgiftige Produkt des Schweizer Agrokonzerns bereits gefordert. Im Februar 2007 wurde vor dem Hauptsitz von Syngenta das Urteil verkündet: Über 34'000 Personen und rund 90 Organisationen aus 29 Ländern hielten den Konzern für schuldig. Darunter auch die Asian Peasant Coalition – eine Koalition von asiatischen Bauernorganisationen mit über 15 Millionen Mitgliedern –, oder die Internationale Union der Lebensmittel- und Landwirtschaftsgewerkschaften (IUF), welche 336 Gewerkschaften in 120 Ländern mit 12 Millionen Mitgliedern vertritt.

Am 12. Juli 2007 platzte dann eine Bombe: In einem bahnbrechenden Entscheid erklärte das Gericht in erster Instanz die Zulassung von Paraquat in der Europäischen Gemeinschaft für ungültig. Der Zusammenhang von Paraquat und Parkinson, aber auch andere Auswirkungen auf die Gesundheit von Anwenderinnen und Anwendern und auf die Tierwelt seien bei der Zulassung 2003 zu wenig gewichtet worden. Paraquat wurde daraufhin in der EU verboten. Die EvB hatte mit ihren Partnerorganisationen bereits im Rahmen der Re-Registrierung auf die ungenügende Arbeit der Behörde aufmerksam gemacht. Doch auch dieses Urteil hat die Praxis von Syngenta in den Ländern des Südens nicht beeinflusst.

Die EvB versuchte in der Schweiz den Druck auf Syngenta zu erhöhen, indem sie die Kundinnen und Kunden von Grossverteilern darauf aufmerksam machte, dass sie mit dem Kauf von Syngenta-Produkten wie der Toscanella-Tomate die unverantwortliche Firmenpolitik und eine weitere Konzentration des Saatgutmarktes unterstützten.

… UND ZAHLT SICH AUS

Die Paraquat-Kampagne, als Kampf David gegen Goliath, hat sich gelohnt. Syngenta verändert ihre grundsätzliche, jedoch völlig diskreditierte Position allerdings nicht und verkauft ihren Longseller weiterhin. Und doch hat sich einiges bewegt. Viele Länder haben in den letzten zehn Jahren Paraquat verboten. Allen voran die EU, aber auch Sri Lanka, Südkorea, Kambodscha, Laos, neun Länder der Sahelzone und andere (Paraquat-Website EvB). Zudem hat China Restriktionen eingeführt, die den Markt stark schrumpfen liessen. Aber auch viele Labelorganisationen, wie die Fairtrade International, die Rainforest Alliance, UTZ Certified (Label für guten Kaffee), FSC (Forest Stewardship Council), 4C (Common Code for the Coffee Community) und andere, sowie Unternehmen wie Chiquita, Dole, Nestlé (für Nestea) oder Unilever (für Tee) haben Paraquat auf ihre schwarze Liste gesetzt (EvB 2009). Dazu kommen Supermarktketten wie Coop in der Schweiz, Marks & Spencer in England und andere (vgl. die Liste auf der Paraquat-Website EvB). Das Umdenken geschah also nicht bei der Hauptadressatin der Botschaft, aber dafür bei vielen anderen Beteiligten, mit denen die EvB ebenfalls in regem Kontakt stand. Auch so lassen sich die negativen Auswirkungen der Syngentaprodukte verringern.

PATENTE AUF SAATGUT IM FOKUS

An der Generalversammlung 2005 stellte die EvB gemeinsam mit Swissaid und Greenpeace die Patentpolitik von Syngenta an den Pranger. Mit diversen Patentanträgen versuchte Syngenta beinahe das ganze Reisgenom zu monopolisieren, mit fatalen möglichen Auswirkungen auf die weitere Züchtung. Doch diese Allmachtsfantasien wurden von den Patentämtern gebremst. Die von der EvB kritisierten Patente wurden meist nicht oder nur in viel kleinerem Umfang erteilt (EvB 2005b).

Andere Patentanträge von Syngenta waren erfolgreicher, darunter auch solche auf konventionell gezüchtete Pflanzen und auf natürlich vorkommende Eigenschaften. Der Basler Agrokonzern erhielt 2013 vom Europäischen Patentamt zum Beispiel ein Patent auf Peperoni mit einer Resistenz gegen die Weisse Fliege. Diese Resistenz ist jedoch keine Erfindung von Syngenta, sondern sie wurde bloss aus einer wilden Peperoni kopiert. Gegen dieses Patent hat die Erklärung von Bern im Februar 2014 zusammen mit 34 Organisationen von Bäuerinnen und Bauern, Züchterinnen und Züchtern sowie Umwelt- und Entwicklungsorganisationen aus 27 Ländern Einspruch eingelegt. Nie zuvor hat eine inhaltlich und geografisch so breit gefächerte Koalition gegen das grundsätzliche Problem der Privatisierung natürlicher Ressourcen protestiert.

Patente auf Pflanzen, die auf konventioneller Züchtung beruhen, sind aber nicht nur ethisch fragwürdig. Sie verstärken auch die Konzentration im Saatgutmarkt, behindern Innovationen und sind somit ein Risiko für die Ernährungssicherheit (EvB 2014a). Der Einspruch gegen das Peperonipatent wird im Juni 2016 verhandelt. Anhand solcher und ähnlicher Fallbeispiele klärt die Erklärung von Bern über die Rahmenbedingungen im Patentwesen auf und versucht diese zu ändern.

MEHR SCHEIN ALS SEIN

Durch ihre Hintergrund- und Recherchearbeit zu Syngenta wurde die EvB immer wieder mit der Propaganda von Syngenta konfrontiert, die versucht, fragwürdige Geschäftspraktiken als nachhaltiges Engagement zu verkaufen. Fakten werden verdreht und Medien wie Konsumentinnen und Konsumenten bewusst in die Irre geführt. So hat Syngenta beispielsweise über Jahre kommuniziert, dass Paraquat bei sachgemässer Anwendung für Umwelt und Landwirtinnen und Landwirte sicher sei (Lewis 2006). Was jedoch unterschlagen wurde und wird, ist die Tatsache, dass das Produkt in Entwicklungsländern fast nie sachgemäss angewendet werden kann. Die Bäuerinnen und Bauern

«Die Bäuerinnen und Bauern haben keinen Zugang zu den notwendigen Schutzkleidern oder können sich diese nicht leisten.»

haben nämlich gar keinen Zugang zu den notwendigen Schutzkleidern oder können sich diese nicht leisten. Dessen ungeachtet verkauft Syngenta ihr Pestizid auch in diesen Ländern weiter und nimmt damit die massenweise Vergiftung von Arbeiterinnen und Arbeitern vorsätzlich und bewusst in Kauf.

Im Rahmen ihrer Auseinandersetzung mit der Kommunikation von Syngenta hat die EvB den Syngenta-Bericht zur Corporate Social Responsibility (CSR) von 2008 analysiert. Dabei wurde eine mangelnde Zuverlässigkeit und Überprüfbarkeit der Angaben vor allem in heiklen Themenbereichen festgestellt. Quellenangaben existieren nicht, Vermutungen bleiben ohne Evidenz und aufgeführte Referenzen sind schwer bis gar nicht rückverfolgbar. Einige zentrale CSR-Aspekte, wie etwa Syngentas Steuerpolitik, werden zudem ganz ausgeblendet (EvB 2008).

Auf die Kritik reagierte Syngenta 2013 mit dem sogenannten Good Growth Plan. Auch dieser wurden von der EvB unter die Lupe genommen – mit wiederum ernüchterndem Resultat. Durch selektiv gewählte Ziele und Indikatoren blendet Syngenta die Hauptprobleme ihrer Praktiken systematisch aus. So wird etwa das erklärte FAO-Ziel, hochgiftige Pestizide schrittweise vom Markt zu verbannen, von Syngenta schlicht ignoriert. Das Wort „Toxizität" findet sich im Good Growth Plan nirgends. Somit kommt Syngenta ihrer Sorgfaltspflicht für die eigenen Kernprodukte nicht nach – ein absolutes No-Go für glaubwürdige Corporate Social Responsibility. Ein weiteres Beispiel ist Syngentas Ziel im Good Growth Plan, Kleinbäuerinnen und Kleinbauern zu helfen. Gemessen wird diese Hilfe nur anhand möglicher Ertragssteigerungen. Es wird nicht gefragt, ob die Bäuerinnen und Bauern damit auch mehr Einkommen realisieren. Doch genau dies ist die entscheidende Frage, denn es ist durchaus möglich, dass diese aufgrund gestiegener Ausgaben für Saatgut, Pestizide und Kredite am Ende trotz Ertragssteigerungen schlechter dastehen (EvB 2014b).

Viel besser als die Erfindung eigener Ziele und Kriterien, welche die eigentlichen Problemfelder der Firma ignorieren und damit zementieren, wäre eine konsequente Umsetzung der UNO-Leitprinzipien für Unternehmen und Menschenrechte, die der Menschenrechtsrat im Juni 2011 in Genf einstimmig verabschiedet hat. Diese „Guiding Principles" verlangen, dass Unternehmen die Menschenrechte durchgängig respektieren und im Schadensfall eine Wiedergutmachung für die Opfer leisten. Ende 2011 publizierte die Erklärung von Bern gemeinsam mit dem European Center for Constitutional and Human Rights (ECCHR) ein juristisches Gutachten (Grabosch 2011), das auf der Grundlage der UNO-Leitprinzipien prüfte, ob und wie Syngenta mit dem Verkauf von Paraquat die Menschenrechte auf Gesundheit und Leben missachtete. Das Verdikt war klar: Insbesondere in Ländern, in denen Bestimmungen zum Schutz der Pestizidanwender nicht durchgesetzt werden und in welchen der Zugang

rechts:
Eine Aktion der Erklärung von Bern im Juni 2010, mit welcher die Konsumentinnen und Konsumenten über die problematische Herkunft der Toscanella-Tomate aufmerksam gemacht wurden.

Bild: © EvB / Claude Giger

zu adäquater Schutzkleidung für die Mehrheit unrealistisch ist, nimmt Syngenta ihre Pflicht, die Menschenrechte zu respektieren, nicht wahr.

KONFRONTATION ODER DIALOG?

Wenn man sich über fünfzehn Jahre lang intensiv mit einer Firma auseinandersetzt, stellt sich immer wieder die Frage, ob man die Konfrontation oder den Dialog sucht. Auf Einladung der Novartis-Stiftung im Jahr 2008 hat der Autor versucht, die Voraussetzungen für einen Dialog mit einem Konzern wie Syngenta aufzuzeigen. Die These war einfach und klar: Die Voraussetzung für einen sinnvollen Dialog ist ein gemeinsames Ziel. Zu Beginn der EvB-Kampagne zu Paraquat machte Syngenta wiederholt Vorschläge für gemeinsame Aktivitäten. Aber das Angebot, sich gemeinsam mit Syngenta für einen besseren Schutz der Paraquat-Anwenderinnen und Anwender einzusetzen, war für die EvB inakzeptabel. Erstens hatten zu dieser Zeit bereits viele Länder wie auch die FAO klargestellt, dass es für hochtoxische Pestizide wie Paraquat insbesondere in Entwicklungsländern keine sichere Anwendung geben könne. Der einzige erfolgversprechende Weg ist der Verzicht auf das Herbizid und die Einführung nichtchemischer Methoden oder weniger toxischer Mittel, um Unkräuter zu kontrollieren. Zweitens hatte die EvB weder Kompetenzen noch Ressourcen, um Bäuerinnen und Bauern für die sichere Anwendung von Pestiziden zu schulen. Jahre später gab es dann das gegenseitige Einverständnis, dass es in dieser Frage kein Einvernehmen geben kann: Syngenta will möglichst viel Paraquat verkaufen, und die Erklärung von Bern will, dass das Produkt möglichst schnell verboten wird.

Doch das heisst nicht, dass es bei anderen Themen keine konstruktiven Gespräche gegeben hat. So hat die EvB gemeinsam mit Syngenta Vorschläge erarbeitet, wie das multilaterale System des internationalen Saatgutvertrages für den Zugang zu genetischen Ressourcen und die Aufteilung des Nutzens reformiert werden kann. Denn in dieser Frage vertritt Syngenta eine viel progressivere Position als andere multinationale Agrounternehmen, weshalb ein gemeinsamer Nenner gefunden werden konnte.

Das Fazit aus fünfzehn Jahren Konzernkritik lautet also: Will man die Missachtung von Menschenrechten und anderes Fehlverhalten von Konzernen verhindern, ist es mit Kritik alleine nicht getan. Es braucht neben viel Ausdauer auch den Austausch mit den anderen Akteurinnen und Akteuren in der Wertschöpfungskette und mit den zuständigen Behörden. Um die Rahmenbedingungen zu beeinflussen, müssen vor allem Allianzen geschmiedet werden. Die aktuelle Schweizer Konzernverantwortungsinitiative ist dafür ein gutes nationales Beispiel. In Zusammenarbeit mit „No Patents on Seeds" oder mit dem globalen „Pesticide Action Network" (PAN) versucht die EvB auf der Ebene internationaler Regulation wirksam zu sein.

VON SYNGENTAS
AUSSTIEG AUS DEM
WELTAGRARBERICHT
UND DEN ERFOLGEN
DER AGRARÖKOLOGIE

DIE WELT ERNÄHREN – ABER WIE?

Florianne Koechlin
Geschäftsführerin Blauen-Institut, Basel.
Die Biologin und Chemikerin ist Autorin
zahlreicher Bücher zu den problematischen
Aspekten des Einsatzes von Gentechnik in
der Landwirtschaft, aber auch zu Themen
wie Epigenetik und Pflanzenkommunikation.

Die Landwirtschaft steht weltweit vor gigantischen Herausforderungen. Erstens werden Bäuerinnen und Bauern in Zukunft vermehrt mit Klimaextremen konfrontiert sein, vor allem im Süden. Dürrewellen, Überflutungen, Tornados werden, so die Prognosen, vermehrt auftreten. Zweitens wird aufgrund des Bevölkerungswachstums erwartet, dass die landwirtschaftliche Produktion massiv gesteigert werden muss. Und obendrein sind die grossen Umweltschäden der bisherigen Landwirtschaft zu beheben.

Alle sind sich einig, dass es zur Bewältigung dieser Herkulesaufgaben neue Rezepte braucht. Doch diese könnten unterschiedlicher nicht sein. Auf der einen Seite sehen Syngenta und die Agrolobby die Lösung darin, die industrielle Produktion weiter massiv zu steigern und sie einfach ein bisschen sauberer und ressourcenschonender zu gestalten. Auf der anderen Seite sind immer mehr Expertinnen und Experten überzeugt, dass ein radikaler Strategiewechsel vonnöten ist. Ihrer Ansicht nach können wir uns die heute vorherrschende Art der industriellen Landwirtschaft mit ihren Monokulturen, ihrem hohem Verbrauch an Agrargiften, synthetischem Dünger und Energie – ein Konzept von gestern – schlicht nicht mehr leisten.

WELTAGRARBERICHT OHNE SYNGENTA

Eine wichtige Rolle für diese Einsicht spielt der Weltagrarbericht, der 2002 von der Weltbank und der UNO initiiert wurde. Es ist die bisher umfassendste wissenschaftliche Untersuchung zur Zukunft der Welternährung (IAASTD 2008). Rund 400 Expertinnen und Experten aller Kontinente und Fachrichtungen beschäftigten sich vier Jahre lang intensiv mit folgenden Fragen: Mit welchen

Strategien können Hunger und Armut am effizientesten bekämpft werden? Wie entfaltet Geld die grösste Wirkung zum Nutzen der Armen? Welche Forschung braucht es?

Mit dabei waren auch so unterschiedliche Akteure wie Greenpeace oder Syngenta. Doch der Basler Agrarkonzern entschied sich in letzter Minute, aus dem Projekt auszusteigen, zusammen mit den USA und Kanada. Insidern zufolge haben vor allem kritische Bemerkungen zur Gentechnik, zur industriellen Landwirtschaft und zum Welthandel mit Agrargütern zu diesem Entschluss geführt.

WEITER WIE BISHER IST KEINE OPTION

Der über 2000 Seiten umfassende Bericht wurde 2008 in Johannesburg vorgestellt und von 58 Regierungen unterschrieben, darunter auch diejenige der Schweiz. Die klare und einfache Botschaft des Weltagrarberichts lautet: Weiter wie bisher ist keine Option. Will die Weltgemeinschaft die enormen Herausforderungen des 21. Jahrhunderts bewältigen, dann ist ein radikales Umdenken nötig. Es braucht einen Perspektivenwechsel in der Agrarpolitik und in der Agrarforschung hin zu einer multifunktionalen Landwirtschaft, die den Erhalt und die Erneuerung der natürlichen Ressourcen und der Artenvielfalt in den Mittelpunkt stellt.

Dieses Ziel, so heisst es in der Zusammenfassung des Weltagrarberichts (Zukunftsstiftung Landwirtschaft 2013), kann nur in enger Zusammenarbeit mit Kleinbäuerinnen und Kleinbauern erreicht werden: „Denn die Herausforderungen der kommenden Jahrzehnte sind mit Massnahmen der vergangenen nicht zu bewältigen. Der Weltagrarbericht liefert keine Patentrezepte, sondern warnt im Gegenteil eindringlich davor, an solche zu glauben (...). Stattdessen bietet der Bericht eine umfassende Analyse und eine enorme Fülle grosser und kleiner Lösungsmöglichkeiten" (Zukunftsstiftung Landwirtschaft 2013: 2 f.). Es ist eine zentrale Aussage des Weltagrarberichtes, dass Hunger und Armut nur auf lokaler Ebene nachhaltig bekämpft werden können. „Über 70 Prozent aller Hungernden der Welt leben auf dem Lande. Als Klein- und Subsistenzlandwirte, Hirten, Fischer, Landarbeiter und Landlose sind sie direkt von der lokalen Landnutzung abhängig, können sich davon aber häufig nicht ausreichend und sicher ernähren" (Zukunftsstiftung Landwirtschaft 2013: 4).

Deshalb ist der Zugang der Armen zu Boden, Wasser und Produktionsmitteln der entscheidende Faktor dafür, ihre Situation zu verbessern. Ausserdem bildet die ökonomische und wissensbedingte Unabhängigkeit der Kleinbäuerinnen und -bauern eine wichtige Voraussetzung. Ein Schlüsselwort des Weltagrarberichts ist Agrarökologie, die Kunst des vielfältigen Zusammenspiels.

«Die Agrarökologie setzt auf das Einbeziehen des Wissens aller Beteiligten. Sie lösen mit ihrem praktischen Beitrag komplexe Probleme mit den vor Ort verfügbaren Ressourcen.»

DIE KUNST DES ZUSAMMENSPIELS

Agrarökologische Konzepte gründen auf traditionellem und lokalem Wissen und verbinden dieses mit den Erkenntnissen und Methoden der modernen Wissenschaft. Ihre Stärken liegen in der Verbindung von Ökologie, Biologie und Agrarwissenschaften, aber auch von kulturellen und sozialen Aspekten. Die Agrarökologie setzt auf das Einbeziehen des Wissens aller Beteiligten. Sie lösen mit ihrem praktischen Beitrag komplexe Probleme mit den vor Ort verfügbaren Ressourcen. Dabei wird keine Technologie kategorisch ausgeschlossen oder vorgeschrieben.

Die Agrarökologie ist weder ein perfektes System noch eine universelle Ideologie, sondern eine stetige Annäherung an bestmögliche Lösungen angesichts der jeweiligen örtlichen, ökologischen, kulturellen und sozialen Bedingungen. Olivier De Schutter, früherer UNO-Sonderbeauftragter für das Recht auf Ernährung, beschreibt das so: „Es braucht neue ökologische Landwirtschaftssysteme, die die Natur nachahmen, und nicht industrielle Prozesse; solche, die externe Inputs wie synthetischen Dünger oder Öl ersetzen mit dem Wissen, wie die Kombination von Pflanzen, Bäumen und Tieren die Produktivität erhöhen kann. Dazu ist vor allem auch ein vertieftes Verständnis ko-evolutionärer Entwicklungen und Zusammenhänge nötig" (De Schutter 2010: 6).

Die Gentechnik wird im Weltagrarbericht nicht ausgeschlossen, doch wird ihr Beitrag für die drängenden Probleme der Landwirtschaft als gering eingeschätzt. Zudem könnten mit genmanipulierten Pflanzen auch Haftungsfragen wegen unbeabsichtigter Kontaminationen auf die Bauern und Bäuerinnen zukommen. Ausserdem behindern Patente auf genmanipuliertes Saatgut die lokale Züchtung und erschweren den Austausch und Verkauf von Saatgut. Syngenta selbst besitzt viele Patente auf genmanipuliertes Saatgut. Solche Patente garantieren der Firma eine exklusive Monopolkontrolle über dieses Saatgut und treiben Bäuerinnen und Bauern in eine totale Abhängigkeit von der Firma. Sie dürfen ihr Saatgut für das kommende Jahr nicht aus ihrer Ernte gewinnen, weil dieses patentiert und somit Eigentum der Firma ist. Eine jahrhundertealte Tradition – die Saatgutgewinnung aus eigener Ernte – wird damit zu einem illegalen Akt. Viele Länder des Südens wehren sich vehement gegen diese Art der Kontrolle aus dem fernen Norden, andere verhängen hohe Strafen.

STRATEGIE DES GENUG STATT DES MEHR

Nach der Veröffentlichung wurde der Weltagrarbericht von Industrie und Politik ignoriert, schubladisiert oder lächerlich gemacht. Das begann sich erst nach drei Jahren langsam zu ändern. So erschien im Jahr 2011 ein Bericht des Worldwatch-Instituts über „Innovationen, die die Welt ernähren". Es handelt sich um eine Übersicht über hunderte von kleinen und grösseren agrarökologischen Projekten in Afrika, die belegen, welch gewaltige Fortschritte bereits erzielt wurden (Worldwatch Institute 2011).

Oft wird Erstaunliches mit sehr einfachen Techniken erreicht: Gute Mischkulturen zusammen mit Bäumen und mit Pflanzen, die Stickstoff binden, zum Beispiel Klee oder Bohnen, können mehr Ertrag erwirtschaften und helfen zudem, die Bodenfruchtbarkeit zu verbessern. Blütenpflanzen zwischen den Reihen der Kultur können gezielt nützliche Insekten ins Feld locken, welche sich über die pflanzenfressenden Insekten hermachen; Agrargifte braucht es dann nicht mehr. Robustes und lokal angepasstes Saatgut, welches Bäuerinnen und Bauern seit Jahrhunderten selektioniert und gezüchtet haben, ergibt auch unter extremen Bedingungen noch eine Ernte. Mit solchen und vielen weiteren agrarökologischen Methoden können die Erträge erhöht, oft sogar verdoppelt werden. Das zeigen inzwischen zahlreiche Studien (Worldwatch Institute 2011 oder FAO 2015a).

Auch verschiedene UNO-Studien skizzieren mögliche Übergänge zu einer ressourcenschonenden und vielfältigen Landwirtschaft. Eine Studie des Ständigen Ausschusses für Agrarforschung der EU-Kommission geht noch einen Schritt weiter und fordert, künftiger Entwicklungsschwerpunkt müsse der Mangel und nicht das Wachstum sein. Als Alternative zum herrschenden produktivistischen Wachstumsmodell, einem Wachstum um jeden Preis, schlägt der Ausschuss das sogenannte Suffizienzmodell vor, oder einfach ausgedrückt: eine Strategie des Genug statt des Mehr (SCAR 2011).

Kürzlich zog auch die Welternährungsorganisation (FAO) nach. Sie organisierte zusammen mit Frankreich im September 2014 das Internationale Symposium zu Agrarökologie für Lebensmittelproduktion und Ernährung. Zahlreiche Wissenschaftler und Expertinnen, etliche Agrarminister und weitere wichtige Entscheidungsträgerinnen nahmen teil. FAO-Generaldirektor José Graziano da Silva zog am Schluss des Symposiums folgende Bilanz: „Die Agrarökologie wächst weiter, in der Wissenschaft wie auch in der Politik. Mit diesem Denkansatz werden wir die Probleme von Hunger und Fehlernährung wesentlich besser angehen können, gerade auch im Kontext von Anpassungen an den Klimawandel" (FAO 2015b).

FORTSCHRITT ODER GREENWASHING?

Agrarökologie ist also auf dem Vormarsch, und auch Syngenta will diesen Zug nicht verpassen. Im Jahr 2013 präsentierte der Konzern mit grossem Presseaufwand ihren „Good Growth Plan" für ein nachhaltiges Wachstum. Darin verpflichtet sich der Basler Agrarkonzern, die natürlichen Ressourcen zu schonen, Nutzpflanzen effizienter zu machen, die Biodi-

«Was für uns nachhaltig ist, bedeutet für die Industrie etwas ganz anderes. Syngenta betrachtet überdies Pestizide nicht als Problem, sondern als Lösung.»

versität zu fördern und gute Arbeitsschutzpraktiken zu vermitteln (EvB 2014b).

Die Frage nach der Glaubwürdigkeit dieser Aussagen von Syngenta stellte ich Hans Herren, der zusammen mit Judi Wakhungu das Co-Präsidium des Weltagrarberichts innehatte. Seine Antwort war: „Gewisse Dinge, die ich darin lese, könnten direkt aus dem Weltagrarbericht abgeschrieben worden sein. Aber das Verständnis dieser Begriffe ist ein ganz anderes. Was für uns nachhaltig ist, bedeutet für die Industrie etwas ganz anderes. Syngenta betrachtet überdies Pestizide nicht als Problem, sondern als Lösung. Statt dass das System reorganisiert wird, werden einfach andere Produkte oder Technologien eingesetzt. Das Problem ist auch, dass die Industrie Symptome anpacken will und nicht deren Ursache. Da besteht ein philosophischer Graben, der nicht zu füllen ist."

Die Erklärung von Bern hat den „Good Growth Plan" einer detaillierten Analyse unterzogen (EvB 2014b). Darin kritisiert die Nichtregierungsorganisation vor allem, dass der „Good Growth Plan" wichtige Hauptprobleme auf dem Weg in eine nachhaltige Zukunft ausblendet. Dazu zwei Beispiele: Erstens verpflichtet sich Syngenta, die Biodiversität zu fördern. Gemäss ihren eigenen Angaben habe die Firma in den USA und in Europa bereits gute Erfolge mit der Bepflanzung von Feldrändern mit einheimischen Wildblumen erzielt, um neue Habitate für Bienenpopulationen zu schaffen. Gleichzeitig aber beharrt der Konzern darauf, seine Insektizide auf der Basis von Neonicotinoiden weiter zu vertreiben, obwohl etliche Studien aufzeigen, dass gerade diese hochgiftigen Stoffe die Bienen schädigen (siehe auch Kapitel Bienensterben und Syngenta). Deshalb haben die EU und die Schweiz die Nutzung dieser Gifte für zwei Jahre stark eingeschränkt, gegen heftigen Widerstand von Syngenta. Ein Verzicht auf Neonicotinoide wäre eine ungleich wirkungsvollere Massnahme gegen das dramatische Bienensterben als das Bepflanzen einiger Feldränder.

Zweites hat sich Syngenta dazu verpflichtet, Landarbeiterinnen und -arbeiter im Umgang mit Pestiziden besser zu schulen. Gemäss einer Einschätzung der FAO ist dies jedoch bloss die drittwichtigste Massnahme im Umgang mit Pflanzenschutzmitteln. Die wichtigste besteht darin, Pestizide wenn möglich ganz zu vermeiden. Doch Pestizide sind das Kerngeschäft von Syngenta. Die Firma erwirtschaftet über 70 Prozent ihres Gewinns mit Pestiziden, und darauf wird sie nicht verzichten. Im globalen Süden verkauft Syngenta trotz vieler Proteste noch immer das hochtoxische Herbizid Paraquat, das in der Schweiz und in anderen Industrieländern längst verboten ist. Und gemäss der „PAN International List of Highly Hazardous Pesticides" verkauft Syngenta weitere 65 Pestizide, die als hochgefährlich eingestuft werden und deshalb in der Schweiz und in anderen Ländern des globalen Nordens verboten sind (EvB 2014b). Eine Absichtserklärung zur Reduzierung oder zum gene-

MEHR PRODUKTION ALLEIN HILFT NICHT GEGEN HUNGER

Gemäss der Konferenz der Vereinten Nationen für Handel und Entwicklung (UNCTAD) produzieren wir heute genug Nahrung, um 12 bis 14 Milliarden Menschen zu ernähren. Trotzdem sind gemäss der Welternährungsorganisation nach ihrer neuesten Hungerstatistik weltweit 795 Millionen Menschen unterernährt (FAO 2015c). Eine Steigerung der Nahrungsmittelproduktion sei deshalb kein Garant dafür, die wachsende Weltbevölkerung ernähren zu können.

Die Probleme liegen für die UNCTAD anderswo. So fehle etwa vielen Menschen der Zugang zu bezahlbaren Lebensmitteln. Ein grosser Teil der Agrarprodukte wird ausserdem nicht für Lebensmittel verwendet:

- In den USA werden rund 40 Prozent der Maisernte in Agrotreibstoff umgewandelt.

- Rund 98 Prozent des global produzierten Sojamehls wird für Tierfutter verwendet. Etwa ein Drittel der weltweiten Lebensmittelproduktion – zirka 1,3 Milliarden Tonnen pro Jahr – geht verloren.

- 2013 machte Syngenta 40 Prozent ihres Umsatzes mit Pestiziden und Saatgut für den Anbau von Mais und Soja, welche hauptsächlich zu Futtermitteln und Agrotreibstoff verarbeitet wurden, nicht aber zu Lebensmitteln.

Broschüre der Erklärung von Bern „Mehr Growth als Good" (EvB 2014b)

rechts:
Agrarökologie nutzt das Wissen der lokalen Bäuerinnen und Bauern. Der Gewinner des Welternährungspreises, Hans Rudolf Herren, im Gespräch mit afrikanischen Landwirten.

Bild: © Biovision / Peter Lüthi

rellen Verzicht solcher Pestizide sucht man im „Good Growth Plan" vergeblich.

NACHHALTIGE INTENSIVIERUNG – EIN GUMMIBEGRIFF

In den letzten Jahren tauchte in der internationalen Debatte immer wieder das Schlagwort der „nachhaltigen Intensivierung" der Landwirtschaft auf. Diese Formel ist so vage, dass sie alles bedeuten kann: sowohl erste Schritte zum Übergang von der industriellen zur agrarökologischen Landwirtschaft als auch das Gegenteil – weiter wie bisher, einfach ein bisschen ökologischer und ressourcenschonender.

Auch Syngenta bedient sich dieses Begriffs. Für den Agrarkonzern bedeutet er vor allem, dass Effizienz und Menge der Nahrungsmittelproduktion mit reduziertem Ressourcenverbrauch gesteigert werden müssen. „More crop per drop" lautet die Devise, also mehr Ertrag pro Tropfen Wasser, zur Not vielleicht sogar pro Tropfen Pestizid. Nachhaltigkeit muss sich rechnen, und zwar im globalen Massstab.

Auch Intensivierung allein kann vieles umfassen. Nach der Lesart von Syngenta und der Agrokonzerne bedeutet es vor allem: mehr Ertrag durch mehr technologische Betriebsmittel, also durch mehr Energie, Chemie, Technologie, besseres Saatgut und bessere Maschinen.

Aber aus der Perspektive der Agrarökologie meint nachhaltige Intensivierung eine optimale Anpassung und Nutzung der verfügbaren Ressourcen, also mehr natürliche Vielfalt, Aufbau der Bodenfruchtbarkeit, sorgsamen Umgang mit Wasser, mehr Wissen, mehr menschliche Arbeit und Kompetenz sowie die Unterstützung lokaler Ernährungssysteme durch demokratische Beteiligung. Diese Auslegung steht der Auslegung der Konzerne diametral gegenüber.

Wir wissen also, wie eine nachhaltige, ressourcenschonende und gerechte Landwirtschaft von morgen aussehen müsste. Das Wissen um Agrarökologie und um die Notwendigkeit eines Paradigmenwechsels ist inzwischen auch ganz oben angekommen. Inwieweit der Kurswechsel gelingt, ist also keine wissenschaftliche, sondern vor allem eine politische Frage.

SCHLUSS-
FOLGERUNGEN

MultiWatch
Autorinnen- und Autorenkollektiv

In diesen ersten 13 Kapiteln wurde ein globaler Streifzug unternommen, der ein facettenreiches Bild zeigt. Die Ergebnisse fallen eindeutig aus.

Im Zentrum steht bei Syngenta die Realisierung möglichst hoher Profite. Um diese permanent zu erzielen und abzusichern, geht Syngenta sehr weit. Es gab Verletzte und einen Todesfall, Gewerkschaftsrechte werden mit den Füssen getreten, die Arbeitsbedingungen sind oft skandalös, aus dem Austesten und dem Verkauf hochtoxischer Pestizide folgen Gesundheitsgefährdungen und Gesundheitsschädigungen in einem extremen Ausmass. Doch die Pestizide sind hochprofitabel. Erweiterte Verbote sind längst fällig und könnten Syngenta im Kern treffen.

Auch beim Saatgut ist die Entwicklung höchst problematisch. Bäuerliches Saatgut soll verdrängt werden, und die Monokulturen der intensiven, kapitalistischen Landwirtschaft sollen ideale Absatzmärkte für Syngentas Waren schaffen. Nachdem dies in den USA und Lateinamerika bereits weitgehend umgesetzt worden ist, geht es nun mit hohen Investitionen an die Erschliessung von Afrika. Insbesondere steht die Öffnung Afrikas für die Gentechnik an. Unter dem Deckmantel der Hungerbekämpfung werden strategische Public Private Partnerships eingegangen. Damit gelingt es den Konzernen, gewichtigen Einfluss auf die staatliche Gesetzgebung zu erhalten und die jeweiligen nationalen Eliten zu instrumentalisieren.

Ein sehr ambitiöses, aber auch fatales Projekt ist Golden Rice. Damit geht es um nichts weniger als um die Kontrolle über das Grundnahrungsmittel Reis. Diese würde zweifellos vor allem im asiatischen Raum riesige Absatzmärkte bringen und eine weitere Stufe der landwirtschaftlichen Durchkapitalisierung darstellen.

Die Schädlichkeit von Pestiziden wurde in den verschiedenen Beiträgen eindrücklich dargelegt. Für die hochtoxischen Waren von Syngenta drängen sich unbedingt weltweite Verbote auf. Insbesondere die Auswirkungen der Pestizide auf die Bienenpopulationen sind als dramatisch zu bezeichnen. Sollten diese in Zukunft in ähnlichem Ausmass dezimiert werden, dann dürfte ein Teil der Nahrungsbasis der Menschheit in Frage gestellt sein.

Inakzeptabel ist auch, dass Chemieabfälle nicht fachgerecht entsorgt werden und dass die vollständige Sanierung der alten Deponien um Basel nicht vorankommt. Jetzt sollen sogar Flüchtlinge darauf untergebracht werden.

Klar wird ebenfalls, über welche Macht ein Konzern wie Syngenta verfügt. Wohl weist die globale Konzernpolitik eine gewisse Flexibilität auf, doch geht es dem Konzern offensichtlich darum, die Länder des Südens gefügig und Bäuerinnen und Bauern abhängig zu machen. Diese Ausrichtung wird mit enormem Mitteleinsatz verfolgt. Kritik und Widerstand gegen Syngenta zeigen sich jedoch überall. Allerdings fehlt es häufig an genügend detaillierter Information und an schnellem Austausch von neuen Erkenntnissen über die regionale Geschäftspolitik von Syngenta und damit verbundene Skandale. Auch die Koordination von Kampagnen gegen den Agrokonzern müsste intensiviert werden. Ob mit wichtigen Verantwortlichen von Syngenta ernsthaft diskutiert werden kann, wird in den Beiträgen explizit und implizit unterschiedlich beurteilt. Allzu hohe Erwartungen an einen echten Dialog lassen sich freilich nicht begründen.

Entscheidend ist schliesslich, dass Syngenta nicht zur Verbesserung der Nahrungsmittelversorgung für die Menschheit beiträgt, sondern die Rendite an erste Stelle setzt und den Verkauf gefährlicher Produkte so lange als möglich fortführen und immer weiter expandieren will. Propagiert und verfolgt wird ein überholtes Modell industriell-kapitalistischer Landwirtschaft, das den Hunger nicht beseitigt, sondern zu Abhängigkeiten von den Agrokonzernen führt und Ernährungssouveränität verhindert.

Im zweiten Teil werden viele verschiedene Aktivitätsbereiche von Syngenta vertieft behandelt, beginnend mit einem generellen Überblick und den wichtigsten Zahlen bis hin zum Einfluss von Syngenta auf Hochschulen.

VOR UND HINTER DEN KULISSEN

- 150 Einleitung – Vor und hinter den Kulissen
- 152 Der Konzern Syngenta
- 162 Wie Syngenta entstand
- 172 Agrobusiness und Krieg
- 180 Die Landwirtschaft im Kapitalismus und Syngenta
- 190 Syngenta, geistiges Eigentum und Akkumulation durch Enteignung
- 202 Monopolisierungstendenzen und Syngentas globale Strategie
- 212 Welthandel: von der WTO bis zum TTIP
- 216 Syngentas Aktionariat
- 224 Chemiestadt Basel: eine unheilige Allianz
- 232 Branchenweltmeisterin im Lobbying
- 240 Greenwashing und Good Growth Plan: zur Ideologie von Syngenta
- 248 Syngentas Einfluss auf die öffentliche Forschung kriPo

VOR UND HINTER DEN KULISSEN

EINLEITUNG

Jetzt wird ein intensiverer Blick auf die Kulissen geworfen. Was geschieht vorne und was dahinter? Wer ist Syngenta und was treibt den Konzern an? Als Einstieg dient ein Konzernprofil, in dem die wichtigsten Fakten und Zahlen zusammengestellt sind. Anschliessend werden Vorgeschichte, Gründung und neuere Geschichte von Syngenta behandelt. Zur Vorgeschichte gehört auch der enge Zusammenhang zwischen der Entwicklung des Agrobusiness und Kriegen. Chemische Produkte zur Bekämpfung von Schädlingen wurden als Chemiewaffen gegen gegnerische Soldaten oder Befreiungsbewegungen und gegen die Zivilbevölkerung eingesetzt.

Die weltweite Landwirtschaft ist durch höchst unterschiedliche soziale Verhältnisse geprägt. Syngenta und einige weitere Konzerne beherrschen den der Landwirtschaft vorgelagerten Bereich der Wertschöpfungskette. Mit einem ständig verschärften Schutz geistigen Eigentums und einer immer umfassenderen Patentierung werden dabei Monopolpreise durchgesetzt.

Zwar gehört Syngenta nicht zum innersten Kreis der Multis, die heute die Welt beherrschen. Beim Pestizid- und Saatgutabsatz nimmt sie aber Spitzenpositionen ein. In diesen beiden Märkten ereignen sich globale Konzentrationsprozesse und Syngenta will mit ihrer Strategie im Agrobusiness mindestens den zweiten Platz besetzen. Mit Anlagen in rund 90 Ländern hat der Konzern ebenfalls ein grosses Interesse an Freihandelsabkommen mit maximalem Investitionsschutz. Deshalb wird auch kurz auf den Welthandel und die Transatlantische Handels- und Investitionspartnerschaft (TTIP) eingegangen.

MultiWatch
Autorinnen- und Autorenkollektiv

Mehr oder weniger eng mit Syngenta verbunden sind diverse Gruppen von Aktionären und Aktionärinnen. Sie wirken mit sehr unterschiedlichem Gewicht und vielfältigen Absichten auf das Management ein. Weder dieses noch die wichtigen Aktionäre stammen aus der Schweiz, sodass lediglich von einem in Basel domizilierten Konzern gesprochen werden kann. Internationales Kapital mit globalem Profitinteresse bestimmt die Geschäftspolitik. Der Hauptsitz und damit die Organisation der Wertschöpfungskette verbleibt jedoch – vorläufig noch – in der schweizerischen Rheinmetropole.

In dieser Chemiestadt mischt sich Syngenta gezielt ein. Es besteht gleichsam eine unheilige Allianz von Regierung und Konzern, was sich nicht zuletzt in einem Steuersatz von tiefen 14 Prozent offenbart. Diese vorteilhafte Ausgangslange stellt das Management aber noch nicht zufrieden. Lobbying und Greenwashing flankieren den Standortvorteil und bilden zwei weitere Bereiche, die in eigenen Kapiteln vorgestellt werden.

Den Einfluss von Syngenta auf die öffentliche Forschung stellt die Gruppe „Kritische Politik an der Universität Zürich und der ETH Zürich" an einem Beispiel der ETH Zürich dar.

> SYNGENTA IST UNAUFLÖSBAR MIT DEM AGROBUSINESS UND DER KAPITALISTISCHEN LANDWIRTSCHAFT VERBUNDEN

DER KONZERN SYNGENTA

MultiWatch
Autorinnen- und Autorenkollektiv

Betrachten wir irgendeine Ware der Lebensmittelindustrie, zum Beispiel eine Tiefkühlpizza, können wir davon ausgehen, dass verschiedene Produkte von Syngenta darin enthalten sind. Im Pizzateig findet sich vielleicht die gentechnisch veränderte Sojasorte „Plenus", das Saatgut wurde eventuell mit der Saatgutbeize „Cruiser Maxx" behandelt, gegen breitblättrige Unkräuter im Sojafeld kamen unter Umständen die Herbizide „Dual" oder „Flex" oder vielleicht der Glyphosatabkömmling „Touchdown" bzw. das Paraquatprodukt „Gramoxone" zum Einsatz; der Weizen ist allenfalls mit dem Herbizid „Axial 50" zur Bekämpfung von Ackerfuchsschwanz und Gemeinem Windhalm sowie dem Fungizid „Amistar" behandelt worden; die Tomaten stammen gegebenenfalls von Syngenta Seeds und wurden vielleicht mit dem Insektizid „Plenum WG" gegen Blattläuse und mit „Affirm" gegen die Tomatenminiermotte behandelt; „Amistar" könnte gegen den Falschen Mehltau beim Knoblauch sowie das Herbizid „Fusilade" gegen Unkraut und das Insektizid „Karate Zeon" gegen die Minierfliege eingesetzt worden sein (Syngenta Homepage). Syngenta und andere Agrokonzerne bestimmen also zu einem beträchtlichen Teil unser Essen.

Neben den einzelnen Lebensmitteln mit potenziellen Ingredienzen von Syngenta gilt es aber auch den gesamten Produktionsablauf für Nahrungsmittel einzubeziehen. Diese sogenannte „Food Value Chain", die Wertschöpfungskette der Nahrungsmittelproduktion, verläuft von der Agricultural Input Industry bis zu den Grossverteilern.

Die verschiedenen Ebenen müssten mit konkreten Umsatz- und Profitzahlen versehen werden, aber die Konsistenz solcher globaler Zahlen bietet beträchtliche Probleme. Allenfalls kann davon ausgegangen werden, dass die Wertschöpfungskette etwas über

VON DEN INPUTINDUSTRIEN BIS ZU DEN DETAILLISTEN: EINE LANGE KETTE

Unsere tägliche Pizza vom Supermarkt ist das Endprodukt globaler Lebensmittelproduktionsketten des Agrobusiness, der sogenannten „Food Chain", in denen die multinationalen Konzerne eine immer wichtigere Rolle spielen. Viele Lebensmittel werden heute industriell produziert. Die Bäuerinnen und Bauern rund um die Welt werden zunehmend zu spezialisierten Zulieferbetrieben dieser Nahrungsverarbeitungsindustrie. Sie sind andererseits von den Herstellern landwirtschaftlicher Produktionsmittel, der „Agricultural Input Industry" abhängig. Zu Letzterer gehören Pestizid- und Saatguthersteller wie Syngenta, Düngerproduzenten wie Yara und Landmaschinenhersteller wie John Deere. Als landwirtschaftlicher Produktionsmittelhersteller ist Syngenta auf Leben und Tod mit der industriellen Landwirtschaft verbunden. Die Bäuerinnen und Bauern ihrerseits sind eingeklemmt in einem Sandwich zwischen monopolistischer Input-Industrie wie Syngenta und monopolistischen Nahrungsverarbeitern wie Nestlé.

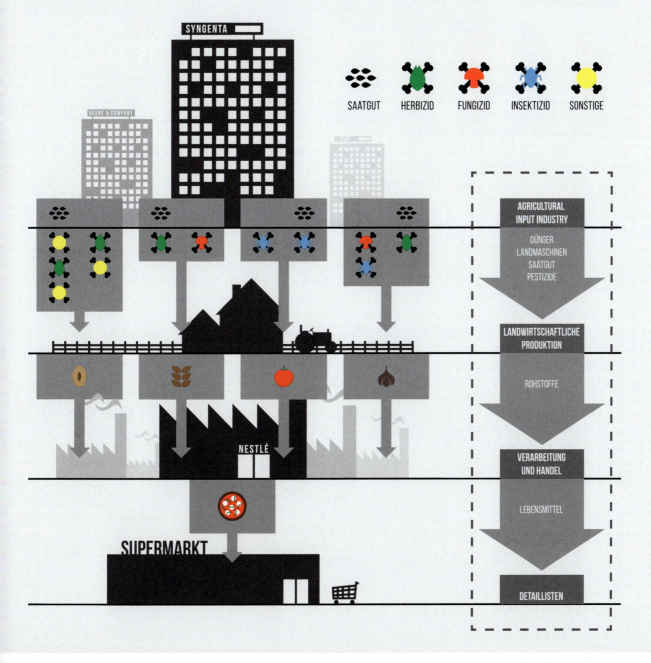

Léon Bricola, Quelle: angelehnt an Grafik in: KPMG 2013

5 Billionen USD umfasst und dabei 600 Milliarden USD an Profiten realisiert werden; auf der untersten Stufe, der sogenannten „Agricultural Input Industry" sollen jährlich etwa 400 Milliarden USD anfallen (KPMG 2013). Im Vergleich dazu schätzt ETC Group den globalen Markt für industrielle „Farm Inputs" im Jahre 2013 auf 384 Milliarden USD, wobei Dünger bei 175 Mrd. USD und Ausrüstungen bei 116 Milliarden USD liegen; der Rest sind Pestizide und Saatgut (ETC Group 2015: 6). Syngentas Jahresumsatz beträgt rund 15 Milliarden USD und erreicht damit knapp 4 Prozent der Inputindustrie. Betrachten wir jedoch lediglich Pestizide und Saatgut mit einem globalen Umsatz von etwa 93 Milliarden USD (ETC Group 2015: 6), dann beläuft sich Syngentas Anteil auf starke 16 Prozent. Zu beachten gilt es überdies, dass auf beiden Märkten grosse Wachstumspotenziale in Asien und Afrika prognostiziert werden. Syngenta will sich davon einen noch grösseren Teil abschneiden (Zielsetzung ist 25 Milliarden USD Umsatz) und natürlich auch deutlich mehr Profit realisieren, sodass die Profitabilität (als EBITDA-Marge) endlich auf 25 Prozent steigen würde (Syngenta Homepage: Bericht 1. Halbjahr 2015). Der Prozentsatz bezieht sich auf das Verhältnis von Gewinn (vor Zinsen, Steuern und Abschreibungen) zu Gesamtertrag.

DIE WICHTIGSTEN NUTZPFLANZEN

Die wichtigste Nutzpflanze für Syngenta ist der Mais. Er wird vor allem in den USA, Brasilien, Argentinien und Kanada angebaut und dient vorwiegend als Futterpflanze und zur Herstellung von Biodiesel (Ethanol). Die Produktionsfläche für Sojabohnen wächst weltweit am schnellsten; Pflanzungen finden sich in erster Linie in den USA, Brasilien, Argentinien, Paraguay, China und Indien; Soja wird ebenfalls als Tiernahrung und für Ethanol benutzt. Wie Mais wird auch Soja vor allem auf riesigen Monokulturen angebaut. Reis ist das Hauptnahrungsmittel für die Hälfte der Menschheit. Er wird zurzeit mehrheitlich von Kleinbäuerinnen und Kleinbauern produziert. Syngenta gelang trotz grosser Investitionen in die Erforschung des Reisgenoms noch kein durchschlagender Erfolg. Mit dem Projekt „Golden Rice" und der Akquisition der Gentechfirma Devgen versucht der Konzern dies jedoch zu ändern. Weizen steht nach Mais und Reis an dritter Stelle beim Getreide. Weizen bildet das weltweit wichtigste Ausgangsprodukt für Brot; 70 Prozent der Gesamtproduktion werden als Nahrungsmittel verwendet. Obwohl schon seit längerer Zeit Hybridsorten und GVO-Saatgut, also Saatgut mit gentechnisch veränderten Organismen, für Weizen existieren, haben sich diese bisher nicht durchgesetzt. Zurzeit wird das Genom des Weizens aber weiter entschlüsselt. Hybride Weizensorten stehen kurz vor der Markteinführung; Syngenta erhofft sich, hier eine wichtige Rolle zu spielen.

Syngentas Pestizide und GVO-Saatgutsorten werden gegen Insektenbefall und Pilzkrankheiten sowie gegen Unkraut eingesetzt, die als Folge von Monokulturen vermehrt auftreten. Syngentas neues Fungizid „Elatus"[1] erreichte beispielsweise bereits eine gewisse Marktführerschaft im Kampf gegen den Sojarost und soll zu einem Umsatz von einer Milliarde USD führen. Dies wäre die grösste Produkteinführung von Syngenta (Finanz und Wirtschaft, 8.1.2016). Für mehr als 100 Pflanzenarten bietet Syngenta ein breites Sortiment an Pestiziden und Saatgut an. Zu Letzterem gehören, neben den erwähnten, auch Raps, Sonnenblumen, Zuckerrüben, Zuckerrohr, Kartoffeln, Tomaten und andere Gemüse. Syngenta ist zudem führend bei der Hybridgerste mit der Marke „Hyvido". Aus dem Geschäft mit Baumwollsaatgut hat sich Syngenta hingegen zurückgezogen, nachdem der Konzern wegen Kinderarbeit auf den Saatgutbetrieben in Indien in die Schlagzeilen geraten war. Der Konzern verkauft aber nach wie vor Pestizide für den Baumwollanbau.

SYNGENTA ALS TEIL DER AGRICULTURAL INPUT INDUSTRY

Im Unterschied etwa zu Nestlé oder Coop ist Syngenta der landwirtschaftlichen Produktion nicht nach- sondern vorgelagert. Der Konzern liefert der landwirtschaftlichen Produktion die zentralen Inputfaktoren Saatgut und Pestizide, das heisst Herbizide, Insektizide und Fungizide, sowie Saatgutbehandlung. Syngenta ist praktisch ausschliesslich in der „Agricultural Input Industry", der landwirtschaftlichen Produktionsmittelindustrie, tätig. Zu diesen Inputs gehören neben Pestiziden und Saatgut insbesondere Dünger, Futtermittel und Mischfutter, Tierzucht, Tiergesundheit und Stalltechnik sowie Landmaschinen, Energie und Wasser.

Der Anteil der Inputindustrie an der gesamten Wertschöpfungskette ist kontinuierlich gestiegen. Wenn sich die Landwirte heute im „Sandwich" befinden, sind Detaillisten, Caterer, Verarbeitung und Handel die obere Brotscheibe und die Agricultural Input Industry die untere.

Die „Food Chain" darf jedoch nicht als Einbahnstrasse verstanden werden, wie die erste Grafik glauben machen könnte. Verschiedene landwirtschaftliche Rohprodukte werden beispielsweise zur Herstellung von Treibstoff benützt; Baumwolle wird ausserhalb der Nahrungskette weiterverwendet. Daher wird verschiedentlich zwischen einer „Food Chain" für menschliche Nahrung und einer „Feed Chain" für Tiernahrung sowie übrige Verwendungen landwirtschaftlicher Waren unterschieden.

Syngenta spielt eine grosse Rolle in der Herstellung von Biotreibstoffen und führt dazu eine eigene, besonders geeignete GVO-Sorte unter dem Namen „Enogen". Soja und Mais dienen vor allem der Tiernahrung und damit der Fleischproduktion, was auf Kosten der Nahrungsmittelproduktion für Menschen geht. Syngentas Wahlspruch „Feeding the World" ist in diesem Zusammenhang problematisch.

SYNGENTAS WARENVIELFALT

Von allen agrochemischen Konzernen hat Syngenta das breiteste Angebot. 2014 machte sie 20 Prozent des Umsatzes mit Saatgut, 23 Prozent mit Fungiziden, 20 Prozent mit selektiven Herbiziden, 14 Prozent mit Insektiziden, 10 Prozent mit nichtselektiven Herbiziden und 8 Prozent mit Saatgutbehandlung. Vermutlich ist Syngenta im Bereich der Pestizide nicht nur Markt-, sondern auch Technologieleader. Syngenta hebt sich zudem durch ihr elektronisches e-Licensing-System von den Konkurrenten ab. Dieses richtet sich an die Pflanzenzüchter, die auf einfache Weise online die Rechte an Saatguteigenschaften erwerben können (Syngenta Homepage: Jahresbericht 2014).

Ein beträchtlicher Teil von Syngentas Waren sind höchst problematisch, einige sogar hochtoxisch. Ihre Herstellung ist ebenfalls mit vielfältigen Problemen behaftet, denn Best Practices in der Produktion dürften nicht überall eingehalten werden, sodass sich gravierende gesundheitliche Risiken für die Arbeitnehmenden ergeben.

SYNGENTAS KUNDEN

Theoretisch handelt es sich dabei um über eine Milliarde Bäuerinnen und Bauern auf über 500 Millionen Bauernbetrieben. Davon lassen sich 97 Prozent als kleinbäuerlich charakterisieren, das heisst, sie verfügen über eine Fläche von weniger als zehn Hektaren. Diese Betriebe beschäftigen weltweit 450 Millionen Landarbeiterinnen und Landarbeiter (EvB et al. 2014). In der Praxis kann sich allerdings nur ein Teil der Landwirte Syngentas Produkte leisten. Der Jahresbericht 2014 von Syngenta spricht von 15,3 Millionen Kleinbäuerinnen als direkte und indirekte Käufer (Syngenta Homepage), mithin weltweit lediglich etwa 1,5 Prozent dieser Kategorie. Die Bäuerinnen und Bauern sind allerdings zunehmend von den Märkten und damit auch von der Abnahme ihrer Waren durch die nachgelagerten Unternehmen abhängig. 2012 waren bereits 4 Milliarden Menschen auf den Agrarmarkt angewiesen. Nur noch 3 Milliarden (43 Prozent aller Menschen) leben von der Subsistenzlandwirtschaft (Rastoin 2012: 12).

Die Kosten für Produktionsmittel wie Saatgut und Pestizide gewinnen an Gewicht im Vergleich zu den Kosten der mehrwertschaffenden Lohnarbeit. Je industrialisierter die Landwirtschaft ist, desto mehr Produktionsmittel werden pro Arbeitskraft benötigt. Gemäss einem Report der FAO (Food and Agricultural Organization of the United Nations) stiegen im ländlichen Indien die Ausgaben für Saatgut auf 16 Prozent

> «Das grösste Wachstumspotenzial würde sich für Syngenta aber ergeben, wenn Afrika für die Produktion von Cash Crops, also Feldsaaten für den Weltmarkt, erschlossen würde.»

und für Pestizide auf 7 Prozent der totalen Produktionskosten bäuerlicher Familien. Kumuliert ergibt dies mehr als vier Mal den Anteil der Pachtzinsen (5 Prozent) und zusammen etwa gleich viel wie die Arbeitskosten in der Landwirtschaft (22 Prozent). Die Bewässerung beläuft sich auf 12 Prozent und Dünger auf 23 Prozent (FAO 2009: 12). Saatgutsorten weisen überdies relativ kurze Lebenszyklen auf. Deshalb werden innerhalb einer Sortenpalette in schneller Reihenfolge neue Sorten eingeführt. Dies bringt für Saatgutproduzenten wie Syngenta jeweils gute Chancen, ihre Preise zu erhöhen. Bei den Pestiziden dauert der Lebenszyklus länger, sodass die spezifischen Anwendungen und das Marketing für das jeweilige Produkt im Vordergrund stehen.

REGIONEN

Der nordamerikanische Markt ist sehr wichtig für Syngenta, aber weitgehend gesättigt. Der Einsatz von Pestiziden kann kaum mehr erhöht werden und die GVO-Saatgutsorten haben sich bei Mais und Soja bereits durchgesetzt. Brasilien und Argentinien sind weitere Kernmärkte für Syngenta, die immer noch über ein gewisses Ausbaupotenzial verfügen.

In Europa hat sich die Gentechnik nicht durchgesetzt. Der Konzern verkauft jedoch einen sehr breiten Produktemix für viele Nutzpflanzen. Strategisch hofft Syngenta, in Zukunft mit hybriden Weizensorten auf den Markt kommen zu können. Zudem wird erwartet, dass sich in der Ukraine ein neuer, grösserer Markt stabilisiert.

Das grösste Wachstumspotenzial würde sich für Syngenta aber ergeben, wenn Afrika für die Produktion von Cash Crops, also Feldsaaten für den Weltmarkt, erschlossen würde. Syngenta und die Syngenta Foundation unterstützen deshalb die internationalen Bemühungen, in Afrika eine kapitalistische Landwirtschaft einzuführen.

Syngenta ist, wie die gesamte agrarische Inputindustrie, in Asien relativ schwach vertreten. China produziert zunehmend eigenständig Pestizide. In Indien wird die Gentechnik zwar bei der Baumwolle breit eingesetzt. Bei gentechnisch veränderten Lebensmitteln gibt es jedoch grosse Auseinandersetzungen. Um Spitzenplätze auf dem Weltmarkt halten oder ausbauen zu können, müsste sich der Konzern im ostasiatischen Markt mit Innovationen für Reis profilieren können.

Die sogenannten Schwellenländer erbringen bereits mehr als 50 Prozent des Umsatzes von Syngenta (Syngenta Homepage: Jahresbericht 2014). Damit ergibt sich aber auch eine zunehmende Abhängigkeit von der wirtschaftlichen und politischen Konjunktur in diesen Ländern, insbesondere von derjenigen der grossen Staaten.

BRANDS, VERTRIEB, KOMMUNIKATION UND FORSCHUNG

Syngenta hat als Teil der Inputindustrie der Landwirtschaft wenig direkten Kontakt mit den Endkonsumenten und -konsumentinnen. Dies dürfte wohl auch begründen, weshalb der Agromulti eher wenig bekannt ist. Auf den Märkten tritt Syngenta nicht nur mit dem eigenen Namen auf, sondern auch mit verschiedenen Brands, die aus den vielen Firmenübernahmen stammen. Beispiele dafür sind AgriPro Coker, C.C. Benoist, Maag, Hyvido oder Golden Harvest; Agrisure steht für Gentech-Traits (gentechnisch erzeugte Merkmale) in den USA, GoldFisch für GVO-Blumensorten, Hilleshög für Zuckerrüben und viele weitere. Hinzu kommen beinahe unzählige Produktebezeichnungen für Herbizide, Insektizide oder Fungizide.

Syngenta benützt in den verschiedenen Märkten unterschiedliche Vertriebskanäle und verfügt zum Teil auch über eigene Aussendienstorganisationen. Der Konzern betreibt mehrere Internetportale mit Zusatzservices wie Wetterdiensten für Landwirte oder Onlineberatung und Call Center für direkte Kontakte. Syngenta besitzt auch Demonstrationsfarmen und arbeitet mit Lebensmittelketten zusammen.

Eine besondere strategische Herausforderung ist der Vertrieb von Pestiziden und Saatgut an Kleinbäuerinnen und Kleinbauern. Diese können mit den klassischen Vertriebsnetzen nur beschränkt erreicht werden. Syngenta setzt hier auf Kooperationen mit staatlichen Partnern oder nationalen Agrochemie- und Saatgutfirmen. Interessante Beispiele hierzu finden sich in Indien und China.

Die Ausgaben für Forschung und Entwicklung sind beträchtlich, liegen mit 1,4 Milliarden USD für 2014 aber deutlich hinter den Aufwendungen für Marketing und Vertrieb (2,4 Milliarden USD) zurück. Die rund 5000 Mitarbeitenden an den verschiedenen Forschungsstandorten versuchen, eine Vielzahl von Projekten möglichst effizient voranzubringen. Syngenta arbeitet im Bereich der Agrogentechnik eng mit internationalen Forschungsorganisationen zusammen. Dies gilt beispielsweise für die Consultative Group on International Agricultural Research (CGIAR). Wichtigste Geldgeberin des CGIAR ist die Weltbank, deren Vizepräsident gleichzeitig als CGIAR-Präsident fungiert. Die Forschungspolitik ist somit auch eng mit der Entwicklungspolitik der Weltbank verbunden und deshalb alles andere als unpolitisch.

[1] Elatus ist nun von der EU zugelassen worden und wird mit der Bezeichnung Solatenol auf den Markt gebracht. In Brasilien belief sich der Umsatz 2014 gemäss dem damaligen CEO Michael Mack bereits auf 300 Millionen USD (Syngenta Homepage: Medienmitteilung 4.2.2015).

KENNZAHLEN SYNGENTA 2014

UMSATZ NACH NUTZPFLANZEN

MAIS
3,4 MRD. USD

SOJA
3 MRD. USD

SPEZIALKULTUREN
2,1 MRD. USD

GETREIDE
1,9 MRD. USD

GEMÜSE
1,7 MRD. USD

DIVERSE FELDSAATEN
1,4 MRD. USD

LAWN AND GARDEN
0,7 MRD. USD

REIS
0,6 MRD. USD

ZUCKERROHR
0,3 MRD. USD

UMSATZ NACH REGION

EUROPA, AFRIKA, MITTLERER OSTEN
4,5 MRD. USD

LATEINAMERIKA
4,3 MRD. USD

NORDAMERIKA
3,6 MRD. USD

ASIEN / PAZIFIK
2 MRD. USD

 10'000'000 USD

 100 BESCHÄFTIGTE

© Léon Bricola, Quelle: Syngenta Jahresbericht 2014 sowie Investor Relations, Key Facts (10.11.2015)

UMSATZ NACH PRODUKTEGRUPPEN

PESTIZIDE (WELTWEIT NR. 1)

11,4 MRD. USD

SAATGUT (WELTWEIT NR. 3)

3,1 MRD. USD

AUSGABEN

GEHÄLTER UND GEWERBLICHE LEISTUNGEN

2,8 MRD. USD

MARKETING UND VERTRIEB

2,5 MRD. USD

FORSCHUNG UND ENTWICKLUNG

1,4 MRD. USD

INVESTITIONEN

0,8 MRD. USD

BESCHÄFTIGTE

EUROPA, AFRIKA, MITTLERER OSTEN
13'302

ASIEN, PAZIFIK
6459

LATEINAMERIKA
4945

NORDAMERIKA
4634

Umsatz total: 15,13 Mrd. USD
Beschäftigte total: 29'340

Produktionsstandorte
Schweiz, Grossbritannien, USA, Frankreich, Brasilien, China, Indien (als wichtigste)

Standorte Forschung & Entwicklung
Schweiz, Grossbritannien, USA, Indien, China als wichtigste (insg. rund 5000 Angestellte)

Gewinn
Netto: 1,8 Mrd. USD
Cash Flow Return on Investment: 11 %
EBITDA: 2,9 Mrd. USD
EBITDA-Marge: 19,3 % (2013: 19,7 %; Ziel bis 2018: 24–26 %)
Investitionen: 0,8 Mrd. USD

Gewinn pro Aktie: 19,49 USD
Bruttodividende pro Aktie: 11.00 CHF

Aktienkurse 2015 (SIX Swiss Exchange)
Tiefstwert: 280.00 CHF (16.1.2015)
Höchstwert: 435.20 CHF (29.5.2015)

Aktienkapital 9,3 Mio. CHF
Börsenkapitalisierung: 29,3 Mrd. CHF

> MERGERS &
> ACQUISITIONS
> SIND LÄNGST
> ALLTÄGLICH GEWORDEN.
> SYNGENTA KENNT ES
> NICHT ANDERS.

WIE SYNGENTA ENTSTAND

MultiWatch
Autorinnen- und Autorenkollektiv

Syngenta wurde im Jahr 2000 durch die Ausgliederung und den Zusammenschluss der Agrobusinessbereiche von Novartis und AstraZeneca gegründet. Dass Syngenta ihren Sitz in Basel hat, hängt mit dem Gewicht der beiden Konzerne zusammen und ist keineswegs ein Zufall. Die Geschichte der chemischen Schädlingsbekämpfung zeigt eine enge Verknüpfung mit der Schweiz (Straumann 2005). Sie beginnt 1874 in den Rebbergen der Romandie mit der Bekämpfung der Reblaus durch Schwefelkohlenstoff. 1939 entdeckte Paul Müller das Insektizid DDT (Dichlordiphenyltrichlorethan), wofür er 1948 den Nobelpreis erhielt. In beiden Weltkriegen arbeiteten Schweizer Chemieunternehmen mit deutschen zusammen (vgl. dazu den Bergier-Bericht für die Chemie: Straumann et al. 2001). Auch der Agrobereich von AstraZeneca hatte eine längere Vorgeschichte, die mit der Pestizidproduktion des Chemiekonzerns Imperial Chemical Industries (ICI) einsetzte. ICI entstand 1928 durch den Zusammenschluss von vier britischen Chemiefirmen. Diese Gründung muss als britische Reaktion auf den Zusammenschluss der deutschen Chemiekonzerne 1925 zur IG Farben (Interessengemeinschaft Farbenindustrie) verstanden werden. Auch in der Schweiz kam es in der Zwischenkriegszeit zur Bildung der Basler IG, eines Kartells der Basler Chemiefirmen.

DIE ANFÄNGE DER PESTIZIDPRODUKTION

Als erste Firma in der Schweiz startete die Firma Maag in Dielsdorf 1920 mit der Produktion chemischer Pestizide. Wichtig für das Verständnis von Syngenta sind die 1930er Jahre. Damals stiegen die Basler Chemiefirmen Geigy, Sandoz und Ciba mit der Erforschung, Entwicklung und Produktion von synthetischen Pestiziden ins Agrobusiness ein. Diese drei Firmen hatten sich wegen des im

19. Jahrhundert fehlenden Patentschutzes in Basel niedergelassen und waren im Teerfarbengeschäft für die Textilindustrie gross geworden. Der Rhein erwies sich für sie nicht nur als günstige Transportachse, sondern auch als praktische Entsorgungsmöglichkeit von Chemieabfällen.

Im Zweiten Weltkrieg erfolgte eine beschleunigte Durchsetzung der Agrochemie. Die Basler Chemiekonzerne stiegen damals zu wichtigen Akteuren im Pestizidgeschäft auf. Der erste grosse Durchbruch gelang Geigy mit der Entdeckung der sehr wirkungsvollen fungiziden Eigenschaften von DDT im Jahre 1939 und einer Markteinführung unter den Bezeichnungen Gesarol und Neocid 1942 (Straumann 2005: 203 ff.). Dank des Exports nach Deutschland und in die USA vermochte sich das Unternehmen und mit ihm die Basler Chemie in kürzester Zeit international zu profilieren. DDT ermöglichte auch den Sprung in die USA. In den Cincinnati Chemical Works der Basler IG wurde 1943 die Produktion von DDT aufgenommen. DuPont, Merck und Hercules produzierten DDT in Lizenz. Wie kein anderes Produkt symbolisiert DDT den Wandel der Basler Chemieunternehmen von Farbfabriken zu diversifizierten Konzernen (ebd.: 254). Den Höhepunkt des Einsatzes von DDT und HCH-Produkten, also von Insektiziden aus der Gruppe der Halogenkohlenwasserstoffe wie etwa Lindan, markierte der sogenannte „Maikäferkrieg" von 1950. Die Insektizide wurden in der ganzen Schweiz mit Pumpen und Helikoptern eingesetzt, begleitet von ausgesprochener Kriegsrhetorik gegen die „Aggressoren". Allerdings töteten diese Gifte gleichzeitig auch natürliche Feinde der lästigen Käfer, wie etwa Wanzen. Es kam aber auch zu heftiger Opposition in der Bevölkerung wegen der Verunreinigung von Trinkwasser, und Imker protestierten wegen der Vergiftung von Bienen. Insgesamt führten die Nebenwirkungen von DDT und HCH-Präparaten zu einem Vertrauensverlust in die chemische Schädlingsbekämpfung. In den meisten europäischen Ländern wurde DDT in den 1970er Jahren verboten, in der Schweiz 1972 (Wikipedia: Dichlordiphenyltrichlorethan).

ICI war bis in die 1990er Jahre der grösste britische Industriekonzern. Er war wie andere Chemiekonzerne breit diversifiziert und stellte neben Farben ebenfalls Pharmazeutika und Kunststoffe sowie für den Agrobereich Dünger und Insektizide her. 1928 wurde die erste landwirtschaftliche Forschungsstation der ICI etabliert. Auch für diesen Konzern war der Zweite Weltkrieg eine Periode beschleunigter Entwicklung der Agrochemie. Überdies spielte ICI eine wichtige Rolle für die britische Kriegsindustrie, wie auch später im „Herbicidal Warfare", als vor allem in Vietnam mit Agent Orange Wälder entlaubt wurden (vgl. dazu das Kapitel Agrobusiness und Krieg).

rechts:
Arbeiter in Schutzanzügen treiben die Dekontamination nach der Brandkatastrophe bei der Syngenta-Vorgängerin Sandoz in Schweizerhalle 1986 voran.

Bild: © Schweizerisches Sozialarchiv / Claude Giger

GOLDENE JAHRE, TRENDBRUCH UND EINSTIEG INS SAATGUTGESCHÄFT

Die Zeit der Hochkonjunktur 1945 bis 1970 war sowohl für die Basler Chemie als auch für ICI eine Phase rascher Expansion. Durch Massenproduktion und eine stetige Ausweitung der Märkte konnten Produktivität und Profite stetig gesteigert werden. Schmiermittel dieser „economy of scale" war das relativ günstige Erdöl. Begleitet wurde diese Phase der Expansion durch eine aggressive Diversifizierungsstrategie. Mit dieser sollte zweifellos auch ein Risikoausgleich ermöglicht werden. Der Aufstieg der Agrochemie ging nach 1945 mit der Industrialisierung der Landwirtschaft einher. Verkauft wurden nicht nur Insektizide, sondern auch Herbizide wie etwa Atrazin von Ciba-Geigy für den extensiven Maisanbau in den USA. Diese Jahre waren für die Agrochemie eine veritable goldene Zeit.

Der Trendbruch der 1970er Jahre brachte mit der Krise 1974/76 und dem Rückgang der Steigerungsraten von Produktivität und Wachstum eine markante Verschärfung der Konkurrenz. Die Chemiekonzerne versuchten, mit einer erneuten Expansionsstrategie die Amortisation der Investitionen aus der Hochkonjunktur und die hohen Profite zu halten. Angestrebt wurde eine forcierte, weltweite Vermarktung ihrer Waren. In diesem Jahrzehnt fasste beispielsweise Ciba-Geigy in grossem Stil in Lateinamerika mit der Produktion und dem Vertrieb von Pestiziden Fuss. Als das Herbizidgeschäft aufgrund von Überproduktion lahmte, begann der Einstieg der Chemiekonzerne ins Saatgutgeschäft: für Ciba-Geigy 1974 mittels Übernahme der Saatgutfirma Funk Seeds, für Sandoz 1975 mit der Akquisition von Roger Seeds Company. Mit den Übernahmen von Northrup-King und der holländischen Zaauni Group Ende der 1980er Jahre stieg Sandoz zur zweitgrössten Saatgutfirma der Welt auf. Erst 1987 gelang ICI mit der Übernahme der Saatgutfirma SES der Nachzug ins Saatgutgeschäft. Im Vordergrund stand dabei die Züchtung von Zuckerrübensaatgut (Wikipedia: Imperial Chemical Industries).

VON DEN RESTRUKTURIERUNGSBEMÜHUNGEN ZUR GRÜNDUNG VON SYNGENTA

Die 1980er Jahre waren eine Übergangszeit. Konkurrenz und Kostendruck verschärften sich. Die Konzerne versuchten dem mit Rationalisierungsprojekten zulasten des Personals zu begegnen, vornehmlich im sogenannten Gemeinkostenbereich, also bei Administration, Forschung und Entwicklung. Einschneidend für das Personal war die Gemeinkosten-Wertanalyse der Beratungsfirma McKinsey bei Sandoz, die unter der Leitung von Rolf Soiron in den Jahren 1981/1982 in eine systematische Spar- und Abbauübung in den Bereichen Forschung, Entwicklung und Verwaltung mündete (Schäppi 1984). Nachdem aber die vielfältigen Rationalisierungen keine mit der Hochkonjunktur vergleichbaren Gewinnmargen

brachten, fand in den 1990er Jahren eine Kehrtwende statt, welche die amerikanischen Pharmakonzerne bereits vollzogen hatten. Nach deren Vorbild erfolgte nun auch in Europa eine Phase massiver Umstrukturierungen des Chemie- und Pharmabereichs. Sie ist gekennzeichnet durch drei Elemente: Erstens das Shareholder-Value-Konzept, zweitens das sogenannte Life-Sciences-Konzept und schliesslich die intensive Zentralisierung des Kapitals durch Auslagerungen, Akquisitionen und Fusionen.

Mit Hilfe von Rationalisierungsmassnahmen und einem Personalabbau gelang es in den industriellen Zentren, die Profite ab Mitte der 1980er Jahre wieder zu steigern, was aber aufgrund der strukturellen Probleme und der gesunkenen Produktivitäts- und Wachstumsraten nicht zu einem Aufschwung der Investitionen, sondern zu einem Auseinanderdriften von Profiten und Investitionen führte. Die Folge war eine gewisse Dominanz des Finanzkapitals, also der Banken, Versicherungen, Pensionskassen und der sogenannten „Heuschrecken", der Investitions- und Anlagefonds. Die Unternehmen begannen sich wegen dieser „Finanzialisierung" nach neuen Kriterien auszurichten, insbesondere auf eine möglichst hohe Kapitalisierung am Finanzmarkt, das heisst auf hohe und ansteigende Börsenkurse der eigenen Aktien. Hier liegt der Kern der Orientierung am Shareholder Value. Diese Strategie brachte nicht nur den Spekulanten Gewinne, sondern war auch für die Firmen von Vorteil. Eine hohe Börsenkapitalisierung erweitert den Spielraum für Akquisitionen und Übernahmen; eine geringe birgt hingegen die Gefahr des Übernommenwerdens. Eine hohe Rentabilität ist zwar die Grundlage der kapitalistischen Produktionsweise, beim Shareholder-Value-Konzept geht es aber nicht nur um die gegenwärtigen Gewinnraten, sondern auch um die in Zukunft zu erwartenden Steigerungen.

Gerade deswegen gewann das Life-Sciences-Konzept in dieser Periode an Bedeutung. Die Bio- und Gentechnologien wurden zu Beginn der 1990er Jahre als die Zukunftstechnologien und als Schlüssel für zukünftiges Wachstum und Profite angesehen (Menz et al. 1999). Das erklärt die Konzentration verschiedener Konzerne auf die Life-Sciences-Branchen Pharma, Ernährung, Saatgut und Agrochemie als Kerngeschäft.

Wenn aufgrund der veränderten Rahmenbedingungen, der Stagnation des Wachstums und der Produktivität ein internes Wachstum schwieriger wird, so spielt die Profitsteigerung durch externes Wachstum, das heisst durch Akquisitionen und Fusionen, eine umso grössere Rolle. „Fressen oder gefressen werden" wird im Konkurrenzkampf zur zentralen Devise. Beinahe überflüssig ist es hinzuzufügen, dass diese Entwicklungen durch die neoliberale Politik kräftig unterstützt wurden und auch weiterhin gefördert werden.

In Basel setzte die Kehrtwende, die Durchsetzung dieser Prinzipien, in den 1990er Jahren ein. Führend war dabei die Sandoz mit Marc Moret an der Spitze. Moret ist der Schwiegervater von Daniel Vasella, der sich jetzt in der Steueroase Monaco niedergelassen hat. Schon vor der Fusion zu Novartis fand bei Sandoz mit der Auslagerung der Chemiedivisionen in die Firma Clariant die Konzentration auf die Life-Sciences-Bereiche statt. Hauptziel von Morets Politik war es, den Börsenkurs von Sandoz mit allen Mitteln in die Höhe zu treiben. Ciba-Geigy mit Alex Krauer an der Spitze hielt hingegen länger am Diversifikationsprinzip fest, brachte damit jedoch die Börsenkurse seines Konzerns nicht nach oben. Dies gipfelte schliesslich in der Novartis-Fusion, bei der Ciba-Geigy von Morets Sandoz übernommen wurde. Der von Moret ernannte neue CEO, Schwiegersohn Vasella, machte das Life-Sciences-Prinzip gemäss obiger Fokussierung zur Grundlage des neuen Konzerns. Mit der Fusion wurde Novartis zur Marktführerin im Pestizidgeschäft, eine Position, die Syngenta bis heute behauptet. Vorerst wurde der Agrobereich bei Novartis aber noch ausgebaut, zum Beispiel mit der Übernahme des Insektizidgeschäfts von Merck und dem Kauf des Saatgutgeschäfts von Eridania Béghin-Say (Zeller 2001: 259) oder der Gründung des Genomic Institute im amerikanischen San Diego.

In vergleichbarer Weise verlief der Umstrukturierungsprozess bei der britischen ICI. Allerdings machte dieser Konzern Ende der 1980er und Anfang der 1990er Jahre wegen sinkender Profite, aber vor allem wegen einer massiven Überschuldung aufgrund von Firmenübernahmen eine viel ausgeprägtere Krise durch als die Basler Chemie. 1993 wurden gemäss dem Life-Sciences-Konzept die Sparten Pharma, Agro- und Spezialitätenchemie quasi zu ihrer Rettung in die Firma Zeneca ausgelagert. Zeneca sollte eine Bioscience Company werden. 1999 fusionierte Zeneca mit der schwedischen Pharmafirma Astra AB zu AstraZeneca und wurde damit zu einem der grössten Pharmakonzerne sowie hinter Novartis und Monsanto zum drittgrössten Agrokonzern.

Im Gegensatz zum Shareholder-Value-Konzept und zur Fusionitis überlebte das Life-Sciences-Konzept nicht lange. Der Agrobereich erfüllte seine in ihn gesteckten Erwartungen nicht und dies aus verschiedenen Gründen. Erstens war der Widerstand gegen die Gentechnologie in diesem Bereich weit vehementer als im Pharmabereich – ja er dauert bis heute an. Und zweitens hat sich die „grüne" Gentechnologie auch nicht als Wachstumsbranche herausgestellt. Sie schafft mit ihrem gentechnisch manipulierten Saatgut keine neuen Märkte, sondern ersetzt Produkte und zerstört dabei herkömmliche Strukturen. Nur mit umstrittenen Patenten, mit welchen die Bauern in eine möglichst vollständige Abhängigkeit getrieben werden sollen, kann die industrielle Produktion von Saatgut mit hoher Rentabilität betrieben werden. Nachdem die Ertragsmargen im Agrobusiness bei Novartis von 1996 bis 1999 von 19,7 auf

10,4 Prozent zurückgegangen waren (Zeller 2001: 269), wurde der Agrobereich wegen der als zu gering eingestuften Rentabilität abgestossen bzw. ausgegliedert und mit dem Agrobusiness von AstraZeneca zu Syngenta fusioniert. Die Synergieeffekte zwischen Pharma- und Agrobereich stellten sich nicht ein, denn die verschiedenen Sparten sind hinsichtlich Forschung, Entwicklung und Vermarktung zu unterschiedlich (Streckeisen 2001). Es kann überdies vermutet werden, dass sich Vasella die Kritik gegen das gentechnisch veränderte Saatgut vom Hals schaffen wollte. Auch bei AstraZeneca fand das Life-Sciences-Konzept ein schnelles Ende.

DER ZUSAMMENSCHLUSS

Bei der Gründung von Syngenta erhielten die Aktionärinnen und Aktionäre von Novartis 61 Prozent, diejenigen von AstraZeneca 39 Prozent der Aktien. Dies entsprach dem Grössenverhältnis der beiden Firmenteile. Ein 50-Prozent-Anteil von AstraZeneca am Saatgutunternehmen Advanta war nicht Bestandteil der Fusion – dieses wurde erst 2004 von Syngenta übernommen. Mit Syngenta entstand also ein reiner Agrochemiekonzern, der sich, wie Monsanto, ganz auf Pestizide und Saatgut konzentriert. Syngenta verfügt dazu in Stein in der Nordwestschweiz, Jealott's Hill in Bracknell (GB) und im Research Triangle Park in Durham (North Carolina, USA) über drei herausragende Forschungsstandorte. Forschung und Produktion waren sowohl in der britischen Industrie aufgrund des Commonwealths wie auch in der schweizerischen wegen deren Exportorientierung immer schon stark internationalisiert. Dies gilt ebenfalls für das Management und die Kapitalstruktur von Syngenta. Der Konzernsitz verblieb in Basel, doch bei Management und Kapitalstruktur kann kaum mehr von einem Schweizer Konzern gesprochen werden (vgl. dazu das Kapitel über Syngentas Aktionariat). Verwaltungsratspräsident Heinz Imhof, der ursprünglich aus der Sandoz stammte, trat 2005 aus gesundheitlichen Gründen zurück. Sein Nachfolger wurde Martin Taylor und 2012 der Belgier Michel Demaré. Als CEO folgte auf Michael Pragnell, den ehemaligen Chef von Zeneca und Neoliberalen reinsten Wassers, 2008 der Amerikaner Michael („Mike") Mack.

SYNGENTA SEIT 2000

Aktivitäten, Strategien, Waren und Probleme von Syngenta werden an verschiedenen Orten in diesem Buch intensiver behandelt. Hier soll deshalb nur ein kurzer Überblick gegeben werden. Syngenta ist ein Produkt der neoliberalen Ära und damit ein Konzern, der ausgesprochen stark gemäss Shareholder-Value-Prinzip funktioniert.

Im Agrobusiness gehört Syngenta zu den dominierenden Konzernen, welche sich die Märkte aufteilen. Wenn die Märkte parzelliert sind und der Konkurrenz-

«Fressen oder gefressen werden wird im Konkurrenzkampf zur zentralen Devise.»

druck ein hohes Ausmass erreicht, ist ein inneres Wachstum schwierig. Im Vordergrund stehen dann Akquisitionen, Fusionen und Kooperationen. Seit der Gründung von Syngenta wurden umfangreiche Akquisitionen getätigt und diverse Kooperationen eingegangen. Von grosser Bedeutung sind auch die Investitionsvorhaben von rund einer halben Milliarde USD in Afrika.

Syngenta startete mit 23'500 Beschäftigten, wobei Kosteneinsparungen von über 500 Millionen USD und ein Personalabbau von ca. 3000 Stellen vorgesehen waren. Heute beschäftigt Syngenta wegen diverser Akquisitionen weltweit 29'340 Personen und ist in 90 Ländern präsent. In der Schweiz arbeiten etwa 3000 Angestellte; es handelt sich vornehmlich um hoch qualifizierte Fachleute mit privilegierten Arbeitsbedingungen. Die Ansprüche an diesen Personenkreis sind sehr hoch. Erwartet werden grosses Engagement, permanente Effizienz und höchste Loyalität, verbunden mit innovativem Denken (Herzog et al. 2014 und das Kapitel Arbeitsbedingungen und Arbeitskämpfe).

Zum Shareholder-Value-Konzept gehört aber auch, dass keine überflüssigen Arbeitnehmenden beschäftigt werden, mithin kein Personalüberhang vorliegt, sondern im Gegenteil die Beschäftigung permanent auf Abbau und die Arbeitsbedingungen periodisch auf Verschlechterungen getrimmt werden. Bereits 2011 wurden jährliche Einsparungen von 650 Millionen USD angekündigt, bis 2018 sollen diese Reduktionen mittels Effizienzsteigerungsprogrammen pro Jahr auf 1 Milliarde USD ansteigen (Tages-Anzeiger, 24.11.2014).

Die Unternehmensgeschichte der letzten 15 Jahre listet eine beeindruckende Menge von Innovationen, neuen Produkten, Übernahmen und strategischen Kooperationen auf. All dies ist nicht eng geführt, sondern breit angelegt. Auf der anderen Seite aber entspricht dies auch einem Konzern, der in spezifischen Märkten eine globale Führungsposition inne hält und ausbauen will. Hervorstechend sind die Konzentration auf Mais und Soja, die verstärkte Ausrichtung auf die Regionen des globalen Südens sowie die Kooperation mit den anderen grossen Playern im Agrobusiness (Syngenta Homepage: Unternehmensgeschichte). Und dennoch wird man den Eindruck nicht los, dass das Tagesgeschäft mit Pestiziden und Saatgut immer stärker hinter der Finanzabteilung verschwindet und von Mergers & Acquisitions dominiert wird. Von daher würde es auch nicht erstaunen, wenn der relativ volatile Börsenkurs gezielt für Arbitrage-Geschäfte (billig kaufen und teurer verkaufen) genutzt und bewirtschaftet wird.

Syngenta schreibt zwar, ihr zentrales Anliegen sei es beizutragen, dass höhere Ernteerträge mit weniger eingesetzten Mitteln zu erreichen seien. Durch innovative Forschung und Technologie setze sich auch Syngenta für eine nachhaltige Landwirtschaft

> «Syngenta ist ein Produkt der neoliberalen Ära und damit ein Konzern, der ausgesprochen stark gemäss Shareholder-Value-Prinzip funktioniert.»

ein (Syngenta Homepage). Effektiv verfolgt Syngenta jedoch eine an rücksichtslosem Shareholder-Value-Denken orientierte Unternehmenspolitik, die auf Wachstum, maximale Profite, eine möglichst hohe Börsenkapitalisierung und damit auf hohe Dividendenausschüttungen und einen ansteigenden Aktienkurs setzt. Weniger rentable Bereiche werden abgestossen und der Schwerpunkt wird auf hochwertige Pestizide und strategisch wichtige Gentechpflanzen gelegt. Die Positionierung als „Systemanbieter" soll dazu dienen, die Kontrolle über die Nahrungsmittelproduktion langfristig zu erhöhen und zu verstärken (vgl. Herzog et al. 2014).

Neben dem erfolgreichen Aufstieg in die Topriege im Agrobusiness prägen auf der anderen Seite aber auch die ökologisch höchst gravierenden Probleme mit den Produkten die Geschichte des Konzerns: DDT in den 1950er Jahren, Galecron und Atrazin aus der Ciba-Geigy, Paraquat aus der ICI (seit 1962) und aktuell Glyphosat und die Neonicotinoide wegen des Bienensterbens. Vor allem aber sind es heute die stagnierende Rentabilität und der nach wie vor grosse Rückstand zu Monsanto und DuPont im Saatgutgeschäft, die Syngenta aus kapitalistischer Sicht verwundbar machen. Natürlich ist es für ein Management angenehmer, Firmen zu übernehmen, als von anderen übernommen zu werden. Die Fusion mit Monsanto wurde im Sommer 2015 zwar abgelehnt, das bedeutet aber nicht, dass es im Agrobereich nicht in nächster Zeit zu grösseren Bereinigungen kommt.

Mike Mack trat im Oktober 2015 nach den Wirren um einen Deal mit Monsanto überraschend zurück. Der Grund liegt möglicherweise darin, dass es CEO Mack nicht gelungen ist, die Rentabilität und damit die Börsenkapitalisierung markant zu steigern. In Zukunft ist also mit einem verschärften Kurs im Sinne des Shareholder Value zu rechnen, das heisst mit Verkäufen und Akquisitionen. Darauf deutet auch hin, dass der Verwaltungsrat den Finanzchef, John Ramsay, als CEO ad interim eingesetzt hat. Vielleicht findet sogar Syngentas Geschichte bereits nach diesen 15 Jahren ein schnelles Ende, wenn – wie Verwaltungsratspräsident Demaré öffentlich geäussert hat – ein Alleingang für den Konzern angesichts der Aktionärserwartungen kaum möglich sei (Finanz und Wirtschaft, 22.12.2015).

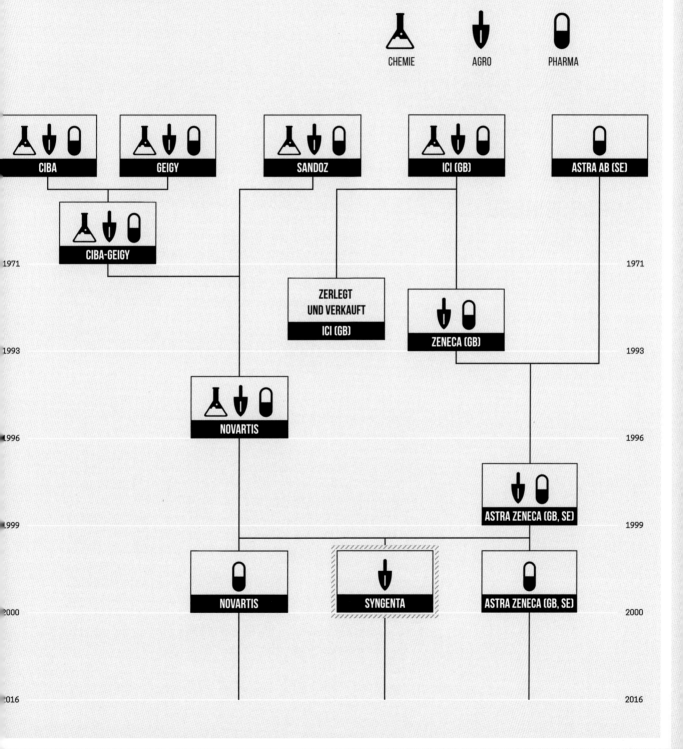

INSEKTIZIDE UND HERBIZIDE KÖNNEN IHRE HERKUNFT AUS DEN KRIEGEN DES LETZTEN JAHRHUNDERTS NICHT VERLEUGNEN

AGROBUSINESS UND KRIEG

MultiWatch
Autorinnen- und Autorenkollektiv

Syngenta produziert ein Insektizid, das Gemüse, Kartoffeln, Sojabohnen und Früchte gegen Insekten schützt und „Warrior II" heisst. Mit dieser Namensgebung macht der Konzern den Zusammenhang zwischen Insektiziden und Kriegsführung mehr als deutlich. Während des Ersten Weltkriegs starben etwa 100'000 Krieger (warriors) an den Folgen von Giftgas. In dieser Zeit begann beispielsweise eine Kooperation von Entomologen, also Insektenforschern, und Technikern des Gaskriegs. Die Geschichte der Vorläuferfirmen von Syngenta ist eng mit der Kriegsführung des 20. Jahrhunderts verbunden. Krieg ist der Vater vieler Pestizide.

SPRENGSTOFFE, INSEKTIZIDE UND DER ERSTE WELTKRIEG

Imperial Chemical Industries (ICI) war einer der wichtigsten Produzenten von Sprengstoff in den Weltkriegen (Lamer 1957). Sprengstoff wurde wie Nitratkunstdünger aus Ammoniak und Salpetersäure hergestellt. Die Agrochemiefirmen waren deshalb ideal für die Sprengstoffproduktion aufgestellt. Eine der Firmen, die sich 1926 zu ICI zusammenschlossen, war „Nobel Industries Limited" von Alfred Nobel, die sich auf die Herstellung von Dynamit spezialisiert hatte. Dynamit war allerdings zu empfindlich, um im Krieg breit eingesetzt zu werden. Im Ersten und Zweiten Weltkrieg wurde stattdessen der Sprengstoff Trinitrotoluol (TNT) mit Kunstdünger aus Ammoniumnitrat gestreckt. Das daraus resultierende Amatol war im Unterschied zu Dynamit „kriegstauglich". Auf dem Gelände von ICI Nobel in Ardeer (Schottland) wurde im Zweiten Weltkrieg deshalb TNT hergestellt. ICI produzierte auch eine eigene Schiessbaumwolle (Kordit) auf der Basis von Nitroglycerin und Vaseline. Nach dem Krieg konnten die Produktionsanlagen wieder vollständig für die Düngerproduktion verwendet werden.

Arsen wurde schon vor dem Ersten Weltkrieg in der Landwirtschaft als Insektizid – zum Beispiel gegen den Kartoffelkäfer – verwendet. Im Krieg wurden dann neben Senfgas als Haut- und Schleimhautgift und Chlor als Lungenreizstoff Arsenverbindungen als sogenannte Blaukreuz-Kampfstoffe mit unerträglicher Reizung in Nase und Rachen eingesetzt. Forschungsprojekte für militärische und pflanzenschutztechnische Zwecke befruchteten einander sowohl in der deutschen Chemie als auch in den britischen ICI. Tatsächlich wurden die Wirkstoffe vieler Insektizide im Ersten Weltkrieg für die chemische Kriegsführung erforscht und gleichzeitig im Zusammenhang mit der Lebensmittelversorgung in Kriegszeiten und im Kampf gegen den Lausbefall von Truppen genutzt. Folgerichtig wurden Insektenforscher in die strategische Kriegsführung integriert (McWilliams). Der Aufstieg der Pestizidindustrie mit den ersten Insektiziden war somit ein Resultat des Ersten Weltkriegs. Nach dem Krieg wurden in den Forschungsstätten von ICI in Jealott's Hill (heute Syngenta) viele Kampfgasexperten angestellt, welche vorher in der britischen Armee gedient hatten.

ZWISCHENKRIEGSZEIT, ZWEITER WELTKRIEG UND NERVENGIFTE

Die Genfer Protokolle, die im Juni 1925 unterzeichnet wurden, verboten Giftgase. Dennoch bedienten sich vor und nachher Spaniens und Frankreichs Truppen des Senfgases im Krieg gegen die Rif-Republik der Befreiungsbewegung der kabylischen Berber. Japan setzte Giftgas ab 1931 in der Mandschurei und Mussolini bei der Eroberung Abessiniens ein. 1937 erhielt ICI von der britischen Regierung den Auftrag, Senf- und Chlorgasanlagen bereitzustellen (Jones 2001). Im Zweiten Weltkrieg wurde Giftgas offiziell nicht eingesetzt. Es wurde aber vorgängig intensiv darüber geforscht, insbesondere bei der deutschen IG Farben. Dies führte zur Entdeckung von Phosphorsäure-Verbindungen wie Tabun (1936) oder Sarin (1939), später auch Soman, welche sowohl als Nervengifte gegen Menschen geeignet waren als auch in leichter Abwandlung als Insektizide eingesetzt werden konnten. Dr. Ranajit Ghosh von ICI entdeckte 1952 das hochgiftige Nervengift Phosphorsäure VX bei der Arbeit an Pestiziden. ICI übergab die Forschungsergebnisse der britischen Regierung, diese wiederum der US-Regierung, die das Giftgas schliesslich produzierte. Es ist umstritten, ob Saddam Hussein 1988 beim Giftgasangriff auf Halabdscha im Nordirak VX gegen die kurdische Bevölkerung eingesetzt hat (Wikipedia: VX). VX ähnelt zum Beispiel dem kommerziell verwendeten Wirkstoff Parathion von Bayer, der im Volksmund auch „Schwiegermuttergift" genannt wird.

«Die Truppen sollten dabei mit Nebelgranaten den Chemiekrieg simulieren, um mit diesen Übungen die völkerrechtlich verbotene Giftgasproduktion zu tarnen.»

CIBA UND DIE GIFTGASPRODUKTION IN DER SCHWEIZ

Seit den Gräueln des Ersten Weltkriegs verabscheute die öffentliche Meinung auch in der Schweiz den Giftkrieg. Das Militärdepartement und der Generalstab beschlossen jedoch 1937 hinter dem Rücken der Landesregierung, eine Giftgasproduktion zu initiieren. Der Auftrag ging an die Syngentavorläuferin Ciba. Das Unternehmen startete in ihrem Werk in Monthey (Kanton Wallis) eine Senfgasproduktion und versprach dabei volle Geheimhaltung. Bereits kurz nach Produktionsbeginn mussten 31 Arbeiter wegen Senfgasverletzungen längere Zeit der Arbeit fernbleiben, sechs Beschäftigte kehrten überhaupt nicht mehr an ihren Arbeitsplatz zurück. Am häufigsten ergaben sich schwere Senfgasverbrennungen an Augen, Händen und Armen. Trotz dieser Unfälle wegen fahrlässiger Sicherheitsvorkehrungen entschieden Armee und Ciba, die Produktion weiterzuführen. In Monthey wurde bis 1941 die beträchtliche Menge von 92 Tonnen Senfgas produziert (Hug 1997).

Die Landesregierung bewilligte die Giftgasproduktion dann 1939 – im Nachhinein! Der Oberbefehlshaber der Schweizer Armee, General Guisan, beharrte ebenfalls auf einem Giftgasprogramm in der Schweiz, um auf einen entsprechenden Angriff reagieren zu können. Unter dem Deckmantel „RN1" wurde ein dilettantisches Projekt zur chemischen Kriegsführung gestartet. Die Truppen sollten dabei mit Nebelgranaten den Chemiekrieg simulieren, um mit diesen Übungen die völkerrechtlich verbotene Giftgasproduktion zu tarnen. Dabei erwiesen sich jedoch bereits die Nebelgranaten, die ebenfalls in Monthey produziert wurden, als höchst toxisch, sodass 14'000 Kühe in der Innerschweiz starben (Tages-Anzeiger, 21.4.2015). Im Kanton Uri erreichte die Geschichte der „Nebelkühe" ihren Höhepunkt, denn dort wurde praktisch der gesamte Viehbestand eliminiert. Damals verschwieg man allerdings diese pikanten Zusammenhänge der Öffentlichkeit.

Im Berner Oberland, im Spiezer Giftlabor der Schweizer Armee, übte in der Zwischenzeit die Chemieeinheit mit echtem Senfgas. Da sowohl Ausrüstung wie auch Ausbildung völlig ungenügend waren, kam es auch hier wiederholt zu Unfällen. General Guisan erklärte dazu zynisch, Unfälle seien eben immer mit dem Kriegshandwerk verbunden (Hug 1997: 54). Ungeachtet der Schwierigkeiten wollte General Guisan neben Senfgas noch weitere Kampfstoffe vom Typ Blaukreuz und Weisskreuz einsetzen.

Ciba-Direktor Carl Koechlin (1889–1969) war während des Kriegs für die Verbindungen zwischen Armee und Chemieindustrie zuständig und Chef der Sektion für Chemie und Pharmazeutika im Kriegsindustrie- und Arbeitsamt (KIAA). Er formierte eine „Kommission für chemische Fragen", in der die Industrie mit dem Heer Beschaffungsfragen für das Giftgasprogamm diskutierte. Auch wurde der Armee von der Industrie eine Liste aller verfügbaren Chemiker mit ihren Qualifikationen zur Verfügung gestellt. Die beteiligten Wissenschaftler hatten wenig Vorbehalte und kaum Skrupel. Am stärksten setzte sich Nobelpreisträger Professor Paul Karrer (1889–1971) von der Universität Zürich für das Giftgasprogramm ein. Karrer wurde später zu einem der Initianten des schweizerischen Atomenergieprogramms. Er war überdies der Doyen der Vitaminforschung in der Schweiz und eng mit dem Erfolg von Hoffmann-La Roche verbunden (Historisches Lexikon der Schweiz 2013).

KARTOFFELKÄFER, DDT UND KRIEGSFÜHRUNG

Der Kartoffelkäfer stammte aus dem Mittleren Westen der USA. 1914 kam es zu grossen Schäden in Europa. Diese inspirierten englische wie französische Militärspezialisten, Kartoffelkäfer gegen Deutschland einzusetzen. 1935 wurde in Deutschland der „Kartoffelkäfer-Abwehrdienst" gegründet, welcher die gesamte Bevölkerung zum Kampf gegen diesen Schädling aufrief. Dazu wurden Arsen und später DDT eingesetzt (Straumann 2005). Das Naziregime behauptete, die Kartoffelkäfer seien von amerikanischen Fliegern abgeworfen worden. Grossbritannien und Deutschland beschuldigten sich gegenseitig, den Schädling mit Flugzeugen zu verbreiten. Zudem wurden später französische Pläne für den biologischen Krieg mit Kartoffelkäfern entdeckt. Die deutsche Flugwaffe arbeitete 1943/44 an einem Projekt zum massenhaften Abwurf aus der Luft (Hermann 2009).

DDT war das wirksamste Produkt gegen den Kartoffelkäfer. Dessen insektizide Wirkung wurde von Paul Müller bei Geigy in Basel drei Wochen vor Kriegsausbruch entdeckt. Die Schweiz kooperierte unter der Leitung von Friedrich Traugott Wahlen, dem Organisator der sogenannten Anbauschlacht und späteren Bundesrat, bezüglich DDT mit dem besonders interessierten Nazideutschland (Straumann 2005). Angesichts des Verkaufserfolgs dieses ersten agrochemischen Produkts der Firma ergänzte Geigy sogar das Firmenlogo vorübergehend mit den Buchstaben DDT.

DIE ANFÄNGE DER HERBIZIDALEN KRIEGSFÜHRUNG BEI ICI

In Grossbritannien war ICI stark in die Bemühungen eingebunden, die Bevölkerung besser mit landwirtschaftlichen Erzeugnissen zu versorgen. Dazu wurden Herbizide wie MCPA getestet, welche später kommerziell vertrieben wurden. Sir William Gavin, der Landwirtschaftsexperte bei ICI, wurde Berater des Landwirtschaftsministeriums, und die britische Regierung finanzierte dafür die Entwicklung von Herbiziden (Harvey 1997).

Die Zerstörung der landwirtschaftlichen Lebensgrundlage eines Feindes gehört seit jeher zu den

rechts:

Der Geigy-Forscher Paul Hermann Müller entdeckte 1939 die Wirkung des hochgiftigen DDT als Insektizid und erhielt dafür 1948 den Nobelpreis für Medizin.

Bild: © Staatsarchiv Basel-Stadt, BSL 1013 2-1265 1 / Hans Bertold

Methoden der Kriegsführung. Der Einsatz von Herbiziden zur Vernichtung von Ernten wurde deshalb im Zweiten Weltkrieg allseitig erwogen. In den 1930er Jahren stand mit chemischen Wachstumsreglern, welche Pflanzenhormone simulierten, erstmals die Technologie für diese Art der Kriegsführung zur Verfügung. Die Mischung „Agent Orange" enthielt später zwei dieser Wirkstoffe (2,4-Dichlorphenoxyessigsäure und 2,4,5-Trichlorphenoxyessigsäure). Die Internationale Agentur für Krebsforschung hat erstere Substanz 2015 als „möglicherweise karzinogen" klassifiziert (WHO 2015). Nach Glyphosat und Atrazin steht 2,4-D beim Herbizideinsatz in den USA an dritter Stelle (Wikipedia: 2,4-D). Und auch hier hatten Syngentas Vorgängerfirmen die Hände im Spiel. Es waren Forscher bei ICI, welche 1940 das wichtigste Zwischenprodukt von 2,4-D und 2,4,5-T, die Butylester, entdeckten. Ein weiteres ICI-Produkt, das Herbizid 1313, sollte zur Zerstörung der deutschen Ernte eingesetzt werden. Churchill stoppte den Plan 1942, da er zu teuer gewesen wäre und der Bau einer entsprechenden Produktionsanlage zu lange gedauert hätte. Nach dem Krieg wurde der frühere Leiter der botanischen Sektion der ICI-Forschungsstelle Jealott's Hill, Geoffrey Emmet Blackman, Leiter des britischen Komitees für biologische Kriegsführung. Zwischen 1950 und 1952 veranlasste diese Behörde Versuchsreihen mit 2,4-D und 2,4,5-T in Kikore und Shinyanga im kolonialen Tanganjika (heute Tansania). Das Ziel war, die Wirkung von Entlaubungsmitteln im tropischen Klima zu erforschen (Perera et al.

1985). Etwas früher, kurz vor dem Ende des Zweiten Weltkriegs, plante die amerikanische Kriegsführung, die japanische Bevölkerung durch den Einsatz von 2,4-D-Wachstumsreglern auszuhungern. Ein amerikanischer Frachter war bereits mit diesen Produkten nach Manila unterwegs, doch der Einsatz der Atombomben in Hiroshima und Nagasaki erübrigte die zerstörerische Verwendung dieser Stoffe. Nach dem Krieg testeten die US-Streitkräfte in Fort Detrick, Maryland, 700 Wirkstoffe für den Nahrungskrieg gegen die Sowjetunion (Paul et al. 2003: 13).

AGENT ORANGE IN MALAYSIA UND IM VIETNAMKRIEG

ICI war aber nicht nur an der Erfindung der Wirkstoffe beteiligt. Verantwortliche der Firma motivierten die britischen Behörden auch zum erstmaligen militärischen Einsatz. Noch vor den Amerikanern haben die Briten Agent Orange als Waffe eingesetzt. Die „Malayan Emergency" war ein Kolonialkrieg des Britischen Commonwealth gegen die Befreiungsbewegung, die 1948–1960 von der Malaysischen Kommunistischen Partei angeführt wurde. Dabei verteidigte das britische Kolonialreich Gummiplantagen und Zinnminen ihrer Konzerne. Im Kampf gegen die Rebellen sprayten britische Flugzeuge Herbizide als Bestandteil einer Lebensmittelvernichtungsstrategie über Zentren der Aufständischen (Buckingham 1983). Gemäss Journalisten des New Scientist ermutigte

> «Die irakischen Bäuerinnen und Bauern verloren ihre traditionellen Privilegien und dürfen keinen Saatgutnachbau mehr betreiben.»

ICI auch die malaysische Kolonialregierung, Herbizide einzusetzen. Die Erfahrungen mit dem Herbizideinsatz zur Bekämpfung von Guerilleros wurden von London in die USA weitergegeben. Damit verantworten England und insbesondere ICI einen Teil der US-Kriegsverbrechen in Vietnam (Perera et al. 1985).

Unter der Bezeichnung „Operation Ranch Hand" wurden von der US Air Force etwa 72 Millionen Liter Herbizide über Südostasien versprüht. Der Einsatz gemischter Herbizide, die in verschiedenfarbigen Fässern (daher Agent Orange oder Agent White) transportiert wurden, dauerte von 1962 bis 1971. Zusätzlich wurden das Insektizid Diazinon sowie die Herbizide Primatol A (Atrazin) und Weedazole von Ciba-Geigy im Vietnamkrieg eingesetzt. Von ICI fanden die Herbizide Agral, Diquat und Paraquat in diesem Krieg Anwendung (Americanwarlibrary 2015). Die Einstellung dieser grauenvollen biologischen Kriegsführung verdankt sich der wachsenden Antikriegsbewegung, in der sich auch vermehrt Wissenschaftlerinnen und Wissenschaftler engagierten.

IRAKKRIEG UND AGROBUSINESS

Zu den grössten Freunden der transnationalen Agromultis gehört der ehemalige US-Präsident George Bush Junior. Nach der Eroberung des Irak und dessen illegaler Besetzung beauftragte er den ehemaligen Vorsitzenden des US-Agromultis Cargill, Daniel Amstutz, mit dem sogenannten Wiederaufbau der Landwirtschaft. Versucht wurde jedoch primär, den Irak für die Konzerne zu öffnen. Zu den Profiteuren im neuen Absatzmarkt gehörte neben Monsanto und Cargill auch Syngenta (USAID 2004: 15). Zu Beginn wurden die Pestizide dem Irak noch geschenkt. 2005 wurde die Syngenta-Belegschaft im Irak mit einem internen Preis ausgezeichnet.

Nach einer Schätzung der Welternährungsorganisation FAO verwendeten im Jahre 2002 noch 97 Prozent der irakischen Bäuerinnen und Bauern ihr eigenes Saatgut. 2004 verliess der US-amerikanische Verwalter Paul Bremer den Irak und hinterliess 100 Gesetze. Order 81 beinhaltet die Paragraphen zur Landwirtschaft und legt die Förderung der Patentierung von Saatgut und gentechnisch veränderten Organismen fest. Die irakischen Bäuerinnen und Bauern verloren ihre traditionellen Privilegien und dürfen keinen Saatgutnachbau mehr betreiben. Die irakische Landwirtschaft wurde weitgehend in das Netz der US-Agromultis eingebunden (Stone 2006, Rowell 2005, Hassan 2005). Vor allem das neue Sortenschutzgesetz brachte den internationalen Konzernen den Zugang zum irakischen Markt (WOZ, 20.10.2005). Dieses Gesetz war ganz ohne Mitwirkung der irakischen Bauern entstanden und in einem allgemeinen Patentgesetz „versteckt" worden. Die Auswirkungen für die Biodiversität sind vorhersehbar: Die Agromultis werden die Vielzahl der einheimischen Getreidesorten zerstören (GM Free Cymru 2005).

DIE AUSRICHTUNG DER
LANDWIRTSCHAFT
AUF DEN WELTMARKT
FÜHRT ZU WELTWEITER
ZERSTÖRUNG.
SYNGENTA PROFITIERT.

DIE LANDWIRTSCHAFT IM KAPITALISMUS UND SYNGENTA

MultiWatch
Autorinnen- und Autorenkollektiv

Das Recht auf genügend und gesunde Nahrung ist ein fundamentales Menschenrecht. Angesichts der Millionen von Hungernden ist dieses Grundrecht in keiner Weise umgesetzt. Über landwirtschaftliche Produktionsmittel wie Boden, Wasser, Saatgut zu verfügen, wäre eine wichtige Voraussetzung dafür, dass die notwendigen Nahrungsmittel hergestellt und die eigene Reproduktion sichergestellt werden können. Die Menschen sollten selbst bestimmen können, was von wem und für wen angebaut werden soll.

Diese Forderung nach Ernährungssouveränität steht jedoch in einem konfliktiven Verhältnis zum globalen Kapitalismus: Das Kapital muss sich vermehren, akkumulieren, und unterstellt immer mehr Produktionsprozesse seinem Kommando. Alles soll in Wert gesetzt und kommodifiziert werden, nimmt mithin Warencharakter an. Dies gilt in immer stärkerem Ausmass für Nahrungsmittel und die Produktionsmittel für deren Herstellung. Diese werden gehandelt und sind als Privateigentum nur denjenigen Menschen zugänglich, welche über genügend finanzielle Mittel verfügen, um sie zu kaufen. Alle diese Waren unterliegen Preisschwankungen und sind vermehrt der Spekulation ausgesetzt. Dies führt zur traurigen Situation, dass weltweit sogar zu viel Nahrung produziert wird und trotzdem eine grosse Anzahl Menschen Hunger leidet. Alle fünf Sekunden stirbt ein Kind an den Folgen der Unterernährung (Ziegler 2012). Gleichzeitig landen immer mehr grossflächig angebaute Agrarprodukte als Futtermittel in Ställen und Tierfabriken sowie in der Verarbeitung zu Agrotreibstoffen. Syngenta erzielt einen grossen Teil ihres Umsatzes mit Pestiziden und Saatgut für diese Cash Crops.

DIE KAPITALISTISCHE LANDWIRTSCHAFT UND IHRE GRENZEN

Damit sich das Kapital mit und in der Landwirtschaft optimal verwerten und vermehren kann, wird eine industrielle und zunehmend digitalisierte Landwirtschaft forciert. Förderlich sind dabei immer grössere Monokulturen, die Aneignung und Kontrolle des Saatgutes durch Patente, möglichst hoher, jedoch effizienter Einsatz von Dünger und Pestiziden, enge Fruchtfolgen, schnelles Pflanzenwachstum, viele Maschinen (inklusive Flugzeuge und Drohnen) und billige Arbeitskräfte sowie durchgängige Datenerhebung und -verarbeitung.

Doch das Kapital stösst immer wieder an Grenzen, die es zu überwinden sucht. Die Landwirtschaft ist keine Fabrik – obwohl auch dieser Traum angestrebt wird –, die ohne fatale Auswirkungen für die Umwelt zu einer (post)fordistischen Produktionsweise umgebaut werden kann. Die Landwirtschaft ist Jahreszeiten, Wetterbedingungen, Fruchtfolgen und Reproduktionszyklen unterworfen. Grundlage bilden gesunde Böden, sauberes Wasser und genügend mineralische Nährstoffe. Die kapitalistische Landwirtschaft versucht, Abhängigkeiten von den ökologischen Prozessen und Systemen zu reduzieren, und setzt dazu unter anderem Gentechnologie und Chemie ein. Vor allem mit dem massiven Einsatz von Pestiziden geht eine Zerstörung der Umwelt einher. Insbesondere verschlechtert sich die Bodenqualität und das Wasser wird kontaminiert. Damit wird eine Grenze kapitalistischer Produktion sichtbar. Syngenta ist jedoch mit ihrem Geschäftsmodell darauf angewiesen, dass sich die industrielle Landwirtschaft immer weiter ausdehnt.

Eine der entscheidenden Grenzen für die Kapitalverwertung stellt der Umstand dar, dass sich Pflanzen selber reproduzieren und Bäuerinnen und Bauern Saatgut für die Aussaat im nächsten Jahr zurückbehalten können. Daher hegen die Verantwortlichen der Saatgutfirmen mittels geistiger Eigentumsrechte ihre Produktepaletten ein und streben einen möglichst umfassenden Schutz an. Nachbau und Tausch werden eingeschränkt und teilweise vollständig verboten, sodass die Produzentinnen und Produzenten gezwungen sind, Saatgut bei den Agrokonzernen einzukaufen. Syngenta, Monsanto und Co. bieten dann das angeblich optimale Paket, die sogenannte «integrierte Lösung»: Saatgut mit den dazu passenden Pestiziden und entsprechender Beratung.

ENTWICKLUNGEN IN DER LANDWIRTSCHAFT

Industriell-kapitalistische Produktion hängt eng mit der spezifischen Entwicklung des Kapitalismus zusammen. Dabei ist der Agrarkapitalismus älter als die industrielle Landwirtschaft. Unter industriell-kapitalistischer Landwirtschaft wird eine Produktionsweise verstanden, die durch eine standardisierte

rechts:
So sieht industrielle Landwirtschaft aus!
Syngenta profitiert auf Kosten
von Mensch und Natur.

Bild: © Leomar José Mees

Massenproduktion, einen hohen Spezialisierungsgrad, intensive Anwendung von Inputfaktoren (vom Saatgut über Dünger, Pestizide, Wasser und Maschinerie) sowie einen beträchtlichen Energie- und Kapitaleinsatz gekennzeichnet ist. Global gesehen bestehen in der Landwirtschaft nach wie vor höchst unterschiedliche Produktionsverhältnisse. Vorhanden sind heute Subsistenzproduktion, genossenschaftliche Strukturen, kleinbäuerliche Familienbetriebe, mittelgrosse Betriebe mit entlohnten Arbeitskräften und industrialisierte Grossbetriebe mit teilweise weit über 100'000 Hektaren und in Einzelfällen auch über einer Million Hektaren Grundbesitz.

Bei der Entwicklung des Kapitalismus in der Landwirtschaft werden verschiedene Phasen oder Wellen unterschieden. Diese überlappen sich in verschiedenen Teilen der Welt, und die Entwicklung ist bei weitem noch nicht abgeschlossen. Die Zusammenhänge und Abhängigkeiten sind sehr komplex und umstritten. Damit sie in der Kürze einigermassen verständlich bleiben, werden die Wellen in etwas schematischer und zugegebenermassen eurozentrischer Abfolge präsentiert. Es handelt sich aber um weltweite Prozesse, die höchst unterschiedliche Ausprägungen und Dynamiken beinhalten.

In der ersten Welle verloren Bauernfamilien in weiten Teilen Europas das Land als Grundlage ihrer Reproduktion durch Einhegungen. Sie wurden vertrieben und in Armenhäuser gesteckt oder als Lohnarbeiterinnen und Lohnarbeiter in die Fabriken gepresst. Bezeichnet wird dies als ursprüngliche Akkumulation (Marx 1971: 741 ff.). Seit dem 18. Jahrhundert wurde die Produktivität der Landwirtschaft erst durch den Übergang von der Dreifelderwirtschaft zu differenzierteren Fruchtfolgen, dann durch einfache Mechanisie-

«Insbesondere auf den grossen Plantagen mit Cash Crops für den Weltmarkt wird mit beträchtlichem Personaleinsatz bei teilweise sklavenartigen Arbeitsverhältnissen produziert.»

rung bzw. Motorisierung bei der Bodenbearbeitung gesteigert.

Die Revolutionierung des Transports durch Dampfschiffe und Eisenbahnen im 19. Jahrhundert ermöglichte den Import von landwirtschaftlichen Rohstoffen aus den Kolonien. Damit bildete sich im Globalen Süden einerseits das typische Amalgam von Agrarkapitalismus und Kolonialismus heraus, andererseits entwickelten sich spezifische Exportsituationen und Abhängigkeiten der lateinamerikanischen Staaten. Im Norden entstand die industrielle Werkstatt der Welt, und die Länder des Globalen Südens bekamen die Rolle als Lieferanten von Rohstoffen, welche lange Zeit auch durch Sklavenarbeit auf Plantagen bewerkstelligt wurde. Ergeben hat sich eine extrem ungleiche Landverteilung, die bis heute besteht.

Die zweite Welle der Industrialisierung der Landwirtschaft ist gekennzeichnet durch die Mechanisierung auf Basis von Erdöl und die Verwendung von Kunstdünger, Pestiziden und Hochleistungssorten – meist Hybridsorten. Dies hat dazu geführt, dass heute in Industrieländern typischerweise nur noch eine kleine einstellige Prozentzahl der Bevölkerung direkt in der Landwirtschaft tätig ist. In den Ländern des Globalen Südens begann die sogenannte Grüne Revolution in den 1930er Jahren und erlebte ihren Höhepunkt in den späteren 1960er Jahren. Damit liess sich beispielsweise in Indien die landwirtschaftliche Produktivität massiv steigern, doch der Produktivitätszuwachs flachte nach einiger Zeit deutlich ab. Die Grüne Revolution bezog sich praktisch ausschliesslich auf Nutzpflanzen wie Weizen und Mais, welche die grössten Profite versprachen. Diese Entwicklungen kamen jedoch vor allem den Bäuerinnen und Bauern zugute, die bereits über Kapital verfügten. Andererseits kam es zu Reduktionen bei der Biodiversität und teilweise dramatischen Umweltschäden mit Vergiftungen von Böden, Wasser und natürlich auch Menschen. In dieser Entwicklung nahmen die Agrokonzerne, so auch die Vorläuferfirmen von Syngenta, eine bedeutende Rolle ein. Die Resultate der Grünen Revolution werden allerdings bis heute kontrovers diskutiert.

Zudem entwickelte sich die Agrarpolitik zu einem zentralen Bestandteil der Aussenpolitik der USA. Nach dem Sieg der chinesischen Revolution 1949 förderte die neue Weltmacht die Grüne Revolution zuerst in Mexiko und dann in Indien mit dem Ziel, die revolutionären Bewegungen zurückzudrängen. Widerstand von Bauernbewegungen wie in Vietnam wurde äusserst brutal unterdrückt. Auch heute noch wird mit harschen Methoden gegen Bewegungen von Bäuerinnen und Bauern vorgegangen, die die Herrschaft der Konzerne in der Landwirtschaft infrage stellen oder eine Landreform fordern.

Mit der Bio- und Gentechnologie begann in den 1980er Jahren die dritte Welle der landwirtschaftlichen Industrialisierung. Es folgte eine beschleunigte Enteignung der Bäuerinnen und Bauern sowie die Privatisierung und weitgehende Monopolisierung des Saatguts. Bio- und Gentechnologie sind allerdings nicht einfach nur neue Technologien, sondern sie sind auch die Antwort des Agrobusiness auf die Überakkumulationskrise in den 1970er Jahren. Vorher teilten sich kleinere und mittlere Züchtungsbetriebe den Saatgutmarkt; staatliche Versuchsanstalten und Universitäten waren in der Forschung aktiv (Brandl 2012: 601). Auch bei den Pestiziden gab es eine Vielzahl von Anbietern. Erst in dieser dritten Welle vollzog sich in den letzten dreissig Jahren ein Wandel in diesen beiden Branchen, an dessen Ende die Konzentration des globalen Geschäfts bei wenigen grossen agrochemischen Konzernen wie Syngenta steht.

Das Saatgut, ein wichtiger Pfeiler der zivilisatorischen und kulturellen Entwicklung der Menschheit, wurde damit vom Gemeingut zum Privateigentum von Monopolisten. Für Ciba-Geigy und andere Chemiekonzerne war der Einstieg ins Saatgutgeschäft ein Ausweg aus dem Profitabilitätsproblem in der Agrochemie. Diese Problematik kann etwa am Beispiel des Rückgangs des Verkaufs von Maispestiziden wie dem Atrazin bei der Firma Geigy 1968/69 und dessen Auswirkungen auf die Fusionsdiskussion zwischen Geigy und Ciba 1969/70 gut verfolgt werden (Erni 1979). Die Durchsetzung von bio- und gentechnischen Methoden ermöglichte es, die Pflanzenzüchtung stärker an industrielle Verfahren anzupassen (Brandl 2012: 602).

Dieser Prozess der Unterwerfung der Landwirtschaft unter die Bedürfnisse des Kapitals geht heute weiter. Sortenschutzgesetze, Patente und Biopiraterie sind Elemente der globalen Akkumulation durch Enteignung. Zurzeit werden riesige Territorien aufgekauft (vgl. zum Land Grabbing eindrücklich Pearce 2012) und meist der industriellen Landwirtschaft zugeführt. Die Landkonzentration nimmt global immer weiter zu. Auch in Europa belegen lediglich 3 Prozent der Betriebe die Hälfte des Agrarlandes, also ähnlich wie in Asien oder in Lateinamerika (Borras et al. 2013: 12).

ARBEIT IN DER LANDWIRTSCHAFT

Wenn über die Landwirtschaft im Kapitalismus gesprochen wird, dann muss auch die Lohnarbeit behandelt werden. Die Relevanz der Familienbetriebe soll gleichzeitig nicht unterschätzt werden. Ein Grossteil des ländlichen Territoriums wird immer noch von Kleinbäuerinnen und -bauern bearbeitet (IAASTD 2008). Diese beschäftigen oft saisonale, migrantische und stark ausgebeutete Lohnarbeiterinnen und Lohnarbeiter. Aber insbesondere auf den grossen Plantagen mit Cash Crops für den Weltmarkt wird mit beträchtlichem Personaleinsatz bei teilweise sklavenartigen Arbeitsverhältnissen produziert. Mit Maschinen und Chemikalien kann menschliche Arbeit in einem grossen Ausmass ersetzt werden. Industrielle Landwirtschaft ist daher allenfalls diesbezüglich produktiv und effizient, nicht aber hinsichtlich Energie, Boden und anderer Ressourcen. Sie ist abhängig vom Erdöl und ständiger Intensivierung der Produktion. Heute glauben viele Wissenschaftlerinnen und Wissenschaftler, dass dieses Modell keine Zukunft hat (IAASTD 2008). Der Kapitalismus schafft es ausserdem nicht, Migrantinnen und Migranten, welche aus der Landwirtschaft vertrieben werden oder ihr mangels Reproduktionsmöglichkeit entfliehen, Lohnarbeit in anderen Bereichen anzubieten. Ein grosser Teil der überflüssig gewordenen ländlichen Bevölkerung muss in den Slums der Grossstädte leben, wie dies Mike Davis in seinem Buch „Planet der Slums" beschrieben hat (Davis 2007). Diese extreme Prekarisierung führt zu weiteren, nun vermehrt auch globalen Migrationsströmen.

Viele ländliche Bewegungen fordern daher ein Umdenken und neue Modelle in der Landwirtschaft. Die Methoden der Agrarökologie sind zwar meist arbeitsintensiv, bringen aber hohe Erträge pro Flächeneinheit, und dies, ohne viel Energie oder begrenzte Ressourcen zu verbrauchen. Es gibt eine grosse Debatte über die Einschätzung der Veränderungen der Arbeit in der Landwirtschaft (Bernstein 2014, Edelman 2014). So kann die Abkehr von feudalistischen Strukturen und die Produktion unter patriarchalischen Familienverhältnissen, die oft extreme Ausbeutung von Landlosen einschliessen, hin zu Lohnarbeit Fortschritt bedeuten. Andererseits wird heute oft von Bauernbewegungen eine Zukunftsvision gezeichnet, welche Arbeit im kleinbäuerlichen Rahmen anstrebt.

Klar ist, dass die aktuellen, weltweiten Arbeitsbedingungen in der Landwirtschaft häufig unerträglich sind. Allein der Gebrauch von Pestiziden ist verheerend. Die Weltgesundheitsorganisation (WHO) schätzt die jährliche Zahl der globalen Herbizidvergiftungen auf 3 bis 25 Millionen (WOZ, 6.12.2012). Die Anzahl der tödlichen Vergiftungen wird statistisch nur sehr schlecht erfasst. Doch die effektive Zahl dürfte sich jährlich in den Hunderttausenden bewegen (EvB 2012b). Eine wissenschaftliche Untersuchung aus El Salvador legt nahe, dass die Pestizide Paraquat und 2,4-D, die unter anderem von Syngenta und Monsanto vertrieben werden, für den Grossteil der mindestens 24'000 Toten in Mittelamerika, die an chronischem Nierenversagen starben, verantwortlich sind (WOZ, 6.12.2012).

WERTSCHÖPFUNGSKETTEN IN DER LANDWIRTSCHAFT

Zum System der Landwirtschaft im Kapitalismus gehören nicht nur die eigentlichen landwirtschaftlichen Produktionszweige, sondern auch die vor- und nachgelagerten Bereiche. Sie sind beide von Megakonzernen beherrscht, deren Renditestreben die Arbeit der landwirtschaftlichen Produzentinnen und Produzenten markant verändert hat. Vorgelagert sind die Herstellung, die Vermarktung und der Transport von Produktionsfaktoren wie Dünger, Pestiziden oder Saatgut (Input-Industrie), nachgelagert Trans-

> «Mit strategischer Forschung, der Absicherung durch Patente und Sortenschutz, Absatzstrategien und hohem Marketingeinsatz sollen Umsatz und Profit immer weiter erhöht werden.»

port, Lagerung, Verarbeitung und Vermarktung der Produkte – allen voran durch die Detailhandelsriesen. Seit dem Zweiten Weltkrieg ist der Anteil der Wertschöpfung aus der landwirtschaftlichen Produktion von 40 Prozent auf 10 Prozent gesunken. Die Inputindustrie machte dabei um die Jahrtausendwende ungefähr 25 Prozent und die Vermarktung 65 Prozent der Wertschöpfung aus (Magdoff et al. 2000). Bei Cash Crops aus dem Globalen Süden ist das Missverhältnis noch grösser. In den letzten 15 Jahren dürfte der Anteil für Verarbeitung und Vermarktung nochmals zugenommen haben.

Die meisten Betriebe der kapitalistischen Landwirtschaft setzen auf durchgängigen Einsatz von Maschinen, Pestiziden und Hochleistungssaatgut. Diese müssen bei der Inputindustrie eingekauft werden. Und dies mit unangenehmen Folgen. Die Landwirtinnen und Landwirte werden von Agrochemiekonzernen wie Syngenta abhängig. Sie brauchen deren Produkte und erhalten die Preise diktiert. Dazu kommt, dass die grossen Nahrungsmittelkonzerne mit ihrer Marktmacht die Preise für die Produkte der Landwirtinnen und Landwirte weitestgehend diktieren können. In diesem Zusammenhang wird argumentiert, dass sie so zu Sklavinnen und Sklaven auf ihren eigenen Feldern werden.

KRISEN UND WIDERSTAND

Auch mit der kapitalistischen Industrialisierung der Landwirtschaft lassen sich Agrarkrisen nicht vermeiden. Üblicherweise wird darunter ein temporäres Ungleichgewicht zwischen Erzeugung und kaufkräftigem Verbrauch verstanden. Um dem zu begegnen, wird die industrielle Produktion ausgedehnt und intensiviert sowie in neue Gegenden verlagert. Damit werden auch die negativen Auswirkungen globalisiert und weltweit die Produktionsbedingungen für Nahrungsmittel zukünftiger Generationen verschlechtert.

Die Unterstützung bei der Realisierung steigender Erträge in Monokulturen, aber auch die ständig drohenden Ertragseinbussen sind das Lebenselixier der Saatgut- und Pestizidmultis. Ein stetig steigender Einsatz ihrer Massenwaren ist in der industriellen Landwirtschaft gesichert oder wird mit wenig zimperlichen Methoden in Kooperation mit den lokalen Eliten in der bäuerlichen Produktion durchgesetzt (vgl. dazu den Beitrag zu Afrika in diesem Buch). Mit strategischer Forschung, der Absicherung durch unzählige Patente und Sortenschutz, spezifischen Absatzstrategien und hohem Marketingeinsatz sollen der jährliche Umsatz und der daraus entspringende Profit immer weiter erhöht werden. Syngentas Zielsetzung besteht darin, die aktuelle Profitabilität (EBITDA-Marge) von knapp unter 20 Prozent auf 24 bis 26 Prozent zu erhöhen.

Kapitalistische Landwirtschaft und Saatgut- sowie Pestizidkonzerne bedingen sich also gegenseitig. Die Konzentration der Landflächen bei immer weniger Betrieben nimmt weltweit rasant zu, kleinbäuerliches Land wird angeeignet, extensive Produktion in intensive umgewandelt, Urwald gerodet und in Wert gesetzt, Menschen werden vertrieben oder umgebracht. Die Konzentration der Konzerne in den Sparten Saatgut, Dünger und Pestizide sowie Handel und Verarbeitung von Nahrungsmitteln steigt ebenfalls an, immer weniger Multis kontrollieren einen immer grösseren Anteil des Weltmarktes.

Gegen diese fatale Zukunftsvision formiert sich vermehrt Widerstand. Die ökologische Kritik und die Propagierung von agrarökologischen Alternativen haben in den letzten beiden Jahrzehnten markant zugenommen. Die negativen Auswirkungen der kapitalistischen Landwirtschaft werden immer sichtbarer und Alternativen dringender. Die aufgezwungenen Produktions- und Verwertungsbedingungen werden als strukturelle Gewalt an Mensch und Umwelt empfunden. Landreformen und Ernährungssouveränität, gesunde Lebensmittel für alle Menschen und eine Umwelt im Gleichgewicht stehen im Konflikt mit dem Renditeanspruch und der Akkumulation des Kapitals. Die zukunftsweisenden Alternativen zur industriell-kapitalistischen Landwirtschaft und radikale Reformen in dieser Transformation werden daher weiterhin auf Widerstand der kapitalistischen Eliten stossen.

Die Saatgutherstellerin, Syngenta, produziert die Ware Saatgut (W'). Dazu werden andere Waren benötigt (W). Geldkapital (G) wird dazu aufgesplittet in konstantes Kapital (C) in Form von Produktionsstätten, Maschinerie, Rohstoffen, Energie etc., sowie variables Kapitel (V) in Form von menschlicher Arbeitskraft. Dieser Prozess macht für Syngenta nur dann Sinn, wenn sie mehr Geld (G') realisieren kann, als sie hineingesteckt hat. Üblicherweise wird dies durch direkte Ausbeutung der menschlichen Arbeitskraft im Produktionsprozess erreicht. Gesichert werden muss die Wiederholung des Produktionsprozesses. Entscheidend ist die Produktion auf immer erweiterter Stufenleiter (G'' etc.) mit neuen Investitionen und einer jährlichen Auszahlung von Dividenden an die Aktionäre.

Das produzierte Saatgut muss gewinnbringend verkauft werden können. Dazu sollte ein entsprechender Gebrauchswert vorhanden sein. Bessere Erträge stellen sich ein, wenn dieser Gebrauchswert im Vergleich zu anderem Saatgut höher ausfällt oder durch Marketing künstlich erhöht wird oder durch besondere Schutzmassnahmen abgesichert werden kann. Allerdings besteht beim Saatgut eine spezifische Grenze für kapitalistische Produktion. Aus der Ernte kann problemlos ein Teil zurückbehalten werden, um wieder als Saat oder Neupflanzung verwendet zu werden (in der Grafik grün dargestellt). Es besteht somit die Möglichkeit, den separierten Prozess der Saatgutherstellung infrage zu stellen, zu begrenzen oder durch Nichtkauf zu verunmöglichen. Die spezifische Zirkulation und Akkumulation im Bereich der kapitalistischen Saatgutproduktion kann damit gestört oder sogar unterbunden werden.

Um diesen Einschränkungen zu entgehen, werden bei der Saatgutherstellung zwei spezifische Strategien verfolgt; die eine ist technischer, die andere juristischer Art. Auf der juristischen Ebene funktioniert das geistige Eigentum. Mit Hilfe von Patenten wird die Reproduktion von Saatgut durch kapitalistische Landwirtinnen und -wirte untersagt oder mit Patentabgaben belegt. Das technische Mittel sind Hybridsorten: Das Saatgut kann sich aufgrund von Inzucht nicht mehr selbst oder nur beschränkt reproduzieren oder verliert in den nächsten Generationen wichtige Eigenschaften. Die kapitalistischen Landwirtinnen und -wirte sind damit auf die Saatgutherstellerin angewiesen und die endlose Kapitalakkumulation und -zirkulation der Saatgutherstellerin basiert auf einer staatlich gesicherten Grundlage mit spezifischen Abhängigkeiten.

Von dieser Situation sind nicht nur kapitalistische Landwirtinnen und -wirte betroffen, sondern auch Subsistenz- und Kleinbäuerinnen und -bauern. Diese können sich dem Patentschutz und der Verarmung der Biodiversität nicht einfach entziehen. Von daher kämpfen sie für den freien Tausch von Saatgut, für das Landwirteprivileg und gegen den staatlichen Schutz des geistigen Eigentums. Saatgut muss für sie Gemeingut sein.

KAPITALAKKUMULATION UND -ZIRKULATION AM BEISPIEL VON SAATGUT

EIN VEREINFACHTES UND ABSTRAKTES SCHEMA KAPITALISTISCHER PRODUKTION, REPRODUKTION UND AKKUMULATION

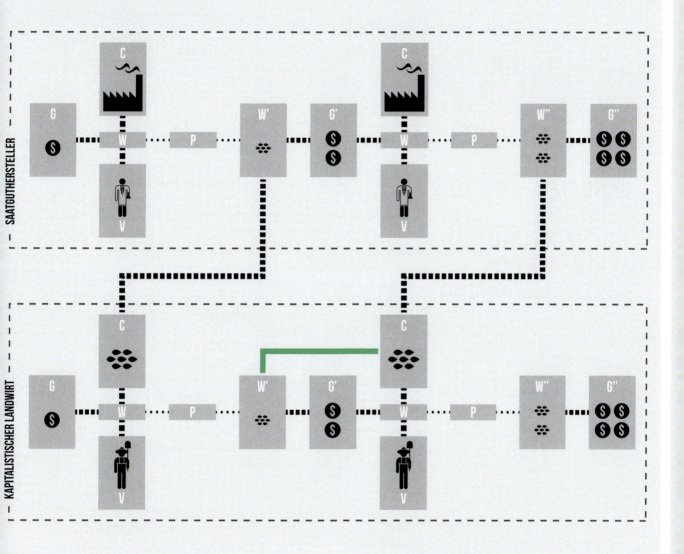

(G, G', G'') = GELDKAPITAL
(W) = VERSCHIEDENE WAREN
(W', W'') = KONKRETE WARE MIT IHREM TAUSCH- UND GEBRAUCHSWERT, IM VORLIEGENDEN FALL SAATGUT
(C) = KONSTANTES KAPITAL IN FORM VON MASCHINEN, ROHSTOFFEN ETC.
(V) = VARIABLES KAPITAL IN FORM VON MENSCHLICHER ARBEITSKRAFT
(P) = PRODUKTION
▬ ▬ ▬ = AUSTAUSCHVERHÄLTNIS
· · · · = PRODUKTIONSVERHÄLTNIS

SORTENSCHUTZGESETZE UND PATENTE ERMÖGLICHEN SYNGENTA, DIE NATUR WEITER ZU PRIVATISIEREN

SYNGENTA, GEISTIGES EIGENTUM UND AKKUMULATION DURCH ENTEIGNUNG

MultiWatch
Autorinnen- und Autorenkollektiv

Saatzucht war lange Zeit eine Aufgabe der staatlichen Agrarpolitik, der kleinen Züchterinnen und Züchter sowie der Bäuerinnen und Bauern. Als direkte Konsequenz neoliberaler Privatisierungspolitik werden die Mittel für staatliche Saatgutforschung seit den 1990er Jahren ständig zurückgefahren. Gleichzeitig übernahmen die Konzerne die Pflanzenzucht sowie die Agrarforschung und beanspruchen immer weiter gehende geistige Eigentumsrechte auf die vorgeblich ihnen gehörenden Sorten und Gensequenzen.

Dies hat drastische Folgen für Bäuerinnen und Bauern, Konsumentinnen und Konsumenten sowie für die gewerblichen Züchterinnen und Züchter und die Forschung. Der UNO-Sonderberichterstatter für das Recht auf Nahrung, Olivier De Schutter, analysiert diese Verschiebung von öffentlicher landwirtschaftlicher Forschung, die Bäuerinnen und Bauern mit hochentwickeltem Saatgut versorgt, hin zu Monopolprivilegien für Pflanzenzüchterinnen und -züchter durch geistige Eigentumsrechte. Er argumentiert, dass dies „die Herrschaft einer beschränkten Zahl von Firmen des Nordens im globalen Ernährungssystem verstärken kann, da diese den Zugang der Landwirtinnen und Landwirte zu verbesserten Saatgutsorten und biotechnologischen Innovationen kontrollieren" (De Schutter 2009: 4).

Geistige Eigentumsrechte spielen bei Saatgut eine besondere Rolle, weil die Bäuerinnen und Bauern das Saatgut selbst gewinnen, aufbewahren, vermehren und weiterzüchten können. Das Kapital hat zwei spezifische Lösungen zur Absicherung des forcierten Warencharakters von Saatgut gefunden. Die technische Lösung besteht darin, dass Saatgut bei seiner Reproduktion seine besonderen Eigenschaften verliert. Die meisten Saatgutsorten, die Syngenta und Monsanto verkaufen, sind solche Hybridsorten. Noch weiter gehen die sogenannten „Terminator"-Technologien, bei denen die Reproduktionsfähigkeit der Saat mit gentechnischen Mitteln zerstört wird. Die andere Lösung sind geistige Eigentumsrechte: Sortenschutz und Patente.

SORTENSCHUTZ UND DIE UPOV-KONVENTIONEN

Sortenschutzgesetze existieren in den USA seit den 1930er und in Europa seit den 1950er Jahren. Sie schützen die Rechte des Züchters und der Züchterin an einer neuen Pflanzensorte aufgrund von deren phänotypischen Charakteristika, also aufgrund von Eigenschaften wie Aussehen, Geschmack oder bestimmten Resistenzen. Sortenschutz wird heute durch das Abkommen über handelsbezogene Aspekte der Rechte des geistigen Eigentums (TRIPS – Trade-Related Aspects of Intellectual Property Rights) international durchgesetzt. Dem zufolge muss jedes Mitgliedsland der Welthandelsorganisation (WTO) ein System für Sortenschutz implementieren, das seinen Bedürfnissen entspricht und das die Rechte der Züchterinnen und Züchter mit denen der Bäuerinnen und Bauern ausbalancieren darf.

Aber die Länder werden stark dazu gedrängt, das System des Internationalen Verbands zum Schutz von Pflanzenzüchtungen (UPOV) zu übernehmen und das UPOV-Übereinkommen zu unterzeichnen. Dieses hat für die Bäuerinnen und Bauern gravierende Auswirkungen. Es können nur registrierte Sorten geschützt werden und diese müssen neu, unterscheidbar, homogen und beständig sein. Auf diese Weise werden die sogenannten Landsorten der Bäuerinnen und Bauern gegenüber den Sorten der professionellen Züchterinnen und Züchter benachteiligt, weil sie den formalen Anforderungen oft nicht gerecht werden und daher nicht geschützt werden können.

Das UPOV-Übereinkommen wurde mehrmals überarbeitet und dabei immer restriktiver. Die neuste Version, UPOV 91, greift direkt in den Bauernbetrieb ein und gefährdet die Rechte der Bäuerinnen und Bauern massiv. So soll es ihnen zum Beispiel nicht mehr erlaubt sein, Saatgut aus der Ernte sortenrechtlich geschützter Sorten zu gewinnen und im nächsten Jahr wieder auszusäen (Nachbau) oder untereinander zu tauschen. Damit ist das sogenannte Landwirteprivileg abgeschafft und die Bäuerinnen und Bauern werden gezwungen, eine „Nachbaulizenzgebühr" zu bezahlen oder das Saatgut jedes Jahr neu zu kaufen. Nach Protesten und Verhandlungen wurde in UPOV 91 ein beschränktes Landwirteprivileg wieder eingeführt, das es den Mitgliedstaaten der UPOV ermöglicht, den Nachbau für bestimmte Pflanzenarten weiterhin zu gestatten.

Syngenta gibt sich auf ihrer Homepage mit diesem eingeschränkten Landwirteprivileg grundsätzlich einverstanden, sofern die „legitimen Interessen des

> «Weltweit kritisieren viele Kleinbauern und Kleinbäuerinnen diese Sortenschutzgesetze, welche die Rechte der Züchterinnen und Züchter zulasten der Bäuerinnen und Bauern stärken.»

Züchters" gewahrt bleiben. Dies bedeutet insbesondere, dass die Bäuerinnen und Bauern auch bei Nachbau gezwungen werden können, Gebühren zu zahlen. Weiter merkt Syngenta an, dass neben hochwertigen Kulturpflanzen wie Gemüse und Blumen „auch gentechnisch modifizierte Kulturpflanzen vom Landwirteprivileg ausgenommen werden sollten" (Syngenta Homepage: Was denkt Syngenta über).

Weltweit kritisieren viele Kleinbauern und Kleinbäuerinnen diese Sortenschutzgesetze, welche die Rechte der Züchterinnen und Züchter zulasten der Bäuerinnen und Bauern stärken. Sie fordern, das Recht auf Nachbau wieder uneingeschränkt herzustellen: „Unser Erntegut gehört uns und nicht den Züchtungskonzernen" (IG Nachbau Homepage: Presseerklärung 2.7.2015).

PATENTE AUF PFLANZEN

Das zweite System der geistigen Eigentumsrechte, die Patente auf Lebewesen und genetische Ressourcen, ist jünger als die Sortenschutzgesetze und ermöglicht noch weiter gehenden Schutz des geistigen Eigentums. Syngenta besitzt bereits viele Patente auf Verfahren der Agrochemie und auf Pestizide und ist jetzt vorne mit dabei, wenn es darum geht, ganze Pflanzen patentieren zu lassen. Das Patentrecht ermöglicht auf gewissen technisch modifizierten genetischen Sequenzen ein 20-jähriges Monopol,

mit dem alle potenziellen Nutzerinnen und Nutzer ausser der Patentinhaberin oder dem Patentinhaber ausgeschlossen werden. Für die Bäuerinnen und Bauern unterscheiden sich die Auswirkungen von Patenten gegenüber denen von UPOV 91 nicht stark, aber für die gewerblichen Züchterinnen und Züchter und die Forschung umso mehr.

Im Gegensatz zur Sortenschutzgesetzgebung nach UPOV 91 erlaubt die Patentgesetzgebung den Züchterinnen und Züchtern nicht mehr, geschützte Sorten zu verwenden, auch wenn sie damit eine neue Sorte entwickeln. Die Patentierung von Saatgut bevorteilt also jene Firmen, die sich einerseits die Technologien zur Entwicklung von patentierbaren Pflanzen (z. B. von transgenen Sorten) und andererseits Patentanwältinnen und -anwälte für die Verteidigung ihrer Patente leisten können – allen voran grosse Saatgutkonzerne wie Syngenta.

In der Schweiz enthält das Patentgesetz noch ein Züchterprivileg. Trotz dieser eindeutigen Gesetzeslage versuchen die Saatgutkonzerne Verwirrung zu stiften. Syngenta beispielsweise lässt auf die Tüten von patentierten Sonnenblumensamen Folgendes aufdrucken: Die Verwendung des Saatguts für die Zucht „ist streng verboten, es sei denn, dies ist ausdrücklich erlaubt" (Gelinski 2012: 119). Weil angeblich Verwendungsbeschränkungen für das Saatgut gelten würden, verpflichte man sich mit dem Öffnen dazu, diese einzuhalten. Die auf den Saatguttüten aufgedruckten Texte suggerieren also, dass die Weiterzucht grundsätzlich verboten sei. So versucht Syngenta, kleine Züchterinnen und Züchter bezüglich deren Rechte in die Irre zu führen.

Patente auf Leben sind relativ neu. Ermöglicht wurden sie durch die Gentechnik. Aber erst Ende der 1990er Jahre wurde in der EU eine Richtlinie erlassen, die eine Patentierung von Pflanzen erlaubt, solange die „Erfindung" (also das besondere Merkmal wie Resistenz, Farbe der Frucht etc.) technisch auf mehrere Pflanzensorten übertragbar ist. Die Agrogentechnik hat diese technische Übertragbarkeit ermöglicht und es Agrarkonzernen erlaubt, den Unterschied zwischen „Erfindung" und „Entdeckung" zu verwischen. Darin kann die eigentliche Hauptfunktion der Agrogentechnik für den Kapitalismus gesehen werden: Sie erleichtert es den Gentechmultis, sich durch Patente geistiges Eigentum an Pflanzen anzueignen (Brandl 2012).

Patente werden also in der Pflanzenzucht entweder auf gentechnisch veränderte Gensequenzen vergeben oder auf bestimmte Eigenschaften von Pflanzen, sogenannte Traits. Letztere können an Gensequenzen gebunden oder von diesen unabhängig sein. Die Gensequenzen oder Eigenschaften müssen auf verschiedene Pflanzensorten übertragbar sein, und folglich gilt das Patent dann für alle Pflanzen, die diese Gensequenz oder diesen Trait enthalten. Es wird also beispielsweise nicht eine Paprikasorte geschützt, die gegen die Weisse Fliege resistent ist (wie beim Sortenschutz), sondern alle Pflanzen, die die gleiche Resistenz gegen die Weisse Fliege aufweisen – seien es Paprikapflanzen oder nicht. Das bedeutet, dass mit Patenten im Gegensatz zum Sortenschutz keine einzelnen Sorten geschützt werden können, dafür aber ganz viele Sorten oder sogar Pflanzenarten, sofern sie dieses spezielle Merkmal oder die Gensequenz enthalten.

Syngenta vermarktet genetische Eigenschaften als sogenannte „Agrisure Traits" und bietet diese in verschiedenen Sorten und sogar in verschiedenen Nutzpflanzen an (Syngenta US-Homepage: Agrisure). Vom Patent geschützt wird dann beispielsweise nicht die hybride Maissorte, sondern eine genetische Eigenschaft (wie z. B. „Trockenheitstoleranz" oder „Resistenz gegen den Maiswurzelbohrer") in dieser Sorte. In der Praxis aber bezieht sich ein solches Patent auf die jeweilige Pflanzensorte oder sogar auf ganze Pflanzenarten, die diese Eigenschaft besitzen.

Ausserdem können auch angewendete Methoden zur Pflanzenzüchtung patentiert werden. Ein solches Verfahrenspatent gilt dann für das Verfahren selbst, wie auch für dessen unmittelbare Erzeugnisse. Allgemeine Selektions- oder Screeningmethoden können fast jede genetische Veranlagung beschreiben. Patente auf diesen Methoden umfassen darum häufig auch eine „nicht näher eingrenzbare Menge von unterschiedlichen Pflanzen" (Gelinski 2012: 103). Ein Beispiel ist das Brokkoli-Patent EP 1069819 der

Firma Plant Bioscience Ltd. Es bezieht sich „neben dem Züchtungsverfahren auf die damit erzeugten Brokkoli-Pflanzen, deren Samen sowie alle essbaren Teile der Pflanze" (Feindt 2010: 16).

In den letzten Jahren nahm die Anzahl von Patentanträgen und Patenten auf konventionell gezüchtete Pflanzeneigenschaften rasant zu und gleichzeitig verwischt die Grenze zwischen konventioneller und gentechnischer Züchtung immer mehr. Mit dem Umweg über technisch modifizierte Gensequenzen, welche die Idee von Patenten auf Leben salonfähig machten, können die Konzerne nun den strengen Patentschutz auch auf konventionell gezüchtete Eigenschaften anwenden. Bei den Konzernen Syngenta, Monsanto und DuPont beträgt der Anteil der Patente auf Pflanzen aus konventioneller Zucht (bezogen auf alle Patente der Pflanzenzucht) mittlerweile 20 bis 30 Prozent. 2001 hatte Syngenta weniger als fünf Patentanträge für Züchtungen ohne Gentechnik gestellt; 2010 waren es beinahe 30, zum Beispiel auf Hybridzüchtungen von Raps oder Melonen (Then et al. 2011).

Und es kommt noch schlimmer, denn die Konzerne geben sich mit Patenten auf Saatgut und Pflanzen nicht zufrieden. Immer mehr Patentanträge schliessen auch verarbeitete Lebensmittel wie Öl, Mehl oder Eiweissprodukte mit ein. So gibt es Patentanträge für Weizen, die Brot, Pasta und Kuchen umfassen; solche für Gerste gehen bis zum Bier (Feindt 2010, Then et al. 2011).

Dagegen organisiert sich Widerstand. Das Aktionsbündnis „No Patents on Seeds" wird weltweit von über 300 Bauern- und Bäuerinnenorganisationen und NGOs unterstützt und fordert, dass Pflanzen, Tiere, genetisches Material und Zuchtprozesse nicht patentierbar sein dürfen (No patents on seeds 2012).

Ein weiteres Patent, das Syngenta beansprucht, weist noch in eine andere Richtung. Die Firma erachtet Sojabohnenpflanzen mit Genen, die Saatgut und Pflanzen gegen die Rostkrankheit resistent machen, als ihre Erfindung; ebenso das entsprechende Saatgut. Die Sojabohnen, in denen die entsprechenden Gene zuerst gefunden wurden, stammen aus der Ursprungsregion von Soja in Asien. Es geht dabei also um die Inbesitznahme von genetischen Ressourcen aus den Ursprungsländern der Nutzpflanzen (Then et al. 2011). Dieses Beispiel schlägt die Brücke zur Biopiraterie, die ein besonders krasses Beispiel dafür ist, wie durch die Patentierung von Pflanzen Menschen enteignet werden.

SYNGENTA UND BIOPIRATERIE

Biopiraterie wird definiert als kommerzielle Ausbeutung von vorhandenen pflanzengenetischen Ressourcen, indem darauf Patente beantragt werden,

> «Immer mehr Patentanträge schliessen auch verarbeitete Lebensmittel wie Öl, Mehl oder Eiweissprodukte mit ein.»

während der Gemeinschaft, aus deren Gebiet das genetische Material stammt, keine Kompensation gezahlt wird. Syngenta wurde in den folgenden zwei Beispielen mit Biopiraterie in Verbindung gebracht.

Auf der Suche nach der perfekten Zierblume suchte Syngenta schon länger nach Fleissigen Lieschen (Impatiens walleriana oder „Süüfferli" in Schweizerdeutsch), die mehr hängen und weniger gerade stehen. 2005 kündigte Syngenta eine neue Sorte dieser Pflanze an, die ideal für hängende Blumenampeln sei, und meldete darauf das Patent an. Das britische Patentamt stellte jedoch fest, dass die neue „Blumenerfindung" von Syngenta von einer seltenen afrikanischen Pflanze (Impatiens usambarensis) stammte. Es stellte sich heraus, dass Syngenta die tansanische Pflanze aus dem Royal Botanical Garden in Kew bei London bezogen und nichts dafür bezahlt hatte, obwohl sie es gemäss der internationalen Biodiversitätskonvention tun müsste. Syngenta kreuzte diese Pflanze mit dem Lieschen, erklärte die neue Pflanze als ihre Erfindung und bekam das Patent dafür (Lyambila 2006).

In einem anderen Fall suchte die Firma nach einer Möglichkeit, Paprikapflanzen mit Resistenz gegen die schädliche Weisse Fliege zu versehen. 2008 meldete Syngenta ein Patent auf resistente Peperoni an und 2013 wurde das Patent vom Europäischen Patentamt erteilt. Aber Syngenta hatte diese Resistenz nicht im Labor erschaffen, sondern lediglich aus der Natur bezogen. Die Resistenz kreuzte Syngenta aus einer wilden jamaikanischen Paprikapflanze ein. Diese wilde Paprika gelangte 1976 aus Kalifornien in eine holländische Saatgutbank. Von dort erhielt Syngenta die wilde Paprika, begann 2002 mit der Präzisionszucht und meldete sechs Jahre später das Patent auf alle Paprikapflanzen an, die gegen die Weisse Fliege resistent sind. Dieses Patent schützt eine konventionell gezüchtete Pflanze und eine Resistenz, die bereits in der Natur existierte und demnach nicht „erfunden", sondern – falls überhaupt – „entdeckt" wurde. Die Bevölkerung des Ursprungslandes Jamaika erhielt – im Widerspruch zur Biodiversitätskonvention – keinen Vorteilsausgleich, also keine gerechte und ausgewogene Beteiligung an den Vorteilen der Nutzung (EvB 2014a).

An diesen Beispielen wird deutlich, dass es bei Patenten darum geht, vorhandene genetische Ressourcen und die ursprünglichen Gemeingüter für die Aussaat zu privatisieren und sich der Kenntnisse, Erfahrungen und Arbeit von Bäuerinnen und Bauern zu bemächtigen. Wenn sich die Konzerne also Gemeingüter aneignen und daraus Profite schlagen, kann dies als Akkumulation durch Enteignung verstanden werden (Kloppenburg 2010) und gleichzeitig auch als Fortsetzung kolonialistischer Ausbeutung. Solche räuberischen Formen der Akkumulation werden im neoliberalen Kapitalismus neben der Akkumulation durch Mehrwertproduktion (also mittels mehr oder weniger freier Lohnarbeit) immer wichtiger (Harvey 2015).

BREITE INNOVATIONSFÖRDERUNG STATT KONZERNPROFITE

Konzerne wie Syngenta haben eine besondere Sichtweise auf geistiges Eigentum. Die wichtigsten Argumente dafür bringen zwei Syngenta-Vertreter auf den Punkt: Die geistigen Eigentumsrechte seien die unsichtbare Infrastruktur für Innovationen und Fortschritt in der Pflanzenzucht. Die Pflanzenzucht habe sich innert weniger Dekaden zu einer hochentwickelten Wissenschaft entwickelt, die teuer und riskant sei. Der Sortenschutz sei darum zwar wichtig, reiche aber nicht aus, um diese neuen, kostspieligen Prozesse abzusichern. Dafür brauche es Patente, sonst lohne sich Forschung und Entwicklung nicht (Kock et al. 2013). Aber es geht bei den Patenten nicht um einen Interessenausgleich zwischen der Erfinderin oder dem Erfinder und der Gesellschaft. Wenn der Weltkonzern Syngenta ein Patent hält, gehen die Lizenzgebühren und Profite mehrheitlich nicht an die Forscherinnen und Forscher. Vielmehr geht es darum, den Konzern zu finanzieren, schlussendlich den Aktionären und Aktionärinnen Gewinne auszuschütten und die Boni für das Management zu erhöhen.

Ein Blick in die Geschichte der Basler Chemie hilft, das Argument für geistige Eigentumsrechte in den Ländern des Südens zu entlarven. Syngenta meint, „ein robuster Rahmen geistiger Eigentumsrechte [könne] das Wachstum inländischer Investitionen in die Industrie begünstigen und ausländische Investitionen ankurbeln" (Syngenta Homepage: Was denkt Syngenta über). Im 19. Jahrhundert hatten sich deutsche und andere Chemiekonzerne in der zweiten industriellen Revolution einen technischen Vorsprung erarbeitet, den sie gegen ihre internationalen Konkurrenten verteidigen wollten. Darum forderten sie Patentsysteme. Die Basler Industrie ihrerseits profitierte davon, dass die Schweiz bis zum Ende des 19. Jahrhunderts keinen Patentschutz kannte. Die Schweizerische Chemische Gesellschaft setzte sich lange vehement gegen die Einführung eines Patentgesetzes ein. Erst nach 1894 fühlte sich die chemische Industrie in der Schweiz stark genug, um auch hierzulande die Vorteile eines Patentgesetzes selber in Anspruch zu nehmen (Frater 2008). Die Länder des Globalen Südens sollen dagegen das Basler Modell im 21. Jahrhundert nicht wiederholen können.

Aber auch im Norden profitieren nicht alle vom Patentschutz. Denn während die Wirkung von geistigen Eigentumsrechten auf die Innovationskraft und die Profite von grossen Konzernen wie Syngenta positiv sein mag, kann das Patentrecht wissenschaftlichen Fortschritt stark einschränken. Eine Studie im Fachblatt „Nature Biotechnology" kam aufgrund einer Befragung von Forscherinnen und Forschern zum Schluss, dass sich der verstärkte geistige Eigentumsschutz markant negativ auf die Forschung auswirkt (Lei et al. 2009). In der Pflanzenzüchtung wird das Patentdickicht immer undurchschaubarer. Das Gentechprojekt Golden Rice zum Beispiel bewegt sich im Gewirr von 70 Ansprüchen auf geistiges und 15 auf technisches Eigentum, die von 31 Institutionen gehalten werden (Gelinski 2012: 107). So wird es immer wahrscheinlicher, dass Forscherinnen und Forscher bestehende Patente übersehen und mit Verletzungsklagen rechnen müssen. Solche Zustände machen ihnen das Arbeiten schwer.

Innovation wird durch Patente aber auch in eine falsche Richtung gelenkt. Patente führen dazu, dass „Innovationen grossenteils nicht darauf ausgerichtet sind, dem Wohl der Gesellschaft zu dienen, sondern darauf, Renten zu erzielen oder aufrechtzuerhalten" (Stiglitz et al. 2015: 394). Patente werden in erster Linie dazu beantragt, die Marktmacht der Konzerne zu sichern. Gesellschaftlich wichtige Innovationen hingegen, die keinen monetären Wert haben, werden nicht erreicht (Stiglitz et al. 2015). Es ist also verheerend, wenn Forschung und Entwicklung nur noch von Konzernen bestimmt sind, ausserhalb jeglicher demokratischer Strukturen.

DIE INNOVATIONSKRAFT DER BÄUERINNEN UND BAUERN

Dazu kommt, dass die Bedeutung der eigenen Forschungsleistungen der Grosskonzerne gegenüber der gesamten Forschungsgemeinschaft massiv überschätzt wird. Wenn Syngenta eine neue Pflanzensorte zur Marktreife bringt, gründet dies auf der Arbeit und dem Wissen von Bauern und Bäuerinnen einerseits und oft auch auf staatlich finanzierter Universitätsforschung andererseits. Die Zuordnung von Sorten oder Gensequenzen zu einzelnen Unternehmen basiert auf einem Akt der privaten Aneignung und Inwertsetzung, bei dem der Beitrag vieler anderer missachtet wird. Patente auf Saatgut sind nicht Ausdruck von Innovation, sondern von Herrschaftsverhältnissen.

Darüber hinaus verunmöglichen es die geistigen Eigentumsrechte den Bäuerinnen und Bauern, weiterhin so zu Innovationen beizutragen, wie sie es heute noch tun. Das Recht der Bäuerinnen und Bauern, Saatgut auszutauschen und weiterzuzüchten, ist elementar für die Entwicklung von Sorten, die angepasst sind an lokale Bedingungen wie spezifische Bodenqualität, Klima, Schädlinge und Krankheiten. Solche angepassten Sorten sind sehr wichtig für die Unabhängigkeit und die Krisenresistenz der Bäuerinnen und Bauern und somit für ihre Ernährungssicherheit (De Schutter 2009, EvB 2014d).

DURCHSETZUNG MIT FREIHANDELSABKOMMEN, KLAGEN UND GEWALT

Die geistigen Eigentumsrechte sind umstritten und umkämpft. Darum werden sie mit internationalen Abkommen wie dem TRIPS durchgesetzt und

> «Das Recht der Bäuerinnen und Bauern, Saatgut auszutauschen und weiterzuzüchten, ist elementar für die Entwicklung von Sorten, die angepasst sind an lokale Bedingungen.»

durch die Arbeit der Weltorganisation für geistiges Eigentum (WIPO) gestützt, und sie sollen von den Staaten notfalls mittels Gewalt implementiert werden. Die weltweite Durchsetzung von strikten geistigen Eigentumsrechten ist für Konzerne, die global investieren, zentral. Deshalb werden die Länder des Südens mit Hilfe von multi- und bilateralen Freihandelsabkommen und durch die beratende Funktion der WIPO gedrängt, noch striktere Gesetze durchzudrücken, als TRIPS sie vorsieht (Shashikant et al. 2015, GRAIN 2015).

Die meisten Freihandelsabkommen fordern heute von den Signatarstaaten, die internationale Sortenschutzkonvention UPOV 91 zu unterzeichnen oder ein gleichwertiges System einzuführen. Auf diese Weise werden den Ländern des Südens Sortenschutzgesetze aufgezwungen, die von Vertreterinnen und Vertretern weniger Ländern, vor allem des reichen Nordens, erarbeitet wurden. Auch die Schweiz fordert im Rahmen dieser internationalen Verhandlungen, dass sich die Länder des Globalen Südens an die Standards von UPOV 91 halten. Der einzige Agromulti in der Schweiz, der daran ein Interesse haben kann, ist Syngenta.

Die Mitglieder sind Nationalstaaten – seit 2004 auch die EU. Für Saatzuchtfirmen und Konzerne besteht ein Beobachterstatus. Die Bedeutung der Verbände kleiner, unabhängiger Züchter nimmt in der UPOV stetig ab, während die Konzerne, insbesondere Syngenta, ihren Status nutzen, um ihre Interessen durchzusetzen. Nach zähem Kampf bekamen auch wenige zivilgesellschaftliche Organisationen den Beobachterstatus. Aber diese sehen sich oft einer Übermacht gegenüber. Syngenta wird durch sechs verschiedene Branchenorganisationen in der UPOV vertreten und erhält damit ein überhöhtes Einflusspotenzial (Saez 2011).

Die UPOV schränkt also im Dienste der Saatgutindustrie die Bauernrechte auf Nachbau oder Saatguttausch zunehmend ein (La Via Campesina 2011). Überdies setzen die kapitalistischen Eliten im Globalen Süden die Vorgaben ihrer Freihandelspartner oft brutal um. Freihandel und Abschaffung des Rechts auf Nachbau werden mit staatlicher Gewalt durchgesetzt. In Kolumbien zum Beispiel werden Verstösse gegen die UPOV-91-Standards mit Haftstrafen ähnlich wie Drogenhandel bestraft (TagesWoche, 23.2.2015). Hier wurde bereits tonnenweise Saatgut von Bäuerinnen und Bauern konfisziert und zerstört – auf blossen Verdacht hin, dass eine Verletzung von Sortenschutzrechten vorliegen könnte (GRAIN 2015).

Um Patentansprüche durchzusetzen, können Konzerne klagen. Es ist dabei nicht von Bedeutung, ob die Züchterinnen und Züchter, die Bäuerinnen und Bauern das patentierte Saatgut bewusst anpflanzen oder verkaufen oder ob ihr eigenes Saatgut von patentiertem Saatgut kontaminiert wurde. Vor allem Monsanto macht regelmässig davon Gebrauch und verklagt US-amerikanische Farmer (Center for Food Safety 2012, 2013). Sie hat bis anhin noch nie verloren (Sarich 2014).

DAS RECHT AUF SAATGUT – WIDERSTAND

Geistige Eigentumsrechte, die mit der Privatisierung und Monopolisierung der Saatgutzucht einhergehen, bringen unmittelbar nachteilige Folgen für die Bäuerinnen und Bauern mit sich. Geistige Eigentumsrechte sind zeitlich begrenzte Monopole, die den Konzernen erlauben, die Preise zu diktieren. Sie erhöhen die Preise immer stärker, insbesondere diejenigen von Gentechsaatgut, obwohl die Produktivität nicht annähernd so schnell steigt. Dies wirkt sich negativ auf die Überlebensfähigkeit landwirtschaftlicher Betriebe aus, denn Saatgut besetzt heute einen wachsenden Anteil an den landwirtschaftlichen Produktionskosten. Dazu kommen riesige Preisunterschiede zwischen dem sogenannten Qualitätssaatgut der Konzerne und dem lokalem Saatgut. Letzteres wird getauscht und in traditionellen Saatgutsystemen gehandelt, die in den Ländern des Südens die Grundlage für die kleinbäuerliche Landwirtschaft bilden. Wenn diese lokalen oder regionalen Systeme im Zuge der Freihandelsabkommen zerstört werden, wirken sich die Preiserhöhungen noch drastischer aus.

Es erstaunt daher nicht, dass sich immer mehr Widerstand gegen diese Akkumulation durch Enteignung mittels geistiger Eigentumsrechte regt. Chile zum Beispiel hat nach eindrücklichen Demonstrationen 2014 beschlossen, die Konvention UPOV 91 nicht umzusetzen. In Venezuela definiert ein neues Gesetz aus dem Jahre 2014 Saatgut als „strategisches öffentliches Gut" und schränkt seine Patentierung und Privatisierung ein; der Import von gentechnisch verändertem Saatgut wird verboten. „Saatgut stellt ein Recht der Völker dar, es ist ein Erbe der Menschheit und kann somit nicht privatisiert werden", sagt der Agraringenieur José Ureña (Amerika21 2014). In Guatemala hätte das sogenannte „Monsanto-Gesetz", Teil eines Freihandelsabkommens zwischen den USA und Zentralamerika, neue geistige Eigentumsrechte auf Pflanzen einführen sollen. Vorgesehen waren Strafen bis zu 1300 USD Busse und bis zu vier Jahren Gefängnis bei Missachtung des Gesetzes. Nach heftigen Protesten von Bewegungen von Indigenen und Kleinbäuerinnen und -bauern wurde das Gesetz vom Verfassungsgericht ausser Kraft gesetzt (LaVoz 2014).

Zurzeit wird die Deklaration der Rechte der Kleinbäuerinnen und Kleinbauern in der UNO diskutiert. La Via Campesina und andere NGOs setzen sich für Bestimmungen ein, die verankern, dass Bäuerinnen und Bauern das Recht haben, ihre eigenen Sorten zu entwickeln und anzupflanzen, zu tauschen, zu verschenken oder zu verkaufen (Human Rights Council 2013). Die Deklaration benötigt engagierte und solidarische Unterstützung.

rechts:
Der freie Tausch von Saatgut ist ein altes Recht der Bäuerinnen und Bauern. Saatguttauschbörsen, wie hier in Brüssel, fordern die Saatgutkonzerne heraus.

Bild: © *Udo Schilling*

Auch vonseiten der Forscherinnen und Forscher kommt Widerstand. Es gibt viele Open-Source-Initiativen für Saatgut, die ein Gegenmodell zur Patentierung werden könnten. So brachten Forscherinnen und Forscher der Universität Wisconsin-Madison kürzlich 34 neu gezüchtete Pflanzensorten – unter anderem Brokkoli, Karotten, Quinoa und Salat – auf den Markt. Alle Saatgutpakete enthalten ein Etikett mit einem „Gelübde für Open-Source-Saatgut". Das Saatgut darf frei verwendet, ausgetauscht und zur Weiterzucht benutzt werden. Für Projektmitinitiant Jack Kloppenburg bildet das Teilen von Saatgut das Fundament für ein nachhaltigeres und gerechteres Lebensmittelsystem (Osseeds 2015).

EINE HANDVOLL KONZERNE DOMINIERT DEN WELTMARKT FÜR PESTIZIDE UND SAATGUT

MONOPOLISIERUNGS-TENDENZEN UND SYNGENTAS GLOBALE STRATEGIE

MultiWatch
Autorinnen- und Autorenkollektiv

Produktion und Handel mit Saatgut und Pestiziden sind hochgradig monopolisiert. Syngenta operiert global und spielt in den strategischen Auseinandersetzungen im Agrobusiness eine zentrale – manchmal aktive, teilweise aber auch passive – Rolle. Durch den hohen Marktanteil bei den Pestiziden und im Saatgutgeschäft, aber auch mit starken Forschungsabteilungen befindet sich der Konzern im Spitzenbereich der globalen Monopolisierungstendenzen.

GLOBALE STRATEGIEN DER MULTIS

Zwar wird immer wieder auf Grenzen der Internationalisierung hingewiesen. Seit den 1980er Jahren stellte sich jedoch eine neue Qualität ein, welche als Globalisierung bezeichnet werden kann. Treibende Kraft der zunehmenden Integration des Weltmarktes sind die multinationalen Konzerne. Die Globalisierung erfasst alle Regionen der Welt, auf deren Märkten und mit deren Ressourcen Kapital verwertet wird. Als Resultate ergeben sich weltweite Zentralisierungs- und Konzentrationsprozesse sowie die Herausbildung von transnationalen Innovations-, Produktions- und Vertriebsnetzwerken (Chesnais 1994, Fischer et al. 2010). Insbesondere Rohstoffe werden ausserhalb der OECD-Staaten erschlossen und arbeitsintensive Tätigkeiten in Billiglohnländer verlagert. Die Kontrolle der Technologien und die Innovationen, d. h. Forschung und Entwicklung, bleiben jedoch vorwiegend in den Zentren.

Die Multis wandelten sich seit den 1990er Jahren von vertikal integrierten, räumlich konzentrierten Konzernen mit diversifizierten Divisionen zu komplexen, netzwerkartigen Unternehmen mit einer Vielzahl von Akteuren in Regionen und Kontinenten. Als Hauptaufgabe organisieren sie die Wertschöpfungsketten zur Aneignung eines möglichst grossen Teils des weltweit erzeugten Mehrwerts (Fischer et al. 2010).

Die globalen Strategien der Multis zielen damit auf die Sicherung von Vorteilen im Stammland, den Erwerb von strategischen Ressourcen (wissenschaftliche und technische Kenntnisse oder Rohstoffe), die Wahl der kostengünstigsten Produktion und auf die weltweite Vermarktung ihrer Produkte ab. Dienlich dazu sind Optimierungen bei den Transferpreisen. Und bei den Kosten fallen natürlich die Besteuerungen ins Gewicht, sodass auch hier die vorteilhaftesten Kombinationen gesucht werden. Im globalen Wettbewerb gelten freilich Entwicklung und möglichst umgehende Anwendung von neuen Technologien als entscheidende Faktoren für Wettbewerbsvorteile.

KONZENTRATION UND ZENTRALISIERUNG VON KAPITAL

Die multinationalen Konzerne verfolgten in der Nachkriegszeit vornehmlich eine Strategie der Diversifizierung und Exportsteigerung. Seit den 1990er Jahren stehen aufgrund der bescheideneren volkswirtschaftlichen Wachstumsraten Aufkäufe und Fusionen im Zentrum. Gesprochen wird auch von einem externen Wachstum im Gegensatz zum internen Wachstum der Konzerne. Mit der starken Konzentration des Kapitals entwickelten sich in verschiedenen Märkten Oligopole von einigen wenigen Unternehmen und ökonomische Strukturen, die durch ein spezifisches Wechselspiel von Konkurrenz und Kooperation gekennzeichnet sind. In Oligopolen fällt die Konkurrenzierung nicht weg, doch vielfältige explizite, aber auch implizite Abkommen werden eingegangen, insbesondere wird versucht, die Rahmenbedingungen auf den Geschäftsbereich zuzuschneiden. Die übrigen Konkurrenten hingegen sollen vom Zugang zu Technologien und Wissensbeständen ausgeschlossen werden.

Die entscheidenden Gesichtspunkte von Oligopolen sind Marktmacht, Absicherung der Profite und ungebremste Realisierung von Extraprofiten. Eine kleine Anzahl Konzerne beherrscht einen Markt und kann dadurch eine über dem Durchschnitt liegende Profitrate erzielen. Bei wachsenden Märkten lässt sich dies einfacher umsetzen. Wenn die Wachstumsraten jedoch zurückgehen, wird die Konkurrenz härter. Die firmeninternen Anstrengungen werden folglich intensiviert, um die bisherige Profitabilität beizubehalten. In solchen Situationen werden kleinere Unternehmen oder diejenigen mit ungelösten oder absehbaren Problemen von grossen Konzernen übernommen. Flankierend dazu werden weniger rentable Bereiche ausgegliedert.

Als Konsequenz ergibt sich eine weitere Phase der Monopolisierung, in der die Anzahl dominierender Firmen nochmals abnimmt und diese einen grösseren

«In einer ETH-Studie von 2011 wurde herausgearbeitet, dass im Zentrum der globalen Ökonomie 147 transnationale Unternehmen stehen, die weltweit eine beherrschende Stellung einnehmen.»

Marktanteil wie auch ein höheres Profitniveau erreichen. Genau dieser Prozess liess sich bei der Fusion zu Syngenta beobachten, und er steht auch bei künftigen Mergers innerhalb des Agrobusiness im Zentrum der strategischen Bestrebungen.

Die Weltwirtschaft ist sehr vielfältig strukturiert. Die Zahl der Multis nahm in den letzten Jahrzehnten zwar markant zu. Doch in einer ETH-Studie aus dem Jahre 2011 wurde herausgearbeitet, dass im Zentrum der globalen Ökonomie 147 transnationale Unternehmen stehen, die weltweit eine beherrschende Stellung einnehmen (Vitali et al. 2011).

SICHERUNG VON EXTRAPROFITEN

Monopol- oder Extraprofite lassen sich nur erzielen, wenn ein Unternehmen längerfristig über eine herausragende Dynamik verfügt oder unter spezifischen Marktbedingungen operiert. Letztere entstehen über Patente. Diese verhindern Investitionen anderer Unternehmen im vom Patent geschützten Bereich, womit der Monopolpreis über eine bestimmte Zeit als eigentliche Rente anfällt. Aus diesem Grund haben sich in den letzten Jahrzehnten die Anträge auf Patentierungen aussergewöhnlich gehäuft. Diejenigen Firmen, die über Jahrzehnte viele Patente anmelden und erhalten, sind in der Regel hoch profitabel, weil die Extraprofite stetig anfallen. Laufen hingegen Patente aus und ist nichts Neues in der Pipeline, dann wird schnell von einer drohenden Profitschwäche gesprochen, was den Aktienkurs fallen lässt und Gerüchte über eine anstehende oder notwendige Übernahme schürt. Patente bilden heute zweifellos die zentralen strategischen Elemente eines globalen Konzerns (Serfati 2012).

STAAT UND ANTITRUSTGESETZGEBUNG

Staaten garantieren mit ihrer Gesetzgebung die Warenproduktion. Gleichzeitig werden im Gefolge von sozialen Auseinandersetzungen Schutzrechte sowie Standards für Arbeitsbedingungen der Beschäftigten und Beschränkungen der Marktmacht von Unternehmen etabliert. Mit der Globalisierung transformierte sich der Staat jedoch zum Wettbewerbsstaat (Hirsch 1995). Ein prioritäres Interesse richtet sich nun darauf, dem nationalen Kapital möglichst gute Verwertungsbedingungen bereitzustellen. Es soll aber auch internationales Kapital angezogen werden. Wenn es im nationalen Rahmen manchmal gelungen ist, den grossen Firmen mittels Antitrustgesetzgebung Grenzen aufzuerlegen oder Fusionen zu verhindern beziehungsweise Kartelle sogar zu zerschlagen, fehlt es in der Ära des Neoliberalismus am politischen Willen dazu. Staaten ziehen sich mit ihrer Gesetzgebung immer weiter zurück. Behauptet wird, international sei nur noch mit Abkommen etwas zu erreichen. Doch diese dienen keiner einschränkenden Regulierung, sondern verstärken meist nur die Privilegien der Konzerne. Dies gilt insbesondere für die neuen Vereinbarungen wie TTIP (vgl. nächstes Kapitel), CETA (Handelsabkommen zwischen der EU und Kanada), TPP (Trans-Pacific Partnership), die den Multis nochmals mehr Rechte gegenüber staatlichen Bestrebungen zur Machtbeschränkung einräumen sollen.

OLIGOPOLE BEI PESTIZIDEN UND SAATGUT

Das Agrobusiness wird bestimmt von einer überschaubaren Zahl global agierender Konzerne. Besonders stark ausgeprägt ist der Konzentrationsprozess bei den Pestiziden und beim Saatgut. Syngenta nimmt im Pestizid- und im Saatgutbereich eine weltweite Spitzenposition ein. Andererseits bestehen doch auch einige Probleme wegen uneingelöster Profitabilitätsversprechen und stagnierender Umsätze. Letztere schlagen sich in Marktanteilsverlusten nieder.

Im Pestizidgeschäft erreichten 2009 bereits neun Konzerne über eine Milliarde USD Umsatz. An der Spitze befindet sich seit langem Syngenta (2014 mit rund 11,4 Milliarden USD), mit etwas Abstand folgt Bayer CropScience. Dahinter positionieren sich BASF, Dow AgroSciences, Monsanto, DuPont, Makhteshim-Agan Industries, Nufarm und Sumitomo Chemical. Die mächtigsten drei Konzerne kommen im 2011 gemeinsam auf beinahe 53 Prozent des Gesamtumsatzes (EvB et al. 2014). Weil Syngenta in den letzten zwei Jahren einen Marktanteilsverlust von gut 3 Prozent hinnehmen musste, reduzierte sich deren Anteil am globalen Umsatz auf 51 Prozent.

Der Saatgutbereich wird ebenfalls von drei Konzernen dominiert. An der Spitze liegt Monsanto, gefolgt von DuPont und Syngenta. Lag deren gemeinsamer Marktanteil in den 1990er Jahren noch unter 10 Prozent, so ist er bis 2011 auf über 53 Prozent angestiegen. Sogar die neun grössten Konzerne erreichten 1996 erst etwa 17 Prozent (Mammana 2014: 10). Die Konzentration stieg also extrem an. Seit 2011 hat jedoch Syngenta etwas an Marktanteil verloren (–1,2 Prozent), während DuPont den Anteil auf 21 Prozent steigern konnten. Damit bestreiten die drei dominierenden Konzerne bereits 55 Prozent des globalen Saatgutmarktes (ETC Group 2015: 5).

Eine allfällige Megafusion könnte im Saatgutbereich beinahe die Hälfte des Gesamtumsatzes anvisieren. Aber auch die Übernahme Syngentas durch Monsanto ergäbe ein Marktpotenzial von bald einmal 40 Prozent. In der bürgerlichen Presse wird diese Entwicklung als Konsolidierungswelle banalisiert (NZZ, 23.12.2015).

Mit den Zahlen von 2013 wird davon ausgegangen, dass die „Big Six" (BASF, Bayer, Dow, DuPont, Monsanto, Syngenta) auf 75 Prozent des globalen Agrochemiemarktes und auf 63 Prozent des kommerziellen Saatgutmarktes kommen sowie mehr also 75 Prozent der privaten Forschung bei Pestiziden und Saatgut betreiben. Der Weltumsatz wird mit 54 Milliarden

USD bei den Pestiziden und mit 39 Milliarden USD beim Saatgut beziffert (ETC Group 2015).

Der Grad der Monopolisierung ist jedoch auch nach den einzelnen Pflanzen zu differenzieren. Insbesondere bei den Zuckerrüben liegt eine nahezu vollständige Marktbeherrschung der drei führenden Saatgutkonzerne vor. Etwas tiefer, aber immer noch über 50 Prozent, fällt diese bei Mais und Soja aus (EvB 2014c). Monsanto, DuPont und Syngenta kontrollieren 60 Prozent des Marktes für Field Crop Seeds (Getreide- und anderes Feldsaatgut), welcher wiederum 86 Prozent des gesamten Saatgutmarktes ausmacht (ETC Group 2015: 11).

Marktanteile sagen jedoch bei weitem nicht alles über die effektive Macht der Big Six aus. Mit Vereinbarungen zu sogenannten Kreuzlizenzierungen wird eine kartellähnliche Kooperation gebildet, die die erweiterte Konkurrenz benachteiligen soll. Im Zentrum stehen die Lizenzierungen von Patenten, die gegenseitig gratis abgegeben oder mit Einmalzahlungen abgegolten werden, die Regelungen bei Patentstreitigkeiten und beim Zugang zu generischen biotechnologischen Eigenschaften sowie nicht zuletzt auch Forschungs- und Entwicklungsallianzen (vgl. dazu Howard 2013 und ETC Group 2015). Auf diese Weise ergeben sich netzartige Verbindungen zwischen den Bix Six.

Mit dem Diktat über den Saatgutsektor wird die Nahrungsmittelproduktion bestimmt. Und wer das Nahrungsangebot kontrolliert, beherrscht die Bevölkerung. Genau darum aber geht es den Agrokonzernen im Agrobusiness.

SYNGENTAS STRATEGIE

Als Marktführerin bei den Pestiziden sowie drittgrösste Anbieterin von Saatgut und genetischen Saatguteigenschaften verfolgt der Konzern die Strategie „One Syngenta" und will den kleinen und grossen Farmern integrierte Lösungen mit Saatgut, Pestiziden, Beratung und ergänzenden Angeboten verkaufen.

Immer wichtiger werden dabei Informatikdienstleistungen mit Beratungssoftware und die Verarbeitung von riesigen Datenmengen. Durch personalisierte, internetbasierte Beratungsportale für Farmer verfügt Syngenta über immer mehr Daten zu landwirtschaftlichen Betrieben und ihren Kunden. Sie kann die Daten über Bodeneigenschaften und klimatische Bedingungen, aber auch die Spezialkenntnisse der Bauern und Bäuerinnen, die Arbeitsplanungen und die Abnehmer und Abnehmerinnen in geeigneten Datenbanken verknüpfen. Big Data ist auch in der Saatgutindustrie die Zukunft. Dabei verlieren die Landwirtinnen und Landwirte die Eigentumsrechte und die Kontrolle über die Daten und werden zu gläsernen Kunden. Dies nennt sich „Whole Farm Management" und Syngentas Lösung dazu heisst „AgriEdge Excelsior" (Syngenta

«Es wird davon ausgegangen, dass die Big Six auf 75 Prozent des globalen Agrochemiemarktes und auf 63 Prozent des kommerziellen Saatgutmarktes kommen.»

US-Homepage). Anstehend ist somit der Sprung in die digital-kapitalistische Landwirtschaft. Die wachsende Bedeutung von Big Data und Bioinformatik wird die Frage des „geistigen Eigentums" weiter zuspitzen und wegen der benötigten Kompetenzen und Investitionen zu einem weiteren Konzentrationsschub führen.

Mit einer imposanten Reihe von Übernahmen von Gentech- und Saatgutfirmen versuchte Syngenta seit ihrer Gründung den Rückstand auf Monsanto aufzuholen. Dies ist ihr nicht gelungen, wohl auch deshalb, weil die Gentechnologie in Europa auf mehr Widerstand stiess als im Agrarsektor der USA.

Im Markt für Nahrungsmittel besteht zurzeit trotz des Welthungers Überproduktion, die auf den Umsatz von Pestiziden und Saatgut negativ durchschlägt. Syngenta geht jedoch davon aus, dass es sich hier um eine vorübergehende konjunkturelle Abschwächung handelt. Mit ihrem Produkteportfolio hofft sie, von langfristigen Preissteigerungen bei Nahrungsmitteln im Gefolge der globalen demografischen Entwicklung profitieren zu können.

Die strategischen Perspektiven für Pestizide und Saatgut unterscheiden sich deutlich. In der Pestizidproduktion als Teil der anlageintensiven chemischen Industrie besteht seit Jahren ein Ertragsproblem. Syngenta kann in diesem Bereich die Renditevorstellungen ihrer Aktionäre kaum befriedigen, zumal sie insbesondere von chinesischen Chemieproduzenten bedrängt wird. Von daher verliert beispielsweise das Geschäft mit Glyphosat an Relevanz für Syngenta. Der Konzern verfolgt vermehrt eine Politik des Outsourcings der Produktion, um Kosten zu senken.

In der personalintensiven Saatgutindustrie ist die Profitabilität höher. Der Markt für GVO-Saatgut wuchs allerdings deutlich weniger als vor zwanzig Jahren prognostiziert. Vor allem in Europa hat sich die Agrogentechnik nicht durchgesetzt. Syngenta versucht deshalb, unter dem Mantel der Wohltätigkeit, der Gentechnik beim Reis in Asien und in Afrika zum Durchbruch zu verhelfen. Gleichzeitig sollen der Verkauf genetischer Eigenschaften (Traits) und das Lizenzgeschäft forciert werden. In Europa verkauft Syngenta sogenannte Nicht-GVO-Hybridsorten und hofft, einen Primeur mit Hybridweizen zu bewerkstelligen. Bei der Hybridzüchtung können wohl GVOs verwendet werden, doch die Innovation besteht eben in der Züchtung mit Inzuchtlinien und nicht in der Gentechnik.

In Nord- und Südamerika lassen sich nur noch beschränkte Zusatzmengen beim Pestizidverkauf realisieren. Allenfalls könnte es mit Elatus gelingen, einen relativ zur Konkurrenz höheren Marktanteil zu erreichen. Beim Saatgut präsentiert sich die Situation in diesen Regionen anders, doch Syngenta müsste Monsantos Vorsprung innovativ reduzieren, was zurzeit nicht absehbar ist. Die besten Wachstumschancen liegen für Syngenta eindeutig in Asien

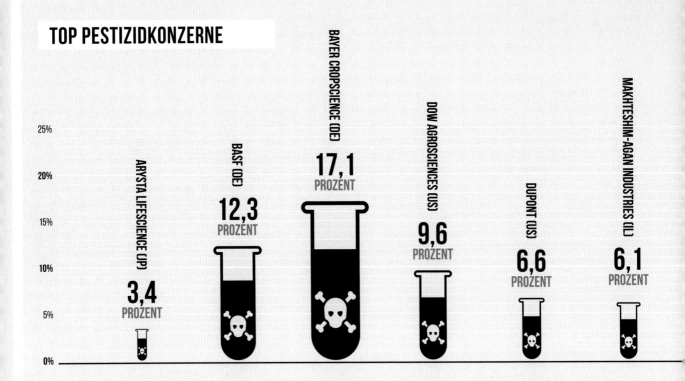
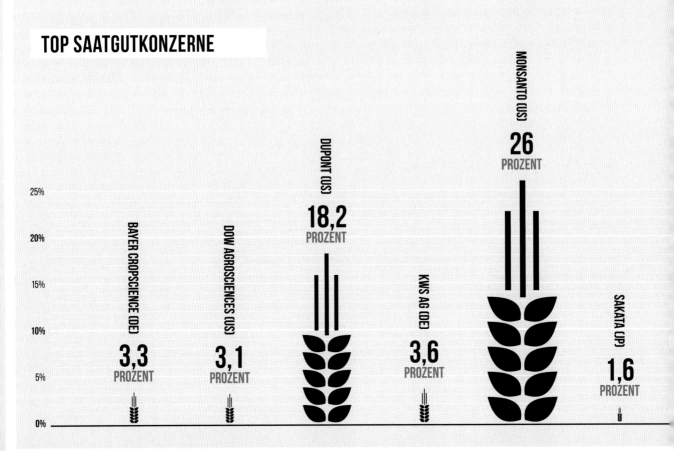

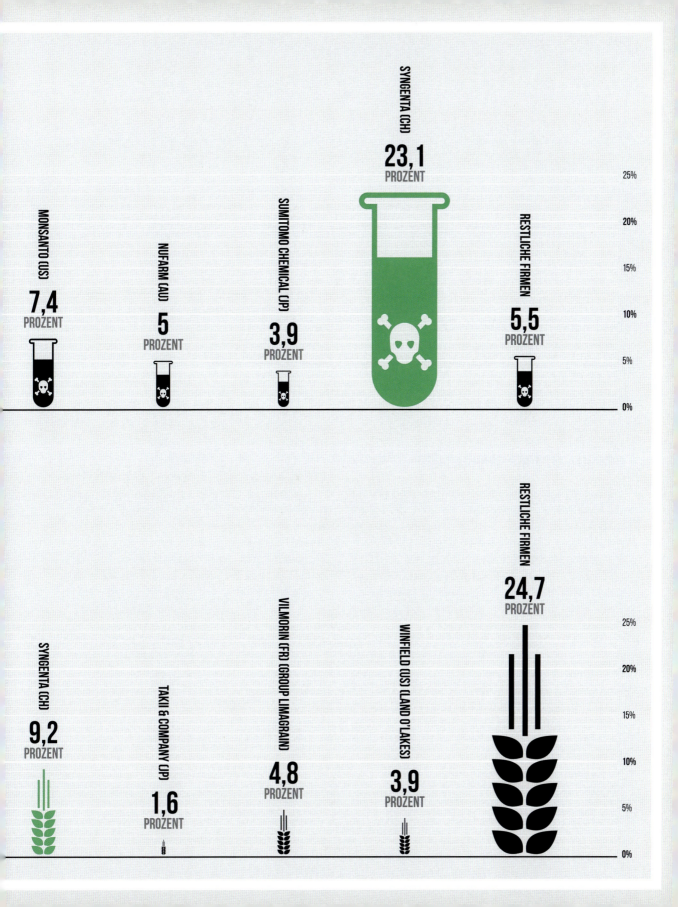

und Afrika. Kleinbäuerinnen und Kleinbauern spielen hier aber eine viel grössere Rolle. Diese erreicht Syngenta mit der üblichen Vertriebsorganisation nur beschränkt. Daher wird vermehrt die Kooperation mit staatlichen Organisationen und Hilfswerken angepeilt, denn diese verfügen über einen bessern Zugang zur Landbevölkerung (vgl. die Kapitel zu Afrika und Indien in Teil 1).

FUSION ALS STRATEGISCHES MITTEL

Veräusserungen, Akquisitionen und Fusionen sind für die Megakonzerne im Agrobusiness zentrale strategische Mittel und daher auch bei Syngenta Tagesgeschäft. Sie erhalten immer wieder hohe Aufmerksamkeit in den Medien, auch wenn häufig nur Gerüchte kolportiert werden. Offensichtlich ist aber, dass mit diesen Medienberichten die Aktienkurse teilweise beachtliche Sprünge nach oben, dann aber auch wieder nach unten vollführen.

Angebote von anderen Konzernen überraschen Management und Verwaltungsräte von Syngenta also nicht. Das Wallstreet Journal berichtete bereits 2011 und 2012 über Fusionsgespräche mit Monsanto. Auch 2014 gab es wilde Spekulationen hinsichtlich einer Übernahme der Agrochemie von Dow oder einer Fusion mit der Agrochemiesparte von DuPont, und im gleichen Sommer ging es wieder um Monsanto. Konkreter wurde es im April 2015 mit einem spezifizierten Angebot von Monsanto. Doch dieser Merger ist unterdessen gescheitert. Neuerliche Gerüchte beziehen sich auf China (China National Chemical Corporation, kurz ChemChina) sowie die deutschen Konzerne BASF und Bayer. Zur Zeit der Drucklegung dieses Buches hat mit Bezug auf Syngenta keine grosse Fusion stattgefunden. Die Gerüchte und Diskussionen über strategische Zusammenschlüsse oder Übernahmen werden jedoch nicht abbrechen – im Gegenteil.

In der Einschätzung der NZZ vom 23.12.2015 steht die Agrochemie allerdings jetzt vor einer weiteren „Konsolidierung". Damit ist eine neue Runde zur Reduktion der Zahl der Global Players im Oligopol gemeint. Syngentas Manövrierraum soll deutlich geschrumpft sein; der Konzern stehe im „Auge des Sturms". Dort ist es bekanntlich still, daher ist zurzeit unklar, welche Entwicklung sich einstellt. Einmal mehr würden intensive Verhandlungen stattfinden. Ein weiterer Alleingang jedoch sei – wegen des Drucks der Grossaktionäre – gemäss Demaré „keine Option mehr". Fusion oder Verkauf würden damit die Perspektive bilden: Wird es doch noch Monsanto sein oder erfolgt eine Verstaatlichung über ChemChina? Ein Zusammengehen, in welcher Form auch immer, ergäbe wegen der Grösse und des Wachstumspotenzials des chinesischen, stark fragmentierten Marktes Sinn, zumal ChemChina das israelische Unternehmen Makhteshim Agan gekauft hat und unter der Firmenbezeichnung Adama über drei Milliarden USD

Umsatz mit Pestiziden macht (ETC Group 2015). Der Nachrichtendienst Bloomberg gab angebliche Einzelheiten bekannt und behauptete, der Deal zwischen Syngenta und ChemChina werde noch vor Ende 2015 abgeschlossen (Aargauer Zeitung, 28.12.2015). Das ist allerdings nicht geschehen. Doch wenn es in Oligopolen unter den wenigen wirklich wichtigen Exponenten zu Bewegungen kommt, wie diese vor allem durch Monsanto angestossen wurden, schauen sich alle um. Der Merger zwischen DuPont und Dow Chemical erreichte ein Niveau von 120 bis 130 Milliarden USD. Da konnte Syngenta gemäss VR-Präsident Demaré mit einer potenziellen Grössenordnung von vielleicht 40 Milliarden USD (Finanz und Wirtschaft, 22.12.2015) nicht mithalten. Mitte Januar 2016 wird berichtet, dass die Gespräche mit ChemChina intensiviert würden (Finanz und Wirtschaft, 15.1.2016). Aus dieser Sicht scheint alles ganz klar und alternativlos zu sein: Diese Multis und deren Managements sind getrieben von den Verwertungsinteressen des globalen Kapitals in der problematischen und inakzeptabelsten Version einer finanzialisierten Welt.

Unsere Haltung dazu fällt ebenfalls eindeutig aus: Eine Fusion zwischen Global Playern ist nicht nur undemokratisch, sie ist auch nicht im Interesse der Beschäftigten sowie der Bauern und Bäuerinnen. Für die Gesellschaft als ganze ist sie ebenfalls schädlich. Anders mag dies aus der Sicht der grossen Wirtschaftsblöcke erscheinen. Doch eine Fusion bezweckt die Erhöhung der Rentabilität, einen Anstieg der Aktienkurse mit wachsender Börsenkapitalisierung im Sinne des globalen Kapitals und des berühmten obersten Prozentes unserer Weltgesellschaft. Eine grosse Fusion muss daher bekämpft werden. Vonseiten der Gewerkschaften, der Bauern und Bäuerinnen, der NGOs und weiteren sozialen Bewegungen muss der Widerstand organisiert werden. Notwendig ist vor allem eine internationale Koordination, da ansonsten die Erfolgschancen klein bleiben.

Absehbar ist in der Tat, dass der grösste Teil der Nahrungsmittelproduktion nochmals stärker von nur noch ganz wenigen globalen Konzernen beherrscht wird. Zurzeit sind es die Big Six, morgen vielleicht nur noch drei. Daher stellt sich die Frage, wie schnell und in welchem Ausmass es in diese Richtung geht, vor allem aber, wie dieser Trend gebrochen werden kann. Als zentrale und strategische Achse muss der Patentierung ein Riegel geschoben werden. Denn mit Patenten erfolgt eine Alleinstellungsposition, mithin ein spezifischer, jedoch illegitimer Schutz für die Vermarktung und damit die Garantierung eines Extraprofites via Monopolrente. Im Weiteren müsste vor allem die lokale Nahrungsmittelproduktion verstärkt geschützt und gestützt werden.

FREIHANDELSABKOMMEN
SCHÜTZEN VOR ALLEM
DIE INVESTITIONEN
DER MULTIS

WELTHANDEL: VON DER WTO BIS ZUM TTIP

MultiWatch
Autorinnen- und Autorenkollektiv

In den bisherigen Kapiteln fanden verschiedentlich die sogenannten Freihandelsabkommen Erwähnung. Mit der Gründung der Welthandelsorganisation (World Trade Organization – WTO) auf den 1.1.1995 wurde neben dem Internationalen Währungsfonds und der Weltbank eine weitere, äusserst wichtige Organisation für das internationale Kapital geschaffen. Sie beruht auf dem Dogma, dass Handel gut ist und dass er möglichst frei ablaufen soll, damit Waren, Dienstleistungen und Kapital weltweit ohne Behinderungen zirkulieren können. Alles soll liberalisiert werden, dies führe zu mehr Handel und damit zu mehr Wachstum. Der Markt werde alles richten und der Wohlstand für alle steigen. Tendenziell werden mit dieser Argumentation nationale Schutzbestimmungen für wirtschaftliche Bereiche, hohe soziale Standards sowie anspruchsvolle Umweltnormen untergraben. Die letzten Jahrzehnte haben darüber hinaus eindrücklich gezeigt, dass Wirtschaftskrisen vermehrt auftreten und die Ungleichheiten global massiv zunehmen. Der Handel bringt damit nicht Vorteile für alle, sondern privilegiert die grossen Konzerne, denen es darum geht, weltweit Absatzmärkte für sich zu schaffen. Von daher kann durchaus gesagt werden, dass vor allem „transatlantische Handelseliten die Welt dominieren" (Pinzler 2015: 55 ff.). Handelsabkommen werden bilateral und multilateral abgeschlossen. Heute existiert ein Gewirr von mehreren hundert Verträgen, die kaum noch zu überblicken sind und sich häufig auch widersprechen.

Die problematischsten Verhandlungen drehen sich um das Transatlantische Freihandelsabkommen mit der offiziellen Bezeichnung „Transatlantic Trade and Investment Partnership" (TTIP). Seit 2013 verhandeln die USA und die EU weitgehend im Geheimen über die Ausgestaltung des weltweit grössten Wirtschaftsraumes, der rund 50 Prozent des globalen Bruttoinlandsprodukts und 30 Prozent des Welthandelsvolumens umfasst (EU-Kommission 2015). TTIP ist jedoch nicht in erster Linie ein Freihandelsabkommen, welches zum Beispiel Handelszölle senkt, sondern eine einseitige Unterstützung von Kapital- und Konzerninteressen. Es hat zum Ziel, die Investitionen der Konzerne um jeden Preis zu schützen, demokratisch vereinbarte Standards zum Schutz der Menschen auszuhebeln und Regulierungen, Normen und Zulassungsverfahren auf beiden Seiten des Atlantiks auf möglichst tiefem Niveau zu vereinheitlichen. Auf dem Spiel steht damit auch das europäische Vorsorgeprinzip bei der Zulassung von Chemikalien. Dieses ist bei weitem nicht perfekt, aber im Grundsatz hat ein Unternehmen vor der Vermarktung zu belegen, dass ein Produkt unbedenklich ist. In den USA hingegen muss eine schädliche Wirkung nachgewiesen werden, um den Verkauf zu verbieten. So sind in den USA rund 80 Pestizide zugelassen, für die in der EU ein Verbot gilt – darunter auch Atrazin (CIEL 2015).

Verhandelt wird beinahe über alle Politikfelder. Zentral für Syngentas Profitinteressen sind dabei der Umgang mit Pestiziden und Gentech sowie der Patentschutz. Laut einer Studie würde der Chemiesektor, welcher in den USA und in der EU 34 Prozent des weltweiten Umsatzes erbringt, neben der Metallindustrie am meisten von TTIP profitieren (Pelkman et al. 2014). Alle Länder, welche TTIP ratifizieren, müssen zudem UPOV 91 und dem Budapester Vertrag beitreten, welche das geistige Eigentum des Agrobusiness auf Saatgut schützen. Auch gibt es Vorschläge, Patente auf Pflanzen und Tiere in einem sehr weiten Sinne zu erlauben (GRAIN 2014b, 2014c). TTIP ist für das Agrobusiness der Königsweg, um den eigenen Interessen gerade dort zum Durchbruch zu verhelfen, wo die Konzerne bisher gescheitert sind: bei der globalen Durchsetzung der Gentechnologie, bei Patenten auf Leben und bei der Bekämpfung der Verbote von verschiedenen Pestiziden in Europa. Es versteht sich daher von selbst, dass über die Verbände der Agrochemie sowohl in den USA wie auch in der EU eifrig lobbyiert wird.

Für Jean Ziegler ist diese Auseinandersetzung um TTIP „das Armageddon, ein Endkampf" gegen die Machtübernahme durch die Konzerne. „Wenn TTIP in dieser Form durchkommt, ist eine entscheidende Schlacht verloren" (Wirtschaftsblatt 18.5.2015). Überdies ist TTIP ein gigantisches Sparprogramm zugunsten der Konzerne. Eine Umsetzung des Abkommens hätte tiefere Produktionsstandards, schlechteren Verbraucherschutz, reduzierte Arbeitnehmerinnen- und Arbeitnehmerrechte sowie wegfallende Umwelt- und Sozialauflagen zur Folge. TTIP stärkt in der Landwirtschaft die Macht des Agrobusiness und damit diejenige von Syngenta. Erreicht und etabliert würde eine Dominanzposition mit historisch unvergleichbarem Ausmass.

Doch der Widerstand ist gross. Über drei Millionen Menschen haben bereits eine EU-Bürgerinitiative gegen TTIP unterschrieben. Während die Regierungen

rechts:

Bei einer Protestaktion am Grazer Hauptbahnhof informiert attac im September 2015 über die Problematik von TTIP und CETA und sammelt Unterschriften für die europäische Bürgerinnen- und Bürgerinitiative gegen TTIP und CETA.

Bild: © *attac Graz*

versuchen, die Abkommen möglichst im Hinterzimmer und zügig zum Abschluss zu bringen, wächst in einer Reihe von Ländern lautstarker Protest. Es gibt lokale, nationale wie auch internationale Bündnisse mit einer beeindruckenden Anzahl von Organisationen, die sich gegen TTIP sowie weitere, ähnliche Abkommen zusammengeschlossen haben und Mobilisierungen organisieren. Die Chance besteht, dass der Widerstand Erfolg hat.

> EINIGE GROSSE INTERNATIONALE ANLEGERGRUPPEN KONTROLLIEREN DEN KONZERN UND WOLLEN RENDITE SEHEN

SYNGENTAS AKTIONARIAT

MultiWatch
Autorinnen- und Autorenkollektiv

Im Zeitalter des Shareholder-Kapitalismus besitzen die gewichtigen Aktionärsgruppen einen beträchtlichen Einfluss auf die Geschäftspolitik der Konzerne. Wer aber die massgebenden Shareholder sind, wer wie viel Einfluss hat und wie die Interventionen aussehen, wird nur in Ausnahmefällen bekannt und bleibt Geschäftsgeheimnis. In diesem Beitrag soll dennoch versucht werden, etwas Transparenz zu schaffen.

Im Kampf gegen die Abzockerinitiative von Thomas Minder wurde in der NZZ unter dem Titel „Der Mythos der Aktionärsdemokratie" Klartext über die Machtverteilung geschrieben. Privataktionäre seien für die Aktionärsdemokratie in Schweizer Publikumsgesellschaften unbedeutend, denn die institutionellen Anleger, ob private oder staatliche Anlagefonds, Pensionskassen oder Beteiligungsgesellschaften, würden „im Schnitt zwei Drittel der börsenkotierten Firmen" besitzen. Viele der grössten Schweizer Konzerne befänden sich überdies in ausländischen Händen, denn auch die schweizerischen Pensionskassen hielten lediglich zwischen 5 und 10 Prozent Anteil an den Publikumsgesellschaften. Entscheiden würden deshalb „britische Beteiligungsgesellschaften, US-Hedge-Funds oder Staatsfonds von Kuwait bis Singapur" (NZZ, 15.1.2013). Genauso ist es bei Syngenta.

Syngenta gilt generell nicht als spekulative Anlage. Dies ändert sich, wenn ein Mergerangebot vorliegt. Bei einer solchen Fusion zweier Firmen wird üblicherweise ein Angebot für den Kaufpreis der Aktien vereinbart, das über dem Börsenkurs liegt. Sowohl Monsantos Offerte im Frühling 2015 wie auch das Angebot von ChemChina im Herbst 2015 versprachen eine beachtliche Prämie für die Aktionäre.

> «Mit dieser Aktionärsstruktur ist Syngenta also kein Schweizer Unternehmen, sondern wird von internationalem Kapital kontrolliert.»

Syngenta ist einerseits ein ziemlich normaler kapitalistischer Konzern, in den investiert wird, weil viele Anleger und Anlegerinnen angesichts der zentralen Bedeutung der Nahrungsproduktion und des permanenten Bevölkerungswachstums an den langfristig steigenden inneren Wert von Aktien des Agrobusiness glauben. Wenn aber Mergers oder Akquisitionen anstehen, gewinnt dieser Wirtschaftsbereich bei den Finanzhaien schlagartig an Interesse. Andererseits aber besetzt Syngenta Spitzenpositionen in seinen zwei Geschäftsfeldern, will diese durch möglichst viele Patente absichern und strebt hohe Eigenkapitalrenditen an. Von daher gibt es verschiedene spezifische und strategische Interessen an den Aktien von Syngenta.

WENIGE ANLEGER BESITZEN DAS GROS DER AKTIEN UND STIMMRECHTE

Syngenta wies am 31. Dezember 2015 ein Aktienkapital von 9,3 Millionen Franken aus.[1] Eingetragen sind 61'631 Aktionäre und Aktionärinnen. Sie besitzen 58,4 Prozent des Aktienkapitals. 41,6 Prozent sind Dispo-Aktien, die nicht im Aktienbuch eingetragen sind, mithin keine Stimmrechte wohl aber Vermögensrechte haben. Die 4,4 Prozent eingetragenen institutionellen Anleger halten 51,1 Prozent des Aktienkapitals, die eingetragenen knapp 59'000 Privatpersonen kommen gemeinsam auf 7,3 Prozent der Aktien (Syngenta Homepage: Aktionärsstruktur).

Wird nach Domizil differenziert, dann zeigt sich, dass die knapp 83 Prozent der Aktionärinnen und Aktionäre mit Schweizer Wohnsitz lediglich über 18,1 Prozent der Aktienstimmen verfügen; in Zahlen sind es 51'068 oder 4026 weniger als im Vorjahr. 20,8 Prozent der Stimmrechte liegen bei 244 britischen Investoren, und 185 US-amerikanische Anleger kommen auf 10,9 Prozent. Die restlichen 8,6 Prozent der Namenaktien befinden sich bei 10'134 anderswo domizilierten Aktionärinnen und Aktionären. Mit dieser Aktionärsstruktur ist Syngenta also kein Schweizer Unternehmen, sondern wird von internationalem Kapital kontrolliert.

Bei den eingetragenen Aktionären, die über mehr als 100'000 Aktien besitzen, handelt es sich praktisch ausschliesslich um institutionelle Anleger: 49 Anleger verfügen gemeinsam über 41,8 Prozent des Aktienkapitals. Und die 434 grössten Aktionäre und Aktionärinnen kommen auf knapp über 50 Prozent des Aktienkapitals von Syngenta. Demgegenüber haben 46'646 Aktionäre und Aktionärinnen weniger als 100 Aktien und bestimmen gemeinsam nur über marginale 1,8 Prozent des Aktienkapitals (Syngenta Homepage: Aktionärsstruktur). Angestellte von Syngenta in der Schweiz können bis zu einem Betrag von 5000 Franken pro Jahr Aktien zum halben Preis kaufen und gehören teilweise auch zu dieser Gruppe. Vor allem aber umfasst sie viele ehemalige Beschäftigte von Novartis und Syngenta.

Die Mehrheitsverhältnisse sind also in den Händen der institutionellen Anleger. Zu Recht weist aber Verwaltungsratspräsident Demaré darauf hin, es fehle Syngenta ein „Ankeraktionär, der Stabilität gibt" (Finanz und Wirtschaft, 22.12.2015). Syngenta ist daher auch leichter angreifbar. Auf seiner Reise durch die Schweiz im Juli 2015 versuchte Monsantos CEO Hugh Grant wichtige Aktionäre von einer Fusion zu überzeugen. Konsequenterweise sprach er mit keiner der vielen Schweizer Anlegerinnen und Anleger, wie er der Basler Zeitung (BaZ, 8.7.2015) bestätigte. Dies wäre gemäss seinen Prioritäten nur Zeitverschwendung gewesen.

Die grössten Anteilseigner müssen bei SIX Swiss Exchange, der Schweizer Börse, gemeldet werden und können auf einer Datenbank abgefragt werden. Syngentas Berichterstattung weist diese ebenfalls aus (Syngenta Homepage: Corporate Governance Report 2014). Diese Gesellschaften verwalten das Geld von vermögenden Privatpersonen (High Net Worth Individuals) und sogenannten Ultra-High-Net-Worth-Individuen, die ein disponibles Vermögen von mindestens 30 Millionen USD einsetzen können, und sie legen dieses Geld an.

An erster Stelle liegt JPM Chase Nominees Ltd., London, mit 13,10 Prozent des Aktienkapitals. Es handelt sich dabei um die britische Tochter der US-Bank JP Morgan Chase & Co. mit Sitz in New York. JPM ist die grösste Bank der USA und laut Forbes (Wikipedia: JP Morgan Chase) weltweit die zweitgrösste an der Börse akkreditierte Bank. Als Investitions- und Vermögensverwaltungsbank besitzt sie einen Hedgefonds und ist darauf spezialisiert, die Vermögen der Reichsten dieser Welt zu verwalten. An zweiter Position folgt Nordtrust Nominees Ltd., London, mit 6,73 Prozent. Es handelt sich um eine Tochter des Finanzinstituts Northern Trust mit Sitz in Chicago, welches auf Investmentbanking, Vermögensverwaltung von Reichen, Pensionskassen, Stiftungen, Versicherungen und Staatsfonds spezialisiert ist (Wikipedia: Northern Trust). Die hohen Anteile von Syngenta-Aktien dieser beiden britischen Töchter von US-Konzernen erklären sich wohl aus der Geschichte von ICI und Zeneca. Über ihre Haltung anlässlich des Versuchs der Übernahme von Syngenta durch Monsanto im Sommer 2015 ist öffentlich nichts bekannt.

An dritter Stelle steht BlackRock, Inc., New York, mit 5,08 Prozent. Darauf folgt die US-Investmentgesellschaft The Capital Group Companies Inc Los Angeles mit 4,98 Prozent, die in der ETH-Studie zu Multis als weltweit zweiteinflussreichste aufgeführt wird (Vitali et al. 2011). Einen Anteil von 4,96 Prozent besitzt die Mellon Bank N.A. in Everett, einen von 3,43 Prozent deren Holding, The Bank of New York Mellon Corporation, New York. Beide sind im Vermögensverwaltungs- und Pensionskassengeschäft tätig. Weitere grosse Anleger sind die Dreyfus Corporation, Lockwood Advisers und Pershing Group aus den USA sowie Walter

Scott and Partners aus Edinburgh. Ihnen allen geht es in erster Linie um den Ertrag aus ihrem Investment.

Addiert verfügen die sechs wichtigsten Anteilseigner somit über 38,28 Prozent des Aktienkapitals – sofern alle ihre verwalteten Aktien eingetragen sind. Die 43 nächsten grossen Anleger kommen deshalb nur noch auf rund 3,7 Prozent der bereits erwähnten 41,8 Prozent für die grössten 49 Anleger. Die vielen kleinen Aktionäre und Aktionärinnen fallen hingegen nicht ins Gewicht und haben auch nichts zu sagen. Dennoch prägen sie das Bild der Generalversammlungen, sodass diese einem Pensioniertenanlass gleichen.

BLACKROCK, DIE KAPITALISTISCHE KRAKE

Gemäss der „Zeit"-Journalistin und Finanzexpertin Heike Buchter ist BlackRock heute die „mächtigste Institution unseres Finanzsystems" und damit der „mächtigste Konzern der Welt" (Buchter 2015: 9). BlackRock, die „heimliche Weltmacht" (Untertitel zum Buch), verwaltet einen beträchtlichen Teil des global investierten Kapitals. Gemäss Homepage von BlackRock waren es am 30.6.2015 rund 4,72 Billionen USD. BlackRock wurde 1992 unter Führung des Investmentbankers Larry King gegründet und 1999 an die Börse geführt. Vizevorsitzender ist der ehemalige SNB-Präsident Philipp Hildebrand, der zur exklusiven, aber auch berüchtigten „Group of Thirty", der weltweit einflussreichsten Schattenregierung, gehört.

BlackRock ist zweifellos die wichtigste Schattenbank mit einer globalen Anlagestrategie. Die Zeitschrift „Finanz und Wirtschaft" nennt BlackRock den „Meister des passiven Anlegens", weil angeblich zwei von drei Dollars passiv angelegt seien und Börsenindizes wie den SMI abbilden würden. Dass BlackRock Aktien von Syngenta besitzt, reflektiert diese Strategie. Die bei Syngenta investierten gut 500 Millionen USD stellen jedoch lediglich Peanuts dar, oder 0,01 Prozent des verwalteten Kapitals. Aber wie eine „Krake" (Buchter 2015) ist BlackRock überall auf der Welt tätig und auch in der Schweiz mit gut 35 Milliarden Franken der grösste Einzelaktionär an der Schweizer Börse. BlackRock könnte problemlos mit dem verwalteten Kapital alle Unternehmen, die an der SIX Swiss Exchange kotiert sind, kaufen (Finanz und Wirtschaft, 30.6.2015).

HEUSCHRECKEN IN FORM VON HEDGEFONDS ...

Der weltweit grösste Hedgefonds, Bridgewater Associates, investierte in Monsanto, hat seine Beteiligungen aber Mitte 2014 wegen des Widerstands gegen die Grüne Gentechnik in Europa und wegen des Scheiterns des ersten Fusionsversuches mit Syngenta 2014 abgestossen (Garner 2014). Zu den Aktionären von Syngenta gehört hingegen der Hedgefonds des berühmten Börsengurus und Milliardärs Ken Fisher. 2013 besass sein Fonds Syngenta-Aktien im Wert von 68 Millionen USD.

Der Hedgefonds des Milliardärs John Paulson hat sich seit Juni 2015 in Syngenta eingekauft und ist jetzt einer der 20 wichtigsten Aktionäre. Im Seilziehen zwischen Monsanto und Syngenta ging es ihm um die in Aussicht gestellte Prämie, aber wohl auch um eine längerfristige Druckposition.

... ABER AUCH BANKER SPIELEN MIT ...

Bei Syngenta sind die Vermögensverwaltungsbanken und die grossen Pensionskassenfonds wichtiger als die Hedgefonds. Zu den Top-20-Investoren bei Syngenta gehört die European Financial Group. EFG ist eine internationale Privatbank mit Sitz in Zürich und gehört zur EFG Bank Holding mit Sitz in Luxemburg. Die Vermögensverwaltung operiert insbesondere in Jersey, Luxemburg, Miami, Cayman Island, Bahamas und Singapur. Der Portfolio-Manager der FFG, Urs Beck, outete sich im Juni 2015 als Befürworter des Monsanto-Syngenta-Deals (Finanz und Wirtschaft, 19.6.2015). Interessant ist, dass die EFG Holding vom griechischen Reederclan Latsis kontrolliert wird. Spiros Latsis ist vermutlich der reichste Mann Griechenlands. Sein Wohnsitz ist das Hotel Bellevue in Genf.

... UND NATÜRLICH DIE PENSIONSKASSEN

Verschiedene Schweizer Pensionskassen haben Aktion von Syngenta im Portfolio. Aber selbst die grössten Schweizer Pensionskassen verfügen gegenüber den grossen institutionellen Anlegern aus den USA und Grossbritannien über relativ wenig Anteile. Die BVK Personalvorsorge des Kantons Zürich etwa hatte im April 2013 ca. 120 Millionen CHF in Syngenta angelegt. Ende 2014 waren es dann nur noch 61,2 Millionen CHF. Die BVK hatte bei der Syngenta-Generalversammlung 2013 das Entschädigungssystem abgelehnt und dem Verwaltungsrat keine Entlastung gegeben (BVK Homepage).

In einem Brief an Syngentas Verwaltungsratspräsidenten Michel Demaré verlangte die Henderson Global im Juli 2015, dass das Monsanto-Angebot ernsthaft geprüft werde. Henderson Group ist ein traditioneller britischer Vermögensverwalter, der das Geld von Pensionskassen investiert (Swissinfo, 17.7.2015).

SOGENANNTE NACHHALTIGKEITSFONDS

Ebenfalls Geld bei Syngenta angelegt hat der grosse französisch-luxemburgische Investmentfonds Oddo. Nach BNP Parisbas, BC Group PLC und Volkswagen ist Syngenta die viertwichtigste Anlage des Fonds mit 4,4 Prozent seines Vermögens. Oddo trägt „ESG" in seinem Namen, was für „Environmental, Social, Governance" steht. Solche Fonds behaupten, besonders nachhaltig ausgerichtet zu sein und mit der ökologischen Orientierung auch wirtschaftlichen Erfolg zu verbinden. Letzteres ist wichtig, Ersteres eher Vorwand. Dennoch besteht eine gewisse Nähe zur Nachhaltigkeitsideologie von Syngenta, wie sie im Good Growth Plan zum Ausdruck kommt. Dieser richtet sich damit nicht nur an die politische Öffentlichkeit, sondern auch an eine spezifische Gruppe von Investoren (Barmettler 2013). Es ist deshalb nicht überraschend, dass Syngenta-Manager Juan Gonzalez-Valero, vermutlich der Autor des Good Growth Plan, von 2006 bis 2010 Anlaufstelle für ESG-Investoren war. Neben Oddo gibt es noch weitere Nachhaltigkeitsfonds, die an Syngenta beteiligt sind, wie etwa den Global Sustainable Equity Fonds der UBS mit Sitz in Luxemburg.

PERSPEKTIVEN

Im Zeitalter des Shareholder-Value-Kapitalismus spielen Hedgefonds und Aktienfonds für die Unternehmensentwicklung eine immer wichtigere Rolle. Sie sind die neuen Charaktermasken des Kapitals. Permanent kontrolliert wird die Rentabilität des investierten Kapitals und entscheidend ist das Verhältnis zwischen Aktienkursentwicklung und Dividendenausschüttung. Der sogenannte Shareholder Value ist zum wichtigsten Kriterium einer Beurteilung von Unternehmen und damit auch von Restrukturierungen, Fusionen und Akquisitionen geworden.

Die grossen Anleger machen ihren Einfluss geltend und diesem kann sich das Management nicht ohne Weiteres entziehen. Umsatzprobleme[2] mangelnde Rentabilität oder ein befürchteter Positionsverlust in den zentralen Märkten führen zur Erhöhung dieses Drucks. Handeln und Verhandlungen sind angesagt. Gemäss Demaré ist es nicht akzeptierbar, wenn Syngenta nicht mehr „Nummer eins oder Nummer zwei der Branche" wäre. Für ihn ist klar, dass die „Aktionäre nicht als Verlierer der laufenden Konsolidierung dastehen wollen" (Demaré gegenüber dem Tages-Anzeiger, 24.11.2015). Und im Interview mit Finanz und Wirtschaft vom 22.12.2015 präzisierte er, dass die „kurzfristigen Erwartungen" der Aktionäre nicht mehr erfüllt werden, denn diese könnten beim Aktienkurs „nicht zu viel erwarten", es sei denn, es komme zu einer Übernahme durch Syngenta, zu einer Fusion oder zu einem Verkauf. Die Kursbewegungen der Aktie sind allerdings beträchtlich. Noch im Oktober 2015 war die Syngenta-Aktie zu etwa 300 CHF zu kaufen. Im Gefolge der vielen Gerüchte stieg der Preis bis zum Jahresende auf beinahe 400 CHF. Somit liessen sich für einige doch beträchtliche Kursgewinne realisieren und Syngentas Aktien wurden 2015 zu Top-Performern erklärt. Mit einem Kursgewinn von 23 Prozent im Jahresverlauf steht die Syngenta-Aktie an der Spitze der im Swiss Market Index enthaltenen Papiere (Cash 31.12.2015).

rechts:
Protestaktion von MultiWatch mit Aktivistinnen
und Aktivisten vor der Syngenta-GV im Mai 2015.

Bild: © *MultiWatch*

Per 19.1.2016 ist der Kurs wieder auf rund 370 CHF gesunken, mit sinkender Tendenz, jedoch beträchtlicher Volatilität. Auszugehen ist davon, dass die von ChemChina angeblich gebotenen CHF 450 bis 470 für eine Syngenta-Aktie nochmals markant erhöht werden müssten. Und dann ginge es um einen Merger in der Höhe von gegen 50 Milliarden USD. Die Prämie für die Anleger sollte also nochmals höher ausfallen und das Tandem Demaré / Ramsay könnte einen „Hochzykluspreis" (Finanz und Wirtschaft, 22.12.2015) realisieren.

In dieser Aktionärswelt gibt es wenig Platz für moralische Entscheidungen. Karl Marx spricht von der subjektlosen Macht des Kapitals. Der Kapitalismus funktioniert als mindestens partiell anonymes System. Entscheidungen – wie der mögliche Kauf oder Verkauf von Syngenta-Aktien bei einer Übernahme durch Monsanto – werden mit den etablierten Algorithmen durchgerechnet und ausgewertet. Was letztlich zählt, ist der maximale Profit bzw. Spekulationsgewinn unter Berücksichtigung der Risiken in einer unsicheren Welt. Auf diese Weise wird auch das Agrobusiness gesteuert. Dass bei den massgebenden Aktionärsgruppen das Interesse an der maximalen Aktienrendite dominiert, steht nicht unbedingt im Widerspruch zu den Interessen des Spitzenmanagements, deren Gehälter z. B. über Aktienbeteiligungen und Boni ebenfalls stark von der Aktienrendite abhängen. Das Verhältnis zwischen Spitzenmanagement und wichtigen Aktionärsgruppen kann sich immer wieder ändern. Die Autonomie der Manager ist abhängig von ihren Erfolgen und hier ist bei Syngenta Sand im Getriebe, denn die anvisierte EBITDA-Profitabilität von 25 Prozent ist weiterhin zu hoch gesteckt. Dennoch konnten Monsantos Avancen mit etwas unkonventionellen Mitteln einmal mehr abgewehrt werden und auch das erste Angebot von ChemChina wurde abgelehnt (Tages-Anzeiger, 13.11.2015). Im Zeitalter des Fressens und Gefressenwerdens spielt die Aktienrendite die zentrale Rolle. Die Geprellten sind neben den Bäuerinnen und Bauern und den auf Lebensmittel angewiesenen Menschen vor allem die Beschäftigten, welche einem permanent hohen Leistungsdruck und einem ständigen – mindestens relativen – Personalabbau ausgesetzt sind.

[1] 92'945'649 Namenaktien mit einem Nennwert von CHF 0,10 ergeben ein Aktienkapital von CHF 9'294'564 90. Vgl. dazu auch das Protokoll der 13. ordentlichen Generalversammlung der Syngenta AG, Dienstag, 29. April 2014, 09.30 Uhr, St. Jakobshalle Basel (Syngenta Homepage: Protokoll GV 2014).

[2] Der Dreiquartalsbericht 2015 von Syngenta weist einen Umsatzeinbruch von 8,5 Prozent bei den Pestiziden und sogar von 18,7 Prozent beim Saatgut gegenüber dem Vorjahr aus (Syngenta Homepage: Press Release 15.10.2015).

SYNGENTA NUTZT DIE
INTERNATIONALE STAND-
ORTKONKURRENZ UND
LÄSST SICH VON BASELS
REGIERUNG VERWÖHNEN

CHEMIESTADT BASEL: EINE UNHEILIGE ALLIANZ MIT SYNGENTA

MultiWatch
Autorinnen- und Autorenkollektiv

Die Stadt Basel ist mit 190'000 Einwohnerinnen und Einwohnern die drittgrösste Stadt der Schweiz. Basel liegt am Rhein und grenzt direkt an Deutschland und Frankreich. Die Stadt ist ein wichtiges Zentrum der Chemie- und Pharmaindustrie und beherbergt die Hauptsitze von Roche, Novartis und Syngenta.

Syngentas Auftritt an der Weltausstellung 2015 in Mailand zeugt von der dominanten Rolle der multinationalen Konzerne in Basel. Bereits im Herbst 2013 verkündete der grüne Regierungspräsident von Basel, Guy Morin, stolz, dass Syngenta als Hauptsponsor für den schweizerischen Auftritt an dieser Weltausstellung gewonnen werden konnte. Syngenta wolle sich in den Basler Auftritt integrieren, Best-Practice-Beispiele vermitteln sowie fachspezifische Anlässe organisieren (Syngenta Homepage: Medienmitteilung 8.4.2015). Hinter den Kulissen begann die konkrete Ausgestaltung dieser Zusammenarbeit mit dem Basler Standortmarketing, welche später von MultiWatch an ihrem Kongress zu Syngenta im April 2015 als „unheilige Allianz" bezeichnet wurde.

BASELS BEZIEHUNGEN ZU DEN CHEMIEKONZERNEN

Das Verhältnis Basels zu den multinationalen Konzernen ist seit einiger Zeit ambivalent. Einerseits gibt es in Basel in der Tradition des Kampfes gegen das Atomkraftwerk Kaiseraugst in den 1970er Jahren eine mehrheitlich kritische Bevölkerung; zudem versteht sich Basel überwiegend als „grüne" Stadt, in der autofreie Haushalte eine Mehrheit bilden. Andererseits sind die multinationalen Konzerne gute Steuerzahler und bieten vornehmlich Arbeitsplätze für hochqualifiziertes, gut bezahltes Personal. Für Basels Bevölkerung ergibt sich insgesamt eine relativ bessere wirtschaftliche Situation. Regierungspräsident Morin verkörpert diese Konstellation mit ihrer Ambivalenz und den vielen Widersprüchen gleichsam in einer Person. Er ist Arzt und Mitglied der Grünen Partei Basel-Stadt, früher war er ein engagierter Umweltaktivist.

Die Beziehungen Basels zu den Chemiekonzernen durchliefen verschiedene Stadien. Das heutige Verhältnis, in dem die Konzerne den Ton angeben und sich die Regierung vorbehaltlos für gute Standortbedingungen der Multis einsetzt, hat sich mit der neoliberalen Wende in den 1990er Jahren und der Globalisierung herausgebildet.

Zum Teil bedingt durch die Chemiekatastrophe von Schweizerhalle am 1. November 1986 wurde ein grosser Teil der Produktion aus der Stadt in andere Regionen verlagert. In dieser Wende wurde erstmalig massiv Personal abgebaut. Seither drohen die Konzerne regelmässig mit einer Verlagerung von Arbeitsplätzen an günstigere und „gefügigere" Standorte. Ein Wink mit dem Zaunpfahl war der Standortentscheid für das Biotechnikum von Ciba-Geigy. Diese Anlage, in der mit gentechnisch veränderten Organismen gearbeitet werden sollte, wurde 1993 im elsässischen Hüningen statt in Basel gebaut. Der Firmenentscheid fiel, nachdem ein Regierungsrat nicht sofort kuschte und die Einsprachen nicht eilfertig zurückgezogen wurden. Heute ist Basel vor allem ein Forschungs- und Verwaltungszentrum.

Im Kontext der verstärkten Internationalisierung seit 1990 hat sich das Verhältnis der Konzerne zum Standort gelockert. Die Multis stellen zunehmend ihre Bedingungen. Entweder lassen sich Standortvorteile realisieren oder das Unternehmen müsse die Konsequenzen ziehen. Wenn Vorteile im Spiel sind, geben sie sich als Basler Konzerne und Schweizer Firmen, wenn es um allfällige Nachteile oder Auflagen geht, verstehen sie sich als internationale Unternehmen, die ihren Sitz und ihre Aktivitäten problemlos verlagern können.

Das heutige Kaderpersonal verfügt zudem mehrheitlich über einen internationalen Hintergrund und ist weder in der lokalen Politik noch im grossbürgerlichen Umfeld verankert. Bei Syngenta sitzt mit Christoph Mäder nur noch eine Person mit schweizerischer Herkunft in der Geschäftsleitung; im Verwaltungsrat sind es noch drei Personen, ein Mann und zwei Frauen.

BASEL ALS CHEMIESTADT

Mit dem Wachstum der Chemieindustrie im letzten Jahrhundert wurden deren Interessen in die Basler Politik transportiert. Die in der Chemie beschäftigten Akademiker, Chemiker, Biologen, Juristen und Ökonomen waren Teil des bürgerlichen Mittelstands der Stadt. Die wachsende Chemiearbeiterschaft bildete neben dem Staatspersonal das Rückgrat der Arbeiterbewegung, der Sozialdemokratie und der kommunisti-

«Basel sollte ein europäisches Zentrum der ‹Life Sciences› beherbergen, in der die hochrentablen Branchen Pharma, Ernährung und Agrochemie zusammengefügt wären.»

schen Partei der Arbeit. Schon vor dem Zweiten Weltkrieg, zur Zeit des „Roten Basel" in der zweiten Hälfte der 1930er Jahre, war Basel eine Chemiestadt, deren Ökonomie und Politik, mithin die Gesellschaft als Ganzes, sehr stark durch die Chemiefirmen geprägt wurden. In der darauffolgenden Zeit der Hochkonjunktur war das Verhältnis der Stadt zur Chemie wohl am wenigsten problematisch. Basel profitierte stärker von der immer „reicheren" Chemie, und wegen der damit verbundenen Vorteile traten die Abhängigkeiten etwas in den Hintergrund (Simon 2000).

Dies begann sich gegen Ende der 1970er Jahre zu wandeln. Auch die Zusammensetzung der Belegschaften veränderte sich. Der Anteil der White Collars, der Angestellten, sowie der Grenzgängerinnen und Grenzgänger aus dem nahen Ausland nahm zu, dagegen schrumpfte die traditionelle Arbeiterschaft, welche in der Produktion tätig war, stetig. Zudem wurden Chemikerinnen und Biologen aus den Schlüsselpositionen verdrängt und durch an McKinsey ausgerichtete Manager ersetzt, die mehr vom Personalabbau und der Gewinnmaximierung als von chemischen Produktionsprozessen verstanden.

In der Öffentlichkeit gewann die kritische 68er-Bewegung an Einfluss. 1975 verhinderte eine breite Volksbewegung den Bau eines Atomkraftwerks vor den Toren der Stadt. Von ihren Aktivistinnen und Aktivisten wurden die Übermacht der Konzerne in Basel, die damals schon bestehende enge Allianz von Chemie und Politik, aber auch die Konzernpolitik im Globalen Süden kritisiert und die Umweltprobleme zum Thema gemacht.

Die Kritik an der Chemieindustrie erlebte ihren Höhepunkt anlässlich des Chemieunfalls vom 1. November 1986 in Schweizerhalle bei Basel, der zu einer massiven Verschmutzung des Rheins und zu einem grossen Fischsterben bis nach Rotterdam führte. Eine Katastrophe wie jene von Bhopal konnte nur mit Glück vermieden werden. Gegen Bauprojekte wie den Sondermüllofen oder das erwähnte Biotechnikum gab es Einsprachen. Die Chemie reagierte auf diese Kritik nicht sehr souverän, sondern gereizt, drohend, ja sogar erpressend. Der Personalabbau in den Konzernen und die veränderte Situation auf dem Arbeitsmarkt in den 1990er Jahren brachten die Kritik wieder zum Verstummen. Neoliberale Umstrukturierungen intensivierten sich, die kompromisslose Ausrichtung auf den Shareholder Value dominierte immer stärker. Um die Jahrtausendwende entwickelten Basler Parlament und Regierung Strategien zur Standortförderung, die den Konzernen optimale Bedingungen für den globalen Konzernwettbewerb versprachen. Basel sollte ein europäisches Zentrum der „Life Sciences" beherbergen, in der die hochrentablen Branchen Pharma, Ernährung und Agrochemie zusammengefügt wären. Die Kritik an den Machenschaften der Konzerne wurde damals für längere Zeit vornehmlich im privaten Kreis geäussert und hatte kaum noch öffentliche Wirkung. Basel setzte seit

1990 erfolgreich um, was Harvey als grundlegende Veränderung der Stadtpolitik im Neoliberalismus beschreibt, und stellt insofern ein herausragendes Beispiel für urbane Transformationen zugunsten des globalen Kapitals dar (Harvey 1989a).

DIE STADT ALS DIENSTLEISTERIN DER MULTINATIONALEN KONZERNE

Im Legislaturplan des Regierungsrates für die Jahre 2013 bis 2017 werden, wie bereits im vorangegangenen, die Schwerpunkte plakativ auf „Wirtschaftsstandort stärken", „Basel als Wissenszentrum positionieren" und „Basel-Stadt als starker und verlässlicher Partner" gelegt. Und explizit hinzugefügt ist: „Grossanlässe werden vermehrt als Plattformen genutzt, um den Metropolitanraum Basel im internationalen Umfeld zu präsentieren und Städtepartnerschaften zu etablieren" (Legislaturplan 2013). Die Expo 2015 in Mailand wurde ganz offensichtlich in dieser Weise als Plattform erschlossen und die Basler Regierung sieht sich gleichzeitig der Kritik als eifrige Dienstleisterin von Syngenta ausgesetzt.

Wenn im Legislaturplan der Metropolitanraum angesprochen wird, dann stützt sich die Regierung auf Studien von metrobasel. Dieser neoliberale Thinktank versteht sich als Triebwerk für eine wirtschaftlich erfolgreiche Region. Er wird vorwiegend von der Wirtschaft finanziert und geht vielfältige Partnerschaften ein. In der Studie „Schlüsselbranchen der Metropolitanregion Basel: Perspektiven 2020" vom 19. November 2009 werden etwa Dr. Geo Adam von F. Hoffmann-La Roche und Dominique D. Zygmont von Syngenta als Partner aufgeführt. Es dürfte daher kaum überraschen, dass die Agrartechnologie als Schlüsselbranche verstanden wird (metrobasel 2009). Praktisch alle wesentlichen Elemente dieser Studie wurden in die Legislaturpläne übernommen. Die städtische Politik praktiziert ein proaktives Zudienen, um die Konzerne als gute Steuerzahler in Basel zu halten. Es verwundert nicht, dass auch Syngenta-Verwaltungsratspräsident Michel Demaré den Standort Basel lobt und die „grossartigen Beziehungen" zur Basler Regierung hervorhebt. Sehr wichtig für die Aktionärinnen und Aktionäre seien dabei die „sehr konkurrenzfähigen Steuersätze" (BaZ, 24.6.2015). Tatsächlich profitiert Syngenta in Basel von starken Steuervergünstigungen. Anstelle der üblichen Besteuerung von 22 Prozent gilt für Syngenta lediglich ein Gewinnsteuersatz von 14 Prozent (SRF Echo der Zeit, 14.12.2015). Diese Steuerbelastung ist im internationalen Vergleich äusserst tief. Konkurrentin Monsanto zahlt in St. Louis, USA, 27 Prozent Gewinnsteuern. Mit einer Verschiebung des Hauptsitzes nach Basel könnte Monsanto jährlich etwa 500 Millionen USD einsparen (St. Louis Business Journal, 10.6.2015). Anders als in den USA gibt es zudem in Basel wegen des Steuergeheimnisses keine Auskünfte über die Höhe der effektiv von Syngenta bezahlten Steuern.

WIRTSCHAFTSVERBÄNDE ALS SPRACHROHRE MULTINATIONALER KONZERNE

Eine wichtige Lobby für die multinationalen Konzerne sind in Basel die Wirtschaftsverbände. Diese sind personell eng mit den bürgerlichen Parteien verbunden und vertreten gemeinsam die Interessen der Basler Chemie. Und dies, ohne dass die multinationalen Konzerne die politische Bühne allzu offen betreten müssen.

Die Wirtschaftsverbände äussern sich meist mit gemeinsamer Stimme gegenüber Bevölkerung, Regierung und Verwaltung. Syngenta ist gemäss Homepage Mitglied folgender Wirtschaftsverbände: economiesuisse, Dachverband der Schweizer Wirtschaft (Vize-Präsident Syngentas Christoph Mäder), Wirtschaftsverband Chemie/Pharma/Biotech „scienceindustries" (Präsident Christoph Mäder), Schweizerischer Arbeitgeberverband, Swissholdings und Schweizer Industrie- und Handelskammer. Noch aktiver ist Syngenta allerdings im Lobbying in Brüssel, Washington und London.

BASEL ALS SITZ DER KOMMANDOZENTRALEN MULTINATIONALER KONZERNE

Die neoliberale Politik verstärkt ungleiche Entwicklungen. Gewisse Regionen befinden sich im Aufstieg, andere im Abstieg, getroffen von regionalen Krisen, Deindustrialisierungsprozessen, zunehmender Arbeitslosigkeit, Prekarität und Armut. Die heutige Wirtschaft ist globalisiert und daher ist auch Syngenta kein eigentlicher Basler Konzern mehr, denn geforscht, produziert und verkauft wird weltweit. Städten kommt aber weiterhin besondere Bedeutung zu, insbesondere wenn es sich um „Global Cities" (Sassen 2001) handelt. Basel gehört zwar nicht in die oberste Klasse dieser Städte, doch die Grossregion um Basel hat durchaus europäisches Gewicht. Nach wie vor sind die Kommandostrukturen global organisierter Wertschöpfungsketten der pharmazeutischen Industrie und der Agrochemie überdeutlich präsent, was sich städtebaulich immer markanter zeigt. Roche weihte eben das höchste Gebäude der Schweiz in Basel ein. Novartis hat ein ganzes Stadtquartier als „Novartis-Campus" eingezäunt. Auch Syngenta ist daran, ihr Hauptsitzgebäude an der Schwarzwaldallee zu erneuern.

Von Basel aus werden Aneignungs- und Enteignungsprozesse in diesen Industrien beschlossen und der Fluss von Waren, Profiten und Investitionen gesteuert. Entstehung und Entwicklung der pharmazeutisch-chemischen Industrie in Basel-Stadt offenbaren, wie in urbanen Regionen Innovationen gefördert werden und wie sich ganze Industriezweige erneuern können. Vieldimensionale Netzwerke zwischen Firmen und Konzernen, eine enge Kooperation mit Banken, öffentlich finanzierte Forschungseinrichtungen und ein „gewogenes" politisches Umfeld sind entscheidende Faktoren; etwas Kritik kann dabei von den multinationalen Eliten durchaus akzeptiert werden. Gerade die Fusion von Novartis beendete ein Zeitalter der strengen Konkurrenz und läutete gleichzeitig in der Region eine Ära „friedlicher" Koexistenz zwischen multinationalen Konzernen mit verschiedenen Fokusbereichen ein.

Wegen steigender Renditeerwartungen der Aktionärinnen und Aktionäre werden Risiken externalisiert und fixes Kapital reduziert. Weniger gewinnbringende Bereiche erfahren folglich eine Auslagerung. Damit ergibt sich jedoch eine Tendenz zu vertikaler Desintegration und zum Erwerb von extern vorhandenen Zwischenprodukten, Komponenten, Technologien und Wissen. Gerade in diesem Prozess der Neukomposition erhalten Regionen wie Basel eine grosse Bedeutung. Sie bilden Arenen spezialisierter Arbeitsmärkte, auf der Basis von breitem Knowhow und lokalisiertem Lernen, dem permanenten Austausch von Grundlagenwissen sowie allgemein und spezifisch geförderter innovativer Dynamik (Zeller 2010).

Die technologische Entwicklung auf Weltebene stützt sich also auf strategische, globalisierte Innovationszentren. In der Region Basel existiert diese Wissens- und Technologiekonzentration, die für einen global agierenden Konzern wie Syngenta wegen des starken Forschungsnetzwerkes und integrierter, international operierender Projektteams von zentraler Bedeutung ist. Somit gilt Basel als gewichtige regionale Arena im weltweit organisierten Pharma-Biotechnologie-Komplex. Die angesiedelten Konzerne prägen und gestalten zu einem beträchtlichen Teil – nicht ohne Widersprüche und Ambivalenzen – die ökonomischen, sozialen und politischen Bedingungen in der Region nach ihren Bedürfnissen (Storper et al. 1991).

WIDERSTAND GEGEN DIE HERRSCHAFT DER MULTINATIONALEN KONZERNE

Basel befindet sich trotz der Deregulierungspolitik und der Standortkonkurrenz in einer spezifischen und teilweise begünstigten Situation. Bezeichnenderweise halten sich hier, mindestens vorläufig, die politischen Konflikte in Grenzen. Wie andere privilegierte Städte – beispielsweise Zürich und Bern – wird Basel von einer sozialdemokratisch-grünen Exekutive regiert, welche die Modernisierung der Stadt und ihre Vermarktung als Kulturstadt im Interesse der Vermögenden, der Multis, der Banken und des Immobilienbereichs meist ohne grössere Konflikte vorantreibt. Rotgrüne Regierungen sind dazu besonders gut geeignet, da sie jede Opposition gegen die kapi-

rechts:
Der neue Roche-Turm – Symbol
für die Chemiestadt Basel.

Bild: © Léon Bricola

talistische Restrukturierung und Erneuerung relativ problemlos marginalisieren können. So appelliert etwa der Basler Regierungspräsident Guy Morin an „Toleranz" gegenüber der Chemie. Er erklärte an einem Podiumsgespräch mit Syngenta am 8. Mai 2015, die Basler müssten mit den Schattenseiten der Chemiekonzerne leben können, selbst wenn es um so etwas wie den Dioxinunfall des Roche-Konzerns in Seveso 1976 ginge. Kritische Stimmen oder NGOs wie MultiWatch werden als fortschrittsfeindliche Nestbeschmutzer betrachtet.

Basel besitzt jedoch in der Tradition des „Roten Basels" der 1930er Jahre immer noch eine genossenschaftliche und kommunale Tradition. Vor diesem Hintergrund werden die hochfliegenden Pläne der Regierung gebremst, Basel zu einer leuchtenden Kulturmetropole mit vielen Konsumtempeln für den gehobenen Mittelstand und die urbanen Eliten umzugestalten.

Dass der Regierungsrat Syngenta als Hauptpartnerin für die Expo 2015 auserkoren hat, belegt, wer zurzeit in dieser Stadt das Sagen hat. Die Interessen- und Machtpolitik der Multis hat sich in den städtischen Auseinandersetzungen weitgehend durchgesetzt und staatliche Einrichtungen samt dem Regierungsrat von Basel-Stadt kapillar durchdrungen. Die Konzerne gehören zur Stadt wie der Fussballclub und der Rhein. Sie erscheinen quasi als Mitbewohner. Ihre globalen Aktivitäten und Ausbeutungsstrukturen werden verdrängt, darüber wird nicht gesprochen. So wird nie analysiert, ob die Basler Multis die Menschenrechte einhalten, und es wird nicht reflektiert, welche Verantwortung die Stadt in diesem Zusammenhang trägt.

Neuerliche und sogar einigermassen erfolgreiche Widerstandsaktivitäten durch alternative zivilgesellschaftliche Organisationen weisen freilich daraufhin, dass die Basler Bevölkerung die bisherige Dominanz und Arroganz der multinationalen Konzerne nicht länger stillschweigend hinnehmen will. Gerade in Auseinandersetzungen um öffentliche Plattformen wie diejenige der Expo 2015 oder bei den Debatten um Ernährung, Boden oder Wasser treten erste Anzeichen dafür auf, dass sich die Menschen in Basel wieder bewusster werden, unter welch widersprüchlichen Formen des Wirtschaftens sie leben – und dass grundsätzliche Änderungen anstehen!

DER KONZERN NIMMT
GROSSEN EINFLUSS
AUF STAATLICHE UND
INTERNATIONALE
BEHÖRDEN

BRANCHEN-WELTMEISTERIN IM LOBBYING

MultiWatch
Autorinnen- und Autorenkollektiv

In der Liste der grössten Schweizer Konzerne rangiert Syngenta auf Platz 19. In der Liste der grössten Lobbyisten ist sie freilich Branchenleader und Weltmeisterin. Dass Syngenta so viel in Lobbying investiert, ist nicht weiter verwunderlich. Sie ist sehr stark von der Unterstützung staatlicher Stellen abhängig, etwa von Umweltschutz- und Gesundheitsbehörden. Die für Syngenta wichtige Landwirtschaftspolitik wird zudem traditionell besonders stark von Interessenvertretern dominiert.

Lobbying ist gemäss Wikipedia die „zielgerichtete Beeinflussung von Entscheidungsträgern in Politik und Verwaltung". Der Begriff kommt vom „Antichambrieren" in den Vorhallen (lobbies) des britischen Unterhauses oder des US-amerikanischen Kongresses. Lobbying erfolgt vor allem durch gezielte Informationsvermittlung und strategische Interessenvertretung. Häufig werden von den Unternehmen Informationsvorsprünge oder Informationslücken ausgenutzt. Lobbying ist so alt wie der Kapitalismus.

Lobbying, meint Syngenta, werde in voller Übereinstimmung mit den lokalen Gesetzen betrieben (Syngenta Homepage: Business Integrity). Es gälten Compliance-Regeln und ein Verbot von Bestechung. Der Versuch, mit Lobbyisten und Lobbyistinnen Einfluss auf Behörden zu nehmen, wird also keineswegs abgestritten, sondern offen zugegeben. Zur Durchsetzung ihrer Interessen ziehen die Konzerne die Beeinflussung der Behörden in Expertenkommissionen der offenen, demokratischen Diskussion vor. Im heutigen Neoliberalismus soll die Herrschaft des Marktes auch über die Politik durchgesetzt werden.

KEINE CHANCE FÜR DEMOKRATISCHE UNTERSTÜTZUNG

In einer von Syngenta beauftragten Studie untersuchte die Marktforschungsfirma Edelman Berland die Einstellung von Meinungsführern und -führerinnen in vielen Ländern der Welt zu den Technologien, die Syngenta vertreibt (Edelman Berland 2013: 3 ff.). Die Resultate sind für Syngenta ernüchternd. Die Gentechfeinde sind mit Ausnahme von Grossbritannien überall in Europa in der Mehrheit gegenüber den Befürworterinnen und Befürwortern eines Ausbaus. Sogar in den USA gibt es mehr Ablehnende als Befürwortende. Die biologische Landwirtschaft wird von den Befragten aller Länder vorgezogen.

Angesichts dieser Umfrageresultate muss sich Syngenta bewusst sein, dass sich ihr Agrogentechnikprojekt in absehbarer Zeit nicht auf demokratischem Wege erreichen lässt. Syngenta sieht sich selber als Exponentin einer aufgeklärten Elite und progressiven Wissenschaft und in Stellung gegen eine angeblich vorherrschende unaufgeklärte oder sogar irrationale Fortschrittsfeindlichkeit. Ein zunehmender Graben zwischen städtischer Bevölkerung und Landwirtschaft bringe Reputationsprobleme für Syngenta mit sich, meint VR-Präsident Michel Demaré im Geschäftsbericht 2014 (Syngenta Homepage: Geschäftsbericht 2014).

Von der Kooperation mit staatlichen Instanzen und internationalen Organisationen erhofft sich Syngenta dagegen eine Unterstützung für das, was als Fortschritt und für das Unternehmen nützlich erachtet wird. Deshalb ist Lobbying bezüglich staatlicher und halbstaatlicher Organisationen und Institutionen so wichtig für Syngenta.

USA – WAHLKAMPFSPENDEN UND EINFLUSSNAHME IN DER LANDWIRTSCHAFTSPOLITIK

Dass der Einfluss der Konzerne und der Superreichen auf die US-Politik seit der Reagan-Präsidentschaft ins Unermessliche gewachsen ist, lässt sich kaum bestreiten. Wahlen werden in den USA mit Spendenkampagnen gewonnen. Wie andere grosse Schweizer Multis greift Syngenta regelmässig mit Spenden in den US-Wahlkampf ein. So erhielt die Bush-Wahlkampagne 2004 75 Prozent der Wahlspenden Syngentas, während für John Kerrys Demokraten bloss 25 Prozent blieben (Handelszeitung, 10.2.2004).

Syngenta verfügt über ein „Public Action Committee" im steuergünstigen Delaware. Dieses unterstützte überwiegend Kandidierende der Republikaner. 2004 spendete Syngenta für 35 Kongressabgeordnete und 7 Senatorinnen und Senatoren (Opensecrets 2004). In die Finanzierung der Wahlkampagnen wurde auch der Branchenverband CropLife involviert. Die amerikanische Ausgabe der Online-Zeitung „Business Insider" berichtete 2011, Syngenta habe sich die politische Promotion ihrer GVO-Maissorte für Bioethanol-Produktion viel kosten lassen. Von 2000 bis 2010 gab Syngenta gemäss dieser Quelle 15 Millionen USD aus und baute damit Beziehungen zu fast allen hochrangigen Landwirtschaftsvertreterinnen und -vertretern im Kongress auf (McEnery 2011).

LOBBYING BEI DER EU

Während in den 1970er Jahren in der Europäischen Union (EU) durchaus noch Multi-kritische Stimmen vorhanden waren, haben die Lobbyisten der Multis seither das Kommando übernommen. Rund 25'000 Lobbyisten stehen in Brüssel bereit, als Ghostwriter die EU-Verwaltung und die EU-Parlamentarierinnen und Parlamentarier zu unterstützen bzw. zu beeinflussen. Sie nutzen die Intransparenz und das Demokratiedefizit der EU, um ihre Interessen im Hintergrund durchzusetzen.

Fünf Vertreterinnen und Vertreter von Syngenta haben Zugang zu den Gebäuden des Europäischen Parlaments. Verantwortlich für das Lobbying in der EU ist Alain-Dominique Quintart, Head of Government and Public Affairs EAME (EU Homepage: Transparenzregister 2015). Im Moment sind Syngentas Lobbyistinnen und Lobbyisten primär am Freihandelsabkommen TTIP interessiert. Die Agromultis versprechen sich davon eine Lockerung der Vorschriften bezüglich Gentechnik und Pestiziden in Europa. Zudem kämpft Syngenta gegen die Moratorien für Neonicotinoide, die im Gefolge des Bienensterbens zustande gekommen sind.

Das Management von Syngenta ist stark britisch geprägt. Syngenta pflegt in Grossbritannien eine enge Beziehung zu Regierungskreisen. Michael Pragnell, der frühere Syngenta-CEO und gleichzeitig Präsident des Branchenverbands CropLife, referierte im Dezember 2005 an der berühmten Downing Street 11 auf Einladung des John-Smith-Instituts. Zu den Anwesenden gehörten Entwicklungshilfeministerin Hilary Benn und weitere Labour-Grössen. Es ist wohl kein Zufall, dass eine Woche später Hilary Benn die neue britische Strategie für die Bekämpfung des Hungers in den armen Ländern mithilfe von GVO-Saatgut erläuterte (The Guardian, 7.12.2005). Heute bedient sich Syngenta insbesondere der konservativen britischen Regierung, um ihre Anliegen gegenüber der EU durchzusetzen, nicht zuletzt bezüglich des Moratoriums für Neonicotinoide.

INDUSTRIEVERBÄNDE

Die Beeinflussung von Behörden und Parlamenten erfolgt oft durch die Branchenorganisationen, denen Syngenta angehört. Der Branchenverband der Pestizid- und Saatgutindustrie ist CropLife International mit Sitz in Brüssel. Neben Syngenta gehören dem Verband die Agromultis BASF, Bayer, Dow, DuPont, FMC Corporation, Monsanto und Sumitomo an. CropLife International hat verschiedene assoziierte nationale und regionale Verbände in Argentinien, Brasilien, Japan und vielen anderen Ländern. Daneben gibt es ein globales Netzwerk von nationalen Verbänden der Pestizid- und der Agrobiotechnologie.

Auch in Brüssel wird intensives Lobbying durch Interessenvereinigungen und Verbände betrieben. Die Interessen der Agrochemie und der Grünen Gentechnik in der EU werden von einem Verband wahrgenommen, der ironischerweise „EuropaBio" heisst und der europäische Zweig von „BIO International" ist. Der Verband setzt sich nicht für biologischen Landbau ein, sondern ist ein Hauptpromotor der gentechnisch manipulierten Landwirtschaft. Auch EuropaBio ist Mitglied von CropLife. Der erste Präsident von EuropaBio in den 1990er Jahren war Jürgen Drews von Roche (Balanya et al. 2001: 141). 2013 stellte Syngenta mit André Goig den Präsidenten (EuropaBio Homepage).

Neben der „grünen" Biotechnologie propagiert EuropaBio auch die „rote" medizinische und die „weisse" industrielle Biotechnologie. In EuropaBio treffen sich also die Konzerne der Life Sciences wie Roche und Novartis und die Konzerne der Agrogentechnik wie Syngenta und Monsanto. EuropaBio wurde in einer Umfrage unter 700 Politikern 2015 sogar zum effektivsten Wirtschaftsverband in Brüssel gewählt (EuropaBio Homepage).

Ein wichtiges Netzwerk für Syngenta sind die Amerikanischen Handelskammern (AmCham). Eine davon ist auch in Brüssel sehr aktiv. Befürwortet wird insbesondere eine zentralisiertere EU, und lobbyiert wird für TTIP. Syngenta ist in vielen AmCham-Kammern weltweit vertreten. Sie ist z. B. Mitglied der AmCham in der Ukraine, die die ukrainische Regierung für eine GVO-Landwirtschaft gewinnen soll.

DRUCK AUF DIE LEITERIN DER EU-PRESSESTELLE 2015

Eine viel beachtete 3sat-Dokumentation vom März 2015 zeigte exemplarisch auf, wie Syngenta massiven Druck auf die EU-Kommission ausübte, um Einschränkungen beim Einsatz von Neonicotinoiden zu verhindern. Nachdem ihr das 2013 für einmal nicht gelang, versuchte Syngenta, eine Pressemitteilung der Europäischen Behörde für Lebensmittelsicherheit (Elsa) direkt zu beeinflussen. Nachdem die Leiterin der Pressestelle im Titel einer Mitteilung an die Öffentlichkeit die Begriffe „Risiko", „Bienen" und „Neonicotinoide" nebeneinander benutzt hatte, drohte Syngenta mit rechtlichen Schritte und einer persönlichen Klage, wenn die Mitteilung nicht sofort geändert würde. Gemäss 3sat hat das Lobbying der Konzerne das Inkrafttreten des EU-Beschlusses zum

Bienensterben um mehrere Jahre verzögert (3sat 16.3.2013).

GEHEIMKONFERENZEN UND NETZWERKE

Die enge Verflechtung mit der politischen Macht lässt sich auch in der Person des vormaligen VR-Präsidenten Martin Taylor erkennen. Taylor war 2008 mit dem Parlamentarier Kenneth Clarke, dem Shell-Vorsitzenden John Kerr, Tom McKillop von der Royal Bank of Scotland und dem damaligen konservativen Schatten-Schatzkanzler George Osborne unter den britischen Teilnehmern der berüchtigten Bilderberg-Konferenz (Exopolitik Homepage: Bilderbergtreffen 2008). Martin Taylor repräsentierte besonders stark die Verbindungen von Syngenta zu britischen Regierungen. Er war zudem Mitglied der Vicker-Kommission der UK-Regierung zur Bankenkrise (Bank of England Homepage).

Mack, Syngenta-CEO bis zum 31.10.2015, ist Mitglied der Rive-Reine-Vereinigung, eines Diskussionszirkels von Machtträgern der Schweizer Wirtschaft. Hier wurde er von Peter Brabeck von Nestlé eingeführt. Die Rive-Reine-Konferenz ist das jährliche Treffen, die „geheimste Konferenz der Schweiz" (Tages-Anzeiger, 20.1.2010) mit etwa 50 einflussreichen Persönlichkeiten. Die Konferenz gleicht der Bilderberg-Konferenz und wird jeweils von Wirtschaftsführern, Bundesräten und Politikern auf Einladung von Nestlé besucht. Traktanden, Beiträge oder Protokolle sind nicht öffentlich zugänglich. An solchen Konferenzen wie auch am WEF in Davos treffen sich Wirtschaftsführerinnen und -führer mit Spitzenpolitikerinnen und -politiker und sonstigen global bekannten Gästen. Hier wird Lobbying in Reinkultur betrieben.

REVOLVING DOOR POLICY

Einer der häufigsten Mechanismen zu erfolgreicher Einflussnahme ist der Frontwechsel von einflussreichen Personen. Revolving Door oder „Drehtüreneffekt" bezeichnet den Wechsel zwischen Politik und Wirtschaft. Politikerinnen und Politiker sowie Beamtinnen und Beamte sind sich während ihrer Amtszeit bewusst, dass sich ihre spätere Karriere unter Umständen bei Syngenta oder Monsanto fortsetzen liesse. Daher wissen sie, dass kritische oder feindliche Bemerkungen und Entscheidungen diese Perspektive beeinträchtigen. Sie hüten sich deshalb meist davor, sich solche Feindschaften zuzuziehen. Der grosse Einfluss der Agromultis und Life-Sciences-Konzerne funktioniert also nicht zuletzt auch über ihre Möglichkeiten auf dem Stellenmarkt.

Der Brite Andrew Bennett arbeitete in der Umweltabteilung des UK-Regierungsdepartements für Internationale Entwicklung, bevor er 2002 zur Syngenta Foundation wechselte. Andrew Bennett war einer der einflussreichsten Beamten und Leiter der Abteilung

„Landwirtschaft und Umwelt" im British Department for International Development. Bennett war vor seinem Übertritt zur Syngenta Foundation einer der wichtigsten Befürworter von Gentechnik in Grossbritannien und engagierte sich auch für die Einführung von GVO-Saatgut im indischen Andhra Pradesh. Kritiker warfen ihm vor, 20 Millionen Bäuerinnen und Bauern vom Land vertrieben zu haben. Die UK-Regierung akzeptierte Bennetts Übertritt, weil er zu einer Stiftung wechsle (The Guardian 19.6.2002).

Auch Helene Thompson, die Angestellte der britischen Regierung, die sich mit einer Studie 2013 gegen das Teilverbot von Neonicotinoiden ausgesprochen hatte, arbeitet jetzt bei Syngenta. Eine nachträgliche Überprüfung ihrer Studie zeigt nun aber, dass auch hier die Daten einen klaren Zusammenhang zwischen Bienensterben und Neonicotinoiden aufweisen, die Studie aber der Öffentlichkeit und der britischen Regierung als Widerlegung eines solchen Zusammenhangs präsentiert worden war (Goulson 2015).

EU-Angestellte können bei Joberledigung im Sinne des späteren Arbeitgebers allenfalls mit einer Stelle bei Syngenta liebäugeln. Suzy Renckens, wissenschaftliche Koordinatorin der EFSA (European Food Safety Authority), welche unter anderem über die Zulassung von Gentechnologie entscheidet, wechselte 2010 von der EFSA zu Syngenta (Corporate Europe Observatory Homepage). Renckens war als wissenschaftliche Mitarbeiterin für die Risikoabschätzung von Gentechnologie-Anträgen bei der EU-Kommission zuständig.

Diese Praxis verfolgt Syngenta nicht nur in der EU. Auf Kauai wechselte die langjährige Regierungssprecherin Beth Tokioka 2015 von der Regierung zu Syngenta, um dort Public-Relations-Aufgaben gegenüber Gemeinden wahrzunehmen (West Hawaii Today, 10.3.2015).

DAS BURSON-MARSTELLER-PAPIER

Die führende Beratungsfirma für Lobbying, Burson-Marsteller, empfahl der Biotechindustrie bereits 1997, sich aus der politischen Debatte rauszuhalten und diese den Experten und Politikern zu überlassen, weil die Assoziation von Gentechnik und Profit der Sache der Biotechnologie abträglich sei (Balanya et al. 2001: 144). „Stay off killing fields", meidet tödliche Minenfelder, rieten die von den Konzernleitungen hoch geschätzten Profis. Man solle Geschichten erzählen, statt Sachdebatten führen, denn Sachargumente hätten keinen Newswert. Mit der bisher teuersten Lobbyingkampagne schaffte es Burson-Marsteller 1998, dass das EU-Parlament der Patentierung von Leben zustimmte. Noch 1995 hatte dasselbe Parlament ein identisches Anliegen abgelehnt. Die Lobbyistinnen und Lobbyisten argumentierten mit der Wettbewerbsfähigkeit Europas und organisierten

«Man solle Geschichten erzählen, statt Sachdebatten führen, denn Sachargumente hätten keinen Newswert.»

sogar Demonstrationen von Patientinnen und Patienten für die Gentechnik.

Diese Ratschläge von Burson-Marsteller sickerten in die Öffentlichkeit durch und legen beispielhaft dar, wie mit einem klaren Konzept und langfristigem Lobbying die Beeinflussung von Behörden und Öffentlichkeit erfolgreich verfolgt wird.

Antje Lorch und Christopher Then sprechen dabei von einer „Tarnkappen-Strategie" der Agrogentechkonzerne (Lorch et al. 2009: 256). Syngenta und ihre Konkurrenten versuchen, sich vordergründig als Wohltäter und Problemlöser zu positionieren. Darauf basiert auch das Greenwashing im Agrobusiness. Dieses wird im nächsten Kapitel eingehender behandelt.

WAS MITARBEITERINNEN UND MITARBEITER IM INTERNET ÜBER SYNGENTA SAGEN

46 Erfahrungsberichte geben Syngenta Basel auf der Web-Plattform Kundunu durchschnittlich 3,01 von möglichen 5 Punkten. Die meisten Bewertungen stammen aus dem Jahr 2013 vor dem aktuellen Personalabbauprogramm. Die Meinungen gehen sehr stark auseinander.

„Die Sparte Landwirtschaft wird in den kommenden Jahrzehnten eine zentrale Rolle beim Überleben der wachsenden Erdbevölkerung spielen. Syngenta ist ein führendes Unternehmen in diesem Bereich. Allerdings wird die Umwelt mit Füssen getreten – Hauptsache, die Verkaufszahlen stimmen." *(Management/Führungskraft)*

„Verbesserungsvorschläge: zu spät, das Image der Firma ist definitiv zerstört" *(Angestellte/r – Arbeiter/in)*

„Befragt die Mitarbeiter! Erfasst die Stimmung und berücksichtigt das Feedback für künftige Entscheidungen. Nehmt die beschlossene Kürzung der Investition in F&E zurück! Flexibilisiert die Arbeitszeit so, dass der Stand von 2000 wieder erreicht wird. Schmälert das Einkommen der Führungsspitze deutlich. Ersetzt die Führung für frischen Wind." *(Management/Führungskraft)*

„Stetiger Verlust der schweizerischen Werte durch moderne Management-Strategien" *(Management/Führungskraft)*

„Degrading company, bad climate and leadership" *(Management)*

TROTZ BIENENSTERBEN
UND PESTIZIDOPFERN
VERSUCHT
SICH SYNGENTA
GRÜNZUWASCHEN

GREENWASHING UND GOOD GROWTH PLAN: ZUR IDEOLOGIE VON SYNGENTA

MultiWatch
Autorinnen- und Autorenkollektiv

Es fällt auf, wie viel Aufwand der Basler Konzern und seine Syngenta Foundation in die Ideologieproduktion stecken. Die Agromultis haben sicher nicht den besten Ruf. Deshalb setzen sie so viel Geld ein, um ihr Image zu verbessern. Syngenta bemüht sich intensiv, als Gesprächspartnerin bei Zukunftsdebatten aufzutreten und akzeptiert zu werden. Argumente, aber auch Sprachspiele von Expertinnen und Experten werden aufgenommen, eingesetzt oder eben umgefärbt. Fundamentale Konflikte oder Kritiken lassen sich auf diese Weise auf das Niveau blosser Meinungsdifferenzen reduzieren. Insbesondere fällt die andauernde rituelle Beschwörung der Nachhaltigkeit auf.

GREENWASHING

Syngentas Ideologie lässt sich gut mit dem Begriff Greenwashing umschreiben, der in den letzten Jahren in der Diskursanalyse und der soziologischen Forschung Einzug gehalten hat (Freitag 2013). Greenwashing meint, sich ein grünes Mäntelchen umzuhängen Es ist eine kritische Bezeichnung für Public-Relations-Methoden, die darauf abzielen, einem Unternehmen in der Öffentlichkeit ein umweltfreundliches und verantwortungsbewusstes Image zu verleihen, ohne dass es dafür hinreichende Gründe gibt. Der Begriff Greenwashing ist eine Analogiebildung zu Whitewashing, also der Versuch, sich eine weisse Weste zu geben.

RESPEKTABILITÄT DURCH ZUSAMMENARBEIT MIT INTERNATIONALEN ORGANISATIONEN

Eine besondere Form des Greenwashings sind Kooperationsprojekte mit Partnern, die ein positives Image haben und mit Umweltfreundlichkeit und ökologischem Engagement assoziiert werden. So lässt Syngenta keinen Anlass aus, um sich mit internationalen Organisationen der UNO zu zeigen und zu brüsten. Syngenta muss die Diskussionen zwischen Expertinnen und Experten gar nicht gewinnen, sie benötigt lediglich den Mantel der Respektabilität, den ihr diese Debatten geben.

SELEKTIVER UMGANG MIT ÖKOLOGISCHEN ZUSAMMENHÄNGEN

Worin besteht der Trick in Syngentas Argumentation? Moderne Wissenschaftlerinnen und Wissenschaftler sind sich heute einig, dass wir mit verschiedenen planetarischen Grenzen konfrontiert sind, von denen der CO_2-Ausstoss mit den Auswirkungen auf die Klimaerwärmung nur eine unter mehreren ist. Von den ökologischen Belastungsgrenzen erwähnt Syngenta meist nur die Klimakrise, verschweigt aber oft andere globale Probleme, wie die Verschmutzung durch Chemikalien, den Stickstoffkreislauf oder das Artensterben (Foster et al. 2011).

Aus der Gesamtheit der möglichen Wirkungszusammenhänge sucht sich Syngenta jeweils jene Aspekte heraus, die den Konzern in einem positiven Licht erscheinen lassen, verschweigt dann aber die anderen. Es handelt sich um selektive Strategien und Taktiken im Bereich des von der Öffentlichkeitsarbeit des Konzerns geprägten Umgangs mit ökologischen Zusammenhängen und Systemen – eine Art ausblendendes Denken. Beispielsweise wird über den sparsamen Umgang mit Wasser gesprochen, ohne die Vergiftung des Wassers mit Atrazin zu erwähnen. Das Wichtige ist nicht das Argument, sondern das Sprachspiel und die rituelle Wiederholung der Wörter Nachhaltigkeit, Corporate Responsibility und Green Economy. Der belanglose, jargonhafte Umgang mit diesen und vergleichbaren Begriffen begünstigt diese Spiele.

SCHMIDHEINY UND DER WORLD BUSINESS COUNCIL FOR SUSTAINABLE DEVELOPMENT

Syngentas Diskurs ist keineswegs originell. Monsanto-Chef Hugh Grant argumentiert ähnlich, wenn er erzählt, dass 9 Milliarden Menschen mit gentechnisch verbesserten Pflanzen versorgt werden sollen. Angesichts der grossen Probleme, die Menschheit zu ernähren, seien Bäuerinnen- und Bauernsorgen klein und die Bedenken der Weltgesundheitsorganisation (WHO) gegen Monsantos Roundup „bedauerlicher Lärm" und „Ablenkung von der Realität" (Finanz und Wirtschaft, 23.6.2015). Die beiden Zwillingskonzerne scheinen am selben Ort abgeschrieben zu haben, beim World Business Council for Sustainable Development (wbcsd).

Gründer und Ehrenpräsident von wbcsd ist der Schweizer Stephan Schmidheiny. Er ist auch Verwaltungsrat von Nestlé und UBS. Seine Eternit AG und er wurden im Asbestprozess in Italien wegen des Krebstodes von Dutzenden von Arbeiterinnen und Arbeitern angeklagt. Sein Buch „Changing Course" (Schmidheiny 1992) steht am Anfang der Ideologie der Ökoeffizienz, die bei Syngenta eine zentrale Rolle spielt.

Der wbcsd ist der Thinktank des Green Capitalism und eine Vereinigung von internationalen Grosskonzernen, die durch ihre CEOs vertreten werden (Najam 1999). Er wurde 1992 nach dem Rio-Gipfel gegründet. Syngenta war Gründungsmitglied, 2013 ist auch Monsanto beigetreten. Das Gleiche gilt für BASF. Syngentas Ex-CEO Michael Mack war Co-Vorsitzender.

Die Vision 2050 (wbcsd Homepage) bildet die Vorlage für Syngentas Good Growth Plan und Monsantos Nachhaltigkeitsreport. Allerdings kommen darin soziale Probleme in keiner Weise vor. Diese Vision müssen die CEOs der beteiligten Weltkonzerne auf den Golfplätzen geträumt haben. Es wird nicht zwischen armen und reichen Ländern unterschieden; ökonomische, soziale und kulturelle Konflikte werden ausgeblendet; Verteilungsgerechtigkeit ist ebenfalls kein Thema. Hingegen sollen alle Probleme über Produktivitätssteigerungen gelöst werden.

GOOD GROWTH PLAN ALS MOGELPACKUNG

Syngentas Good Growth Plan (GGP) wurde 2013 in einer Broschüre vorgestellt und mit einer Internetseite versehen, die regelmässig aktualisiert wird und auch konkrete Erfolgsgeschichten beinhaltet.

Unter dem Titel „Eine Welt. Sechs Verpflichtungen" verspricht Syngenta in ihrem Good Growth Plan bis 2020 einen messbaren Beitrag zu verantwortungsvollem Wachstum zu leisten. Syngenta wolle die Nutzpflanzen effizienter machen, Ackerland retten, die Biodiversität aufblühen lassen, Kleinbäuerinnen und Kleinbauern unterstützen, gute Arbeitsschutzpraktiken vermitteln und sich für jede Arbeiterin und jeden Arbeiter von Syngenta engagieren (Syngenta Homepage: Good Growth Plan). Diese Ziele wären höchst anspruchsvoll, doch dieser vorgeblich gute Wachstumsplan dient lediglich der Legitimierung der Verkaufsstrategie und fungiert als Mäntelchen, um von den dramatischen Gesundheitsgefährdungen durch Syngentas giftige Pestizide abzulenken. Diese werden weiter verkauft, obwohl sie in verschiedenen Ländern bereits verboten sind.

> «Der Konzern will Bienenpopulationen durch Ackerstreifen fördern und sagt nichts über die eigenen bienenschädigenden Pestizide.»

Neben beträchtlicher Detailkritik sind vier Punkte zentral. Erstens möchte Syngenta mit dem GGP die Ernährung der Menschen sicherstellen und zur Produktivitätssteigerung beitragen. Syngenta ignoriert damit, dass wir heute bereits genügend Nahrung produzieren und die Gründe des Hungers anderswo zu finden sind. Ausserdem fokussiert Syngenta auf wenige Nutzpflanzen und will diese mit neuer Technologie produktiver machen. Bei der Lektüre der sogenannten Erfolgsstorys wird schnell offenkundig, dass damit vor allem Cash Crops wie Mais und Sojabohnen gemeint sind, die kaum zur Ernährung der Menschen vor Ort beitragen. Dies ist geradezu entlarvend, wenn immer, jedoch fälschlicherweise, behauptet wird, angesichts des Bevölkerungswachstums müsste mehr produziert werden.

Zweitens werden im GGP diejenigen Wirkungszusammenhänge herausgesucht, die sich problemlos ins Konzept integrieren lassen, andere werden einfach verschwiegen. Statt die Messzahlen der UNO zu nutzen, definiert Syngenta eigene, die ihr besser in den Kram passen (vgl. dazu auch Florianne Koechlin in diesem Buch). Syngenta bezieht sich auf die Degradierung von Böden, ohne dabei den eigenen Beitrag durch Pestizide in Betracht zu ziehen. Gleiches gilt auch für die Verschmutzung des Wassers. Syngenta meint, sie wolle weniger Pestizide effizienter einsetzen, schweigt aber zur Toxizität der verwendeten Wirkstoffe. Der Konzern will Bienenpopulationen durch Ackerstreifen fördern und sagt nichts über die eigenen bienenschädigenden Pestizide (EvB 2014b).

Drittens konnten in den bisherigen Kapiteln genügend Elemente zusammengetragen werden, um zu belegen, dass sich Syngenta bei weitem nicht für alle seine Arbeitnehmenden verantwortlich fühlt. Einmal mehr geht es also um Schönfärberei bzw. Greenwashing. Syngenta scheint sich bewusst zu sein, dass die Firmenaktivitäten vermehrt auf Widerspruch stossen, und setzt der Kritik schöne Worte und einige Projekte entgegen.

Viertens hat kein „demokratisch oder völkerrechtlich legitimierter Entscheid" Syngenta beauftragt, einen solchen Plan vorzulegen (Goethe 2014: 73). Goethe stellt fest, dass die Verantwortung für das Recht auf Nahrung klar bei den Staaten liege und nicht bei privaten Multis. Der „philanthropische Auftritt" lenke nur von den „schmutzigen Praktiken" (ebd.: 74) und der Monopolmacht ab. Der Konzern versucht den Bäuerinnen und Bauern im globalen Süden – ganz in der Tradition des Kolonialismus – einen technischen Fortschritt aufzuschwatzen, der keiner ist. Dagegen wird die Unternehmensverantwortung hinsichtlich Menschenrechten und Umweltstandards nicht wahrgenommen

Obwohl den Kleinbäuerinnen und Kleinbauern des Globalen Südens angeblich „Hilfe zur Selbsthilfe" geleistet werden soll, geht es nur um den Absatz von

> «Syngenta übergeht die sozialen Hintergründe des Elends und setzt sich nicht für den Zugang zu den Produktionsmitteln für die Bäuerinnen und Bauern ein.»

Syngentas Waren. Diese sollen in möglichst grossen Mengen gekauft werden. Die Landbevölkerung wird als untergeordnet und abhängig gesehen. Eine Verdrängung in die städtischen Slums bringt allerdings die Voraussetzungen für grossflächige Monokulturen. Syngenta übergeht die sozialen Hintergründe des Elends und setzt sich nicht für den gesicherten Zugang zu den Produktionsmitteln für die Bäuerinnen und Bauern ein und natürlich auch nicht für verteilende Landreformen. Diese sind seit Beginn des neoliberalen Regimes vollständig von den politischen Traktandenlisten verschwunden.

Zusammenfassend ist der GGP das Gegenteil zur Ernährungssouveränität. Er hat zum Ziel, die globale Peripherie für die industrielle kapitalistische Landwirtschaft und damit für die Produktionsketten Syngentas zu öffnen und lässt die gravierenden Umweltprobleme, die Syngenta mitverursacht, unbeachtet. Es geht also um „Bad Business statt Good Growth" (Goethe 2014: 78).

SYNGENTA UND USAID

Gemäss GGP will Syngenta explizit mit der amerikanischen USAID als Partnerin zusammenarbeiten. Tatsächlich tut sie dies bereits in verschiedenen afrikanischen Ländern, so zum Beispiel in Nigeria (Syngenta Homepage). 2013 unterzeichnete Syngenta mit USAID ein gemeinsames „Memorandum of Understanding", wonach die beiden Partnerinnen für die weltweite Ernährungssicherheit zusammenarbeiten wollen.

USAID ist nicht einfach ein Hilfswerk, sondern eine „Agency" der US-Regierung und ein Instrument der US-Aussenpolitik. Sie will von ihren Statuten her die Aussenpolitik des amerikanischen Präsidenten unterstützen und die freie Marktwirtschaft verbreiten. Belegt ist, dass USAID die Regierung Venezuelas zu destabilisieren versuchte (WikiLeaks 2006) und bei der Finanzierung des Putsches gegen Präsident Chavez 2002 involviert war (Allard 2008).

SYNGENTA FOUNDATION UND WELTBANK

Die Syngenta Foundation hat viele ihrer Ideen von der Weltbank übernommen. Diese Institution ist ein Instrument des Neoliberalismus par excellence. Sie hat das Konzept der „marktorientierten Agrarreformen" mitgeprägt. Dieses schliesst die Landverteilung und eine Landreform zugunsten der ländlichen Bevölkerung explizit aus. Geht es nach der Weltbank, müssen die Kleinbäuerinnen und -bauern den Landbesitzern das Land abkaufen. Das ist nur für die allerwenigsten möglich. Die Weltbank ist eine der Hauptverantwortlichen für das Ende der distributiven Landreformen.

Marco Ferroni, Executive Director der Syngenta Foundation, arbeitete bis 2008 bei der Inter-American

Development Bank und der Weltbank. Schon damals schrieb Ferroni, man müsse die Kleinbäuerinnen und -bauern unterstützen. Dabei gehe es insbesondere um die Steigerung der Produktivität und um die Markteinbindung. Die Syngenta Foundation verfolge die Strategie der Verbindung von „Productivity and Markets" (Ferroni 2008: 2). Ferroni forderte wie die Weltbank Cash Crops für die Kleinbäuerinnen und -bauern und eine Öffnung der Märkte (Ferroni 2009: 20 f.). Bei der Syngenta Foundation sind denn auch einige ehemalige Weltbankmitarbeiterinnen und -arbeiter aktiv.

Syngenta arbeitet in Afrika vor allem mit der International Finance Corporation (IFC) zusammen. IFC ist der Arm der Weltbank im privaten Sektor. Sie wurde 1956 mit dem Ziel gegründet, das Wachstum des privaten Sektors in den weniger entwickelten Ländern zu fördern. IFC investiert seit Jahren zunehmend in die industriell-kapitalistische Landwirtschaft und in die Förderung von Cash Crops für den Weltmarkt. Die Syngenta Foundation ist daher in Wirklichkeit eine politische Organisation. An der Schwarzwaldallee in Basel wird internationale Wirtschaftspolitik gemacht, die keiner demokratischen Kontrolle unterliegt.

MARCO FERRONI, THOMAS MALTHUS UND DIE BEVÖLKERUNGSEXPLOSION

In einem Vortrag an der ETH Zürich im Jahr 2008 sieht Ferroni das grundlegende Problem hinter der Hungerkrise in der Verlangsamung des Wachstums der Agrarproduktivität bei rasch wachsender Gesamtnachfrage. Damit sei Thomas Malthus rehabilitiert (Ferroni 2008: 1). Auch Syngentas Public-Affair-Managerin Franziska Zimmermann rekurrierte in einem Aufsatz in der „Volkswirtschaft" auf die von Malthus angesprochene Problematik, die nur mit einer industriellen Landwirtschaft gelöst werden könne (Zimmermann 2010).

Der britische Pfarrer und Ökonom Thomas Malthus (1766-1834) wurde mit seinem Aufsatz „Essay on the Principle of Population" (1798) bekannt. Malthus sah das ökonomische Grundproblem darin, dass sich die Menschheit schneller vermehre, als ihre Nahrungsmittelproduktion ansteige. Die Menschen, die nicht die Mittel hätten, sich zu ernähren, seien zu viel auf der Erde, also Überflusspopulation. Mit dieser Argumentation lehnte Malthus Sozialpolitik und humanitäre Hilfe ab. Friedrich Engels kritisierte an Malthus, dass die Überbevölkerung kein technisches, sondern ein sozio-ökonomisches Problem sei (Engels 1981: 516 ff.).

Die Syngenta Foundation vertritt ebenfalls einen Populationismus. Darunter ist eine Ideologie zu verstehen, die soziale und ökologische Missstände von der ständig steigenden Bevölkerungszahl verursacht sieht. Dieser Diskurs soll die Aufmerksamkeit vom destruktiven kapitalistischen System ablenken und Krisen der übermässigen menschlichen Fertilität zuordnen.

Im Stiftungsrat der Syngenta Foundation sitzt die Kanadierin Margaret Catley-Carlson. Sie war kanadische Ministerin für Gesundheit und Wohlfahrt und Diplomatin bei der UNO. Heute ist sie Patronin der „Global Water Partnership" und verfügt über exzellente Beziehungen zur Weltbank. Von 1991 bis 1999 war sie Präsidentin des Population Council. Diese Organisation wurde 1952 von John F. Rockefeller gegründet und hat ihre Wurzeln in der rassistischen Eugenik, die bestimmte Bevölkerungsgruppen als genetisch minderwertig betrachtet. Der Council wollte die „Bevölkerungsbombe" durch die Abgabe von Verhütungsmitteln abwenden. In den 1960er Jahren war er auch an eugenischen Experimenten mit Afroamerikanerinnen und Afroamerikanern in den Slums von Chicago beteiligt und wollte die Erkenntnisse aus diesen Experimenten in der Dritten Welt anwenden (Ziegler 2008). Angus und Butler schätzen den Population Council als einen der wichtigsten Exponenten des Populationismus ein (Angus et al. 2011). Es ist daher problematisch, dass die ehemalige Präsidentin des Population Councils nun im Stiftungsrat der Syngenta Foundation sitzt und höchstwahrscheinlich weiter an den Populationisten Malthus glaubt.

Die These der Überbevölkerung gilt als veraltet und wissenschaftlich unhaltbar. Auch für die Welternährungsorganisation FAO ist mehr als genügend Nahrung vorhanden, um die Weltbevölkerung zu ernähren (FAO Homepage). Die Probleme liegen jedoch bei der Landverteilung, der monetären statt bedarfsmässigen Steuerung, fehlender Kaufkraft, Privilegierung der Produktion von Fleisch oder Treibstoffen, zu hohem Ressourcenverbrauch sowie bei der Nahrungsmittelverschwendung.

MIT GELD, DRUCK UND DISKREDITIERUNGEN BAUT SYNGENTA IHRE MACHT IN DER FORSCHUNG AUS

SYNGENTAS EINFLUSS AUF DIE ÖFFENTLICHE FORSCHUNG

kriPo
Kritische Politik an der Universität Zürich und der ETH Zürich. Verein linker Studentinnen und Studenten, welcher die Studierendenschaft aus dem politischen Dornröschenschlaf wachküssen will.

Erfolgreiche Forschung, die zu neuen, durch Patente geschützten Produkten führt, ist entscheidend für einen Agrochemie- und Saatgutkonzern. Nur wenn es Syngenta gelingt, regelmässig neue Waren zu lancieren und glaubwürdig zu versichern, dass sich weitere in der Pipeline befinden, nur dann kann sich der Konzern an der Spitze des Agrobusiness halten. Für Syngenta ist jedoch nicht nur die konzerninterne Forschung wichtig. Vielmehr geht es um Kontakte und Beziehungen zu den Universitäten. Nicht zufällig ist der wichtige Forschungsstandort im amerikanischen Durham eng mit den dortigen Universitätsbetrieben verknüpft. Es stellt sich daher die Frage, wer in welchem Ausmass profitiert, wie die Einflussnahme organisiert wird und welche Synergien oder Abhängigkeiten vorhanden sind. Dies soll exemplarisch am Beispiel der ETH Zürich untersucht werden.

DIE FREIE WISSENSCHAFT: DRUCKVERSUCHE VON PRIVATEN UNTERNEHMEN

Bildung ist ein grundlegendes Menschenrecht und ein öffentliches Gut. In der Schweiz liegt die Kompetenz für die beiden Eidgenössischen Technischen Hochschulen (ETH) beim Bund. Obwohl der Bund die Finanzierung durch staatliche Subventionen gewährleisten sollte, werden die Hochschulen seit den 1980er Jahren zunehmend von Privatunternehmen gesponsert. Eines der Unternehmen, die hier mitmischen, ist Syngenta. Im November 2010 wurde angekündigt, Syngenta spende der ETH Zürich Foundation 10 Millionen Franken, um gemeinsam mit der ETH eine Professur für „Nachhaltige Agrarökosysteme" am neuen Kompetenzzentrum „World Food System" einzurichten. Der neue Lehrstuhl sollte gemäss dem hauseigenen Magazin „ETH Life" die gesamten Produktionsfaktoren in der Landwirtschaft einbeziehen, „wie etwa Treibstoffe und Dünger, wie auch den Ertrag, wie Nahrung und Biotreibstoffe, aber auch alle Verluste, die bei dem Prozess entstehen, etwa durch Krankheiten oder Kohlendioxidfreisetzung, unter unterschiedlichen Bewirtschaftungsszenarien" (ETH Life 2010). Ziel der Analyse sei herauszufinden, wie „mit möglichst wenig Einsatz und Verlust ein maximaler Ertrag" erreicht werden könne. Schon in der Pressemitteilung ist offensichtlich, dass die Ziele beschönigend formuliert werden, um zu verhindern, dass objektiv über Syngenta gesprochen wird. Denn wenn man ein gesamtes Agrarökosystem beurteilen will, muss man auch den Einsatz von Pestiziden und gentechnisch veränderten Organismen (GVO) beurteilen, besonders wenn der Fokus auf Nachhaltigkeit gelegt wird. Leider handelt es sich dabei aber um Waren, in denen Syngenta Marktführerin ist und mit denen sehr viel Geld generiert wird. Syngenta schadet der Nachhaltigkeit von Agrarökosystemen auf der sozialen und ökologischen Ebene, zum Beispiel durch ihre umstrittenen Produkte wie Paraquat, Atrazin und die Neonicotinoide.

Es wird immer herausgestrichen, Partnerschaften zwischen Universitäten und Privatunternehmen stellten eine Win-win-Situation dar. Die Vorteile für die ETH sind klar: Ihr geht es um die Finanzierungsunterstützung. Aber was sind die Vorteile für Syngenta in diesem Fall? Auf der Website des finanzierten Lehrstuhls ist weder ein Logo vorhanden, noch wird Syngenta erwähnt. Somit erhält das Unternehmen also keine direkte Werbung. Vorteile für die Firma könnten sein, dass sie so einen informellen Druck auf die Wissenschaft ausüben kann. Ohne das Geld von Syngenta würden weder der neue Lehrstuhl noch die neuen Arbeitsplätze existieren. Die Technische Hochschule würde Forscherinnen und Forscher verlieren und dies könnte die Stellung der Universität in den internationalen Rankings negativ beeinflussen.

Ein weiterer Punkt ist, dass Syngenta von der Forschung der ETH in Entwicklungsländern profitiert. Syngenta bekommt Einblick in die Studien und kann verschiedene Publikationen fördern, mit denen sie die Erschliessung von neuen Märkten beschleunigen kann. Ein interessantes Element manifestiert sich darin, dass beim neuen Lehrstuhl sehr auf konservierende Bodenbearbeitung geachtet werden soll. In dieser Ausrichtung wird auf das Pflügen verzichtet, um das organische Material im Boden zu schonen; um das Unkraut trotzdem bekämpfen zu können, werden dabei aber oft viele Herbizide benutzt – und die gehören zu den Hauptprodukten von Syngenta.

Nicht zu vernachlässigen ist bei diesen Forschungspartnerschaften nach Syngentas eigenen Worten, dass die ETH einen Ort bietet, um zukünftige „Leaders" für das World Food System auszubilden (Syngenta Homepage: Syngenta und ETH Zürich). Und diese Führungspersonen will die Syngenta mitausbilden und für sich gewinnen. Nach jeder Vorlesung oder

Exkursion, bei der die Firma beteiligt ist, erwähnt sie, welche interessanten Jobmöglichkeiten sie anbietet. Die ETH hilft dem Konzern, sich zu profilieren und Sympathien zu gewinnen. Der Lehrstuhl ist die erste Initiative im Rahmen des „World Food System", des Kompetenzzentrums der ETH zur Welternährung. Das World Food System Center rechnet Syngenta, Coop (ein schweizerisches Detail- und Grosshandelsunternehmen), die Mercator-Stiftung (eine Stiftung, die Projekte in den Bereichen Wissenschaft, Kinder und Jugendliche, Mensch und Umwelt fördert) und Bühler (ein international tätiger Schweizer Technologiekonzern, aktiv im Bereich Verfahrenstechnik der Nahrungsmittelherstellung) zu seinen Spendern. Organisiert sind sie in einem Partnerschaftsrat, eine privilegierte Position, die ihnen allein vorbehalten ist. Organisationen von Bäuerinnen und Bauern oder Umweltorganisationen, die zwar wichtige Interessen innerhalb des „World Food System" vertreten, aber kein Geld haben, dürfen nicht mitreden.

Darüber hinaus gewährt Syngenta Stipendien für Doktorierende und Postdoktorierende und finanziert über das Programm „Plant Science Center Syngenta Fellowship" wichtige Forschungsarbeiten an der ETH Zürich und den Universitäten Zürich und Basel (Plant Science Homepage). Ausserdem sponsert der Konzern verschiedene Veranstaltungen, wie zum Beispiel den Firmenmarkt am Weltkongress der internationalen Studierendenvereinigung für Agrarwissenschaften. So schafft sich Syngenta eine vorteilhafte Stellung an der ETH Zürich.

Doch damit nicht genug. Syngentas Werbung, Jahresberichte und Broschüren liegen in der Presse- und Kaffeeecke des agrarwissenschaftlichen Departements sehr präsent auf; Vertreterinnen und Vertreter von Syngenta halten Referate in Vorlesungen über Pestizide. Syngenta darf eine Exkursion für die Studierenden organisieren und wird an den Treffpunkt der „Science City" als Referentin zum Thema Welternährung eingeladen.

Politikerinnen und Politiker haben gesehen, dass solche Bündnisse eine potenzielle Gefahr für die Unabhängigkeit von Forschung und Wissenschaft darstellen. Eine erste Massnahme wurde an der ETH Lausanne getroffen: Lehrstuhlinhaberinnen und Lehrstuhlinhaber müssen ihre persönlichen Interessenbindungen selbst deklarieren. Die Deklaration ist jedoch nicht verbindlich. Auf der Liste der ETH Lausanne kommen oft die Namen von grossen Konzernen wie Novartis, Holcim und Lonza vor. Vorfälle in den USA machen indessen deutlich, dass aufgrund von Kooperationen der Universitäten mit Privatunternehmen die Unabhängigkeit der Forschung und die Integrität von Forschenden verletzt werden. Novartis, die Vorläuferin von Syngenta, spendete der staatlichen Universität von Berkeley 25 Millionen Dollar für eine Kooperation (WOZ, 15.5.2014). Diese Kooperation wurde von verschiedenen Forscherinnen und For-

«Die ETH hilft dem Konzern, sich zu profilieren und Sympathien zu gewinnen.»

schern kritisiert. Sie gelangten zu Resultaten, die Syngenta nicht veröffentlichen wollte, weil sie für das Unternehmen unvorteilhaft waren. Die beiden bekannten Fälle von Tyrone Hayes und Ignacio Chapela zeigen die Methoden der Firma auf.

Tyrone Hayes, Biologieprofessor an der University of California in Berkeley, und sein Team schlossen 1997 eine Vereinbarung für eine Risikoanalyse des Herbizids Atrazin ab. Sie fanden heraus, dass Atrazin die Geschlechtsorgan-Regulierung von Fröschen verändert. Syngenta publizierte diese Resultate nicht. Hayes wollte dies nicht akzeptieren und unternahm weitere Studien, die die gleichen alarmierenden Resultate zeigten. Für Syngenta stellte Hayes eine Bedrohung dar, weil Atrazin im Agrochemiemarkt der Vereinigten Staaten lukrativ war. Die Firma bespitzelte Hayes, sie diskreditierte ihn und benutzte persönliche Informationen über seine Familie und Herkunft, um ihn unter Druck zu setzen (Aviv 2014). Hayes wurde später ans Völkertribunal über die grossen Agrokonzerne in Bangalore eingeladen und konnte dabei seine Erfahrungen detailliert vermitteln.

Ignacio Chapela, ebenfalls Forscher an der University of California in Berkeley, publizierte 2001 in der wissenschaftlichen Zeitung „Nature" zusammen mit einem Kollegen einen Artikel über das Vorkommen von technisch modifizierten Genen in wilden Maispopulationen in Mexiko (Quist/Chapela 2001). Wie üblich wurde dieser Beitrag vor der Publikation einer Peer-Review unterzogen und gutgeheissen. Die untersuchte Kontamination konnte für Syngenta jedoch zu Problemen führen, und es wurde daher versucht, die Forschungsarbeit zu diskreditieren. Zwei Postdoktoranden klopften den Beitrag auf Fehler ab und schrieben eine Stellungnahme, in der der Artikel von Quist/Chapela als schlechte Wissenschaft bezeichnet wurde. Die vorhandene Evidenz reiche nicht aus, um die Schlussfolgerungen der Autoren zu stützen (Metz et al. 2002). Auf dieser Grundlage wurde eine Gegenkampagne organisiert. Mehrere hundert Wissenschaftler unterzeichneten diesen Brief und verlangten von Nature, den bereits publizierten Artikel zurückzuziehen. Offensichtlich handelte es sich um eine Auseinandersetzung zwischen kritischen Forschern und anderen, die die Zusammenarbeit mit dem Agrobusiness befürworteten (Wirz 2003). Chapela stand bekanntermassen dem Einfluss von multinationalen Konzernen auf die Wissenschaft kritisch gegenüber, insbesondere den Biotechnologiefirmen. Auf Grund dieses orchestrierten Drucks mit den vielen Unterschriften und vermutlich wegen der Abhängigkeit der Wissenschaftszeitschrift von privaten Geldgebern kam es in einer späteren Ausgabe von Nature zur erstmaligen Distanzierung von einem publizierten Beitrag. Allerdings ergab eine spätere Untersuchung durch ein mexikanisches Institut in einem Muster mit 2000 Maispflanzen aus der gleichen Gegend bei 73 Prozent der Pflanzen genetische Kontaminationen (ebd.). Zu kritisieren ist daher, dass

«Es scheint, dass vor allem der mögliche Firmengewinn darüber entscheidet, was nachhaltig ist und sich darum zu erforschen lohnt.»

Nature dieses Bestätigungsergebnis für Chapela nicht veröffentlichte.

Die beiden Fälle zeigen, dass Syngenta ein grosses Interesse hat, Einfluss auf Forschung und Forschungsresultate zu nehmen. Es geht dem Konzern darum, dass Produkte und Geschäftsstrategien möglichst wenig Risiken ausgesetzt sind. Die Methoden zur Reduktion von Risiken sind natürlich unterschiedlich. Sie beginnen mit niederschwelliger Beeinflussung von Wissenschaftlerinnen und Wissenschaftlern. Wenn dieser Druck nicht genügt, die kritische Haltung nicht revidiert und potenziell für Syngenta gefährliche Forschung fortgesetzt wird, dann scheut der Konzern aber auch nicht vor härteren Methoden wie Diskreditierungen und Diffamierungen zurück.

Es stellt sich also die Frage, wie die ETH mit solch kontroversen Unternehmen zusammenarbeiten und gleichzeitig eine gute Umgebung für die Angestellten und Studentinnen und Studenten bieten kann. Wie kann sie einen Ort schaffen, wo auch kritische Forschung betrieben werden kann?

DIE LANDWIRTSCHAFT DER ZUKUNFT: WELCHES WISSEN WIRD GELEHRT?

Landwirtschaft ist ein komplexes System, das viel interdisziplinäres Wissen verlangt. Alle Komponenten des Systems müssen berücksichtigt werden.

Aber die Forschungsschwerpunkte, die mit den Stipendien von Syngenta unterstützt werden, entstammen hauptsächlich den Bereichen Phytopathologie, Genetik, Genomik, Pflanzenbiochemie und konservierende Bodenbearbeitung (Plant Science Center) und sind meistens in bestimmten Instituten angesiedelt, nämlich Pflanzenpathologie ETH Zürich (ETHZ), Molecular Plant Biology Universität Zürich (UZH), Pflanzenbiotechnologie (ETHZ), Pflanzenbiochemie (ETHZ) und Plant Development Genetics (UZH). Syngenta finanziert das World Food System Center und den Lehrstuhl für Nachhaltige Agrarökosysteme, die beide vorgeben, eine nachhaltige Landwirtschaft fördern zu wollen. Es scheint jedoch, dass vor allem der mögliche Firmengewinn darüber entscheidet, was nachhaltig ist und sich darum zu erforschen lohnt.

Die Beeinflussung der Studierenden folgt denn auch dieser Logik. In den Vorlesungen wird üblicherweise die immer gleiche Einführung präsentiert: Die Hochrechnungen würden zeigen, dass die weltweite Bevölkerung bis zum Jahr 2050 auf neun Milliarden Menschen anwachsen werde; die Effizienz der Nahrungsproduktion müsse sich daher verdoppeln. Der Klimawandel stelle eine grosse Herausforderung dar und die Ressourcen würden immer knapper. Mit solchen Vereinfachungen, die nie hinterfragt werden, beeinflussen die Professorinnen und Professoren ihre Studierenden. Das Ziel, den Hunger in der Welt zu bekämpfen, rechtfertigt in dieser Logik den Gebrauch von Waren der multinationalen Firmen. Damit Glaubenssätze nicht zu plump klingen, sprechen Professorinnen und Professoren oft von einer integrativen Lösung, bei der multinationale Unternehmen immer wichtigere Partner für die Bekämpfung des Hungers wären – in dieser Sicht zweifellos wichtiger als Organisationen von Kleinbäuerinnen und Kleinbauern.

In den Vorlesungen zu Agrarökonomie und -politik, die durchaus die Gründe für die Armut der Bauernfamilien und die Notwendigkeit einer besseren Verteilung von Ressourcen vertieft thematisieren sollten, wird der Schwerpunkt allein auf die Integration der Entwicklungsländer in den Weltmarkt gelegt, ohne dass jemals umfassend diskutiert würde, ob dies sinnvoll und ethisch oder moralisch vertretbar sei. Die neoklassische Ideologie und die Theorie der komparativen Kostenvorteile prägen das Studium und blenden alle ethischen Fragen oder die Zielsetzung der Ernährungssouveränität aus.

An der ETH spricht man oft über Nachhaltigkeit und ihre drei Ebenen: ökonomische, ökologische und soziale Ebene. Aber die dritte Ebene wird oft vergessen. Das einzige Fach, das diese Dimension behandelt hat, wird seit drei Jahren nicht mehr unterrichtet. An der ETH Zürich gilt eine simple ökonomistische Definition von Nachhaltigkeit: Mit weniger Aufwand mehr produzieren. Dafür erwarten die Konzerne Lösungen von der Forschung. Welche Firma würde – könnte ironisch hinzugefügt werden – eine Studie unterstützen, die empfiehlt, weniger zu produzieren und somit auch den Gewinn zu reduzieren?

WER ENTSCHEIDET UND FÜR WEN WIRD GEFORSCHT?

Der Vertrag über die Finanzierung des Lehrstuhls für Nachhaltige Agrarökosysteme ist nicht öffentlich einsehbar. Man muss sich dazu an die ETH Foundation richten. Die ETH Foundation ist eine „unabhängige, privatrechtliche und gemeinnützige Stiftung mit dem Zweck, Lehre und Forschung an der ETH Zürich zu fördern" (ETHZ Foundation Homepage). Per E-Mail werden grundsätzlich keine Informationen weitergegeben. Bei einem Anruf wird zuerst nachgefragt, warum man diese Informationen wolle und wie man sie benutzen werde. Dann erst wird gesagt, dass man an der ETH direkt oder beim Direktor der ETH Foundation nachfragen müsse. Die Informationen werden also so gut es geht geheim gehalten.

Dass es so schwierig ist, Verträge einer eidgenössischen Schule zu konsultieren, ist verdächtig. François Meienberg, Landwirtschaftsexperte bei der Erklärung von Bern, konnte den Vertrag zwischen Syngenta und ETHZ dennoch einsehen. So wurde bekannt, dass Syngenta, dank der Finanzierung des Lehrstuhls für Nachhaltige Agrarökosysteme, einen Sitz in der ETH-Berufungskommission für diesen Lehrstuhl hat. Die Vertretung von Syngenta kann Bedenken gegen den Vorschlag der Berufungskommission anmelden, die der ETH-Präsident laut Vertrag „zur Kenntnis nehmen" muss (WOZ, 9.2.2012).

Der Syngenta-Sitz ist im Moment der einzige Sitz der Privatwirtschaft im Gremium. Warum sind dann, wenn ausserakademische Akteurinnen und Akteure an der Wahl von Professorinnen und Professoren teilnehmen, nicht auch Nichtregierungsorganisationen oder andere Firmen präsent? Das wäre doch demokratisch-politisch legitim und geboten.

Die beiden ETHs brüsten sich oft, in Uni-Rankings vorderste Plätze zu belegen und im „Exzellenz"-Bereich mitzuspielen. Studentinnen und Studenten sollen kreativ und kritisch ausgebildet werden. Aber ist dies möglich, wenn eine Hochschule dermassen wirtschaftsbezogen organisiert ist? Wissenschaft, besonders im Landwirtschafts-, Nahrungsmittel- und Umweltbereich, sollte Politikerinnen und Politikern helfen, Entscheidungen im Interesse der Bevölkerung zu treffen. Sie soll für die Öffentlichkeit arbeiten, Fragen beantworten und nicht der Industrie dienen. Diese Kollaboration kann zu einem Interessenkonflikt führen, vor allem in der Biologie und in der Landwirtschaft, wo die Grenze zwischen fundamentaler und angewandter Forschung immer dünner wird (Haerlin et al. 1999).

Wissenschaft und der akademische Bereich sind damit konfrontiert, dass Bürgerinnen und Bürger oft wenig Vertrauen in die Institutionen haben. Problematische Partnerschaften zwischen Hochschulen und Privatunternehmen kosten zusätzliche Glaubwürdigkeit bei der Bevölkerung. Doch es sind die Stimmberechtigten, die über die parlamentarische Vertretung den Gesamtfinanzrahmen für die ETH genehmigen. Solche Abläufe führen in einen Teufelskreis: Am Schluss scheint die einzige Lösung zur Finanzierung von Forschungsprojekten der Professorinnen und Professoren die Privatwirtschaft zu sein.

Die ETH Zürich möchte sich unpolitisch geben, aber sie trifft eine politische Entscheidung, wenn sie es zulässt, dass multinationale Konzerne wie Syngenta sich in die Forschung einmischen. Wenn Syngenta in Südamerika und Asien gegen die Menschenrechte verstösst, wenn sie in den Vereinigten Staaten die Wasserversorgungssysteme mit dem Pestizid Atrazin verseucht, wenn sie weltweit für das Sterben von Bienen verantwortlich ist, wenn das Saatgut zu teuer wird und indische Bäuerinnen und Bauern sich das Leben nehmen, dann darf dies nicht ohne den Protest von Studentinnen und Studenten an der ETH Zürich durchgehen. Linke Studierende und Forschende werden weiterhin für eine kritische Forschung im Interesse der Menschen, der Biodiversität, der Gesundheit, der Natur und der Umwelt kämpfen.

VORHANG AUF FÜR KRITIK UND WIDERSTAND

- **258** Einleitung – Vorhang auf für Kritik und Widerstand
- **260** Solidarische Grussbotschaft Vandana Shiva
- **262** Keine Patente auf Saatgut! Udo Schilling
- **268** Arbeitsbedingungen und Arbeitskämpfe
- **276** Völkertribunal über die Agromultis in Bangalore
- **280** Globaler Widerstand
- **288** March against Syngenta – unsere Forderungen

VORHANG AUF FÜR KRITIK UND WIDERSTAND

EINLEITUNG

MultiWatch
Autorinnen- und Autorenkollektiv

Im dritten Teil wird zusammenfassend der vielfältige Widerstand gegen Aktivitäten, Geschäftsgebaren und Arroganz der Macht von Syngenta präsentiert. Vandana Shiva ist empört über ihre Instrumentalisierung an der Weltausstellung in Mailand angesichts der Rolle von Syngenta auf unserem Globus, fühlt sich betrogen und erklärt sich solidarisch mit MultiWatch.

Longo maï, vertreten durch Udo Schilling, und andere Organisationen setzen sich dezidiert dafür ein, dass auf dem Saatgut künftig keine Patente gewährt werden.

Die Arbeitsbedingungen bei Syngenta sind extrem unterschiedlich. Anstellungen von spezialisierten Fachkräften im Hochlohnbereich werden kombiniert mit extrem prekarisierten Arbeitsverhältnissen. Spezifisch eingegangen wird auf die Situation in der Schweiz und in England sowie auf die Kämpfe für den Gesundheitsschutz.

Syngenta wurde nicht nur in Pakistan verurteilt oder in anderen Ländern vor Gericht gezogen. Das Permanente Völkertribunal kam anlässlich einer breit angelegten und tiefgreifenden Untersuchung der Pestizid- und Saatgutkonzerne zu klaren Ergebnissen, Verurteilungen und dringend umzusetzenden Empfehlungen.

Der globale Widerstand gegen die Profitinteressen von Syngenta zentriert sich um die und Bäuerinnen- und Bauernbewegung. Insbesondere La Via Campesina mit ihrer Forderung nach Nahrungssouveränität bietet eine klare Perspektive. Deren schrittweise Durchsetzung würde zu entscheidenden Veränderungen führen.

Im letzten Beitrag dieses dritten Teils wird zum Marsch gegen Syngenta aufgerufen. Die wichtigsten Forderungen aus der Sicht der unterworfenen, entrechteten, abhängigen und gesundheitlich gefährdeten, aber auch kritischen und widerständigen Menschen werden unterbreitet.

MultiWatch kommt zum Schluss, dass die vielfältige Kritik an Syngenta grundsätzliche Änderungen beim Agromulti bewirken muss; mittelfristig steht allenfalls sogar die Existenzberechtigung dieses in Basel domizilierten Konzerns und damit auch diejenige der unmittelbaren Konkurrenten bei Pestiziden und Saatgut auf dem Spiel. Bereits integrale und weltweite Verbote der hochgiftigen Absatzprodukte würden das Geschäftsmodell dieser global agierenden Agrokonzerne grundlegend beeinträchtigen, vielleicht sogar verunmöglichen.

DIE BERÜHMTE FEMINISTIN RUFT ZUM WIDERSTAND AUF: WIR MÜSSEN UNS VON DEN KONZERNEN BEFREIEN!

SOLIDARISCHE GRUSSBOTSCHAFT

Vandana Shiva
Indische Wissenschaftlerin, politische Aktivistin und globalisierungskritische Autorin. Sie hat die Organisation für „Erddemokratie" gegründet (Navdanya) und widersetzt sich auf vielfältige Art und Weise grossen Agrokonzernen wie Syngenta.

Für die Konferenz „Agro statt Business – Gegen die unheilige Allianz von Basel und Syngenta" im Frühling 2015 hat Vandana Shiva eine Grussbotschaft übermittelt, von der ein Ausschnitt auf YouTube zu sehen ist. Nachfolgend Auszüge ihrer Botschaft:

LIEBE FREUNDINNEN UND FREUNDE

Ihr habt euch in Basel versammelt, um dagegen zu protestieren, dass die Stadt Basel an der Expo 2015 durch Syngenta repräsentiert wird – anstatt durch die Bürgerinnen und Bürger der Stadt mit ihren alternativen Visionen für eine Zukunft der Landwirtschaft. Das sind Visionen, die auf Biodiversität basieren, auf Agrarökologie, auf lokalen Ernährungssystemen, auf einem gerechten und fairen Ernährungssystem, in dem die Bäuerinnen und Bauern auf ihrem Land bleiben können, in dem das Klima stabil ist und das Essen nahrhaft. Euer Zusammenkommen ist wichtig, weil es zeigt, wie unsere Regierungen – von der lokalen, nationalen bis zur internationalen Ebene – von grossen Konzernen gekapert werden. Damit bedrohen sie den Planeten, unsere Freiheit und die Demokratie.

Die alten agrochemischen Konzerne Sandoz und Ciba Geigy haben zusammen mit anderen Unternehmen vorgebracht, Patente auf Saatgut seien der einzige Weg für Wachstum in der Zukunft. Und der einzige Weg, wie sie Saatgut patentieren könnten, sei die Produktion von genetisch verändertem Saatgut. Auf diese Weise können sie behaupten, sie hätten etwas Neues geschaffen. Sie können argumentieren, diese Organismen seien neuartig, sie seien ihre konzerneigenen Erfindungen und darum seien sie patentierbar. Das Eintreiben von Lizenzgebühren auf Saatgut war und ist ihr einziges Ziel.

> «Ich kämpfe für das Recht unserer Bäuerinnen und Bauern, ihr Saatgut aufzubewahren und auszutauschen, und damit für das Recht unserer Gesellschaften auf Saatgutfreiheit.»

Die Konzerne haben auch darüber gesprochen, dass sie internationale Gesetze für geistiges Eigentum benötigen würden, um das Aufbewahren von Saatgut durch Bäuerinnen und Bauern zu illegalisieren. Aus diesem Grund entstand später das „Abkommen über handelsbezogene Aspekte der Rechte des geistigen Eigentums" der Welthandelsorganisation. Genau darum entschied ich mich an jenem Tag im Jahre 1987, mein Leben der Rettung und Erhaltung von Saatgut sowie dem Recht aller Lebewesen, sich in Freiheit weiterzuentwickeln, zu widmen. Ich kämpfe für das Recht unserer Bäuerinnen und Bauern, ihr Saatgut aufzubewahren und auszutauschen, und damit für das Recht unserer Gesellschaften auf Saatgutfreiheit.

Syngenta ist einer der fünf Giganten, die versuchen, unser Nahrungsangebot durch das Saatgutangebot zu kontrollieren. Dieser Konzern repräsentiert nun die Stadt Basel an einer Expo, die der „Ernährung des Planeten" gewidmet ist und für die mich die italienische Regierung zur Botschafterin ernannt hat. Ich fühle mich zutiefst betrogen.

Diese Konzerne wissen nur, wie sie stehlen und Biopiraterie betreiben können. Sie wissen nur, wie sie töten können durch ihre Erfahrung als Chemikalienproduzenten für Kriege. Jetzt stellen sie Agrochemikalien her, die als Pestizide töten – und neuerdings GVOs, die ebenfalls töten. Syngenta besitzt hunderte von Patenten auf Merkmalen, die Pflanzen widerstandsfähig gegen Klimaveränderungen machen sollen. Patent um Patent für angebliche klimatische Widerstandsfähigkeit, in Wirklichkeit aber Patent um Patent, um Bäuerinnen und Bauern den Zugang zu dem Saatgut zu verwehren, das sich in Zeiten des Klimawandels in die Zukunft entwickeln kann.

Ist die Erzeugung unfruchtbarer Samen, zum Beispiel solche von Syngenta, die Zukunft der Landwirtschaft? Oder sind der Schutz und die Weiterentwicklung der lebendigen Samen, die sich vermehren und die geteilt werden können, unsere Zukunft? Die fünf Giganten des Agrobusiness – mit Monsanto und Syngenta an der Spitze – liefern sich einen Wettkampf um die Kontrolle des Saatguts, und sie sind daran, die Biodiversität unseres schönen Planeten zu zerstören. Die Repräsentation dieser Unternehmen an der Expo ist ein Betrug am Willen der Menschen und am Thema der Expo, das „den Planeten ernähren" postuliert. Wir wissen selbst, wie wir den Planeten ernähren können!

Wir müssen uns befreien von diesen Konzernen und ihren Giften, um unsere Bäuerinnen und Bauern zu schützen, um unsere Gesundheit zu schützen, um den Planeten zu schützen. Wir müssen uns dagegen wehren, dass diese Firmen unsere Regierungen übernehmen. Eure Konferenz ist ein sehr wichtiger Schritt dahin. Ich schliesse mich euch in Solidarität an. Ich schliesse mich euch an, um echte Alternativen zu schaffen, die die Welt ernähren!

BEWEGUNGEN IN
EUROPA KÄMPFEN
DAFÜR, DASS SAATGUT
GEMEINGUT BLEIBT

KEINE PATENTE AUF SAATGUT!

Udo Schilling
Koordinator der Saatgutkampagne bei Longo maï. Der Diplom-Agronom lebt auf einem Hof von Longo maï und ist stark in den Kampf um freies Saatgut in ganz Europa involviert.

Die Gentechnik ist vor allem ein Mittel, um Patente zu erhalten. Sie hat sich aber bei weitem nicht so durchsetzen können, wie dies die Konzerne erwarteten. Von den weltweit 170 Millionen Hektaren Land, die mit gentechnisch veränderten Organismen (GVO) bepflanzt sind, befinden sich 150 Millionen Hektaren in den USA, Kanada, Brasilien, Argentinien und Indien. In Europa konnten Skepsis und Widerstand der Bevölkerung die Ausbreitung der GVO verhindern. Nur Spanien baut Genmais an. Schaut man die angebauten Kulturen an, sind auch diese Grenzen eng gezogen: 47 Prozent aller GVO sind Sojapflanzen, 32 Prozent Mais, 15 Prozent Baumwolle und 6 Prozent Raps (Then 2015: 12f.).

DER KAMPF GEGEN GENTECHNISCH VERÄNDERTEN WEIZEN IN GATERSLEBEN

Die Genbank in Gatersleben, Deutschland, Sachsen-Anhalt, ist weltweit eine der bedeutendsten Genbanken. Sie enthält die grösste Sammlung an Weizensorten. Genbanken sind öffentliche Einrichtungen, bei denen jede Landwirtin und jeder Landwirt und vor allem die Züchterinnen und Züchter Proben einer Sorte bestellen können, um weiter mit ihnen zu arbeiten.

Ab dem Jahr 2006 siedelten sich mehrere Biotechnikfirmen (unter anderen Bayer CropScience) auf dem Campus der Genbank an. Sie nutzten die vorhandenen Einrichtungen, um Gene und Gensequenzen in den teilweise jahrtausendealten Sorten zu untersuchen. Wenn Gentechkonzerne unter Verwendung von Genen oder Gensequenzen künstliche neue Sorten schaffen, melden sie darauf Patente an.

In der Nähe der Erhaltungsflächen der Genbank wurden in der Folge erstmals gentechnisch veränderter Weizen und GVO-Erbsen ausgesät. Diese Freisetzungen gefährdeten über Pollenflug die Reinerhaltung der Weizenvielfalt durch gentechnische Verschmutzung. Auch wenn Weizen ein Selbstbestäuber ist, besteht das Risiko der Fremdbestäubung und damit der Auskreuzung. Dies beträfe dann auch Sorten, die durch den weltweiten Austausch von Saatgutproben unter Genbanken in andere Länder gelangen.

Longo maï gründete mit anderen Kooperativen das „Internationale Notkomitee für die Erhaltung der Weizenvielfalt ohne Gentechnik". Diese Organisation hat es sich zur Aufgabe gemacht, die durch Gentechnik bedrohten Weizensorten aus allen Kontinenten ausserhalb der Genbank und möglichst in ihren Herkunftsgebieten zu erhalten. Das Notkomitee rief Bürgerinnen und Bürger in verschiedenen Ländern Europas dazu auf, sich an der Erhaltung des Weizensaatguts von Gatersleben zu beteiligen und es selber bei sich auszusäen. Infolge des damit entstandenen öffentlichen Drucks mussten die Freisetzungen beendet werden, denn die Genbank fürchtete um ihren Ruf. Inzwischen konnten viele Sorten an Vertrauensleute der Herkunftsländer übergeben werden. Der Longo-Maï-Hof in Mecklenburg zum Beispiel bewahrt ebenfalls Sorten, hat einen Schaugarten angelegt und zehn Sorten vermehrt, die unter anderem zum Brotbacken angebaut werden.

GEGEN DIE VERGABE VON PATENTEN AUF LEBEN DURCH DAS EUROPÄISCHE PATENTAMT

Die Saatgutkonzerne versuchen mehr und mehr, auch Patente auf Pflanzen, Tiere, Sorten, Zuchtmethoden, Genome und Gensequenzen anzumelden, die auf natürlichem Wege gezüchtet wurden. Gemäss internationalem Patentrecht dürfen jedoch keine Patente auf Pflanzen und Tiere erteilt werden; dies gilt auch bei vorwiegend natürlichen Zuchtverfahren.

Dieses Verbot umgehen die Gentechnikfirmen, indem sie Patente unter dem Vorwand anmelden, spezielle Verfahren zur Erkennung von Gensequenzen oder zur Auswertung komplexer Selektionskriterien gefunden zu haben. Mit der Patentanmeldung beanspruchen sie aber die Gene, Gensequenzen oder die Pflanzen, die diese enthalten, bis hin zu den verarbeiteten Teilen als ihr geistiges Eigentum.

Wie dieses Vorgehen konkret von den Konzernen umgesetzt wird und wie das Europäische Patentamt (EPA) mitspielt, das sich mit Gebühren für die Vergabe von Patenten finanzieren muss, zeigen die folgenden Beispiele.

> «Zu den Bauernmärkten in der Provence kommen mehrere tausend Besucherinnen und Besucher.»

SYNGENTA: PATENTIERUNG VON GENSEQUENZEN

Sehr deutlich lassen sich die Ziele der Biotechnologieforschung anhand eines Patentantrages von Syngenta aufzeigen. Reis hat im Vergleich zu anderen Grundnahrungsmitteln ein relativ einfaches Genom. Den Forscherinnen und Forschern von Syngenta gelang es, die Gene für das Blühen des Reises zu identifizieren und abzusondern. Auf diese spezifischen Gene erhoben sie einen Patentanspruch. Da es ohne Blüte keine Frucht gibt, hätte Syngenta mit diesem Patent die Kontrolle über die gesamte Reisproduktion der Welt erhalten. Keine Reiszüchterin und kein Reisbauer hätte ohne Erlaubnis von Syngenta bzw. ohne Lizenzgebühren arbeiten dürfen.

Syngenta ging aber noch einen Schritt weiter und beanspruchte im selben Patentantrag auch die Gensequenzen für die Blüten in 39 anderen Nahrungspflanzen (u. a. Weizen) und sogar für diejenigen von Pflanzen, die noch nicht entdeckt sind, aber diese Gene enthalten. Es ging Syngenta bei der Forschung offensichtlich nicht um die Welternährung, wie der Konzern immer behauptet, sondern um die Erlangung eines Genmonopols. Wegen des sofortigen Protests der kanadischen Nichtregierungsorganisation ETC Group beim EPA zog Syngenta den Patentantrag im letzten Moment zurück.

Die Bemühungen um Genmonopole bleiben aber bestehen. Das zeigt das an Syngenta vergebene Patent auf Paprika. Da die von Syngenta patentierte Gensequenz in jeder Paprika vorkommen kann, riskieren nun alle Züchterinnen und Züchter, ja sogar alle Bäuerinnen und Bauern, die ihr Paprikasaatgut weitergeben, eine Klage. Dagegen läuft zurzeit ein Einspruch von 32 Umwelt- und Bäuerinnenorganisationen unter der Führung der Organisation „No Patents on Seeds" (No patents on seeds 2015).

DER FALL KOKOPELLI

Inzwischen gibt es viele Erhaltungsvereine, biologische Züchterinnen und Züchter sowie Netzwerke, die Saatgut züchten bzw. vermehren, das für die industriell-kapitalistische Landwirtschaft nicht sehr gut geeignet ist.

Dieses Saatgut ist den marktbeherrschenden Unternehmen ein Dorn im Auge. In Frankreich wurde der Erhaltungsverein Kokopelli verurteilt, weil er nichtregistriertes Saatgut in Verkehr gebracht hat. Er weigerte sich, ein Gesetz anzuerkennen, laut dem nur Saatgut verkauft, getauscht oder verschenkt werden darf, das in einen offiziellen Katalog eingetragen ist. Der Eintrag in den Katalog hätte für den Verein einen nicht zu bewältigenden bürokratischen Aufwand und vor allem eine unangemessene, für den Verein nicht bezahlbare Gebühr bedeutet.

In kurzer Zeit konnte Kokopelli 200'000 Sympathiebekundungen sammeln. Aber viel wichtiger war es, die einzigartige Sammlung von über 3000 Gemüsesorten zu retten. Laut Gesetz hätte sie beschlagnahmt werden können. Die französischen Kooperativen von Longo maï übernahmen Patenschaften von mehreren Sorten. Gleichzeitig lernten unsere Gärtnerinnen und Gärtner, wie man diese rein erhält und vermehrt. Wir begannen, Ausbildungskurse zu organisieren. Da der erste schnell ausgebucht war, werden zurzeit zwei Kurse pro Jahr veranstaltet. Das Interesse ist riesengross. Bäuerinnen und Bauern aus der Region, Hobbygärtnerinnen und -gärtner sowie junge Menschen, die in selbstorganisierten Gruppen leben, kommen, um ihre Eigenversorgung unabhängig von Konzernen und Grossverteilern zu sichern. Sie sind aber auch aktiv in Netzwerken und beteiligen sich an „Märkten der Vielfalt", Tauschbörsen, Informationsveranstaltungen, Unterschriftensammlungen und konkreten Aktionen. Zu den Bauernmärkten in der Provence kommen über 50 Bäuerinnen und Bauern der Region und mehrere tausend Besucherinnen und Besucher sind zu verzeichnen.

KAMPF GEGEN DIE NEUE SAATGUTVERKEHRSORDNUNG DER EU

Als die EU im Jahr 2008 begann, in aller Stille ihre Saatgutverkehrsordnung zu überarbeiten, konnte auf das erwähnte breite Netzwerk zurückgegriffen werden. Es ging und geht weiterhin darum, die Öffentlichkeit, die Betroffenen und auch die Parlamentarierinnen und Parlamentarier über den Inhalt der geplanten Gesetze zu informieren. Versteckt hinter vielen Paragrafen und Ausnahmeregelungen sollen bäuerliches Saatgut und kleine Züchterinnen und Züchter verdrängt, die Kulturpflanzenvielfalt auf dem Feld weiter reduziert und die Wahlfreiheit von Landwirtinnen und Landwirten, von Verbraucherinnen und Verbrauchern erheblich eingeschränkt werden. Praktisch hätte nur noch Hochleistungssaatgut für die Industrielandwirtschaft in Verkehr gebracht werden dürfen. Alles andere Saatgut wäre in Nischen abgedrängt worden.

Als vorgeschobene Zielsetzungen der EU sollten die Gesetzgebung vereinfacht und vereinheitlicht sowie der bürokratische Aufwand und die Kosten reduziert werden. Der Text der Verordnung wurde von einem Beratungsbüro formuliert, das sich offen dazu bekannte, Gentechnik und industrielle Landwirtschaft fördern zu wollen. In der Präambel der Verordnung stand geschrieben, dass die Regelungen als Vorbild für Verhandlungen mit Drittstaaten dienen sollten. Damit hätten die Konzerne ein entscheidendes Instrument zum Verbot bäuerlichen Saatgutes in diesen Ländern in die Hand bekommen.

Longo maï lancierte deshalb eine europaweite Petition. Die Übergabe der Unterschriften am 18. April 2011 in Brüssel fiel mit 500 Demonstrationsteilnehmerinnen und -teilnehmern sowie 85'000 Unter-

> «Ob unser politischer Einsatz erfolgreich war oder nicht – bei jeder Aktion haben wir neue, dynamische, oft lebensfrohe Menschen gefunden, mit denen zusammen wir Konkretes aufbauen konnten.»

schriften (davon 34'000 aus der Schweiz) eher symbolisch aus. Doch sie verfehlte ihre Wirkung nicht. Drei EU-Parlamentarier übernahmen das Anliegen der Petition und befassten sich intensiver mit dem Text. Überraschend gross war das Interesse der Medien. Spätestens jetzt waren die Geheimverhandlungen vorbei (Saatgutkampagne 2011).

Neben der Saatgutkampagne, an der wir massgeblich mitbeteiligt waren und die mit Arche Noah, der „Gesellschaft für die Erhaltung der Kulturpflanzenvielfalt & ihre Entwicklung", eine starke Stimme in Brüssel hatte, bekämpften andere Organisationen und Netzwerke auf ihre Art das Paragrafenregelwerk gegen nichtindustrielles Saatgut. Die Auseinandersetzung dauerte insgesamt fünf Jahre. 2013 wurde eine weitere Petition unter dem Titel «Saatgut in Gefahr» mit 150'000 Unterschriften gegen die Saatgutverordnung ins europäische Parlament eingebracht (Riekeberg et al. 2013). Schliesslich aber wurde der Vorschlag für eine neue EU-Saatgutverordnung mit 511 Stimmen gegen 136 und 16 Enthaltungen abgelehnt (Häusling 2014). Dieser Erfolg hat uns gezeigt, dass man gemeinsam viel erreichen kann. Auch zukünftig werden wir unser Saatgut nicht aus unseren Händen geben.

BREIT UND BUNT

Die Auseinandersetzung um das Saatgut hat sich zugespitzt. Es häufen sich Skandale um hormonbelastetes Wasser, antibiotikaresistente Keime sowie Schäden von Gentechnik und Industrielandwirtschaft. Energiereserven und bestimmte Mineralien gehen zur Neige, sterile Böden, Hunger und Armut und damit verbundene Flüchtlingsströme nehmen zu. Gleichzeitig wird die Öffentlichkeit sensibler, viele Menschen sind auf der Suche nach unabhängiger Ernährung. Die Verbreitung von Vertrags- und Biolandwirtschaft wächst, es organisieren sich Netzwerke, um der Schlussfolgerung des Weltagrarberichts, „So wie bisher ist keine Option", Gehör zu verschaffen. Dies bewirkt ein Umdenken und Andersmachen. Die Konzerne werden nervös. Sie agieren aggressiv wie nie zuvor mit den oben genannten Mitteln: überzogene Hybridzucht, verstärkte Gentechnik, mehr Patente, neuer Sortenschutz, ungebremste Freihandelsabkommen und erhöhter politischer Druck. Die Regierungen spielen grösstenteils dieses Spiel mit unseren Nahrungsgrundlagen mit.

Die Erfahrungen der letzten acht Jahre haben mir gezeigt, dass diese Aggressivität Schwäche ist. Ob unser politischer Einsatz erfolgreich war oder nicht, ein Teilerfolg oder ein Scheitern – bei jeder Aktion haben wir neue, dynamische, oft lebensfrohe Menschen gefunden, mit denen zusammen wir Konkretes aufbauen konnten. Dass sehr viel junge Menschen dabei sind, stimmt mich trotz der vielen schlechten Nachrichten über die Aktivitäten von Syngenta, Monsanto, Bayer und Co. optimistisch.

Auch wenn wir uns über Mittel und Wege unter den aktiven Organisationen nicht immer einig sind, müssen wir uns dennoch gegenseitig informieren und akzeptieren. Dann haben wir eine Stärke, die vieles bewegen kann. Das Netzwerk ist breit, bunt und generationenübergreifend. Saatgut muss Gemeingut bleiben und die Macht der Konzerne muss eingeschränkt werden. Wenn die Politik versagt, ist die Zivilgesellschaft gefragt. Ich freue mich auf die nächsten Schritte und neue Kampagnen.

GEWERKSCHAFTEN
KÄMPFEN GEGEN DIE
PREKARISIERUNG DER
ARBEITSBEDINGUNGEN UND
FÜR GESUNDHEITSSCHUTZ

ARBEITSBEDINGUNGEN UND ARBEITSKÄMPFE

MultiWatch
Autorinnen- und Autorenkollektiv

Mit dem folgenden Beitrag wird die spezifische Situation von europäischen Bäuerinnen- und Bauernbetrieben und der Landwirtschaft im Allgemeinen verlassen. Nicht nur Landarbeiterinnen und -arbeiter auf herkömmlichen Bauernhöfen und Landkooperativen sind wegen Patenten weltweit vom profitstrebenden Agrobusiness betroffen. Auch Syngenta-Angestellte spüren, dass es der Unternehmensführung primär ums Geld geht; die Gewerkschaften kämpfen für Gesundheitsschutz im Interesse der Arbeitnehmenden, gegen Stellenabbau und Lohnkürzungen.

Die fortlaufende Prekarisierung der Arbeitsbedingungen muss mit den Entwicklungen der Weltwirtschaft in Verbindung gebracht werden. Ciba-Geigy und Sandoz waren mit ihrer hohen Kapitalintensität und der automatisierten Massenproduktion Musterbeispiele des „Fordismus", des kapitalistischen Akkumulationsmodells der Nachkriegszeit. Inzwischen ist dieses Modell aber weitgehend durch ein neues Regime der flexiblen Akkumulation abgelöst worden (Harvey 1989b). Man spricht auch von einem durch den Neoliberalismus geprägten Shareholder-Value-Regime.

Syngenta nützt die neoliberale Restrukturierung der Weltwirtschaft mit ihren Deregulierungen zur konsequenten, weltweiten Optimierung der Wertschöpfungsketten. Dies erlaubt dem Konzern, unterschiedliche Lohnhöhen und -systeme, Steuervorteile, Qualifikationsstruktur der Lohnabhängigen und regulatorische Auflagen gezielt für die Standortoptimierung und Standortkonkurrenz zu nützen. Die Organisation der Produktion, die Forschung und Entwicklung sowie der Verkauf und die Verwaltung veränderten sich strukturell und das wirkte sich auch auf die Angestellten vor Ort und die Arbeiterinnen- und Arbeiterbewegung aus.

Am markantesten lässt sich der Umschwung in der Zahl der Beschäftigten in der Basler Chemie ablesen. Während die Zahl der Erwerbstätigen bis Ende der 1980er Jahre stetig zugenommen hat, beginnt sie mit der Krise Anfang der 1990er Jahre abzunehmen. Die kapitalistische Mehrwertproduktion existiert weiter, ihre Formen aber haben sich geändert. Von der fordistischen Pionierbranche wurde die Basler Chemie zum Labor der flexiblen Akkumulation des Shareholder-Value-Kapitalismus.

CHEMIEARBEITERSCHAFT IN DER SCHWEIZ

Die Chemiearbeiter und -arbeiterinnen haben sich während des Zweiten Weltkriegs verstärkt gewerkschaftlich organisiert und erkämpften sich ab dem 1. Januar 1945 in Basel einen Gesamtarbeitsvertrag (GAV). Die Chemiebranche wandelte sich dadurch von einer Tieflohn- zur Hochlohnbranche mit überdurchschnittlich guten Arbeitsbedingungen. Chemiearbeiter dominierten in den nächsten Jahrzehnten die gewerkschaftspolitische Szene in Basel. Basel war nicht nur eine Chemiestadt, sondern auch eine Arbeiterstadt. Versammlungen der Gewerkschaft Textil, Chemie, Papier (GTCP) wurden in den 1970er Jahren von 1000 Mitgliedern besucht. Doch im nächsten Jahrzehnt änderte sich dies markant.

Schon Mitte der 1960er Jahre arbeiteten in der Basler Chemie mehr Angestellte mit Einzelarbeitsvertrag (EAV) als GAV-Unterstellte. Trotz grosser Anstrengungen ist es den Gewerkschaften nie gelungen, die EAV-Unterstellten in einem nennenswerten Ausmass gewerkschaftlich zu organisieren. Am Hauptsitz der Syngenta in Basel arbeiten heute fast nur noch hoch qualifizierte Angestellte mit privilegierten Arbeitsbedingungen. Die Ansprüche an diese Angestellten sind sehr hoch. Erwartet werden grosses Engagement, permanente Effizienz und höchste Loyalität. In Bezug auf die alte Chemiearbeiterschaft mit Fabrikarbeiterinnen und Fabrikarbeitern (Blue Collar) sind in der Schweizer Agrochemie nur noch die Produktionsstandorte Monthey und das kleine Kaisten im Fricktal übrig geblieben. Aber auch Jobs als Angestellte (White Collar) bringen heute keine Arbeitsplatzsicherheit mehr. Immer wieder werden Verwaltungsjobs abgebaut. Syngenta hat kürzlich sogar ihre IT nach Indien ausgelagert.

Der Wechsel vom fordistischen Betrieb zum Shareholder-Unternehmen hat sich bei Syngenta sehr ausgeprägt vollzogen. Was zählt, sind Börsenkapitalisierung der Firma, die Entwicklung der Aktienkurse und die Rendite. Sowohl in der Zentrale der Syngenta in Basel als auch mit einer gewissen Verzögerung in Monthey setzte sich das britische Management durch und bereitete der helvetischen Gemütlichkeit oder den Privilegien, die in der Novartis nach der Fusion noch übrig geblieben waren, ein rasches Ende. Gemäss Willi Eberle, einem ehemaligen Mitglied der Personalkommission, hatte die zur Zeit der

> «Die Lohnschere zwischen den Normalverdienenden und dem Topmanagement öffnete sich bei Syngenta mehr als in anderen Unternehmen.»

Syngentagründung kämpferische Politik der Gewerkschaft in Basel (Streik in der Basler Zentralwäscherei und in der Aare-Wäscherei, Baubewegung) eine positive Auswirkung auf die Arbeit der Kommission: Von der Betriebskommission einberufene Betriebsversammlungen waren gut besucht, die Ansinnen der Geschäftsleitung zum Abbau von Lohnzuschlägen und sonstigen Verschlechterungen wurden meist beinahe einstimmig abgelehnt.

Da die Gewerkschaft im Betrieb aber immer weniger präsent war, verschlechterte sich das Kräfteverhältnis stetig, und Syngenta war immer weniger auf die sozialpartnerschaftliche Vermittlungsfunktion der Gewerkschaften angewiesen. Die aus der vorhergehenden Periode noch bestehenden Lohnzuschläge wurden nun in Basel zum Teil ersatzlos gestrichen. Sofern die Personalvertretung für die Nordwestschweiz intervenierte, ergaben sich je nachdem schwache, jedoch eher symbolische Kompensationen. Die im Gesamtarbeitsvertrag verankerten Einflussmöglichkeiten bei der Stellenbewertung wurden auch nicht mehr ernst genommen (Eberle 2015). Dies wird bestätigt von Roland Conus, dem ehemaligen Sekretär der Unia für den Industriebereich in der Romandie.

Anfänglich änderte sich am Produktionsstandort Monthey nach der Gründung von Syngenta im Jahr 2000 nicht sehr viel. Mit der Zeit wurden aber das Management ausgewechselt sowie sozialpartnerschaftliche Errungenschaften in Frage gestellt und es hielt ebenfalls ein angloamerikanischer Managementstil Einzug. Dazu gehören das Ausspielen der internen Personalorganisationen gegen die Gewerkschaften und eine strikte zentralistische Befehlshierarchie von oben nach unten. Die föderalistisch aufgebauten und im Betrieb ungenügend verankerten Gewerkschaften hatten diesen Angriffen wenig entgegenzusetzen (Conus 2015).

Lohnverhandlungen der Gewerkschaften Unia und Syna mit Syngenta sind 2014 gescheitert, weil Syngenta keine allgemeinen Lohnerhöhungen zugestehen wollte. Die Lohnschere zwischen den Normalverdienenden und dem Topmanagement öffnete sich bei Syngenta mehr als in anderen Unternehmen. So schrieb der Blick: „Ins Auge sticht zudem der Agrochemiekonzern Syngenta (…). Bei fast gleich hohem Jahresgewinn kassierte Konzernchef Michael Mack im vergangenen Jahr 3 Millionen Franken mehr. Die Lohnschere öffnete sich deshalb von 1:85 auf 1:114" (Blick, 18.6.2015).

Bei der Gründung von Syngenta im Jahr 2000 galten die Gesamtarbeitsverträge der Nordwestschweiz und derjenige von Monthey für etwa einen Drittel des Personals oder ca. 830 Personen. Innerhalb von 20 Jahren sank dieser Anteil laut Gewerkschaft Unia um rund 20 Prozent auf deutlich unter 600 Personen. Am Hauptsitz in Basel mit der Administration und dem Marketing sind gar keine Beschäftigten dem

Gesamtarbeitsvertrag unterstellt. Ins Gewicht fällt die gewerkschaftliche Organisierung praktisch nur in der Produktion in Monthey. Von 850 Beschäftigten waren 2012 450 dem Gesamtarbeitsvertrag unterstellt, ca. 30 Prozent davon waren bei der Gewerkschaft Unia organisiert. An den übrigen Standorten gibt es nur noch vereinzelt Gewerkschaftsmitglieder.

2014 kündigte Mike Mack den Abbau von 500 Stellen am Basler Hauptsitz an. Konzernweit sollen 1800 Stellen gestrichen werden (Tages-Anzeiger, 24.11.2014). Von den Entlassungen in der Region Nordwestschweiz sind vor allem Angestellte im Einzelarbeitsvertrag betroffen. Diese diskutieren wohl über das aktuelle Sparprogramm und über allfällige Übernahmen. Was ihnen aber fehlt, ist Erfahrung im kollektiven Handeln und eine gewerkschaftliche Organisation.

VERHANDLUNGEN IN MONTHEY

Monthey im Walliser Chablais ist für Syngenta immer noch einer der weltweit wichtigsten Produktionsstandorte. In Monthey gibt es noch eine lebendige betriebliche Gewerkschaftsorganisation der Unia. 116 Stellen in Monthey sollen aber jetzt im Rahmen des Verlagerungs- und Abbauprogramms gestrichen werden (Tages-Anzeiger, 7.5.2015). Das Syngenta-Management brüstet sich mit dem „Operational Leverage"-Programm, mit dem die Kosten gesenkt werden sollen, insbesondere durch Verlagerungen (Syngenta Homepage). Für die Beschäftigten in der Region Chablais ist die Situation schwierig, weil kurz vorher die Raffinerie Tamoil am selben Ort geschlossen wurde. Am 27. Mai 2015 demonstrierten 500 Arbeiterinnen und Arbeiter gegen den Stellenabbau bei Syngenta. Bis heute hat die Firma auf diesen Protest nicht reagiert. Sie versucht die Personalreduktion allein mit der Personalkommission und ohne Einbezug der Gewerkschaften abzuwickeln. Im Sommer 2015 fanden in Monthey Verhandlungen zur Erneuerung des Gesamtarbeitsvertrags statt. Es gelang, zwei Verbesserungen im Vertrag zu verankern: Syngenta hat zugesichert, der Sozialpartnerschaft eine Bedeutung zuzumessen (sic!), und es wurde eine Arbeitsgruppe gebildet, welche Massnahmen erarbeiten soll, um die negativen Auswirkungen der Schichtarbeit abzuschwächen (Unia 2015).

Die Gewerkschaften, welche national wie international zu wenig vernetzt sind, besitzen lediglich limitierte Widerstandsmöglichkeiten. Sie waren bereits vor der Syngentagründung – von der Ausnahme in Monthey abgesehen – in den Novartis-Betrieben nicht mehr besonders präsent. Die früher relativ starke Position der Gewerkschaften in der Chemie konnte mit den Restrukturierungen der 1990er Jahre, also der Neuformierung der internationalen Wertschöpfungskette durch Auslagerungen und Fusionen, entscheidend geschwächt werden. Mit den neuen Firmen wie Clariant, Novartis und schliesslich Syngenta verschaffte sich das Kapital neben Positionsvorteilen im Konkurrenzkampf beträchtliche Geländegewinne im Klassenkonflikt, lässt sich gemäss Willi Eberle zusammenfassen. Die Gewerkschaften müssten riesige Anstrengungen vollbringen, um in den Schweizer Chemiebetrieben – Ausnahme ist zur Zeit noch Monthey – wieder einigermassen Fuss zu fassen.

SYNGENTA IN ENGLAND

Huddersfield zwischen Manchester und Leeds in Nordengland ist die historische Produktionsstätte der alten Imperial Chemical Industries (ICI), einer Vorgängerin von Syngenta, und eine traditionelle Hochburg der englischen Arbeiterbewegung. Syngenta beschäftigt hier noch etwa 350 Arbeiterinnen und Arbeiter. In Huddersfield wird Syngentas Paraquat produziert. Am 7. Mai 2015, am Tag der englischen Parlamentswahlen, streikte die Belegschaft mit Unterstützung der Gewerkschaft Unite gegen einen Abbau bei den beruflichen Altersrenten (Examiner, 15.4.2015).

In Grangemouth in Schottland produzieren 350 Mitarbeiterinnen und Mitarbeiter die Amistar-Pestizide für Syngenta. Dieser Standort wurde 1929 von ICI eingerichtet und ist heute der grösste chemische Industriebetrieb in Schottland. Auch hier drehen sich die Konflikte um die berufliche Vorsorge. Ein Drittel der Arbeiterinnen und Angestellten verlor mehr als die Hälfte ihres Altersguthabens, nachdem Syngenta die Kollektivversicherung änderte (The Falkirk Herald, 18.10.2014).

PRODUKTIONSSTANDORTE AUSSERHALB EUROPAS

Andere Produktionsstätten von Syngenta liegen in den USA, Frankreich, Goa (Indien) und Paulinia (Brasilien). In diesen grösseren Produktionszentren werden verschiedene Pestizide hergestellt. Syngentas Fabrik in China, in Nantong, wurde 2001 eröffnet und produziert Herbizide und Fungizide für den Binnenmarkt und den Export (Website Syngenta). Nach Paulinia verlagerte die Syngenta-Vorgängerin Sandoz die Produktion im Gefolge der Umweltkatastrophe und dem Brand der Produktionsanlagen in Schweizerhalle. St. Gabriel (Louisiana) ist seit 1970 der wichtigste Produktionsstandort für selektive Herbizide von Syngenta in den USA. Die hochautomatisierte Anlage liegt auf einer Insel im Mississippi, 30 Kilometer von der Stadt Baton Rouge entfernt, und wurde von Ciba-Geigy errichtet.

Restrukturierungen umfassen neben Auslagerungen aus dem Konzern auch geografische Verlagerungen in Regionen mit tieferen Löhnen und laxeren Umweltschutzgesetzen. Die Arbeitsbedingungen in den Produktionsfabriken in Brasilien, Indien und neuerdings

> «Es handelt sich oft um illegale, rechtlose Immigrantinnen und Immigranten, die den Risiken der Pestizide ausgesetzt werden.»

China sind sicherlich weniger gut als jene in Monthey und früher in Basel, auch wenn darüber wenig bekannt ist.

Über die Syngentafabriken und die Arbeitsbedingungen in China wissen wir kaum etwas. Bekannt ist aber, wie Syngenta in Pakistan Contract Workern die reguläre Anstellung verwehrt und ihnen damit gewerkschaftliche Rechte vorenthält (vgl. dazu den Beitrag über Syngenta in Pakistan). Aus Pakistan wissen wir auch, wie Syngenta die Konflikte mit der Gewerkschaft löst: durch Drohungen, Einschüchterungen, Entlassungen und betrieblichen Ausgliederungen.

KAMPF UM DIE GESUNDHEIT AM ARBEITSPLATZ ...

Der Kampf für den Gesundheitsschutz am Arbeitsplatz ist seit jeher wichtiger Inhalt gewerkschaftlicher Interessenvertretung in der chemischen und agrochemischen Industrie. Dies gilt natürlich auch hinsichtlich Syngenta, wie früher bei Ciba-Geigy, Sandoz, Novartis, ICI und AstraZeneca.

In Monthey wurde von 1966 bis 1976 und von 1978 bis 1988 Chlordimeform für das Insektizid Galecron produziert. Etwa 300 Arbeiterinnen und Arbeiter waren der krebserregenden Substanz ausgesetzt. Das Insektizid wurde später vom Markt genommen. Ein lokaler Urologe aus Monthey glaubt, dass etwa 30 Arbeiter an Blasenkrebs als Folge dieser Produktion gestorben sein könnten. Nach langem und zähem Ringen der Gewerkschaft Unia mit Syngenta um Entschädigungen bezahlte der Konzern 2006 neun ehemaligen Mitarbeitern und den Erben zweier verstorbener Mitarbeitern Schadenersatzleistungen in unbekannter Höhe (Swissinfo, 6.12.2006).

Michael Williams aus Louisiana, USA, verlangte 2015 ebenfalls Schadenersatz von Syngenta. Williams war als Reinigungsarbeiter in der Herbizidfabrik in St. Gabriel tätig. Die Schutzanzüge, die Syngenta zur Verfügung stellte, hätten ihn nicht genügend gegen krebsfördernde Substanzen geschützt. Man habe ihn überdies zu wenig vor den Gefahren am Arbeitsplatz gewarnt und ihn diesbezüglich auch kaum ausgebildet. Im September 2014 wurden bei ihm Non-Hodgkin-Lymphome diagnostiziert, eine letztlich zum Tode führende Erkrankung des Lymphsystems. Williams liess seine Aussagen zuhanden des Gerichts aufnehmen, da sich sein Gesundheitszustand schnell verschlechterte. Neben Syngenta klagte Williams auch gegen die Reinigungsfirma, die ihn beschäftigte, und gegen den Hersteller der Schutzanzüge, die er trug (MultiWatch Homepage).

... UND DIE ZULIEFERBETRIEBE

In die Analyse der Arbeitsbedingungen bei Syngenta müssen auch die Zulieferbetriebe einbezogen wer-

rechts:
Am 27. Mai 2015 demonstrieren 500 Arbeiterinnen und Arbeiter in Monthey gegen den Stellenabbau bei Syngenta.

Bild: © L'Evénement syndical / Neil Labrador

den. In der Saatgutbranche handelt es sich insbesondere um die Saatgutbäuerinnen und -bauern, die auf ihren Feldern Saatgut für Syngenta anbauen. Der Konzern pflegt die Produktion von neuem Saatgut gerne auszugliedern, um damit nur noch für den Kaufpreis verantwortlich zu sein. Wegen der spezifischen Abhängigkeit dieser Saatgutproduzentinnen und -produzenten müsste die Verantwortung für die Arbeitsbedingungen dennoch beim Auftraggeber verbleiben (vgl. Beitrag zu Indien).

UNITED FARM WORKERS: RECHTE DER MIGRANTINNEN UND MIGRANTEN

Der Schutz vor der Gefährdung durch Pestizide ist ein Bestandteil des gewerkschaftlichen Kampfes der Landarbeiterinnen und Landarbeiter. Es handelt sich oft um illegale, rechtlose Immigrantinnen und Immigranten, die den Risiken der Pestizide ausgesetzt werden. Viele der Pestizide, um die es hier geht, sind Produkte von Syngenta.

Es gibt einen besonders bekannten Kampf von Landarbeiterinnen und Landarbeitern in den USA. 1964 begann César Chávez, der selbst auf den Feldern arbeitete, die Landarbeiterinnen und Landarbeiter in den USA zu organisieren und gründete die United Farm Workers. Diese Gewerkschaft setzte sich für bessere Arbeitsbedingungen, höhere Löhne und einen besseren Schutz gegen Pestizide ein. Chávez' Gewerkschaft kämpft auch mehr als zwanzig Jahre nach seinem Tod 1993 weiter gegen die Vergiftung von Landarbeiterinnen und Landarbeitern. United Farm Workers arbeitet mit dem Pesticide Action Network (PAN) zusammen und führt zurzeit eine Kampagne gegen Methylchlorid auf den Erdbeerfeldern in Kalifornien (UFW 2015).

Leider sind die weltweiten Arbeitsbedingungen und Lohnstrukturen von Syngenta nur sehr rudimentär bekannt. Es gibt vielfältige Auseinandersetzungen darüber, wie in diesem Kapitel sichtbar wurde. Die skandalöse und inakzeptable Situation in Pakistan wurde aufgearbeitet und ist bestens dokumentiert. Die verschiedenen Situationen und Widersprüche in der Schweiz sind ebenfalls dargelegt worden. Offensichtlich ist aber, dass zu anderen Standorten noch vertiefte Recherchen gemacht werden müssen.

DAS PERMANENTE
VÖLKERTRIBUNAL
VERURTEILTE SYNGENTA
UND DIE SCHWEIZER
REGIERUNG

VÖLKERTRIBUNAL ÜBER DIE AGROMULTIS IN BANGALORE

MultiWatch
Autorinnen- und Autorenkollektiv

Arbeiterinnen und Arbeiter können sich in ihrem Kampf zur Untermauerung ihrer Forderungen arbeitsrechtlicher Bestimmungen bedienen. Die gewährleisteten Rechte variieren jedoch von Land zu Land stark, was nicht zuletzt ein Grund ist, weshalb multinationale Unternehmen viele ihrer Produktionsstätten outsourcen. Hinzu kommt die Tatsache, dass die Rechte auf Papier zwar oft schön und gut sind, wenn es aber um die gerichtliche Durchsetzung dieser Rechte geht, sieht die Realität anders aus (vgl. hierzu den Beitrag zu Pakistan). In vielen Ländern werden betroffene Menschen gar nicht erst angehört, da der entsprechende Rechtsschutz nicht besteht bzw. nationale und auch internationale Gerichtsinstanzen nicht zugänglich sind. So ist es beispielsweise für die Frauen, die auf Palmölplantagen in Malaysia Syngentas Paraquat von Hand versprühen, schwierig, rechtlichen Schutz zu beanspruchen. Ihre Arbeit hat aber verheerende gesundheitliche Schäden zur Folge: Hautkrankheiten, Verbrennungen, Blindheit, Nasenbluten und Atmungsprobleme, Verfärbungen und Verlust von Nägeln. Nagama Raman arbeitete auf einer solchen Plantage, musste aber mit 45 Jahren ihre Arbeit wegen Vergiftung durch Paraquat aufgeben – und sie ist bei weitem nicht die Einzige. Ihr wurde aber die Möglichkeit gegeben, sich vor einem internationalen Gremium Gehör zu verschaffen (Berichterstattung Bangalore 2011a).

Vom 3. bis 6. Dezember 2011 tagte in Bangalore in Indien das Völkertribunal (Permanent Peoples' Tribunal: PPT) zu transnationalen Agrochemiekonzernen. Das international besetzte Gerichtsorgan des PPT war mit anerkannten Wissenschaftlerinnen, Professoren, Ökonominnen und Biologen besetzt. Völkertribunale sind eine besondere Untersuchungsinstanz mit spezifischer Rechtsprechung. Mittlerweile untersuchen sie häufiger Konzerne wie Syngenta. Heute ist es nur beschränkt möglich, Menschenrechtsverletzungen von multinationalen Konzernen vor eine rechtlich verbindliche internationale Gerichtsinstanz zu bringen. Dies obwohl die Grösse, Struktur und Profitlogik solcher Unternehmen leicht zu Verletzungen von Menschenrechten führen und ein Handeln der internationalen Gemeinschaft dringend nötig wäre. Um auf diese Problematik aufmerksam zu machen und begangene Menschenrechtsverletzungen ans Tageslicht zu bringen, hat das internationale Pestizid-Aktions-Netzwerk (PAN International) eine Klage gegen das Handeln von sechs multinationalen Pestizidkonzernen eingereicht. Neben BASF, Bayer, Dow Chemical, DuPont, Monsanto und Syngenta sassen auch UN-Organisationen sowie die drei Nationalstaaten USA, Schweiz und Deutschland, in denen die sechs Unternehmen registriert sind bzw. ihren Hauptsitz haben, auf der Anklagebank. Im Folgenden beziehen wir uns auf die offiziellen Gerichtsdokumente des Tribunals.

Bei den vorgebrachten Fällen haben Bäuerinnen, Landarbeiter, Indigene, Fischer, Frauen, Kinder und Jugendliche, Wissenschaftlerinnen, Konsumenten, Aktivistinnen als Betroffene mitgewirkt. So war der brasilianische Landarbeiter Celso Barbosa vorgeladen, der die Erschiessung seines MST-Mitkämpfers und Kleinbauern Valmir Mota de Oliveira (vgl. das Kapitel zur Ermordung von Keno) durch eine von Syngenta bezahlte Miliz miterlebte. Zu seinem Votum fügte er hinzu, dass sich die Schweizer Regierung offiziell für Syngentas Gewalt in Brasilien entschuldigt habe, Syngenta selbst aber straffrei in Brasilien expandiere. Nagama Raman erzählte als Zeugin eindrücklich über die Folgen des Versprühens von Paraquat auf den Palmölplantagen Malaysias und fügte empört hinzu: „Ich verstehe nicht, wie Paraquat in der Schweiz und damit dem Heimatstaat von Syngenta verboten sein kann und es gleichzeitig in Malaysia weiterhin verkauft und gebraucht wird." Tyrone Hayes konnte den Richterinnen und Richtern von den Angriffen und Diskreditierungsversuchen durch Syngenta aufgrund seiner kritischen Forschung zu Atrazin berichten (Berichterstattung Bangalore 2011a).

Die sieben Richterinnen und Richter machten die sechs multinationalen Agrochemiekonzerne verantwortlich für schwere, umfassende und systematische Verstösse gegen die Menschenrechte auf Leben und auf Gesundheit, gegen wirtschaftliche, soziale und kulturelle Rechte sowie gegen bürgerliche und politische Rechte und die Rechte von Frauen und Kindern. Die Firmen hätten durch ihre Unternehmensführung vermeidbare Risiken verursacht und den Verlust von Biodiversität, einschliesslich von Arten, die für das menschliche Überleben notwendig sind, vorangetrieben (Urteil Bangalore 2011).

Das Gericht hielt beispielsweise fest, dass die Rechte von indigenen Völkern durch die Machenschaften der transnationalen Agrochemiekonzerne verletzt werden. Obwohl diese Gemeinschaften keine agrochemischen Produkte benutzen, seien

> «Besonders wichtig sei die Etablierung eines internationalen Mechanismus zur Untersuchung von Menschenrechtsverletzungen durch transnationale Agrochemiekonzerne und andere Multis.»

indigene Völker besonders stark von persistent, d. h. dauerhaft giftigen Agrochemikalien betroffen, die auf dem Luft- und Wasserweg in ihre Umwelt transportiert werden und sich dort und in der Nahrungskette anreichern. Die Auswirkungen auf die Gesundheit und die Lebensweise der indigenen Völker sind verheerend. Insbesondere diejenigen, die nördlich des Polarkreises leben, seien einem hohen Grad an Verschmutzung durch persistente organische Schadstoffe ausgesetzt. Die Chemikalien sammelten sich in dieser Region an und würden aufgrund der niedrigen Temperaturen kaum abgebaut. In der Folge hätten sie gemäss Urteil Auswirkungen auf das gesamte Leben dieser indigenen Völker und bedrohten ihre Existenz. Ihre Lebensweisen, Traditionen, Ressourcen einschliesslich Nahrungsquellen und Handwerks- und Arbeitsmaterialien seien untrennbar mit den Tieren in ihrer Umgebung verknüpft, bei welchen sich die Giftstoffe immer stärker kumulierten.

Die Rechte auf Gesundheit und auf Leben verletze Syngenta im Speziellen mit den Herbiziden Atrazin und Paraquat. Atrazin führe zur Feminisierung des männlichen Geschlechts bei Mensch und Tier. Trotz dieser nachweislich endokrinen Wirkung von Atrazin nehme Syngenta das Herbizid nicht vom Markt. Syngenta ziehe es vor, an kritischen Studien beteiligte Wissenschaftlerinnen und Wissenschaftler zu schikanieren und in Verruf zu bringen. Paraquat wiederum, ein hochtoxisches Herbizid, werde insbesondere auf Palmölplantagen breitflächig eingesetzt und führe zu gravierenden Gesundheitsschäden der damit arbeitenden Menschen. Explizit angeführt wird auch, dass Pestizide jährlich schätzungsweise 355'000 Menschen töten (Berichterstattung Bangalore 2011b).

Doch nicht nur Syngenta wird durch das PPT verurteilt, sondern auch die Schweiz. So hätten es die USA, die Schweiz und Deutschland nachweislich versäumt, ihre internationale Verantwortung zur Förderung und zum Schutz der Menschenrechte wahrzunehmen. Auch hätten es die verurteilten Staaten unterlassen, mit Hilfe von nationalen Gesetzen die verurteilten Firmen genügend zu regulieren, zu überwachen und zu disziplinieren. Insbesondere der doppelte Standard wird von den Richterinnen und Richtern kritisiert: Die Produktion und der Vertrieb gewisser giftiger Chemikalien seien in den eigenen Ländern verboten, während dieselben Chemikalien in anderen Ländern, insbesondere des Globalen Südens, produziert und vertrieben würden.

Auch die Politik der internationalen Organisationen, der WHO, FAO und der ILO wird verurteilt. Ihnen wird angelastet, ungenügend auf die hohe Dringlichkeit der Anliegen zu reagieren. Eine aktivere Rolle sei vor allem im Bereich der hochgiftigen Agrochemikalien und den daraus resultierenden gefährlichen Arbeitsbedingungen angezeigt. Ebenso wird die UNESCO kritisiert und angehalten, zügige und wirksame Massnahmen zum Schutz der Wissenschaftsfreiheit von Forscherinnen und Spezialisten zu treffen, die berechtigten Alarm bezüglich der langfristigen Auswirkungen von Pestiziden schlagen.

EMPFEHLUNGEN

Die Richterinnen und Richter haben nebst den Urteilssprüchen auch Empfehlungen (Urteil Bangalore 2011) an verschiedene Seiten gerichtet. Besonders wichtig sei die Etablierung eines geeigneten internationalen Mechanismus zur Untersuchung von gravierenden Menschenrechtsverletzungen durch transnationale Agrochemiekonzerne und andere Multis. Aber auch die Ratifizierung von neuen Handels- oder Investitionsabkommen, die keinen expliziten Schutz der Menschenrechte enthalten, solle verweigert werden, damit die weitgehende Immunität der Agrochemie vor strafrechtlicher Verantwortung nach nationalem Recht vermieden werden könne. Internationale Wirtschaftspolitik und Wirtschaftskooperation der EU-Institutionen müssten den Schutz der Menschen- und Umweltrechte garantieren und die Erweiterung der Umwelthaftung auf die Tätigkeiten von Unternehmen mit Sitz in der EU ausdehnen. Und nicht zuletzt sollten schwere Verbrechen gegen die Umwelt durch juristische Personen – ähnlich wie Verbrechen gegen die Menschlichkeit oder Kriegsverbrechen – untersucht und sanktioniert werden können.

DIE BAUERNINTERNATIONALE
LA VIA CAMPESINA UND DAS
BRASILIANISCHE MST FÜHREN
DEN WIDERSTAND AN

GLOBALER WIDERSTAND

MultiWatch
Autorinnen- und Autorenkollektiv

Die globalen Konzerne beherrschen zunehmend alle Lebensbereiche im entfesselten Kapitalismus. Die Menschen sind weltweit auf vielfältigste Weise davon betroffen: als Lohnabhängige, Anwohnerinnen und Anwohner von mit Pestiziden besprühten Feldern, als Konsumentinnen und Konsumenten. Deshalb hat auch der Widerstand gegen die Multis so vielfältige und unterschiedliche Formen angenommen. Es gibt Auseinandersetzungen über Temporärarbeit und gewerkschaftliche Rechte in den Produktionsstätten Syngentas und ihrer Zulieferer. Betroffene Bäuerinnen und Bauern, Konsumentinnen und Konsumenten, Landarbeiterinnen und Landarbeiter wehren sich gegen Syngentas Pestizide und gegen die Patentierung von Pflanzen. Die Landarbeitergewerkschaft United Farm Workers UFW in den USA verteidigt die Interessen der rechtlosen mexikanischen Wanderarbeiterinnen und Wanderarbeiter in den USA und versucht, diese gegen die Pestizide von Syngenta und anderen zu schützen. Die Spitze des Widerstandes bilden heute aber die neuen Bewegungen der Kleinbäuerinnen und Kleinbauern.

KLEINBÄUERLICHER WIDERSTAND: LA VIA CAMPESINA

Protestbewegungen der Kleinbäuerinnen und Kleinbauern spielen seit den 1980er Jahren eine wichtige Rolle im Kampf gegen die Welthandelsorganisation (WTO) und den Ausverkauf des Globalen Südens an die transnationalen Konzerne in der Doha-Freihandelsrunde. In diesen Kämpfen sind die Bauerninternationale La Via Campesina und die brasilianische Bewegung der Landlosen MST gewachen und haben an Einfluss gewonnen. Sie sind unserer Meinung nach heute die ernsthaftesten Gegnerinnen und Gegner der Agrokonzerne und damit auch von Syngenta. Ihre zentrale Stossrichtung lautet: Keine von der WTO und den Multis bestimmte

Landwirtschaft. Die neuen Kleinbäuerinnen- und Kleinbauernbewegungen stellen sich dem Agrobusiness und dem neoliberalen Freihandel entgegen. Sie werden unterstützt von den antiimperialistischen Regierungen Ecuadors, Venezuelas, Boliviens und Kubas.

La Via Campesina umfasst heute 164 Bäuerinnen- und Bauern-, Landlosen- und Indigenen-Bewegungen in 73 Ländern mit rund 200 Millionen Mitgliedern (La Via Campesina 2015). Ihre Mitgliederorganisationen leisten auf verschiedenen Ebenen Widerstand und verhelfen dem Konzept der Ernährungssouveränität zu immer mehr Beachtung. La Via Campesina setzt sich aber auch für die Solidarität zwischen Kleinbäuerinnen und Kleinbauern, Landlosen, Frauen, ländlicher Jugend, Migrantinnen und Migranten, Arbeiterinnen und Arbeitern ein. Nachdem nationale Regierungen wie jene Indiens, Argentiniens oder Brasiliens vor den Konzernen des Agrobusiness kapitulierten, verstärkte sich bei La Via Campesina die internationalistische und globalisierungskritische Stossrichtung.

ERNÄHRUNGSSOUVERÄNITÄT: ALTERNATIVE ZUR KAPITALISTISCHEN LANDWIRTSCHAFT

Bei der Ernährungssouveränität (Altieri et al. 2012) steht die Selbstbestimmung von Gemeinschaften und Staaten im Vordergrund. Die Menschen sollen bestimmen, wie viel Selbstversorgung für sie sinnvoll ist. Sie sollen entscheiden, welcher Mix aus Handel und lokaler Produktion nötig oder anzustreben ist, um das Recht auf Nahrung umzusetzen. Das bedeutet, dass die Menschen Zugang zu den Ressourcen haben müssen, um sich selber ernähren zu können. Notwendig ist die Souveränität über die wichtigsten landwirtschaftlichen Produktionsfaktoren wie Land, Wasser und Saatgut. Damit richtet sich das Konzept der Ernährungssouveränität gegen weltweiten Freihandel, gegen Grossgrundbesitz und Land Grabbing sowie gegen geistige Eigentumsrechte, insbesondere gegen die Patente beim Saatgut. La Via Campesina konfrontiert sich häufig direkt mit den mächtigen Agrokonzernen, die die globalen Märkte für Saatgut und Pestizide dominieren.

Der transnationale Handel, die Subventionen für die Landwirtschaft in den industrialisierten Ländern sowie die Nahrungsmittelspekulation führen dazu, dass viele Kleinbäuerinnen und Kleinbauern ihre Produkte nicht zu einem Preis verkaufen können, der für sie existenzsichernd ist. Um diese vernichtende Dumpingstrategie zu bremsen, müsste die regionale Nahrungsmittelproduktion gestärkt werden, indem Unterstützungsmassnahmen wie Kredite oder Mindestpreise und sicherlich auch gute Beratung konsequent umgesetzt werden, um die Kapazitäten und den Output bei der Nahrungsmittelproduktion zu verbessern.

rechts:
Am Weltsozialforum 2015 in Tunis, Tunesien, tauschen sich Aktivistinnen und Aktivisten von La Via Campesina zu Widerstandsmöglichkeiten gegen Agrochemiekonzerne wie Syngenta aus.

Bild: © *MultiWatch*

Trotz dieses Fokus auf die regionale Produktion bedarf Ernährungssouveränität einer internationalistischen Bewegung. Der MST-Koordinator João Stédile bringt dies auf den Punkt: „Wenn das Kapital sich international organisiert und internationale Methoden verwendet, müssen bäuerliche Bewegungen ihren Kampf auch internationalisieren und neue, kreative Wege finden, um den gemeinsamen Feind zu bekämpfen" (McMichael 2006: 415).

Daher ist der Widerstand gegen das Modell der kapitalistischen Monokulturen ein wichtiger Bestandteil des Kampfes von La Via Campesina und ihren Mitgliederorganisationen geworden. Ihr Gegenmodell basiert auf der Anwendung ökologischer Konzepte zur Ausgestaltung und Bewirtschaftung nachhaltiger agrarischer Ökosysteme. Weil Landwirtschaft ein komplexes System ist, in dem ökologische Prozesse zusammen mit sozialen und kulturellen Aktivitäten der Menschen ablaufen, müssen die dynamischen Beziehungen zwischen ökologischen, sozialen und kulturellen Prozessen beachtet werden (Altieri 1995). Die wichtigsten Grundsätze sind dabei die Verfolgung eines solchen ganzheitlichen Ansatzes, die Anpassung an das produktive Potenzial und die physischen Grenzen der umgebenden Landschaften, die Rezyklierung und Optimierung des Energie- und Nährstoffverbrauchs, die Vermeidung unnötiger Agrochemikalien, die Minimierung externer nicht erneuerbarer Ressourcen, die Stützung ökologischer Kernprozesse, hohe Biodiversität, die Nutzung lokalen Saatguts und angepasster Tierrassen sowie die Schaffung möglichst vorteilhafter Bodenbedingungen (Silici 2014).

La Via Campesina ist eine sehr breite und sehr heterogene Bewegung. Dies reflektiert die unterschiedlichen sozialen Verhältnisse auf dem Land und die vielfältigen Klassenverhältnisse. Spannend

ist, wie die verschiedenen Organisationen von La Via Campesina die landlosen ländlichen Massen, die Wanderarbeiterinnen und Wanderarbeiter und die besitz- und papierlosen Landarbeiterinnen und Landarbeiter in ihre Kämpfe gegen Syngenta & Co. einbeziehen.

DIE VERBINDUNG VIELER WIDERSTÄNDE

Das „Movimento dos Trabalhadores Rurais Sem Terra" (MST) ist ein wichtiger Teil von La Via Campesina. In Brasilien haben sich Landlose im MST organisiert und setzen sich für eine Neuverteilung des Grundbesitzes mittels Landreform ein. Dies ist die zentrale Forderung bei Widerstand und Protesten von Landlosen, Bäuerinnen und Bauern weltweit. In der neuen Epoche des Finanzkapitalismus wird Grundbesitz zunehmend als Investitionsobjekt und Quelle von Renteneinkommen gesehen. Kleinbäuerinnen und Kleinbauern sind dabei nur im Weg. Der Zugang zu kultivierbarem Land ist jedoch Grundlage für die Ernährungssouveränität und die Sicherstellung des Rechts auf Nahrung. Eine progressive staatliche Regulierung dieses Zugangs wäre die Basis für den Erfolg. Dabei müssten Regierungen im Globalen Süden das Diktat der „apokalyptischen Reiter" Weltbank, Währungsfonds und Welthandelsorganisation durchbrechen und sich den Freihandelsabkommen mit den USA und Europa verweigern (Ziegler 2012: 157). Wie wir im Kapitel „Greenwashing und Good Growth Plan" gezeigt haben, ist Syngenta eng mit diesen internationalen Organisationen verbunden.

Das MST wehrt sich auch gegen Gentechsaatgut und gegen den wachsenden Einsatz von Pestiziden in Monokulturen (Friends of MST 2015). Manchmal besetzen Mitglieder des MST das Land der Grossgrundbesitzer, bauen bäuerliche Produktionsgenossenschaften auf und stellen auf agrarökologische Landwirtschaftsmodelle um. Ökologische Landwirtschaft wird also eng mit dem sozialen Kampf verbunden.

Die Landlosenbewegung überwindet sogar die Grenzen zwischen der städtischen und der ländlichen Bevölkerung, indem sie einerseits in Kooperativen ländliche Arbeit organisiert und andererseits die Arbeitslosen in den Favelas mit Nahrung und Nachbarschaftsschutz unterstützt. Somit findet nicht nur eine Zusammenarbeit innerhalb der Bäuerinnen- und Bauernbewegung statt, sondern auch ein Kooperation mit Teilen der städtischen Bevölkerung, die ebenfalls unter der neoliberalen Politik leidet.

SOLIDARITÄT ZWISCHEN NORD UND SÜD

Das Konzept der Ernährungssouveränität setzt sich für gesunde, qualitative hochstehende Lebensmittel ein, die den kulturellen Gepflogenheiten der Region entsprechen. Diese Ausrichtung hat das Poten-

> «Der Zugang zu kultivierbarem Land ist jedoch Grundlage für die Ernährungssouveränität und die Sicherstellung des Rechts auf Nahrung.»

zial, eine Brücke zwischen der Kleinbäuerinnen- und Kleinbauernbewegung und kritischen Konsumentinnen und Konsumenten zu schlagen. Ein Grossteil der Waren, die billig im Globalen Süden produziert werden, geht in den reichen Norden. Das Aufkommen von Bewegungen wie „March against Monsanto" in den urbanen Räumen der westlichen Länder birgt die Möglichkeit, den Widerstand gegen das Agrobusiness und neue Horizonte in der Nahrungsproduktion vom Süden in die industrialisierten Länder zu tragen.

Beim March against Monsanto handelt es sich um eine Graswurzelbewegung, die 2013 in Kalifornien gegründet wurde (One green planet 2016). Die Bewegung setzt sich vor allem für die Pflicht zur Deklaration gentechnisch veränderter Nahrungsmittel ein. Sie prangert auch an, dass die US-amerikanische Behörde FDA (Food and Drug Administration), die für die Überwachung von Nahrungsmitteln und deren gesundheitlichen Auswirkungen verantwortlich ist, durch ehemalige leitende Angestellte von Monsanto geführt wird (March against Monsanto Homepage). Mit dieser Besetzung von Schlüsselpositionen lässt sich mindestens zu einem Teil erklären, dass es kaum staatliche Forschung über die Langzeitfolgen von gentechnisch veränderten Produkten in den USA gibt. Der sogenannte „Monsanto Protection Act" ermöglicht sogar, dass Monsanto sich über gerichtlich angeordnete Verkaufsstopps hinwegsetzen kann.

Die Bewegung „March against Monsanto" schlägt den Menschen vor, gentechnisch veränderte Produkte zu boykottieren und nur biologische oder agrarökologische Produkte zu kaufen. Dies verdeutlicht, dass die Sichtweise kritischer Konsumentinnen und Konsumenten im Vordergrund steht. Aber die Bewegung ist gewachsen, sie ist sehr vielfältig und bietet Platz für verschiedene Anliegen. Nötig wäre, dass diese Bewegung gegen die Agrokonzerne nicht bei der Konsumkritik verharrt, sondern sich verstärkt zu einer politischen Solidaritätsbewegung mit den Kleinbäuerinnen und Kleinbauern und den Arbeiterinnen und Arbeitern weltweit entwickelt.

FARBIGER MARSCH IN BASEL GEGEN DAS INTERNATIONALE AGROBUSINESS

In über 400 Städten weltweit fand am 23. Mai 2015 der „March against Monsanto" statt, auch in Bern und vor Monsantos europäischem Hauptquartier in Morges. Die Basler Regionalgruppe von MultiWatch übernahm nach dem erfolgreichen Kongress „Agro statt Business" von Ende April 2015 die Initiative für die erstmalige Durchführung des Marschs in Basel und baute ein breites Bündnis mit über zwanzig Organisationen aus der Region auf. Wir erweiterten den Marsch in Basel zu einem „March against Monsanto & Syngenta".

rechts:
Der erste Basler March against Monsanto und Syngenta überquert den Rhein über die Mittlere Brücke im Mai 2015.

Bild: © *Pascal Staedeli*

Mehr als 1300 Menschen nahmen daran teil. Auffallend waren der grosse Anteil von jungen Menschen an der Demo und die politische Vielfalt. Mit Uniterre, Longo maï und Urban Agriculture Basel waren Kleinbäuerinnen- und Kleinbauernorganisationen und Gruppen aus der utopistischen Garten- und Landwirtschaftsbewegung an der Durchführung des Marsches beteiligt. Greenpeace, die Syngenta für das Bienensterben verantwortlich macht, war stark vertreten, ebenso andere Umweltschutzorganisationen. Entwicklungsorganisationen wie die Erklärung von Bern waren dabei, und auch kapitalismuskritische Gruppierungen wie die Bewegung für Sozialismus und der Revolutionäre Aufbau haben teilgenommen. Gewerkschafterinnen und Gewerkschafter von Unia, IGA und VPOD reihten sich ebenfalls ein, ebenso die Gruppe „Wagenplatz", die für ein Recht auf die Stadt und gegen Verdrängung einkommensschwächerer Bevölkerungsgruppen kämpft. Verschiedene Parteien unterstützten den Marsch, etwa Jungparteien wie die JUSO oder die Jungen Grünen. Auch die regierenden Basler Sozialdemokraten riefen zur Demo auf. Zudem schlossen sich Menschen aus Frankreich und Deutschland an. Regionalgruppen des deutschen Bunds für Umwelt und Naturschutz (BUND) und des Naturschutzbundes Deutschland (NABU) hatten in Südbaden mobilisiert. Dutzende von Vogelscheuchen wurden mitgetragen. Greenpeace-Aktivistinnen hatten sich als Bienen oder Wespen verkleidet und warteten nur darauf, die Syngenta-Manager zu stechen. Die eindrückliche Demo wurde sogar in den Bloomberg News erwähnt.

Der augenfällig junge und lange Demonstrationszug belegt, auf welch grosses und breites Interesse die Kritik an Syngenta in Basel stösst. Die Vielfalt einer Bewegung wird dann zur grossen Stärke, wenn die einzelnen Gruppen voneinander lernen und sich gegenseitig in ihren Kämpfen unterstützen.

KRITIK UND WIDERSTAND MÜSSEN VERBREITERT UND INTENSIVIERT WERDEN

MARCH AGAINST SYNGENTA: UNSERE FORDERUNGEN

MultiWatch
Autorinnen- und Autorenkollektiv

Der „March against Monsanto" findet weltweit jedes Jahr statt. In diesem Schwarzbuch wurde gezeigt, dass Syngenta der Zwilling von Monsanto ist. Aus dem „March against Monsanto" soll deshalb ein weltweiter „March against Monsanto and Syngenta" werden! Syngenta betreibt auf den verschiedenen Kontinenten viele Produktions- und Forschungsstandorte. Einer davon liegt sicher bald auf einer Demonstrationsroute. Es gibt viele Gründe, an einem March against Syngenta teilzunehmen.

CHEMIEARBEITERINNEN UND CHEMIEARBEITER

Sie fordern an den verschiedenen Standorten von Syngenta ein Ende des Hire and Fire. Die ständigen Drohungen mit Stellenabbau und Arbeitsplätzeauslagerungen müssen ein Ende finden. Insbesondere die Auslagerungen zur Umgehung von Arbeitsgesetzen sind inakzeptabel. Die permanenten Bestrebungen zur Verschlechterung der Arbeitsbedingungen sind angesichts der hohen Profitabilität einzustellen. Vor allem aber sind die Gewerkschaftsrechte in allen Teilen des Konzerns und nach den besten Standards zu respektieren. Daher müssen überall Gesamtarbeitsverträge für alle Beschäftigten vorhanden sein. Nur starke Gewerkschaften können die Einhaltung dieser Verträge durchsetzen und für Verbesserungen im Sinne der Arbeitnehmenden sorgen. Die gewerkschaftliche Organisierung darf daher in keiner Weise beeinträchtigt werden.

Insbesondere hat Syngenta in Pakistan die Gerichtsentscheide unverzüglich umzusetzen; alle Contract Workers sollen nach 90 Tagen eine Festanstellung gemäss Gesamtarbeitsvertrag erhalten. Die missbräuchliche Kündigung gegen den langjährigen

Präsidenten der Betriebsgewerkschaft SEU, Imran Ali, ist sofort rückgängig zu machen und sein Lohn für die letzten fünf Jahre muss nachgezahlt werden. Die Löhne sind zu erhöhen und die Arbeitsbedingungen kontinuierlich zu verbessern. Die Auslagerung von Produktionsbereichen muss eingestellt werden.

SAATGUTBÄUERINNEN UND SAATGUTBAUERN

Diese sowie ihre allfälligen Hilfskräfte arbeiten häufig für einen Hungerlohn. Syngenta hat mindestens existenzsichernde Entschädigungen bzw. Löhne für die Arbeitenden, die im Auftrag von Syngenta Saatgut anpflanzen, zu zahlen. Zudem ist dafür zu sorgen, dass arbeitsrechtliche und den Gesundheitsschutz betreffende Vorgaben konsequent eingehalten werden. Die Gesundheitsförderung muss ebenfalls verbessert werden. Die Verträge müssen umfassend, klar und verständlich formuliert sein. Ein entsprechendes Monitoring für alle diese Bedingungen ist zusammen mit Gewerkschaften und NGOs umgehend einzusetzen. Die Fair Labor Association (FLA) kann wohl weiter beteiligt sein, doch die freie gewerkschaftliche Organisationen muss Vorrang haben.

ANWOHNERINNEN UND ANWOHNER

Anwohnerinnen und Anwohner von Deponien, Fabriken und Testfeldern werden heute in ihrem Menschenrecht auf Gesundheit beeinträchtigt. Angesichts des Problems der Trinkwasserverschmutzung muss Syngenta gezwungen werden, die Deponien richtig und vollständig zu sanieren. Billigsanierungen können nicht akzeptiert werden. Die öffentliche Hand soll keine Deponien kaufen und damit die Sanierungskosten übernehmen. Syngenta soll sicherstellen, dass das Versprühen von Atrazin, Paraquat und weiteren in der Schweiz verbotenen Pestiziden neben Schulen, Spitälern und Häusern auf Kauai eingestellt wird. Syngenta soll daher konsequenterweise die Klage gegen den demokratischen Entscheid des Volks von Kauai bezüglich eines Gesetzes (Bill 2491/ Ordinance 960), das Pufferzonen für Pestizide rund um Wohn- und Schulgebiete vorsieht, fallen lassen.

KONSUMENTINNEN UND KONSUMENTEN

Sie werden mit dem krebsfördernden Glyphosat, dem toxischen Atrazin und anderen Pestiziden in der Nahrung in ihrer Gesundheit geschädigt. Syngenta muss einen Plan zur schrittweisen Reduktion der Produktion von toxischen Pestiziden vorlegen. Als Sofortmassnahme soll Syngenta die Produktion von Paraquat, Atrazin, 2,4-D einstellen und Glyphosat Schritt für Schritt aus dem Sortiment streichen. In vielen Ländern werden die Konsumentinnen und Konsumenten ohne ihr Wissen oder gegen ihren Willen mit gentechnisch veränderten Nahrungsmitteln aus Saatgut von Syngenta versorgt, wobei deren Risiken in keiner Weise genügend vertieft abgeklärt worden sind. Daher ist eine Pflicht zur detaillierten und leicht nachprüfbaren Deklaration gentechnisch veränderter Nahrungsmittel unabdingbar.

Gefordert wird aber auch ein weltweites Moratorium für gentechnisch veränderte Pflanzen, solange die Agromultis die internationalen Forschungsinstitutionen dominieren, die die Risiken beurteilen sollten.

GESUNDHEITSSCHUTZ UND PRODUKTEBEREINIGUNG

Landarbeiterinnen und Landarbeiter sowie Bäuerinnen und Bauern im Globalen Süden werden heute immer noch ohne hinreichende Ausbildung und Ausrüstung dem hochgiftigen Paraquat und anderen Pestiziden ausgesetzt. Syngenta beruft sich zynisch auf Sicherheitsanweisungen, obwohl offenkundig ist, dass diese nicht eingehalten oder nicht einmal gelesen werden können. Syngenta muss Produktion, Verkauf und Lizenzierung von Paraquat und Atrazin sowie von anderen toxischen Pestiziden sofort global einstellen und den Opfern von Paraquat eine angemessene Entschädigung zahlen. Auch in diesem Bereich sind starke Gewerkschaften nötig, um die politischen Rechte für die vielen Arbeiterinnen und Arbeiter in der Landwirtschaft, die häufig auch einen Migrationshintergrund aufweisen, zu garantieren.

SAATGUT UND ABSCHAFFUNG DER PATENTE

Kleinbäuerinnen und Kleinbauern werden weltweit durch die Freihandelsabkommen und die Spekulation mit landwirtschaftlichem Land vertrieben. Die Privatisierung von Saatgut durch Monsanto und Syngenta treibt die Kleinbäuerinnen und Kleinbauern in den Ruin. Saatgut muss ein öffentliches Gut bleiben. Sortenschutz und Patente dürfen die Rechte der Bäuerinnen und Bauern nicht einschränken. Syngenta muss das Recht auf Nachbau und Saatguttausch für Bäuerinnen und Bauern respektieren. Syngenta hat darauf zu verzichten, Patente auf Leben anzumelden. Syngenta muss aufhören, das Patentgesetz so auszuweiten, dass immer mehr Pflanzen aus konventioneller Zucht patentiert werden können. Syngenta soll Saatgut als öffentliches Gut akzeptieren und ihre Patente einer Open-Source-Bewegung für Saatgut zur Verfügung stellen.

HUNGER, BIODIVERSITÄT UND ERNÄHRUNGSSOUVERÄNITÄT

Rund 800 Millionen Hungernde im Globalen Süden leben in städtischen Slums, aber auch auf dem Land. Syngenta ist ein Global Player in diesem planetenumspannenden, kapitalistischen Landwirtschaftssystem, das den Hunger trotz Nahrungsmittelüberproduktion, aber teilweise ungenügender Verfügbarkeit oder grundsätzlicher Mangelernährung, nicht eliminiert hat. Ein Teil der Geschäftspraktiken von Syngenta verletzt grundlegende Menschenrechte, insbesondere das Recht auf Nahrung, als dessen entschlossene Feinde sich die Konzernmogule mit ihren transkontinentalen Kraken gebärden (Ziegler 2012: 145), und das Recht auf Gesundheit, also Menschenrechte im klassischen Sinn. Syngenta und Syngenta Foundation sollen die imperialistischen Projekte von Weltbank, IWF und G8 in Afrika nicht mehr unterstützen. Die Standardisierung von Saatgutsorten durch einige wenige Agromultis hat bereits zu einem dramatischen Verlust der Agrobiodiversität geführt. Täglich sterben Saatgutsorten aus, die angesichts des Klimawandels für die Menschheit existenziell wichtig sein könnten. Die Herrschaft einiger weniger Multis über das Saatgut der Zukunft muss aufhören! Die Förderung von Biotreibstoffen mit speziellen GVO-Saatgutsorten gefährdet die Ernährung der lokalen Bevölkerung. Die Landwirtschaftsbetriebe mit grossflächigen Monokulturen für Sojabohnen und Mais, die Syngenta in Lateinamerika und in Zukunft vermehrt auch in Afrika beliefert, dienen überwiegend der Fleischproduktion für den Globalen Norden oder der Treibstoffherstellung. Sie schränken die Ernährungsbasis der lokalen Bevölkerung ein. Syngenta soll den Vertrieb ihrer gentechnisch veränderten Maissorten in Paraguay einstellen. Diese bedrohen die zahlreichen ursprünglichen Maissorten, welche die Pfeiler der Ernährungssouveränität der paraguayischen Bevölkerung darstellen.

FORSCHUNG

Nachdem die Entwicklung in der Landwirtschaft nicht mehr vornehmlich Aufgabe staatlicher Forschungsanstalten und staatliche Agrarpolitik ist, hat sich im Zuge der neoliberalen Umstrukturierungen keine westliche Verbesserung ergeben. Vielmehr zeigen sich die negativen Folgen immer deutlicher. Daher hat sich in der Bevölkerung auch ein Vertrauensproblem geöffnet. Nur wenn ein Bruch mit der Politik der Privatisierung der Forschung stattfindet und die Entscheidungen über die Verteilung der Risiken demokratisiert werden, kann wieder Vertrauen entstehen, sodass technische Innovationen und allfällige damit verbundene Risiken getragen werden können. Bis dahin wird ein Moratorium für GVO-Pflanzen gefordert.

Forscherinnen und Forscher leiden unter dem Abbau staatlicher Agrarforschung. Unabhängige Forschung wird immer schwieriger, weil die Konzerne die universitäre Forschung privatisieren, dominieren und instrumentalisieren wollen. Bei der Vergabe von öffentlichen Mitteln muss eine unabhängige landwirtschaftliche Forschung unterstützt werden, welche auch agrarökologische Alternativen entwickelt. Syngenta soll in ihrem Verantwortungsbereich sicherstellen, dass kritische Wissenschaftlerinnen und Wissenschaftler nicht beeinflusst oder bedroht werden. Open-Source-Systeme für Saatgut sollten von Syngenta unterstützt werden.

Der Konzentrationsprozess in der Agroindustrie führt zu einer Reduktion bei der Forschung, weil die Konzerne ihre Forschungs- und Entwicklungsabteilungen auf die rentabelsten Bereiche konzentrieren. Wichtige Forschungsprogramme in Bereichen, in denen sich weniger Geld verdienen lässt, stagnieren. Die Agrarforschung muss von den Bedürfnissen der Menschen und nicht von jenen der Konzerne ausgehen, denn grundsätzlich gilt: Was für den Konzern rentiert, ist bei weitem nicht das Beste für die Bevölkerung – weder im Globalen Norden noch im Globalen Süden.

NATURSCHÜTZER UND NATURSCHÜTZERINNEN

Dass Syngenta mit ihren Neonicotinoiden die Bienenvölker zerstört, ist bekannt. Sie müssen sofort endgültig verboten werden. Atrazin und andere Pestizide zerstören Lebewesen in Fliessgewässern und Meeren und sie gefährden die Biodiversität.

Syngenta ist Teil einer kapitalistischen Landwirtschaft, die die Natur und das Klima zerstört. Immer höhere Mengen an Pestiziden schädigen Menschen und Natur, kontaminieren das Wasser auf den Landmassen und in den Ozeanen. Die sich daraus ergebenden Konsequenzen sind unabsehbar, aber vielleicht bereits irreversibel. Die Zerstörung des brasilianischen Regenwaldes mit Monokulturen für Mais und Sojabohnen fördert die Klimaerwärmung. Das kapitalistische Agrobusiness mit seinen gefährlichen Waren, den sinnlosen Transportwegen, der abnehmenden Biodiversität und riesigen Mengen an Nahrungsabfällen ist lediglich innovativ bei der Geldvermehrung, nicht aber für den gesellschaftlichen und sozialen Fortschritt. Hierbei wirken die Agromultis immer stärker retardierend. Syngenta lebt von diesem rückständigen Modell der Landwirtschaft und betreibt aus Basel gezielt eine Weltagrarpolitik, die Alternativen verhindert und in ein ökologisches Desaster führt.

WIDERSTAND VERSTÄRKEN

In einer ökologischen und sozialen Landwirtschaft ist kein Platz für die heutige Ausrichtung des Agrobusiness und die an den Spitzen der Konzerne stehenden Manager mit ihrer einseitigen und kurzsichtigen Sichtweise. Daher gilt es den globalen Widerstand zu stärken, die verschiedenen Kampagnen zu koordinieren und auf diese Weise einen neuen Internationalismus gegen das grosse Geschäft mit Saatgut und Pestiziden zu fördern und Alternativen durchzusetzen.

WIR FORDERN:
SYNGENTA, MONSANTO & CO.:
RAUS AUS DER
LANDWIRTSCHAFT

ANHANG

298 Die Gastautorinnen und -autoren
300 Abkürzungsverzeichnis
304 Quellenverzeichnis

DIE GASTAUTORINNEN UND -AUTOREN

Miguel A. Altieri

Professor für Agrarökologie an der University of California, Berkeley. Er hat mehr als 200 Publikationen, darunter mehrere Bücher zur Agrarökologie, verfasst und berät die Welternährungsorganisation FAO und verschiedene NGOs und Sozialbewegungen in Lateinamerika.

Elizabeth Bravo

Koordinatorin RALLT (Netzwerk für ein Lateinamerika ohne genmanipulierte Organismen). Die Biologin hat zusammen mit Lilian Vallejo und Ana Lucia Bravo das Buch „Syngentas Landwirtschaft: Monopole, GVOs und Pestizide" herausgegeben. Sie lebt in Ecuador.

Martin Forter

Geograf und Altlastenexperte, Basel. Er arbeitet zur Umweltproblematik der Basler Chemie- und Pharmakonzerne, insbesondere zu deren Chemiemülldeponien und ihren Konsequenzen für Mensch und Umwelt. Sein Ziel: Die Firmen sollen auf ihre Kosten sauber aufräumen.

Florianne Koechlin

Geschäftsführerin Blauen-Institut, Basel. Die Biologin und Chemikerin ist Autorin zahlreicher Bücher zu den problematischen Aspekten des Einsatzes von Gentechnik in der Landwirtschaft, aber auch zu Themen wie Epigenetik und Pflanzenkommunikation.

kriPo

Kritische Politik an der Universität Zürich und der ETH Zürich. Verein linker Studentinnen und Studenten, welcher die Studierendenschaft aus dem politischen Dornröschenschlaf wachküssen will.

Deepak Kumar

Kumar ist Agrarökonom und Forscher bei der Foundation of Agrarian Studies in Bangalore, Indien. Er arbeitet zu Fragen von Landverteilung und landwirtschaftlicher Entwicklung in Indien.

Silva Lieberherr

Fachperson Landwirtschaft bei der entwicklungspolitischen Organisation Brot für alle. Die Agronomin ETH doktoriert zum Widerstand von Bäuerinnen und Bauern in Indien und arbeitet zur landwirtschaftlichen Entwicklung im Globalen Süden.

François Meienberg

Leiter Fachbereich Landwirtschaft, Biodiversität und geistiges Eigentum, Erklärung von Bern. Er setzt sich seit Syngentas Anfängen mit dem Konzern auseinander, insbesondere mit dessen Pestizid Paraquat, den Patenten und der mangelnden sozialen Verantwortung.

Paul Scherer

Geschäftsleiter Schweizer Allianz Gentechfrei, SAG. Der promovierte Ingenieur-Agronom ETH arbeitet schon seit vielen Jahren zum Thema Gentechnik. Vorher war er Kampagnenleiter bei Greenpeace Schweiz.

Udo Schilling

Koordinator der Saatgutkampagne bei Longo maï. Der Diplom-Agronom lebt auf einem Hof von Longo maï und ist stark in den Kampf um freies Saatgut in ganz Europa involviert.

Vandana Shiva

Indische Wissenschaftlerin, politische Aktivistin und globalisierungskritische Autorin. Sie hat die Organisation für „Erddemokratie" gegründet (Navdanya) und widersetzt sich auf vielfältige Art und Weise grossen Agrokonzernen wie Syngenta.

Marianne Spiller

Psychologin und Aktivistin, Brasilien. Sie hat die Stiftung „Vida Para Todos – Abai" gegründet, die seit über 30 Jahren Menschen in Armut unterstützt und stärkt sowie das Bewusstsein über die Zusammenhänge der Armut fördert.

Markus Spörndli

Auslandredaktor bei der WOZ – Die Wochenzeitung. Er hat vorher beim Internationalen Komitee vom Roten Kreuz und bei der Schweizer Entwicklungszusammenarbeit gearbeitet. Bei der WOZ schreibt er Beiträge mit Schwerpunkt Südasien, Naher Osten und Entwicklungsfragen.

Yves Zenger

Mediensprecher bei Greenpeace Schweiz. Der Journalist setzt sich bei Greenpeace mit verschiedenen Themen auseinander, unter anderem Landwirtschaft und Lebensmittel.

Yvonne Zimmermann

Koordinatorin Solifonds (Solidaritätsfonds für soziale Befreiungskämpfe in der Dritten Welt). Die Historikerin ist Vorstandsmitglied bei MultiWatch und hat viel Erfahrung in Kämpfen gegen multinationale Unternehmen wie Nestlé oder Holcim.

ABKÜRZUNGS-VERZEICHNIS

AGRA Alliance for a Green Revolution in Africa. 2006 durch eine Partnerschaft zwischen der Rockefeller Foundation und der Bill & Melinda Gates Foundation gegründet.

BASF BASF SE, ehemals „Badische Anilin- & Soda-Fabrik", mit Sitz in Ludwigshafen, ist der weltweit grösste Chemiekonzern.

BaZ Die Basler Zeitung. Rechtsbürgerlich orientiert.

Bt Bacillus thuringiensis. Bakterium, das natürliche Giftstoffe, Bt-Toxine, zur Insektenbekämpfung produziert.

BUND Bund für Umwelt und Naturschutz Deutschland. Grösster Umweltverband Deutschlands.

BVK Vorsorgeeinrichtung für die Angestellten des Kantons Zürich. Eine der grössten Pensionskassen der Schweiz.

CEO Chief Executive Officer. Generaldirektor (meist Vorsitzender der Geschäftsleitung).

CETA Comprehensive Economic and Trade Agreement. Europäisch-kanadisches Freihandelsabkommen.

CGIAR Consultative Group on International Agricultural Research. Strategische Partnerschaft für landwirtschaftliche Forschung und Agrogentechnik mit 64 Mitgliedern.

CHF Schweizer Franken.

CPT Commissão Pastoral da Terra. Kirchliche Landpastoralkommission in Brasilien.

DDT Dichlordiphenyltrichlorethan. Wirkstoff mit sehr starker insektizider Wirkung. Heute weltweit verboten, mit der Ausnahme für den Einsatz gegen Malaria.

EAME Europe Africa Middle East. Spezifische geographische Gruppierung bei Syngenta.

EBITDA Gewinn vor Zinsen, Steuern, Abschreibungen.

EFG European Financial Group. Internationale Privatbank mit Sitz in Zürich.

EFSA European Food Safety Authority. EU-Behörde für Lebensmittelsicherheit.

EPA Europäisches Patentamt.

ESG Environmental Social Governance. Spezielle Kennzeichnung von Fonds, die sich als ökologisch nachhaltig darstellen wollen.

ETH Eidgenössische Technische Hochschule in Zürich.

EU European Union. Europäische Union.

EZB Europäische Zentralbank.

FAO Food and Agriculture Organization of the United Nations. Ernährungs- und Landwirtschaftsorganisation der Vereinten Nationen.

FLA Fair Labor Association ist eine Organisation von Unternehmen, Universitäten und NGOs. Sie gibt vor, Arbeitsrecht und Arbeitsbedingungen weltweit zu verbessern. Zu den Mitgliedern zählen unter anderem Firmen wie Adidas, Apple, H&M, Nestlé und Puma sowie diverse US-amerikanische Universitäten.

G8 Informelle Bezeichnung für die supranationale Vereinigung der acht wichtigsten Industriestaaten (ohne China).

GACSA Global Alliance for Climate Smart Agriculture. Globale PPP in der Landwirtschaft, die am Klimagipfel im September 2014 lanciert wurde.

GR1 Golden Rice 1. Gentechnisch veränderte Reissorte mit angeblich erhöhter Menge von Provitamin A.

GR2 Golden Rice 2. Zweite Version von Golden Rice.

GTCP Gewerkschaft Textil Chemie Papier. Eine der Vorgängerorganisationen der Schweizer Gewerkschaft Bau & Industrie (später Unia).

GV Generalversammlung.

GVO Gentechnisch veränderter Organismus.

HCH Hexachlorcyclohexan.

IAASTD International Assessment of Agricultural Knowledge, Science and Technology for Development. Dieser Weltagrarrat verabschiedete 2008 den Weltagrarbericht.

ICI Imperial Chemical Industries. Englisches Vorläuferunternehmen von Syngenta von 1926 bis 1993.

IFC International Finance Corporation. Als Entwicklungsbank und Teil der Weltbankgruppe geht es spezifisch um die Förderung privater Unternehmen.

ILO International Labour Organization. Internationale Arbeitsorganisation. Eine Sonderorganisation der Vereinten Nationen mit Hauptsitz in Genf für Arbeits- und Sozialstandards.

IRMA Insect-Resistant Maize for Africa. Projekt „Insektenresistenter Mais für Afrika".

IRRI International Rice Research Institute. Internationales Reisforschungsinstitut. IRRI koordiniert das Golden Rice Projekt.

IWF Internationaler Währungsfonds. Eine Sonderorganisation der UNO.

MST Movimento dos Trabalhadores Rurais Sem Terra. Bewegung der Landlosen in Brasilien. MST ist Mitglied von La Via Campesina.

NATO North Atlantic Treaty Organization. Westliches militärisches Bündnis.

NGO Non Governmental Organization, Nichtregierungsorganisation.

NZZ Neue Zürcher Zeitung. Bürgerlich-liberale Zeitung in der Schweiz.

OECD Organisation for Economic Cooperation and Development. Organisation für wirtschaftliche Entwicklung und Zusammenarbeit mit 34 Mitgliedsstaaten.

PAN Pesticide Action Network. Internationales Netzwerk von über 600 NGOs in über 60 Ländern.

PCEM Pakistan Federation of Chemical, Energy, Mines and General Workers Union.

PPP Public Private Partnership. Organisatorisch und finanziell formalisierte Zusammenarbeit zwischen Staat und privaten Organisationen.

PPT Permanent Peoples' Tribunal. Das 1979 gegründete Permanente Völkertribunal zu Menschenrechtsverletzungen.

RALLT Red Por una América Latina Libre de Transgénicos. Netzwerk für ein Lateinamerika ohne Genmanipulation.

RR Roundup Ready. Markennamen von Monsanto für GVO-Saatgut, das gegen das Breitbandherbizid Roundup von Monsanto tolerant ist.

SAG Schweizer Allianz Gentechfrei. Dachorganisation der Schweizer Gentechkritikerinnen und -kritiker.

SEU Syngenta Employees Union. Gewerkschaft der Syngenta-Arbeiter in Pakistan.

SIX Infrastrukturbetreiber des Schweizer Finanzplatzes für die Börse, Kreditkarten und Finanzinformationen.

Syna Christliche Gewerkschaft in der Schweiz.

TNT Trinitrotoluol. Ein Sprengstoff.

TPP Trans-Pacific Partnership, Freihandelsabkommen zwischen den USA und anderen Pazifik-Staaten (ohne China).

TTIP Transatlantic Trade and Investment Partnership. Transatlantische Handels- und Investitionspartnerschaft.

UBS Union Bank of Switzerland. Die grösste Schweizer Bank.

UFW United Farm Workers. Von César Chávez gegründete US-amerikanische Landarbeitergewerkschaft.

UK United Kingdom. Vereinigtes Königreich oder Grossbritannien.

UNESCO United Nations Educational, Scientific and Cultural Organization. Die Organisation der Vereinten Nationen für Erziehung, Wissenschaft und Kultur.

Unia Grösste Schweizer Gewerkschaft. Wurde 2004 gegründet.

UNO United Nations Organization. Vereinte Nationen.

UPOV International Union for the Protection of New Varieties of Plants. Eine zwischenstaatliche Organisation zum Schutz von Pflanzenzüchtungen mit Sitz in Genf, Schweiz.

UPOV 91 Internationales Übereinkommen zum Schutz von Pflanzenzüchtungen, Revision 1991.

USAID United States Agency for International Development. Behörde der USA für Entwicklungszusammenarbeit.

USD Der US-amerikanische Dollar.

USDA US Department of Agriculture. Landwirtschaftsministerium der USA.

VPOD Verband des Personals Öffentlicher Dienste VPOD. Die Gewerkschaft für die Angestellten im Öffentlichen Dienst in der Schweiz.

VR Verwaltungsrat.

wbcsd World Business Council for Sustainable Development. Privater Weltwirtschaftsrat für Nachhaltige Entwicklung.

WEMA Water Efficient Maize for Africa. Ein PPP-Projekt, in dem mit konventionellen und gentechnischen Methoden trockenheitstoleranter Mais für Afrika entwickeln werden soll.

WHO World Health Organization. UNO-Weltgesundheitsorganisation.

WOZ Die Wochenzeitung. Eine genossenschaftlich organisierte und wöchentlich erscheinende, linksgerichtete und kritische Zeitung in der Schweiz.

QUELLENVERZEICHNIS

Actionaid 2015: *New Alliance, New Risk of Land Grabs: Evidence from Malawi, Nigeria, Senegal and Tanzania.*

ADM 2013: *Sanierungsgremien Chemiemülldeponie Feldreben Muttenz: Dreistes Doppelspiel. ADM Medienmitteilung. 22.1.*

African Centre for Biodiversity 2015: *Profiting from the climate crisis, undermining resilience in Africa: Gates and Monsanto's Water Efficient Maize for Africa (WEMA) Project.*

African Centre for Biosafety 2012: *Alliance for a Green Revolution in Africa (AGRA): Laying the groundwork for the commercialisation of African Agriculture.*

African Centre for Biosafety 2013: *Africa bullied to grow defective Bt Maize: the failure of Monsanto's MON810 maize in South Africa.*

AGRA 2015: *Our history. In: AGRA Homepage (agra.org).*

Agrolink 2010: *Colaboração entre Syngenta e IAC acelera Pesquisa e Desenvolvimento em cana de açúcar. In: Agrolink, Noticias, 9.2.*

Ahmad Iftikhar 2010: *Labour and Employment Law: A Profile on Pakistan.*

Allard Jean-Guy 2008: *USAID, Key Weapon in Dirty War on Latin America. In: Monthly Review Magazine. 23.9.*

Altieri Miguel A. 1995: *Agroecology: The Science of Sustainable Agriculture. Boulder.*

Altieri Miguel A., Nicholls Clara I. 2012: *Agroecología: única esperanza para la soberanía alimentaria y la resiliencia socioecológica. Sociedad Científica Latinoamericana de Agroecología (SOCLA). Junio.*

Americanwarlibrary 2015: *Herbicides Used In Vietnam. Website etabliert am 6.12.2008.*

Amerika21 2014: *Venezuela will genetisch verändertes Saatgut verbieten. In: amerika21.*

Angus Ian, Butler Simon 2011: *Too many people? Population, immigration and the environmental crisis.* Chicago.

Aviv Rachel 2014: *A Valuable Reputation.* In: The New Yorker. 10.2.

Balanya Belen, Doherty Ann, Hoedemann Olivier, Ma'anit Adam, Wesselius Erik 2001: *Konzern Europa. Die unkontrollierte Macht der Unternehmen.* Zürich.

Barmettler Stefan 2013: *Öko-Spezial Ranking 2013: Die Besten ihrer Klasse.* In: Bilanz. 11.6.

Bauer Andreas 2005: *Wem gehört deine Saat?* In: WOZ 42/2005. 20.10.

Berichterstattung Bangalore 2011a: In: http://www.agricorporateaccountability.net/en/page/ppt/179 (3.11.2015).

Berichterstattung Bangalore 2011b: In: http://www.agricorporateaccountability.net/en/page/general/21 (3.11.2015)

Bernstein Henry 2014: *Food sovereignty via the „peasant way": a sceptical view.* In: The Journal of Peasant Studies 41 (6): 1031–1063. London.

Borras Saturnino M. Jr., Franco Jennifer (Hrsg.) 2013: *Land concentration, land grabbing and people's struggles in Europe.* In: Homepage TNI (Transnational Institute for European Coordination Via Campesina and Hands off the Land Alliance). 24.6.

Brandl Barbara 2012: *Industrialisierung und Konzentration: Die Analyse eines Zusammenhangs am Beispiel des Saatgutmarkts.* In: PROKLA 169 (42/4), S. 601–618. Berlin.

Buchter Heike 2015: *BlackRock. Eine heimliche Weltmacht greift nach unserem Geld.* Frankfurt am Main.

Buckingham Major William A. 1983: *Operation Ranch Hand: Herbicides in Southeast Asia.* In: Air University Review. July-August.

BVK 2013: *Abstimmungsverhalten Syngenta 2013.*

BVK 2014: *Abstimmungsverhalten Syngenta 2014.*

Cascadia Times 2014: *Paul Koberstein: The Kaua'i Cocktail.* In: Cascadia Times. 16.6.

Catania Ray 2013: *Before you say NO, KNOW GMO.* In: Fire from the basement. Roots of Revolt „Island Style". 9.9.

Center for Food Safety 2012: *Monsanto vs. U.S. Farmers.* Aktualisiert 2012.

Center for Food Safety 2013: *Seed giants vs. U.S. farmers. A Report* 13.2.

Centinela Syngenta 2015: In: Apkpure.com. 9.11.

Chesnais François 1994: *La mondialisation du capital.* Paris.

Choi Charles 2003: *No paradise for pharming.* In: The Scientist. 30.7.

Ciba SC/Novartis 1999: *Historie der Entsorgung von Chemierückständen der ehemaligen Ciba-, Geigy-, Sandoz- und Durand & Hugenin-Werke (BL und BS) vor 1961.* Basel. 26.4.

CIEL (Center for International Environmental Law) 2015: *Erica Smith, David Azoulay, Baskut Tuncak: Lowest common denominator: How the proposes EU-US trade deal threatens to lower standards of protection from toxic pesticides.* 7.1

Conus Roland 2015: *Gespräch mit MultiWatch über Syngenta.* September.

CorpWatch 2013: *Carmelo Ruiz-Marrero: Monsanto Refuses to Testify at Seed Hearing in Puerto Rico.* 20.6.

Davis Mike 2007: *Planet der Slums,* Berlin.

Dawson Andrew H., Eddleston Michael, Senarathna Lalith, Fahim Mohamed, Gawarammana Indika, Bowe Steven J., Manuweera Gamini, Buckley Nicholas A. 2010: *Acute Human Lethal Toxicity of Agricultural Pesticides: A Prospective Cohort Study.* In: PloS Medicine. Vol 7 (10).

De Schutter Olivier 2009: *Seed policies and the right to food: Enhancing agrobiodiversity and encouraging innovation. In: Background document to the report (A/64/170), 64th session of the UN General Assembly.*

De Schutter Olivier 2010: *Report submitted by the Special Rapporteur on the right to food. In: United Nations General Assembly. Human Rights Council. Promotion and Protection of all human rights, civil, political, economic, social and cultural rights, including the right to development. A/HRC/16/49.*

E'A 2015: *El MAG libera transgénicos prácticamente en secreto. 12.5.*

Eberle Willi 2015: *Gespräch mit MultiWatch über Syngenta. September.*

ECCHR 2015: *The facts about pesticides in Punjab: users speak out. Report on Bayer and Syngenta submitted to the United Nation's Panel of Experts on Pesticide Management. 14.3.*

Edelman Marc 2014: *Food sovereignty: forgotten genealogies and future regulatory challenges. Journal of Peasant Studies 41 (6): 959–978. London.*

Edelman Berland 2013: *Syngenta. The Agricultural Disconnect.*

EEA (European Environment Agency) 2013: *Neonicotinoid pesticids are a huge risk – so ban is welcome, says EEA. 2.5.*

El País 2015: *El mundo, inundado de azúcar. 24.3.*

Engeler Conrad 2002: *Pflichtenhefte wie weiter. Internes Mail vom 5.12. Als Dokument auf: ADM 2013.*

Engels Friedrich 1844: *Umrisse zu einer Kritik der Nationalökonomie. In: MEW Band 1, 1981. Berlin.*

Erni Paul 1979: *Die Basler Heirat. Geschichte der Fusion Ciba-Geigy. Zürich.*

ETC Group 2015: *Breaking Bad: Big Ag Mega-Mergers in Play. Dow + DuPont in the Pocket? Next: Demonsanto? ETC Group Communiqué 115, Dezember 2015.*

ETH Life 2010: *ETH Zürich und Syngenta lancieren neue Professur. In: http://www.ethlife.ethz.ch/archive_articles/101111_Syngenta_Medienmitteilung (26.11.2015).*

EU (European Parliament) 2012: *Existing Scientific Evidence of the Effects of Neonicotinoid Pesticides on Bees. Dez.*

EU-Kommission 2015: *http://ec.europa.eu/trade/policy/countries-and-regions/countries/united-states/ (20.11.2015).*

EvB 1983: *Gift! zum Beispiel Galecron: Die Verseuchung der Dritten Welt mit Pestiziden. Zürich.*

EvB 2000: *Süchtige Pflanzen – abhängige Bauern. Ein Bericht zur Firma Syngenta und ihren umstrittenen Gentech-Patenten. Zürich (gemeinsam mit Aktionaid, GeneWatch, Svenska Naturskyddsföreningen).*

EvB 2002: *Paraquat – Syngenta's controversial herbicide. Zurich (gemeinsam mit Swedish Society for Nature Conservation, Pesticide Action Network UK, Pesticide Action Network Asia Pacific, Foro Emaús).*

EvB 2004: *Syngenta verstösst gegen FAO-Werbekodex. Zürich. 28.7.*

EvB 2005: *Syngenta: Weltweites Monopol auf Reis-Saaten: Chemiekonzern beantragt Patente in mehr als hundert Ländern. 4/2005 (gemeinsam mit Swissaid und Greenpeace).*

EvB 2005a: *Paraquat: Unacceptable health risks for users. Zürich. 8.12.*

EvB 2005b: *Protest gegen die Reispatente von Syngenta. Zürich. 26.4.*

EvB 2008: *Wilde Widersprüche zwischen Schein und Sein. Der Corporate-Responsibility-Bericht von Syngenta. Zürich.*

EvB 2009: *Goodbye Paraquat: Palm Oil, Banana and Tea Producers Saying No to Hazardous Pesticide. Zürich (gemeinsam mit IUF).*

EvB 2012a: *Paraquat. In: Homepage EvB (5.2.2016).*

EvB 2012b: *Pestizide. Vom Schaden der Schädlingsbekämpfung. 1/2012, Zürich.*

EvB 2014a: *Privatisierte Natur. Nein zu Syngentas Patent auf Paprika. Zürich (gemeinsam mit No Patents on Seeds, Bionext, Swissaid). Februar.*

EvB 2014b: *Mehr Growth als Good, Syngentas «Good Growth Plan» unter der Lupe. Zürich.*

EvB 2014c: *Agropoly. Wenige Konzerne beherrschen die weltweite Lebensmittelproduktion. Aktualisierte Neuauflage 2014. Zürich (gemeinsam mit Forum Umwelt und Entwicklung, Misereor).*

EvB 2014d: *Owning seeds, accessing food – a human rights impact assessment of UPOV 1991, based on case studies in Kenya, Peru and the Philippines. Zurich (with the participation of Bread for the World, Protestant Development Service, Community Technology Development Trust, Development Fund – Norway, Misereor, SEARICE, Third World Network).*

Fagin Dan: *2014 Toms River: A story of Science and Salvation.*

FAO 2002: *International Code of Conduct on the Distribution and Use of Pesticides. Rome.*

FAO 2009: *Situation Assessment Survey for Farm Sektor Policy Formulation in India. NSS Report 497. Bericht von Rajiv Metha, Kolkata, Indien.*

FAO 2013: *Pobreza Rural y Políticas Públicas en América Latina y El Caribe. Santiago de Chile.*

FAO 2015a: *Save and Grow. In: Homepage FAO (5.1.2016).*

FAO 2015b: *Towards Sustainable Food and Agriculture. In: Homepage FAO (5.2.2016).*

FAO 2015c: *State of Food Insecurity in the World. In: Homepage FAO (5.2.2016).*

FAO 2015d: *In: www.fao.org/3/a-i4671e.pdf (15.12.2015).*

Feindt Peter H. 2010: *Biopatente – eine Gefährdung für Nutzung und Erhaltung der Agrobiodiversität? Beirat für Biodiversität und Genetische Ressourcen beim Bundesministerium für Ernährung, Landwirtschaft und Verbraucherschutz. Bonn.*

Ferroni Marco 2008: *Die Lebensmittelverknappung von 2008: Problemdiagnose und Lösungsansatz. ETH Globe Nr. 3. Zürich.*

Ferroni Marco 2009: *Wissenschaft, Technologie und Recht auf Nahrung. Gesprächskreis der Arbeitsgruppe Kirche und Lifescience. Syngenta Stiftung. Basel. 23.4.*

Fischer Karin, Reiner Christian, Staritz Cornelia 2010: *Globale Güterketten. Weltweite Arbeitsteilung und ungleiche Entwicklung. Wien.*

FLA 2006: *The Syngenta Project Report 2006. Broschüre.*

FLA 2008: *The Syngenta Project Report 2007–2008. Broschüre.*

FLA 2015: *Procurement price and credit practices in Syngenta hybrid seeds supply chain. India. Juli.*

Food First 2014: *Acquisition of Africa's SeedCo by Monsanto, Groupe Limagrain: Neo-colonial occupation of Africa's seed systems. 10.9.*

Food First 2015: *Gates Foundation Plots Ways of Profiting from Africa's Seed Systems. 24.3.*

Ford Liz 2014: *Malawi's small farmers kept in the dark about G8 New Alliance. In: The Guardian. 18.2.*

Forter Martin 2000: *Farbenspiel. Ein Jahrhundert Umweltnutzung durch die Basler chemische Industrie. Zürich.*

Forter Martin 2007: *Chemiemüll und Trinkwasser in Muttenz 1957–2007. Im Auftrag des Forums besorgter Trinkwasserkonsumentinnen (FbTK) und von Greenpeace Schweiz. Basel. 12.2.*

Forter Martin 2010: *Falsches Spiel. Die Umweltsünden der Basler Chemie vor und nach „Schweizerhalle". Zürich.*

Forter Martin, Wildi Walter 2013: *Deponie Feldreben: Fragen zum heutigen Kenntnisstand im Hinblick auf die Formulierung der Sanierungsziele und des Sanierungsprojektes. Im Auftrag der Allianz Deponien Muttenz (ADM). Basel/Versoix. 24.7.2012, Version vom 28.4.2013*

Foster John Bellamy, Clark Brett, York Richard 2011: *Der ökologische Bruch. Der Krieg des Kapitals gegen den Planeten. Hamburg.*

Frater Georg 2008: *Kurze Geschichte der Schweizer chemisch-pharmazeutischen Industrie und der Schweizer Chemischen Gesellschaft. In: Humboldt Nachrichten, Nr. 30, S. 32–40. Frauenfeld.*

Freitag Birgit 2013: *Die Grüne-Gentechnik-Debatte. Der Einfluss von Sprache auf die Herstellung von Wissen. Wiesbaden.*

Friends of MST 2015: *The quantity of agro-toxins consumed by Brazilians has increased: 7.3 liters a year per person. 3.5.*

Garner Patricia 2014: *Why Bridgewater Associates exits its position in Monsanto. In: Market Realist. 27.10.*

Gelinski Eva 2012: *Biopatente und Agrarmodernisierung. Patente auf Pflanzen und ihre möglichen Auswirkungen auf die gentechnikfreie Saatgutarbeit von Erhaltungs- und ökologischen Züchtungsorganisationen. Göttingen.*

GM Free Cymru 2005: *Iraq's Crop Patent Law. A Threat to Food Security. Countercurrents. 3.3.*

Goethe Tina 2014: *Syngenta: Die bessere Entwicklungshelferin? Mit ihrem „Good Growth Plan" will die Firma ihr Bad Business vertuschen. In: Widerspruch 64/14. Zürich.*

Golden Rice 2005: *Golden Rice Project, Golden Rice Humanitarian Board. In: http://www.goldenrice.org/Content3-Why/why3_FAQ.php#Gene_flow (29.11.2015).*

Goulson Dave 2015: *Neonicotinoids impact bumblebee colony fitness in the field; a reanalysis of the UK's Food & Environment Research Agency 2012 experiment. 24. 3.*

Grabosch Robert 2011: *The Distribution of Paraquat: Does Syngenta Respect Human Rights? Legal Opinion. Zürich.*

GRAIN 2012: *Letter from African Civil Society Critical of Foreign Investment in African Agriculture at G8 Summit. 23.5.*

GRAIN 2013a: *La República Unida de la Soja recargada. 12.6.*

GRAIN 2013b: *Commentary IV: Food, Climate Change and Healthy Soils: The Forgotten Link. In: Wake up before it is too late. UNCTAD, Trade and Environment Review.*

GRAIN 2014a: *How does the Gates Foundation spend its money to feed the world? 4.11.*

GRAIN 2014: *Trade agreements privatizing biodiversity. November.*

GRAIN 2014: *Trade deals criminalise farmer's seeds. 18.11.*

GRAIN 2015: *UPOV 91 and other seed laws: a basic primer on how companies intend to control and monopolise seeds.*

GRAINnet 2007: *Syngenta Fast Track for New Seed Products Routes Through Hawaii and Puerto Rico. 27.2.*

Greenpeace 2001: *Vitamin A: natural sources vs. „Golden" Rice. Report 1/2001.*

Greenpeace 2006: *Deponie-Chemikalien im Basler Trinkwasser. Hintergrund zur Pressekonferenz. Basel. 15.6.*

Greenpeace 2013a: *Golden Illusion. The Broken Promises of „Golden" Rice. Amsterdam. Oktober.*

Greenpeace 2013b: *Bye bye Biene? Das Bienensterben und die Risiken für die Landwirtschaft in Europa.* Hamburg.

Haerlin Benny, Parr Doug 1999: *How to restore public trust in science.* In: Nature 400 (6744), S. 499 ff. London.

Harvey David 1989a: *From managerialism to entrepreneurialism: The transformation in urban governance in late capitalism.* In: Geografiska Annaler 71 (1).

Harvey David 1989b: *The Condition of Postmodernity.* Oxford.

Harvey David 2015: *Siebzehn Widersprüche und das Ende des Kapitalismus.* Berlin.

Harvey Graham 1997: *The Killing of the Countryside.* London.

Hassan Ghali 2005: *Biopiracy and GMOs: The Fate of Iraq's Agriculture.* Global Research. 12.12.

Häusling Martin 2014: *Briefing zur EU-Saatgut-Verordnung: Wie geht es nach der EP-Ablehnung des Kommissionsvorschlags weiter?* 11.3.

Hawaiian-roots 2015: *Genealogy of Hawaiians.* In: Hawaiian Roots: Genealogy for Hawaiians. Homepage (5.2.2016).

Hermann Bernd 2009: *Kartoffel, Tod und Teufel. Wie Kartoffel, Kartoffelfäule und Kartoffelkäfer Umweltgeschichte machten.* In: Hermann Bernd, Stobbe Urte: Schauplätze und Themen der Umweltgeschichte. Göttingen.

Herzog Roland, Schäppi Hans 2014: *Syngenta: Weltmarktleader im Agrobusiness. Die wenig bekannten Geschäfte mit Saatgut, Giften, Patenten.* In: Widerspruch, 64/14. Zürich.

Hirsch Afua 2014: *Ghana hopes G8 New Alliance will end long history of food insecurity.* In: The Guardian. 18.2.

Hirsch Joachim 1995: *Der nationale Wettbewerbsstaat. Staat, Demokratie und Politik im globalen Kapitalismus.* Berlin.

Hody Peter 2012: *Ernte und Ertrag – ein Duo für Anleger.* In: finanzen.ch. 9.12.

Hooser Gary 2013: *It's Not About Eating the Corn.* In: Gary Hoosers Blog. 21.2.

Hooser Gary, Chun Malia, Rosenstiel Fern 2015: *Syngenta GE & Pesticide Experimentation Kaua'i Hawai'i.* Präsentation Attac Lausanne. 28.4.

Howard Phil 2013: *Seed Industry Structure 1996–2013.* Michigan.

Hug Peter 1997: *Biologische und chemische Waffen in der Schweiz zwischen Aussen-, Wissenschafts- und Militärpolitik.* Bern.

Human Rights Council 2013: *Declaration on the rights of peasants and other people working in rural areas.*

IAASTD 2008: *Weltagrarbericht.* In: www.weltagrarbericht.de (20.12.2015).

IndustriALL 2014: *Syngenta Pakistan continues to blatantly ignore court ruling.* 31.7.

IndustriALL 2015a: *Pakistan: PCEM victory against precarious work at Shell.* 12.8.

IndustriALL 2015b: *Syngenta, stop union-busting and reinstate leader Imran Ali in Pakistan.* 28.4.

IRRI 2013: *Annual Report 2013.*

Jones Tim 2001: *The X Site. Britain's most mysterious government facility.* London.

Kloppenburg Jack Ralph 2010: *Impeding dispossession, enabling repossession: biological open source and the recovery of seed sovereignty.* In: Journal of Agrarian Change 10(3), S. 367–388. Oxford.

Kloppenburg Jack Ralph 2004: *First the Seed. The political economy of plant biotechnology, 1992–2000. Wisconsin.*

Kock Michael A., Gould Christine 2013: *Adapting IP to an evolving agricultural innovation landscape. In: Wipo Magazine. April. Genf.*

KPMG International 2013: *The agricultural food value chain. Entering a new era of cooperation. In: kpmg.com*

Kumar Dileep A. D. 2015: *Conditions of Paraquat use in India. Broschüre. April.*

La Via Campesina 2011: *While UPOV celebrates its 50 years, farmers protest against an institution in the service of the seed industry.*

La Via Campesina 2015: *Homepage: The international peasant's voice. Rubrik Organisation. (3.1.2016).*

Lamer Mirco 1957: *The World Fertilizer Economy. Ausgabe 10. Stanford.*

LaVoz 2014: *Justicia de Guatemala suspende la „Ley Monsanto". 29.8.*

Legislaturplan 2013: *Legislaturplan 2013–2017, Regierungsrat des Kantons Basel-Stadt.*

Lei Zhen, Juneja Rakhi, Wright Brian D. 2009: *Patents versus patenting: implications of intellectual property protection for biological research. In: Nature Biotechnology 27, S. 36–40. London.*

Lewis Richard D. 2006: *When Cultures Collide: Leading across Cultures. Rev. Auflage. Boston, London.*

Lorch Antje, Then Christoph 2009: *Kontrolle oder Kollaboration? Agro-Gentechnik und die Rolle der Behörden. In: Der kritische Agrarbericht 2009. Konstanz.*

Ludwig Mike 2014: *Hawaii's GMO Battle: Federal Judge Strikes Down Kauai's Pesticides Regulation. In: Troutout. 29.8.*

Lutringer Christine 2009: *Acting on Institutions to Preserve Agricultural Biodiversity: Social Movements in Chhattisgarh and the Syngenta Controversy in Chhattisgarh. In: Basile Elisabetta, Mukhopadhay Ishita (Hrsg.): The Changing Identity of Rural India: A Socio-Historic Analysis. New Delhi, pp. 259–286.*

Magdoff Fred, Foster John Bellamy, Buttel Frederick H. (ed) 2000: *Hungry for Profit. The Agribusiness Threat to Farmers, Food, and the Environment. Monthly Review Press. New York.*

Magdoff Fred, Tokar Brian 2010: *Agriculture and Food in Crisis. Monthly Review Press. New York.*

Maldonado Adolfo, Martínez Ana María 2007: *Impacto de las fumigaciones aéreas en las bananeras de las Ramas-Salitre-Guayas. Januar.*

Mammana Ivan 2014: *Concentration of Market Power in the EU Seed Market. The Greens/EFA European Parliament. Jan.*

Marx Karl 1867: *Das Kapital. Kritik der politischen Oekonomie. In: MEW 23. 1971. Berlin.*

Masipag 2015: *Farmer-scientist group deplore secretive visit of Bill Gates to IRRI, Golden Rice commercialization possible agenda. 14.4.*

McEnery Thornton 2011: *How a Swiss Company spent $15 Million to get a controversial enzyme into America's corn crop. In: Business Insider. 8.3.*

McKeon Nora 2014: *The New Alliance for Food Security and Nutrition: a coup for corporate capital? In: tni. 27.5.*

McMichael Philip 2006: *Peasant Prospects in the Neoliberal Age. In: New Political Economy, Vol.11, No.3. 3.9. Ithaca, NY.*

McWilliams James E. (o.J.): *Boll Weevils and Bureaucrats: Leland O. Howard and the Transition to Chemical Insecticides in the United States 1894–1927.*

Méndez Grimaldi Idilio 2011: *La Mafia financiera o el rostro del crimen organizado. In: Rojas Villagra Luis et al.: La economía paraguaya bajo el orden neoliberal. Asunción.*

Méndez Grimaldi Idilio 2012: *Monsanto golpea en Paraguay: Los muertos de Curuguaty y el juicio político a Lugo. In: cadtm.org. 7.7.*

Menegola E., Broccia ML., Di Renzo F., Giavini E. 2001: *Antifungal triazoles induce malformations in Vitro. In: Reprod Toxicol 15(4). 421–427.*

Menning Daniel 2013: *Der Wunderreis. Dokumentarfilm SRF. 28.3.*

Menz Wolfgang, Becker Steffen, Sablowski Thomas 1999: *Shareholder-Value gegen Belegschaftsinteressen. Der Weg der Hoechst-AG zum „Life Sciences"-Konzern. Hamburg.*

metrobasel 2009: *Basel: Perspektiven 2020. Schlüsselbranchen der Metropolitanregion.*

Metz Matthew, Fütterer Johannes 2002: *Suspect evidence of transgenic contamination. Nature 416, S. 600–601. London.*

Moser Patrick 2008: *Pestizide im Spannungsfeld Nord-Süd, 1960er bis 1980er Jahre. Das Beispiel Galecron. Lizentiatsarbeit an der Philosophisch-Historischen Fakultät des Historischen Seminars der Universität Basel. Basel.*

Müller Heinz 2012: *Patentanmeldungen als Zeichen der Wettbewerbsfähigkeit. In: NZZ 12.4.*

MultiWatch 2015: *Agro statt Business: Forderungen an Syngenta wegen Verletzung von Gewerkschaftsrechten in Pakistan. 24.4.*

Najam Adil 1999: *World business council for sustainable development. The greening of business or a greenwash? London.*

No patents on seeds 2012: *How big companies are hampering plant breeding.*

No patents on seeds 2015: *Syngenta erhält Patent auf Verwendung von Paprika als Lebensmittel.*

Oakland Institute, Greenpeace, Global Justice Now 2015: *Irresponsible investment: Africa's broken development model in Tanzania.*

One green planet 2014: *What You Need to Know About March Against Monsanto 2014.*

Opensecrets 2004: *Syngenta. 2004 PAC Contribution Data.*

Osseeds 2015: *Open source seed initiative. In: osseeds.org.*

Oxfam 2014a: *Moral hazard? „Mega" public-private partnerships in African agriculture. 1.9.*

Oxfam 2014b: *Hunger – just another business: How the G8's New Alliance is threatening food security in Africa. 19.11.*

PAN 2013: *Pesticides in Paradise: Kaua'i Test Fields. In: Stop Poisoning Paradise. 30.7.*

Paraquat Information Center 2015: *Fakten über Paraquat.*

Paul Helena, Steinbrecher Ricarda 2003: *Hungry Corporations, Transnational Biotech Companies Colonise the Food Chain. London.*

Pearce Fred 2012: *Land Grabbing. Der globale Kampf um Grund und Boden. München.*

Pedersen Jens 2014: *Seeds of Debt. Dokumentarfilm von DanWatch. In: https://vimeo.com/115130942 (29.11.2015).*

Pelkmans Jacques, Lejour Arjan, Schrefler Lorna, Mustilli Federica, Timini Jacopo 2014: *The Impact of TTIP: The Underlying Economic Model and Comparisons. In: CEPS 93. Oktober.*

Perera Judith, Thomas Andy 1985: *This Horrible Natural Experiment. In: New Scientist. 18.4.*

Phillipson Mark 2015: *Atrazine Not a Threat As Used in Hawaii and Elsewhere. In: Civil Beat. 16.3.*

Pinzler Petra 2015: *Das TTIP-Regime. Wie transatlantische Handelseliten die Welt dominieren. In: Blätter für deutsche und internationale Politik. Oktober.*

Provost Claire, Ford Liz, Tran Mark 2014: *G8 New Alliance condemned as new wave of colonialism in Africa. In: The Guardian. 18.2.*

Quist David, Chapela Ignacio H. 2001: *Transgenic DNA introgressed into traditional maize landraces in Oaxaca, Mexico. Nature 414, S. 541–543. 29.11. London.*

Rastoin Jean-Louis 2012: *Le système alimentaire: enjeux et perspectives dans un monde plus en plus urbanisé. Kolloquium der Unesco. Paris. 13.12.*

Regierungsrat BL 2008: *Schriftlich Beantwortung der Interpellation von Jürg Wiedemann, Grenzwertüberschreitung von Chemikalien im Trinkwasser (Teil 2) (2008/241). 25.9.*

Reiner Helmut 2004: *Agrarökologie von Reis und Baumwolle. Grundlagen zur Beurteilung der Grünen Gentechnik. In: Forschungsberichte der Sektion IV, Band 6/2004. Bundesministerium für Gesundheit und Frauen. Wien.*

Repeating Islands 2011: *Puerto Rico and Monsanto's Caribbean Experiment. Part 1. 8.12.*

Retraction Watch 2015: *Golden rice paper pulled after judge rules for journal. 30.7.*

Riaz Muhammad 2010: *The role of the private sector in agricultural extension in Pakistan. In: Rural Development News 1/2010.*

Riekeberg Andreas, Holzapfel Jürgen 2013: *Wer ist und was tut die Kampagne für Saatgut-Souveränität? In: Wegweiser Bürgergesellschaft. 6.12.*

Robinson Ewan, Humphrey John 2013: *How much is the New Alliance doing for food security and nutrition? In: Institute of Development Studies (UK). 12.6.*

Rohrbach Arthur 2000: *Amt für Umwelt und Energie des Kantons Basel-Landschaft (AUE BL): Konzept zur Umsetzung der Altlastenverordnung bei Deponien, unveröffentlichtes Protokoll der Sitzung der Arbeitsgruppe mit Novartis, Ciba SC sowie dem AUE BL. Liestal. 20.7. Als Dokument auf: ADM 2013.*

Rowell Andy 2005: *Fankenfoods for Iraq: The Bad Idea Virus Spreads. In: Organic Consumer Association. 29.3.*

Saatgutkampagne 2011: *Kampagne für Saatgut-Souveränität. Hintergrundinformation zur Reform des EU-Saatgutrechts.*

Saez Catherine 2012: *UPOV hails benefits of Plant Variety Protection; civil society frustrated. In: Intellectual Property Watch. 5.11.*

Sarich Christina 2014: *Monsanto Sues Farmers for 16 Straight Years over GMOs, NEVER Loses. In: Natural Society. 29.7.*

Sassen Saskia 2001: *The Global City. New York, London, Tokyo, Princeton N.J.*

SCAR 2011: *The 3rd SCAR Foresight Exercise: Sustainable food consumption and production in a resource-constrained world. In: Standing Commission on Agricultural Research (SCAR). Brüssel.*

Schäppi Hans 1984: *Krise – Rationalisierungen – gewerkschaftliche Perspektiven. Das Beispiel der Gemeinkosten-Wertanalysen. In: Widerspruch, Heft 7. Zürich.*

Schmidheiny Stephan 1992: *Changing Course. A Global Business Perspective on Development and the Environment. Cambridge MA.*

Sekinger Urs 2012: *Illegaler Landerwerb. In: Antidot Nr. 13. August.*

Serfati Claude 2012: *Die Finanz- und rentengetriebene Logik der multinationalen Unternehmen. In: PROKLA 169. Berlin.*

Shashikant Sangeeta, Meienberg François 2015: *International Contradictions on Farmers' Rights: The interrelations between the International Treaty, its Article 9 on Farmers' Rights, and Relevant Instruments of UPOV and WIPO. Published by Third World Network and The Berne Declaration. Penang/Zurich.*

Sieber Cassina & Partner AG 2011: *Deponie Feldreben. Muttenz. Ergänzende Detailuntersuchung. Schlussbericht. Olten.*

Simon Christian 2000: *Chemiestadt Basel. In: Basel, Geschichte einer städtischen Gesellschaft. Basel.*

Sindhhighcourt 2015: *Mr. Justice Shahid Anwar Bajwa. 18.12.*

Solifonds 2015: *Gewerkschaften in Pakistan widerstehen Repression und Kriminalisierung. In: Solifonds, Info-Bulletin Nr. 92.*

St. Louis Business Journal 2015: *Monsanto could save $500 million incorporating in Switzerland. 10.6.*

State of Hawaii 2013: *History of Agriculture in Hawaii.*

Stiglitz Joseph E., Greenwald Bruce C. 2015: *Die innovative Gesellschaft: Wie Fortschritt gelingt und warum grenzenloser Freihandel die Wirtschaft bremst. Berlin.*

Stone Daniel 2006: *The Assault on Iraqi Agriculture. Coastal Post. August.*

Storper Michael, Walker Richard 1991: *The capitalist imperative: Territory, technology and industrial growth. New York.*

Strässle Andy 2015: *Flüchtlingsunterkunft auf der Deponie Feldreben: Luftmessung zehn Jahre alt. In: www.barfi.ch. 22.12.*

Straumann Lukas 2005: *Nützliche Schädlinge. Angewandte Entomologie, chemische Industrie und Landwirtschaftspolitik in der Schweiz 1874–1952. Zürich.*

Straumann Lukas, Widmann Daniel 2001: *Schweizer Chemieunternehmen im „Dritten Reich". Hg. von der Unabhängigen Expertenkommission Schweiz – Zweiter Weltkrieg. Zürich.*

Streckeisen Peter 2001: *Die Chemie der Arbeit. Ungedruckte Lizentiatsarbeit. Basel.*

Suter Walter 2012: *Agraroligarchie in Paraguay. In: Antidot Nr. 13. August.*

Swaminathan M. S. 2009: *Frozen seeds and food security. In: The Hindu. 12.3.*

Swissinfo 2006: *Syngenta sort sa bourse pour les malades de Monthey. 6.12.*

Syngenta 2008: *Bravo 720 SC. Safety data sheet.*

Syngenta 2010: *Media releases: Collaboration between Syngenta and IAC accelerates sugarcane Research and Development activities. São Paulo 8.2.*

Syngenta 2011: *Plenus Syngenta Argentina. La tecnología Plenus marca el camino para la soja. In: Novedades Nr. 5. April.*

Syngenta 2012: *Syngenta to expand presence in Africa: contributing to the transformation of agriculture. 18.2.*

Syngenta 2013a: *Syngenta launches the first customised Grower Leadership Academy. 26.2.*

Syngenta 2013b: *Syngenta übernimmt afrikanisches Maissaatgut-Unternehmen. 3.7.*

Then Christoph 2012: *„Golden Lies": das fragwürdige „Golden-Rice"-Projekt der Saatgutindustrie. In: Testbiotech & Foodwatch Report. Berlin.*

Then Christoph 2015: *Handbuch Agro-Gentechnik. Die Folgen für Landwirtschaft, Mensch und Umwelt. München.*

Then Christoph, Bauer-Panskus Andreas, Hamberger Sylvia 2013: *Atlas der unkontrollierten Verbreitung gentechnisch veränderter Pflanzen. Testbiotech Report. München.*

Then Christoph, Tippe Ruth 2011: *Das Saatgutkartell auf dem Vormarsch. Patentanmeldungen und Patenterteilungen im Bereich der Pflanzen- und Tierzucht im Jahr 2010.* Hsg: No Patents On Seeds. Broschüre.

UFW 2015: *Don't let California increase dangerous fumigant use in our strawberry fields!* Keene, CA.

Unia 2015: *Industrieinput 4.* Bern.

Unia 2015: *Syngenta missachtet rechtskräftige Gerichtsurteile.* Medienmitteilung vom 28.4.

Urteil Bangalore 2011: In: http://agricorporateaccountability.net/sites/default/files/tpp_bangalore3dec2011.pdf (30.10.2015).

USAID 2004: *Agriculture Reconstruction and Development Program for Iraq (ARDI). A Transition Plan for the Agriculture Sector in Iraq.* Final Report: Volume 1. Presented to U.S. Agency for International Development for Contract No: RAN-C-00-04-00002-00 Baghdad April (by: Development Alternatives, Inc.).

USDA 2015: *Brazil: Sugar Annual.* In: Foreign Agricultural Service. GAIN Report Nr. BR15002. Brazil. 28.4.

Vargas Monica, Brennan Brid (Hg.) 2013: *Impunitiy Inc. – Reflections on the „super-rights" and „super-powers" of corporate capital.* In: Observatorio de la Deuda en la Globalización & Transnational Institute. 2.6.

Venkateswarlu Davuluri 2003: *Child Labour and Trans-National Seed Companies in Hybrid Cotton Seed Production in Andhra Pradesh.* Utrecht.

Vitali Stefania, Glattfelder James B., Battiston Stefano 2011: *The network of global corporate control.* In: arXiv 1107.5728v2. 19.9.

Weltbank 2007: *From agriculture to nutrition: pathways, synergies and outcome.* Report Nr. 40196-GBL.

Weltbank 2013: *Byerlee Derek, Garcia Andres F., Giertz Asa, Palmade Vincent: Growing Africa – Unlocking the potential of agribusiness.* 11.3.

Westwood Clare 2014: *Golden Rice – a complex tangle of unanswered questions.* In: The Ecologist. 13.2.

WHO 2015: *IARC Monographs evaluate DDT, lindane, and 2,4-D.* Press Release No. 236. 23.6.

Wikileaks 2006: *USAID/OTI Programmatic Support for Country Team 5 Point Strategy.*

Wirz Johannes 2003: *The Case of Mexican Maize.* The Nature Institute. In: Context #9. S. 3–5. New York.

Worldwatch Institute 2011: *State of the World – Innovations that Nourish the Planet.* Washington.

WOZ 2015: *Syngenta in Pakistan. Wer klagt wird entlassen.* In: WOZ 41/ 8.10.

Zeller Christian 2001: *Globalisierungsstrategien. Der Weg der Novartis.* Heidelberg.

Zeller Christian 2010: *The Pharma-biotech complex and interconnected regional innovation arenas.* In: Urban Studies. Vol. 47, Nr. 13, S. 2867–2894.

Zhou Yuan 2010: *Smallholder agriculture, sustainability and the Syngenta Foundation.* In: Syngenta Foundation. April.

Ziegler Jean 2012: *Wir lassen sie verhungern.* München.

Ziegler Mary 2008: *Reinventing eugenics: reproductive choice and law reform after world war II.* In: Cardozo Journal of Law & Gender, Vol. 14. New York.

Zimmermann Franziska 2010: *Produktivität als entscheidender Faktor für Ernährungssicherheit.* In: Die Volkswirtschaft. September.

Zimmermann Yvonne 2012: *Expressputsch im Interesse von Agrobusiness und Konsorten. In: Antidot Nr. 13. August.*

Zukunftsstiftung Landwirtschaft 2013: *Wege aus der Hungerkrise. Die Erkenntnisse und Folgen des Weltagrarberichts: Vorschläge für eine Landwirtschaft von morgen. Berlin.*

1. Auflage
© 2016 Edition 8

Alle Rechte vorbehalten; kein Teil dieses Werkes darf in irgendeiner Form ohne vorherige schriftliche Genemigung des Verlags reproduziert, vervielfältigt, verarbeitet oder verbreitet werden.